Inhalt

Einleitung 7

I. Die Herzogsburg 9

Babenbergische oder böhmische Gründung? · König Ottokars Hof ·»In
castro Wiennensi« – Der neue Herr und seine Gegner · Feste und Alltag
in der Burg · Herzog Albrechts I. Kinder · Die Wiener Burg im 14. Jahrhundert · Der Stifter und das gefälschte Privileg · Albrecht mit dem
Zopfe und Albrecht der Geduldige · Ein Herzogshut und drei Königskronen

II. Von der späten Gotik zum frühen Barock 36

Der junge Ladislaus · Die Teilung der Burg · Der Kaiser in der Burg
belagert · Albrecht der Verschwender · Die Ungarn in der Burg · Unter
Kaiser Maximilian I. · Die Türken zum erstenmal vor Wien · Die Burg
im 16. Jahrhundert · Wien wieder Kaiserstadt · Gäste, Feste und Turniere · Hinrichtungen und Gefangene · Der Bruderzwist · Kürassiere als
Retter · Ferdinand III. und seine drei Frauen

III. Die Festung wird zum wohnlichen Schloß 84

Der junge Kaiser Leopold · Eine prächtige Hochzeit und viel Musik ·
Eine Brandkatastrophe · Erfreuliche und zweifelhafte Personen bei Hofe · Pestgruben und neue Bauten · Die Burgbastei 1683 · Freud und Leid
in der Familie · Würden und Zeremonien · Formvollendete Diplomatie ·
Kaiser Leopolds I. letzte Jahre · Joseph I. stirbt zu früh

IV. Das Haus Habsburg-Lothringen 112

Damen bei Hofe · Der Alltag des Kaisers · Die junge Maria Theresia ·
Ein Gast aus Lothringen · Prachtbauten und Weinkeller · Lästige Feste,
hohe Herren · Maria Theresia heiratet · Große und kleine Sorgen ·
Maria Theresia regiert · Spektakel müssen halt sein · Freude an den
Kindern · Tratsch und Eifersucht · Schicksale in der Familie · Eine neue
Königin

V. Von der Aufklärung zum Biedermeier   157

Nach dem Tod des Kaisers · Wohnungsprobleme · Wieder die Pocken! ·
Die Garden · Eine Ära geht zu Ende · Das Hofburgtheater und der
Kontrollorgang · Der Papst in der Hofburg · Der Kaiser und sein Neffe ·
»Gott erhalte Franz, den Kaiser« · Der Wiener Kongreß · Friedliche
Zeiten · Ferdinand der Gütige · Das Revolutionsjahr 1848

VI. Das Zeitalter Kaiser Franz Josephs   206

Der junge Kaiser · Die Tragödie des Kronprinzen · Hofball und Ball bei
Hofe · Galadiner und Hoftafel · Leute um den Kaiser · Die Ämter in der
Hofburg · Das Carroussel in der Hofreitschule · Vom letzten Hofball bis
zum Ende der Monarchie

VII. Hofburg ohne Kaiserhof   237

Die Liquidierung der Hofämter · Hakenkreuz und Fliegerbomben · Die
Zeit des Wiederaufbaues · Die Hofburg heute · Brand im Redoutensaal

Verzeichnis der benützten Literatur   258

Namenregister   262

Einleitung

Tausende Menschen gehen täglich durch die Höfe der Burg, wenn sie von den Straßenbahnlinien der Ringstraße in die Innere Stadt streben. Wissenschaftler und Studenten suchen den Lesesaal der Nationalbibliothek in der Neuen Burg auf, Diplomaten das Kongreßzentrum, viele Leute besuchen die Museen in der Burg, Touristen interessieren sich besonders für die Schatzkammer, die Schauräume, die Hofsilberkammer und warten geduldig auf dem Josefsplatz, bis um zehn Uhr die Lipizzaner ihre Morgenarbeit in der Winterreitschule beginnen.

Die Hofburg ist – neben dem Stephansdom – der größte Anziehungspunkt der Inneren Stadt für Gäste aus Österreich und dem Ausland, sie ist Stätte der Bildung und Arbeitsplatz, bedeckt eine Fläche von rund 240000 m².

Über sechs Jahrhunderte lang wurde an ihr gebaut; da gab es keine einheitliche Planung, sondern die Herrscher ergänzten immer wieder, wenn sie mehr Raum brauchten, wo es gerade nötig und möglich war. Aus der alten Festung mit vier Ecktürmen rund um einen kleinen Hof wurde ein Konglomerat von 18 Trakten mit 19 Höfen. Nur ein Teil davon ist allgemein zugänglich.

Das Gebäude ist eng mit der Geschichte Österreichs und seines Herrscherhauses verbunden, seine Mauern wurden Zeugen vielfältiger menschlicher Schicksale, haben manches Glück und auch viel Leid gesehen. Davon soll dieses Buch erzählen: von den Menschen, die hier gelebt haben, von Geburt und Ehe, Krankheit und Tod, Politik und Intrigen, prachtvollen Festen und täglicher Arbeit.

Kaiser Franz Joseph I. und seine schöne Gemahlin sind auf vielen Postkarten zu sehen, die in der Burgpassage zum Kauf angeboten werden, der Name Maria Theresia ist auch dem historisch wenig vorgebildeten Besucher ungefähr vertraut, von ihrem Vater Karl VI. erfährt er im Prunksaal der Nationalbibliothek, wohl einem der schönsten Säle, die es auf der Welt gibt, und sieht das Bild des Kaisers in der Winterreitschule, im Inneren Burghof steht ein Denkmal für »unsern guten Kaiser Franz«, wie es im ersten Text der Haydn-Hymne hieß, den Josefsplatz beherrscht ein Denkmal für Kaiser Joseph II. zu Pferd. Sein Vater Franz I. Stephan, ebenfalls zu Pferd, im Burggarten ist

Die Wiener Hofburg

schon weniger bekannt – und wer war die Amalie, die einem ganzen Trakt der Hofburg den Namen gegeben hat?

Hier wird von allen Herrschern aus dem Hause Österreich die Rede sein, soweit sie in Beziehung zur Hofburg standen, dazu von Ministern und Kammerherren, Hofmeistern, Erziehern, Pagen, der großen Zahl von Hofbediensteten und auch von der Schweizer Garde, nach welcher der älteste Hof der Burg benannt ist, von der Burgkapelle und der Hofpfarrkirche, der Burgbastei und dem Burggarten. So soll sich ein Bild davon ergeben, was die Hofburg den Herrschern und den Untertanen, zeitweise auch für die Weltgeschichte bedeutet hat. Ein Abglanz davon ist heute noch zu spüren.

Als in der Nacht zum 27. November 1992 der Brand ausbrach, der den Großen Redoutensaal zerstörte und die benachbarten Teile der Burg mit ihren unermeßlichen, unersetzlichen Werten gefährdete, da zeigte sich, wie sehr auch das republikanische Österreich noch an der großen Vergangenheit hängt.

I

Die Herzogsburg

Babenbergische oder böhmische Gründung? · König
Ottokars Hof · »*In castro Wiennensi*«*. Der neue Herr*
und seine Gegner · Feste und Alltag in der Burg ·
Herzog Albrechts I. Kinder · Die Wiener Burg im
14. Jahrhundert · Der Stifter und das gefälschte Pri-
vileg · Albrecht mit dem Zopfe und Albrecht der Ge-
duldige · Ein Herzogshut und drei Königskronen

Babenbergische oder böhmische Gründung?

Noch zu Anfang unseres Jahrhunderts hieß es, der Babenberger-Herzog Leopold VI. habe eine neue Burg erbaut, aber die Urkunde, auf die sich diese
Annahme stützte, ist leider nicht mehr vorhanden, nur ihre deutsche Übersetzung aus späterer Zeit – wenn sie überhaupt eine Übersetzung und nicht eine
Fälschung ist; dergleichen kam damals gar nicht so selten vor. Sie spricht
vom Bau der Michaelerkirche im Jahre 1221 »ze nachst unser Neuburg«.
Genaue Vermessungen der ältesten Teile der Hofburg in den Jahren 1956 und
1958 ergaben aber, daß sie erst in der zweiten Hälfte des 13. Jahrhunderts
erbaut wurden, als schon der Böhmenkönig Ottokar II. in Österreich herrschte. Dazu stimmt die Angabe eines Chronisten jener Zeit, Ottokar habe im
Jahre 1275 innerhalb der Stadtmauern eine Burg errichten lassen.
Als diese neuere Meinung allgemein anerkannt schien, tauchten wieder Argumente für die ältere auf: Für eine quadratische Anlage mit vier Ecktürmen
habe es im 13. Jahrhundert weder in Deutschland noch in Böhmen Vorbilder
gegeben, wohl aber in Italien die Stauferburgen von Bari und Trani. Als die
Babenberger mit den Staufern nach Italien kamen, hätten sie diese zweckmäßige und zugleich repräsentative Art der Anlage kennengelernt und nach
Österreich übertragen, zum Beispiel in Wiener Neustadt, Ebenfurt, Ebreichs-
dorf – und eben auch in Wien.

König Ottokars Hof

Diese Burg aus der Zeit Herzog Leopolds VI. und Friedrichs II., des Streitbaren, dürfte dann Ottokar erweitert haben, für einen gänzlich neuen Bau hätte die Zeit von 1275 bis 1278 ja kaum ausgereicht! Wenn aber die Burg schon bestand, als Ottokar in Wien einzog, nahm er wohl auch hier Quartier, hatte seine Kanzlei, Verwaltungsbeamte, Wächter – und auch Geiseln. Die hatte er nicht mit Gewalt ausgehoben, es waren die Söhne Adeliger aus Österreich und der Steiermark, die er an seinen Hof berufen hatte, um dadurch ihre Väter von einem Aufstand abzuhalten. Da dienten nun die Jungherren als Pagen und Knappen am Wiener Hof Ottokars, ihres Landesherrn, eine ehrenvolle Aufgabe, die ihre Väter nicht ablehnen konnten. Da sie den höchsten Familien angehörten, wurden sie auch herangezogen, die vielen Urkunden, die in Ottokars Kanzlei ausgestellt wurden, als Zeugen zu unterfertigen.

Eine dieser Urkunden, ausgestellt am 23. Mai 1261, hat als Zeugen einen Knappen Friedrich, der – wenn nicht Ottokar einmarschiert wäre – selbst Aussichten gehabt hätte, Landesherr und Herr der Burg zu werden: Seinem Vater, dem Markgrafen Hermann von Baden, hatte Papst Innozenz IV. am 14. September 1248 den Besitz des Herzogtums Österreich bestätigt, seine Mutter war Gertrud, die Nichte des letzten Babenbergers Friedrich II., des Streitbaren. Sie hatte sich auf babenbergische Besitzungen in der Steiermark zurückgezogen, steirische Adelige, unter ihnen der berühmte Minnesänger Ulrich von Liechtenstein, sahen in ihrem Sohn Friedrich den rechtmäßigen Erben der Babenberger – da ist es begreiflich, daß Ottokar ihn zur Vorsicht an seinen Hof geholt hatte. Das Erbrecht des Knaben erkannte Ottokar selbstverständlich nicht an, jene Urkunde nennt ihn nur als »Sohn der Gertrud, Herzogin von Judenburg«. Ottokar konnte grausam sein, war es aber nicht immer, vielleicht erschien ihm der zwölfjährige Friedrich zu unbedeutend, um ihn aus dem Weg räumen zu müssen. Eine Notiz des folgenden Jahres sagt über Friedrich: »licentiatus est«, das kann heißen, daß er verabschiedet oder aus einer Haft entlassen wurde. Er zog 1267 mit seinem Freund Konradin, dem letzten Staufer, nach Italien und erlitt mit ihm zusammen in Neapel den bekannten tragischen Tod.

Ob nun babenbergische oder böhmische Gründung, die Burg stand jedenfalls an einer taktisch günstigen Stelle, nämlich am höchsten Punkt der Stadt im Süden, zwölf Meter höher als der Steilabfall der Donau im Norden: Angesichts der niedrigen Wohnhäuser bedeuteten zwölf Meter Höhenunterschied sehr viel. Vier Türme bezeichneten die Eckpunkte eines nicht ganz regelmäßigen Rechteckes; der mächtigste von ihnen mit einer Grundfläche von 14 mal 14 Meter, aus Quadersteinen erbaut, schützte das Widmertor, durch das eine Straße aus der Stadt nach Süden führte. So kontrollierte die Burg in Friedenszeiten den Handelsverkehr, im Kriegsfalle schützte sie gegen einen Angriff aus Süden. Außerdem zeigte sie den Wiener Bürgern die Macht ihres Herrschers, denn wenn auch die angesehensten Bürgerfamilien treu zu Ottokar standen, gab es doch eine Gegenströmung: Die einfachen Leute ließen sich von Priestern und Mönchen beeinflussen, die insgeheim für König Rudolf warben.

Graf Rudolf von Habsburg war 1273 zum römisch-deutschen König gewählt worden und forderte die Rückerstattung aller seit 1245 entfremdeter Lehen. Ottokar dachte nicht daran, auf Österreich, die Steiermark, Kärnten und Krain zu verzichten, und als deswegen die Reichsacht über ihn verhängt wurde, rüstete er sich zur Gegenwehr. Aber Rudolf fand immer mehr Anhang, je näher er an Wien heranrückte. Er mußte die Stadt nicht lange belagern. Ottokar schloß am 21. November 1276 Frieden und fügte sich Rudolfs Forderungen. Als er zwei Jahre später neuerlich zu den Waffen griff, unterlag er und fand den Tod auf dem Schlachtfeld. Rudolf zog als Sieger in die Wiener Burg ein.

»In castro Wiennensi«
Der neue Herr und seine Gegner

Obwohl Rudolf von Habsburg ein treuer Anhänger der Hohenstaufen gewesen war, setzte er deren Politik nicht fort, verzichtete auf stärkeren Einfluß in Italien und bestätigte dem Vertreter des Papstes Nikolaus III. die Freiheit und Unabhängigkeit des Kirchenstaates und die Abtretung der Romagna. Die Urkunde darüber stellte er »in castro Wiennensi« aus, in der Burg zu Wien.

Drei Jahre lang lebte König Rudolf in der Burg, zusammen mit seiner Gemahlin Gertrud. Sie war eine Tochter des reichen Grafen Burkhard III. von Hohenberg-Haigerloh am oberen Neckar, war schon in jungen Jahren Rudolf angetraut worden und als gütig und sehr fromm bekannt. Bei den Wienern gewann sie 1278 großes Ansehen, weil sie auch einen Feind zu ehren wußte:

Sie hatte eine purpurne Decke nach Marchegg gesandt, damit König Ottokars Leichnam würdig eingehüllt würde.

Von den vielen Kindern, die Gertrud geboren hatte, starben zwei, vielleicht auch mehrere bereits im Kindesalter, drei Söhne und sechs Töchter wuchsen heran, aber nicht alle lebten in Wien. Im Interesse seiner Wahl zum König hatte Rudolf die Tochter Mathilde nach Oberbayern, Agnes nach Sachsen verheiratet, und zur Aussöhnung mit Böhmen mußte Guta (Jutta) noch als Kind mit König Ottokars Sohn Wenzel die Ehe eingehen. Für Hedwig wählte der König einen Neffen Ottokars, Otto von Brandenburg, als Gemahl. Im Jahre 1279 kam der junge Mann deshalb nach Wien, vor der Hochzeit erteilte ihm König Rudolf feierlich den Ritterschlag. Um diese Zeit (das genaue Datum ist nicht überliefert) heiratete Rudolfs Tochter Katharina in Wien ebenfalls einen Otto, den Sohn des Herzogs von Niederbayern.

Zu Beginn des Jahres 1281 mußte Königin Gertrud auch ihre Lieblingstochter Clementia aus dem Elternhaus entlassen. Das Mädchen wurde gemäß Rudolfs Heiratspolitik Karl Martell angetraut, dem Sohn des Königs von Neapel. Jede der Hochzeiten war selbstverständlich mit Festzug und Turnier, Musik und Gelage verbunden, aber der Gram über den Abschied von der Tochter soll der Grund dafür gewesen sein, daß Gertrud (oder Anna, wie sie nach der Krönung genannt wurde) schon bald nach Clementias Abreise starb.

Im selben Jahr 1281 ertrank Rudolfs Sohn Hartmann, 18 Jahre alt, bei einem Schiffsunglück auf dem Rhein. Zwei Söhne blieben dem König noch, Albrecht I. und Rudolf II., und er sorgte für ihre Zukunft. Da das Geschlecht der Babenberger ausgestorben war, konnte er als König, ohne Erbrechte zu verletzen, seine Söhne mit den Herzogtümern Österreich und Steiermark belehnen. Im folgenden Jahr wurde Albrecht allein zum Herzog beider Länder bestimmt; Rudolf war für andere Aufgaben ausersehen, aber er starb schon 1290 in Prag, als er dort seine Schwester Guta besuchte.

König Rudolf hatte einige Jahre in Wien verbracht, in der Burg gewohnt, aber weder er noch seine Gemahlin waren hier heimisch geworden. Gertrud wählte als letzte Ruhestätte das Münster von Basel, Rudolf ritt, als er sein Ende nahen fühlte, nach Speyer, wo er in der Krypta des Domes beigesetzt wurde.

Herzog Albrecht I. blieb in Wien. Er hatte sich schon vorher als umsichtiger Mann erwiesen, war vernünftig, ernst, seiner Würde bewußt und ein guter Familienvater, in Wien aber zunächst wenig beliebt, denn er regierte mit

König Albrecht I. (1255–1308)

fester Hand und hatte eine kleine Schar von schwäbischen Landsleuten um sich, denen er mehr vertraute als den einheimischen Herren. Das freute die Bürger gar nicht; der Landadel fühlte sich noch mehr enttäuscht, da er gehofft hatte, eine reichsunmittelbare Ritterschaft zu werden, so wie Wien kurze Zeit eine freie Reichsstadt gewesen war.

Im Herbst 1287 kam es zu einem Aufstand. Die Wiener zogen bewaffnet vor die Hofburg, dabei prahlten die Schuster, sie würden den Burggraben mit hölzernen Schuhleisten ausfüllen. Der Herzog wollte Blutvergießen vermeiden, er wußte die Aufrührer besser zu treffen: Er zog sich auf die alte Babenbergerfestung auf dem Leopoldsberg zurück und sperrte von dort aus den Schiffsverkehr auf der Donau. Damit war der Handel stromaufwärts unterbunden, vor allem die Ausfuhr von Wein, die den Bürgern bisher gute Einnahmen gebracht hatte. Nach etlichen Verhandlungen gaben sie nach und duldeten es, daß der Herzog aus ihren Privilegien diejenigen wegstrich, die ihm nicht genehm waren.

Nun konnte Albrecht I. daran denken, die Burg weiter auszubauen und eine kleine Kapelle einzurichten. 1296 stand sie bereits; zwei Jahre später erhielt ihr Rektor, der »honorabilis vir Martinus«, ein ungewöhnliches Vorrecht, er unterstand nur mehr teilweise der städtischen Gerichtsbarkeit. Die Kapelle war der Jungfrau Maria, dem Evangelisten Johannes, Johannes dem Täufer und dem hl. Pankratius geweiht, aber wo sie sich befand, ist nicht einwandfrei festzustellen. Vielleicht war sie in einem der Türme eingerichtet, vielleicht im Palas an der Südwestseite oder auch schon an der Stelle der heutigen Hofburgkapelle.

In der Zeit, während die Kapelle gebaut wurde, ereignete sich freilich noch anderes in der Wiener Burg. Thronstreitigkeiten in Ungarn wirkten über die Grenze herüber. Einer der Anwärter auf die Herrschaft im Nachbarland, Andreas III., weilte um 1290 in der Wiener Burg, nach der einen Version als Gast, nach der anderen als Gefangener in ritterlicher Haft. Jedenfalls wurde er bald lästig, denn er betonte bei jeder Gelegenheit, beim Mahl wie auf der Jagd, beim Kirchgang, beim Tanz und auch beim Bade, daß er, ein König, einen höheren Rang besitze als Herzog Albrecht und demgemäß behandelt werden müsse. Mit der Hilfe des Erzbischofs Ladomer von Gran (Esztergom) soll ihm, als Mönch verkleidet, die Flucht gelungen sein – wieder laut der Überlieferung, er sei gefangen gewesen. In der Burg trauerte ihm gewiß niemand nach, in der Stadt höchstens die Wirte und Geldverleiher, bei denen er Schulden hinterließ. Aber 1291 kehrte er mit einem Heer zurück und belagerte Wien. Das dauerte glücklicherweise nicht lange, denn Herzog Albrecht verzichtete auf alle Ansprüche, die er auf die Krone von Ungarn hatte; sie waren ohnehin nicht allzu fest begründet und kaum durchzusetzen gewesen.

Auch das Verhältnis zum nördlichen Nachbarland Böhmen war nicht frei von Problemen. König Wenzels II. Gemahlin Guta verstand es aber, mehrmals zwischen ihm und ihrem Bruder Herzog Albrecht zu vermitteln. 1283 kam sie zusammen mit Wenzel auf Besuch nach Wien, um vor aller Welt zu beweisen, daß nun besseres Einvernehmen herrsche. Herzog Albrecht empfing das hohe Paar in seiner Burg mit allem Aufwand, der ihm gebührte.

Feste und Alltag in der Burg

Zu Festen dieser Art kamen nicht nur die geladenen Gäste, geistliche Herren und Landedelleute, die oft große finanzielle Opfer brachten, um würdig auftreten zu können. Auch das »fahrende Volk« strömte herbei, Sänger und

Spielleute, Spaßmacher, gefällige Weiber, Gaukler und Barbiere. Sie mußten ihre Wagen außerhalb der Stadtmauern abstellen, ihre Zelte draußen aufschlagen, nur tagsüber durften sie hereinkommen und auf den Plätzen ihre Künste ausüben.

Barbiere lebten allerdings auch als ansässige Bürger innerhalb der Mauern. Sie schnitten Haare und stutzten Bärte, wovon ihr Gewerbe den Namen hatte, entfernten aber außerdem Warzen, setzten Blutegel und Schröpfköpfe gegen zu hohen Blutdruck, bekämpften innere Leiden mit Abführmitteln und Klistier, zogen Zähne, allerlei Kräuter und Umschläge gehörten ebenso zu ihren Heilmitteln wie Zaubersprüche und Amulette. Die vornehmeren unter ihnen bezeichneten sich, ohne Diplome vorweisen zu müssen, als Ärzte und hatten Zutritt in die Bürgerhäuser, sogar in die Herzogsburg.

Unter den Methoden, die sie anwendeten, hatte im Jahre 1295 auch Herzog Albrecht I. zu leiden. Als er sich plötzlich sehr übel fühlte, glaubte man an eine Vergiftung, denn Feinde hatte er immer noch. Damit das Gift ausfließe, hängten ihn die Ärzte mit dem Kopf nach unten auf. Diese barbarische Kur beendete zwar die Übelkeit, aber Albrecht verlor an einem Auge das Sehvermögen. Die Nachricht von seinem schlechten Zustand erweckte die Hoffnung, er werde bald sterben, einige Landadelige wagten einen Aufstand, aber der Herzog schlug ihn rasch nieder.

Damit bewies Albrecht I., daß er noch genug Kraft und Energie besaß, und ein halbes Jahr darauf feierte er schon wieder ein frohes Fest in und vor der Burg, das zugleich familiären und politischen Zwecken diente. Im Fasching 1286 kam König Andreas III. von Ungarn neuerlich nach Wien, diesmal als Bräutigam für Agnes, eine der Töchter des Herzogs, ein unscheinbares Mädchen von kaum 16 Jahren. Die Ehe wurde nicht glücklich, aber Albrecht hatte einen wichtigen Verbündeten gewonnen.

Das alltägliche Leben in der Burg zu Wien glich in vieler Hinsicht dem in anderen großen Burgen. Den Winter über herrschten in den hohen Räumen Kälte und Langeweile. Die Damen trösteten sich mit Gebet und Stickereiarbeit, die Herren mit Glühwein, mit Schach oder einem anderen Brettspiel, mitunter ritten sie zur Jagd, und alle warteten sie auf einen durchziehenden Sänger, der nicht nur Lieder vortragen, sondern auch Nachrichten aus fernen Ländern bringen würde.

Zu solchen Anlässen erhellte Kerzenlicht die Räume, sonst genügten Kienspäne. Glasscheiben waren noch sehr selten; viele der Fenster waren den

Winter über mit Brettern verschlagen, die Fugen mit Werg abgedichtet oder, im günstigeren Falle, mit Schweinsblasen bespannt, die wenigstens einen Lichtschimmer durchließen. Gewöhnlich blieb nur die Wahl zwischen halber, meistens völliger Dunkelheit und schlechter Luft oder bitterer Kälte, wenn doch einmal geöffnet wurde. Da zählte jeder in der Burg die Tage, bis die Sonne wieder Kraft gewinnen und wärmen würde! Es ist überliefert, mit welcher Freude zur Zeit der Babenberger das erste Veilchen als Zeichen des Frühlings begrüßt wurde – ein Jahrhundert später war es gewiß nicht anders.

Jeder Knabe aus adeliger Familie, der einmal Ritter werden sollte, hatte einige Jahre als Edelknabe und Knappe durchzumachen; dafür war der Dienst am Hof des Herzogs selbstverständlich ehrenvoller als auf einer entlegenen Burg und eröffnete bessere Aussichten für die Zukunft. Die älteren Knappen durften Botendienste leisten, die üblicherweise Belohnung eintrugen, warteten bei den festlichen Mahlzeiten auf und erlauschten dabei Gespräche, denen sie entnehmen konnten, was in der Welt vorging. Veranstaltete der Herzog gar einmal ein Turnier, hatte ein Knappe das Streitroß zu führen, andere Helm, Lanze und Schild zu tragen. Mit zunehmendem Alter legte Herzog Albrecht I. nur mehr wenig Wert darauf, selbst mitzustreiten, dafür gab es in seiner Familie genug Damen, die sich gern von einem Knappen betreuen ließen. Der älteste von ihnen, der Meisterknappe, leitete den Unterricht der Edelknaben in allen ritterlichen Übungen. Den Edelknaben und den jüngeren Knappen war der Hofdienst überlassen, sie empfingen Ankommende, hielten die Zügel des Pferdes, während der Gast abstieg, nahmen Waffen und Mantel entgegen, führten das Pferd in den Stall, und wenn es verschwitzt, der Roßknecht aber nicht zur Hand war, wischten sie es selbst trocken. In der kalten Jahreszeit war diese Mühe willkommener, als im Freien frierend zu warten.

Die Knechte und Mägde wiederum beneideten die Knappen darum, untätig umherstehen zu dürfen, denn sie waren vom frühen Morgen bis in die Nacht beschäftigt, ob sie nun Wasser trugen, die Nachtgeschirre der Herrschaften leerten und reinigten, Holz spalteten, Geflügel rupften, Gemüse holten oder es in der Küche putzten. Jede Aufgabe hatte ihre Mühe, brachte ihre kleinen Vorteile: Wer in der Küche arbeitete, brauchte nicht zu hungern, die Roßknechte hatten ihre warme Lagerstätte neben den Pferden. Ob der Dienst in der Hofburg schwerer war als auf einem Adelssitz der Umgebung, hing wohl weniger vom Herzog ab als von seinem Hofmeister.

Höher als das Gesinde standen in der Rangordnung die berittenen Waffenknechte, die Armbrust- und Bogenschützen, die auch als Türmer und Türhüter Dienst versahen, über ihnen wieder die persönlichen Diener, die Zofen und Kammerjungfern, Herolde, Jäger und Falkner. Die Hofbeamten, der Stallmeister, der Schreiber, der Hubmeister, dem die Geldgebarung unterstand, der Kuchelmeister und noch andere fühlten sich aus der Menge der Dienenden herausgehoben, denn sie durften, wenn auch an einem gesonderten Tisch, im Rittersaal speisen, die Schüsseln wurden aufgetragen, der Wein ihnen eingeschenkt.

Herzog Albrechts I. Kinder

Herzog Albrecht I. war nicht immer anwesend. 1298 zog er zur Königskrönung nach Aachen, Kriegszüge führten ihn nach Ungarn, Böhmen und Thüringen.

Herrin und, sooft der Herzog umherreiste, die wichtigste Person in der Burg war seine Gemahlin Elisabeth. Nach dem Willen ihres Vaters, des Grafen Meinhard II. von Görz-Tirol, war sie schon im Alter von zwölf Jahren vor den Traualtar getreten. Während ihrer glücklichen Ehe brachte sie 21 Kinder zur Welt, von denen zehn in jungen Jahren starben. Die übrigen sechs Söhne und fünf Töchter lebten nicht alle in Wien: Als Guta, die jüngste, um 1302 oder 1303 geboren wurde, war ihre älteste Schwester Anna bereits jahrelang verheiratet, und Agnes, die nächste, schon Witwe.

Den Söhnen gaben die späteren Geschichtsschreiber kennzeichnende Beinamen: Rudolf der Sanftmütige, Friedrich der Schöne, Leopold der Starke; dann kamen die Zwillingsbrüder Heinrich der Freundliche und Albrecht der Weise, schließlich Otto der Fröhliche. Nacheinander, zum Teil auch gemeinsam lernten sie, was für ihr künftiges Leben nötig sein würde. Bei Albrecht standen das Lesen und Schreiben sowie die lateinische Sprache im Vordergrund, denn er war für die geistliche Laufbahn bestimmt und wäre, hätte der Papst es nicht verhindert, schon mit 15 Jahren Bischof von Passau geworden. Gewiß ritt er auch mit seinen Brüdern und kräftigte den Körper durch Lauf, Sprung und Steinstoß, aber während er bei den Büchern saß, lernten sie die Waffen zu gebrauchen und bewiesen ihren Mut auf der Jagd nach Bär, Wildsau und Luchs.

Rudolf, der älteste Sohn des Herzogs, war das Vorbild seiner Brüder, und wenn er vielleicht zu sanftmütig war, wie es sein Beiname besagte, um sie in

Schranken zu halten, so stand ihm als etwas derberer Gefährte sein ungefähr gleichaltriger Vetter Ludwig zur Seite, Sohn Herzog Ludwigs des Strengen von Oberbayern. Ludwig scheint sich am Wiener Hof recht wohl gefühlt zu haben und schied nur ungern von hier. Er mußte heimreisen, um gegen seinen älteren Bruder Erbansprüche durchzusetzen.

Auch für Rudolf waren die unbeschwerten Jahre vorüber. Dem Wunsch des Vaters folgend, ritt er im Frühjahr 1300 nach Paris, um die Königstochter Blanche zu heiraten, und brachte sie zu Weihnachten nach Wien. Sie war erst 15 Jahre alt, führte eine prunkvolle Ausstattung mit und liebte auch in der neuen Heimat schöne Kleider und reichen Schmuck; doch sie kam ihren Pflichten an der Seite ihres Gemahls gewissenhaft nach und nahm seine Stelle ein, wenn er von Wien abwesend war. Die Ehe währte nicht lange: Blanche starb 1305, vermutlich an den Folgen einer Fehlgeburt.

Somit war Rudolf im Alter von 24 Jahren Witwer. Der Vater, König Albrecht I., ließ ihm keine Zeit zur Trauer, sondern zog mit ihm nach Böhmen, damit er dort vertragsgemäß das Erbe des letzten Přemysliden antrete. 1306 wurde er in Prag gekrönt, im nächsten Jahr dort bestattet; er war – wahrscheinlich an der Ruhr – gestorben, während er aufständische Adelige in ihrer Burg belagerte.

Nun wollte König Albrecht seinen zweiten Sohn, Friedrich den Schönen, zum König von Böhmen machen, fiel aber am 1. Mai 1308 einem Mordanschlag zum Opfer. Friedrich sah sich im Alter von 22 Jahren plötzlich als Haupt der Familie und vor schwierige Aufgaben gestellt. Die Pläne in Böhmen gab er sogleich auf, er mußte froh sein, wenn er die Herzogtümer Österreich und Steiermark bewahren konnte; sie waren ja nicht Eigenbesitz der Familie, sondern Lehen des Reiches, die der neue deutsche König – der Luxemburger Heinrich VII. – zu vergeben hatte. Also machte sich Friedrich auf, die Belehnung zu empfangen. Auch sein Bruder Leopold blieb nicht in Wien. Trotz seiner Jugend – als der Vater starb, zählte er erst 15 Jahre – bewährte er sich in der Verwaltung der habsburgischen Vorlande, den ererbten Besitzungen im Elsaß, in Schwaben und in der Schweiz; sein erstes Ziel aber war es, die Mörder seines Vaters zu bestrafen.

In der Burg zu Wien hatte die Witwe König Albrechts I. nur mehr ihre drei jüngeren Söhne und die zwei jüngsten Töchter um sich. Sie wartete bang auf Nachricht von Friedrich, denn sie war hinreichend politisch erfahren, um zu wissen, daß die Belehnung auf Schwierigkeiten stoßen würde, und zwar nicht nur von seiten des Königs. Der Herzog von Niederbayern hätte gern einen

Teil von Österreich, womöglich gar das ganze Herzogtum in seine Hand bekommen. Auch in der Stadt Wien gab es eine bayerische Partei, die, unterstützt von einigen Landadeligen, die Zeit nützen wollte, solange der Herzog fern, die Burg ohne Schutz war. Anführer der Verschwörung war ein Schneider namens Berthold, der es zur Würde eines Richters gebracht hatte. Noch wichtiger für das Unternehmen war, daß Berthold das Amt des Schützenmeisters innehatte. 500 Bewaffnete aus Niederbayern warteten verborgen vor der Stadt darauf, daß der Schützenmeister ihnen am frühen Morgen ein Tor öffne. Dann wollten sie in die Burg eindringen und die jungen Herzoge Heinrich, Albrecht und Otto gefangennehmen, um sie als Geiseln gegen Friedrich zu verwenden. Aber der herzogliche Hubmeister Konrad der Haarmarkter war rechtzeitig gewarnt worden. Die wenigen Waffenknechte in der Burg wären kaum imstande gewesen, einen Angriff abzuwehren, deshalb rief Konrad die Wiener Handwerker zu Hilfe, und sie kamen aus der ganzen Stadt zusammen. Einem Teil von ihnen (die überlieferte Zahl von 1 000 ist gewiß zu hoch gegriffen) befahl Konrad, die Burg zu verteidigen, die anderen sollten die Stadtmauern und Tore besetzen. Um bei dem erwarteten Kampf die jungen Herzoge nicht zu gefährden, ließ der Hubmeister sie in sein Haus bringen. So wurde der Anschlag vereitelt, Berthold und sein Anhang flohen aus der Stadt.

Die Ereignisse der folgenden Jahre zeigten Friedrich den Schönen als hochanständigen, ritterlichen Herrn, aber als er im Februar 1310 nach Wien zurückkehrte, bestrafte er die Aufrührer, die ihm in die Hand fielen, für heutige Begriffe unmenschlich hart: Hans den Stadlauer ließ er zu Tode schleifen und rädern, zwei anderen die Augen ausstechen, die Zunge ausreißen, und das ordnete er nicht im Jähzorn an, sondern überlegt und vermutlich mit durchaus gutem Gewissen. Das Vermögen jener, die sich durch Flucht der Strafe entzogen hatten, zog er ein und verteilte es an treue Bürger.

Von Elisabeth von Görz-Tirol, der Witwe König Albrechts I., und ihrer Tochter Agnes ist bekannt, daß sie an allen, die mit der Ermordung des Königs zu tun hatten, grausame Rache nahmen und lieber Unschuldige töten ließen, als Schuldige ohne Strafe zu entlassen; für die Überlieferung, sogar Kinder seien dabei umgekommen, gibt es allerdings keinen Beweis. Trotz ihrer Härte waren sie fromme Frauen. Sie stifteten im Aargau an der Stelle, wo Albrecht den Tod gefunden hatte, das Doppelkloster Königsfelden für Franziskanermönche und Nonnen vom Orden der hl. Klara. Zum Gedenken an den Ermordeten sollte die Äbtissin alljährlich an seinem Todestag Wein ausschenken lassen, und zwar Elsässer, falls der im Klosterkeller lagernde Wein nicht die Qualität besaß, daß der Jahrestag »mit Ehren« begangen werden konnte. Dort in Königsfelden starb Elisabeth am 28. Oktober 1313.

Als König Albrecht I. ermordet worden war, kam sein Sohn Friedrich noch nicht als Nachfolger in Frage, er war erst 22 Jahre alt. Aber nach dem Tode Kaiser Heinrichs VII., 1313, erschien er etlichen Fürsten als der richtige Mann, die Königskrone zu tragen. Er bemühte sich, unter den Fürsten Anhang zu gewinnen, und sein Ansehen stieg noch, als ihm König Jakob II. von Aragon seine Tochter Isabella zur Frau gab. Sie war nur 13 Jahre alt.

Die Regeln für die Königswahl waren noch nicht eindeutig festgelegt, ein anderer Teil der Fürsten stimmte für Ludwig von Oberbayern, die Entscheidung mußte auf dem Schlachtfeld fallen. Bei Mühldorf am Inn unterlag Friedrich am 28. September 1322, geriet in Gefangenschaft und verbrachte zweieinhalb bittere Jahre in Haft. Seine Gemahlin Isabella (in Österreich auch Elisabeth genannt) hatte schon einen Teil ihres Schmuckes zur Verfügung gestellt, um die Kriegskosten tragen zu helfen, in diesem Jahr 1322 starb auch noch ihr einziger Sohn im Alter von sechs Jahren, nun betete sie unablässig um Friedrichs Heimkehr und kasteite sich in der Hoffnung, Gott dadurch milde zu stimmen. Teils lebte sie in Wien, teils in Gutenstein im Piestingtal, bis Friedrich im März 1325 nach Wien heimkehrte, seelisch und körperlich erschüttert.

König Ludwig hatte ihn aber nur unter der Bedingung freigelassen, daß er seinen Bruder Leopold dazu bringe, den Kampf gegen Bayern einzustellen. Leopold hatte in den Jahren 1310 bis 1313 König Heinrich VII. nach Italien begleitet, sich trotz seiner Jugend als Kriegsmann bewährt, großen persönlichen Mut und Ausdauer bewiesen. Er dachte auch jetzt nicht daran nachzugeben, und getreu seinem Versprechen ritt Friedrich zurück nach Bayern, um sich wieder in Haft zu begeben. Dieser Beweis von ritterlicher Treue erregte damals allgemein Bewunderung und wurde noch von Schiller und Uhland verherrlicht. Es war aber wohl nicht nur die Rührung über Friedrichs Edelmut, auch politische Erwägung dürfte König Ludwig veranlaßt haben, den Freund aus Kindheitstagen nicht wieder einzukerkern, sondern an seiner Seite zu behalten und dann Friedrich als Mitkönig in Deutschland zu belassen, während er selbst zur Kaiserkrönung nach Italien zog.

Der politischen Zusammenhänge wegen mußten wir zeitlich ein wenig vorgreifen. Kehren wir zurück in die Wiener Burg, wo inzwischen einige neue Gesichter junger, sogar sehr junger Damen aufgetaucht waren. Isabella von

Aragon war in der ersten Zeit ihrer Ehe mit Friedrich viel unterwegs gewesen; als sie dann in Wien blieb, fand sie in ihrer 19jährigen Schwägerin, Friedrichs Schwester Katharina, eine liebevolle Freundin, so daß es ihr leichter fiel, sich in der fremden Umgebung einzuleben. Aber schon zwei Jahre später mußte Katharina die Reise nach Süditalien antreten, um Herzog Karl von Kalabrien zu heiraten. Im selben Jahre wie Isabella, 1314, war noch eine weitere Herzogin in die Wiener Burg eingezogen, Heinrichs des Freundlichen Gemahlin Elisabeth, Tochter des Grafen Rudolf von Virneburg (westlich von Koblenz). Sie war elf Jahre alt, eigentlich noch ein Kind. Wie sie sich in der Fremde zurechtfand, ob sie unter Heimweh litt, bei ihrem jungen Ehemann Trost fand, davon berichtet keiner der wenigen Geschichtsschreiber jener Zeit. Vielleicht freundete sie sich mit ihrer ungefähr gleichaltrigen Schwägerin Guta (Jutta) an, doch auch diese mußte nach dem Willen des Familienoberhaupts, ihres Bruders Friedrich, eine politische Ehe eingehen. Im April 1319 wurde sie in Baden im Aargau dem Grafen Ludwig IV. von Öttingen angetraut. Einer weniger verläßlichen Quelle zufolge fand die Hochzeit in Wien statt. Dabei soll der Gesandte Pietro Buonaparte aus Treviso großes Aufsehen erregt haben: Er trug zwei gerahmte Scheiben aus Glas auf der Nase! Eine Brille, damals die neueste Erfindung, war in Wien bis dahin noch nicht gesehen worden.

Herzog Leopold, zubenannt »der Starke« oder »der Glorwürdige«, hatte schon 1315 eine recht junge Dame geheiratet, die 17jährige Katharina von Savoyen. Sie lebte jedoch nicht für längere Zeit an der Wiener Burg, lieber harrte sie an der Seite ihres ehrgeizigen, tatkräftigen Mannes aus und nahm Anteil an seiner Politik. Er starb 1326 in Straßburg, sie überlebte ihn um zehn Jahre und wurde im Kloster Königsfelden begraben, wo schon einige andere Habsburgerinnen ruhten.

Zu dieser Zeit wohnten bereits wieder zwei junge Frauen in der Wiener Burg. 1324 hatte Herzog Albrecht II., der Weise, eine Elsässerin heimgeführt, Johanna, die als Erbtochter des letzten Grafen von Pfirt den Habsburgern einen erfreulichen Zuwachs an Besitzungen in ihren Vorlanden brachte: Die Grafschaft umfaßte fünf Herrschaften, das Dorf Pfirt und eine ansehnliche Burg. Im folgenden Jahre heiratete der jüngste Sohn König Albrechts I., Otto der Fröhliche, die etwa 20jährige Elisabeth von Niederbayern. Mit ihrem munteren, lebhaften Wesen paßte sie gut zu ihm, nur war sie nicht damit einverstanden, daß ihm keine politische Macht verliehen war, und trieb ihn deshalb, bessere Einkünfte und eine eigene Herrschaft zu fordern.

Der Familienzwist, der sich daraus ergab, ist als historische Tatsache bekannt, die genaueren Umstände bleiben zum guten Teil der Phantasie überlassen. Otto erhielt seinen Beinamen »der Fröhliche« zwar erst viel später, aber einen Grund dafür dürfte es gegeben haben. Wir können uns vorstellen, daß er gern zur Jagd ritt und mit seinen Freunden scherzte und trank. Es waren jedoch keine primitiven Saufkumpane, sondern Herren, die in der Literaturgeschichte ihren Platz haben, der »Pfaff vom Kahlenberg« und der Ritter Neidhart Fuchs, der die Lieder des Minnesängers Neidhart von Reuental aus der Babenbergerzeit nachahmte. Herzog Otto stiftete den St.-Georgs-Ritterorden und ließ für ihn im Anschluß an die Hofpfarrkirche St. Augustin eine Kapelle erbauen; damit sollte das sagenhafte Gralsrittertum erneuert werden. Es ist gut möglich, daß es in der Runde der sorgsam erwählten Herren ganz lustig zuging und Otto auch dadurch seinen Beinamen errang.

Sein älterer Bruder, Heinrich der Freundliche, war 1322 zusammen mit Friedrich dem Schönen in der Schlacht bei Mühldorf in Gefangenschaft geraten. Nach einem Jahr im Verlies bei König Johann von Böhmen war seine Gesundheit so geschwächt, daß er bald starb. Auch Friedrich litt noch an den Folgen der Kerkerhaft, zog sich von der Reichspolitik auf seine Pflichten in Wien zurück, dann noch mehr in die Einsamkeit nach Gutenstein. Dort starb er am 13. Januar 1330.

Nun waren nur mehr zwei Brüder übrig, Albrecht II., der Weise, und Otto der Fröhliche, der die feste Grenzstadt Hainburg als eigene Residenz besaß, aber oft nach Wien kam. Am 25. März 1330 saßen die beiden Herzoge mit ihren Frauen beim Mahle, da wurde ihnen plötzlich übel: offensichtlich eine Vergiftung. Weder damals noch später wurde festgestellt, ob eine böse Absicht die Ursache war oder nur Unachtsamkeit, etwa verdorbenes Fleisch, giftige Pilze, verunreinigtes Brunnenwasser oder Roggen, der vom Mutterkornpilz befallen war. Otto überstand den Vorfall, seine Frau Elisabeth starb daran, Albrecht II. blieb für den Rest seines Lebens so geschädigt, daß er neben dem Beinamen des Weisen auch den »der Lahme« erhielt. Diese Ansicht galt bis vor wenigen Jahren und ist auch heute noch verbreitet, doch als 1985 die Kartause Gaming restauriert und dabei Albrechts Sarg geöffnet wurde, stellten Anthropologen fest, der Herzog sei nicht durch jene Lebensmittelvergiftung gelähmt gewesen, sondern habe an Polyarthritis gelitten, eine Art von sehr schmerzhaftem Gelenksrheumatismus. Wie es seiner Frau Johanna bei dem verhängnisvollen Mahl erging, ist nicht überliefert, sie lebte jedenfalls danach noch 21 Jahre lang und brachte sechs Kinder zur Welt.

Die Wiener Burg im 14. Jahrhundert

Wien war damals nur ein Pfeiler der habsburgischen Macht, noch spielten die Vorlande im Westen eine wichtige Rolle. 1335 erweiterte sich der Besitz gewaltig, die beiden Brüder erlangten das Herzogtum Kärnten und die Markgrafschaft Krain. Otto nahm nach überliefertem Brauch auf dem steinernen Herzogstuhl am Zollfeld nördlich von Klagenfurt die Huldigung entgegen. Albrecht II. führte in Wien den Ausbau der Burg weiter, den sein Vater begonnen hatte, und gab ihr die Gestalt, die dann für Jahrhunderte bestand. Die Südwestfront bildete der Palas, an seinem westlichen Ende stand der Bergfried als stärkster Turm, anschließend das gut befestigte Widmertor. Der »Jungfernturm« an der südöstlichen Ecke enthielt das Archiv. Ob sich schon damals die Burgkapelle anschloß, bleibt ungewiß. Der übrige Südosttrakt war hauptsächlich für Wohngemächer bestimmt. Im Nordosttrakt befanden sich der Festsaal und darüber wahrscheinlich Kammern für das Gesinde. An der vierten Seite der Burg, gegen Nordwesten zu, standen zunächst keine Gebäude, sondern nur eine Wehrmauer mit dem Burgtor in der Mitte, über diesem ein kleiner Torturm, davor eine Zugbrücke. Im Laufe der Zeit wurden

Hofburg und Stephansdom (Ausschnitt aus Hirschvogels Stadtansicht von Süden)

an die Innenseite der Wehrmauer Küchen und die Backstube angebaut, über dem alten Radbrunnen ein Brunnenhaus errichtet, aber alles so niedrig, daß der Wehrgang entlang der Mauer erhalten blieb. In Friedenszeiten patrouillierten dort einige wenige Wächter, im Kriegsfall standen Schützen bei den Schießscharten.

Der Hof innerhalb des Gevierts war wesentlich größer, als er sich heute zeigt, darin standen Stallungen und »Stadl« (Wirtschaftsschuppen) aus Holz. Wie in allen Ritterburgen erfüllte Stallgeruch den Hof, Roßmist und Hundekot lagen immer wieder auf dem Boden, obwohl Herzog Albrecht II. sehr auf Reinlichkeit hielt. Am 5. Mai 1333 ordnete er sogar für die ganze Stadt eine Generalreinigung an und verbot, Unflat einfach aus den Fenstern und den Hausfluren auf die Gassen zu schütten.

Die Ausmaße der Burg betrugen ungefähr 60 mal 60 Meter. Rundum zog sich der Graben, der im Notfall mit Wasser aus den nahen Bächen gefüllt werden konnte. Das war aber schon lange nicht mehr nötig gewesen, nun wurden Tiere darin gehalten, hauptsächlich wohl für den Bedarf der Küche, aber auch Raubtiere für die Schaulustigen. Einer Magd wurde das zum Verhängnis: Im Gedränge eines Festes stürzte sie in den Graben hinab und wurde von einem Bären zerfleischt. Die Außenseite des Grabens war durch Palisaden und Verhaue geschützt. Im Norden und Osten der Burg dehnte sich der Burggarten aus, der Platz vor dem Tor diente für Turniere und festliche Aufzüge. Das anschließende Gelände war schon zum großen Teil verbaut, besonders die Adeligen errichteten dort ihre Stadthäuser. Vom Hof der Grafen von Cilli wird noch mehrmals die Rede sein.

Fünf Jahre nach dem Tod seiner ersten Gemahlin Elisabeth heiratete Herzog Otto noch einmal, wieder aus politischen Gründen. Anna von Luxemburg, Tochter König Johanns von Böhmen, ist eine der Frauen am Herzogshof, deren Schicksal nur in Umrissen bekannt ist, aber vermutlich tragisch verlief. Mit ihren zwölf Jahren hätte sie wahrscheinlich lieber mit Gleichaltrigen gespielt als versucht, sich in den Pflichten der Repräsentation zurechtzufinden, vielleicht konnte sie sich nicht einmal gegen die Hofmeisterin durchsetzen, wurde vom Dienstpersonal nicht ganz ernst genommen, und um eigene Kinder zu gebären, war sie zu jung. Nach drei Ehejahren schied sie im September 1338 aus dem Leben.

Kaum ein halbes Jahr später starb Herzog Otto. Seinen älteren Sohn Friedrich hatte er zu seiner Schwester Agnes nach Königsfelden gegeben, nun holte Albrecht II. seinen Neffen nach Wien in die Herzogsburg, um ihn als

Nachfolger zu erziehen für den Fall, daß er selbst keinen Sohn haben werde. Das Schicksal entschied anders: Am Allerheiligentag des Jahres 1339 brachte Albrechts Gemahlin Johanna nach langer kinderloser Ehe einen Sohn zur Welt. Trotzdem kümmerte sich Albrecht vorbildlich um seine beiden Neffen Friedrich II. und Leopold II., wohl weil er sie wirklich gern hatte, dann auch um ihres Vaters willen und schließlich, weil sein eigener Sohn Rudolf noch ein Kind war und niemand wissen konnte, was aus ihm würde – da sollte es für alle Fälle zwei junge Habsburger geben, die in der nächsten Generation zur Herrschaft befähigt waren. Aber gegen Ende des Jahres 1344 starben beide Söhne Ottos des Fröhlichen ganz plötzlich kurz nacheinander. Weder die Ursache noch der Ort ihres Todes sind bekannt.

Im Herbst 1348 suchte die Beulenpest Mitteleuropa heim. Sie trat zuerst im Hafen von Venedig auf und breitete sich längs der Handelsstraßen aus, wütete arg in Kärnten und erreichte auch Wien. Als sie zu Pfingsten 1349 abgeklungen war, feierten die Wiener ein Fest, bezeichnenderweise auf einem Friedhof: Herzog Friedrich der Schöne hatte 1327 den Augustiner Eremiten, einem damals beliebten Orden, ein Grundstück neben dem Burggarten geschenkt, damit sie dort eine Kirche und ein Kloster errichten konnten. Ihre Kirche wurde zur Hofpfarrkirche, Herzog Otto stiftete, wie schon erwähnt, die St.-Georgs-Kapelle, der Friedhof aber, der zum Kloster gehörte, war noch wenig belegt. Hier richteten die Wiener nach altem Brauch eine Tanzlaube auf: Hölzerne Pfeiler trugen ein Dach aus Zweigen und Blättern, die Seitenwände bestanden aus Leinentüchern, die hochgezogen werden konnten. Da tanzten also die jungen und auch die nicht mehr ganz jungen Leute zum Klang von Fiedel, Dudelsack und Trommel ihren fröhlichen Reigen auf dem Friedhof zwischen dem Kloster und der Burg. So nahe waren im Mittelalter Tod und Freude benachbart!

Der Stifter und das gefälschte Privileg

Die Wiener Burg war nicht viel wohnlicher als die anderen ihrer Zeit, aber Herzog Albrechts Sohn Rudolf, der vierte Habsburger dieses Namens, scheint darin eine glückliche Jugend verlebt zu haben, denn im Alter von 17 Jahren errichtete er zum Dank eine Kapelle in der Stube, in der er aufgezogen worden war »in unsern fürstlichen palas der purg ze Wien, in dem Turm neben Widmertor«. Herzog Albrecht II. starb im Sommer 1358, sieben

Jahre nach seiner Gemahlin Johanna. Er zählt nicht zu den allgemein bekannten Persönlichkeiten der Geschichte, doch großmütig, duldsam und mild, wie er war, würde er einen Ehrenplatz in der Reihe der Herrscher Österreichs verdienen.

Nun mußte Rudolf IV. im 19. Lebensjahr als Nachfolger die Würde und die vielfältigen Pflichten des Herzogs von Österreich und der Steiermark, Kärnten und Krain auf sich nehmen. Er war ehrgeizig und auf den Rang seiner Familie bedacht. Schon im ersten Regierungsjahr setzte er bei Papst Innozenz VI. durch, daß die Burgkapelle zur Kollegiatskirche erhoben wurde; das Kollegium setzte sich aus einem Propst, 24 Chorherren und 16 Hilfspriestern zusammen und unterstand nicht dem Passauer Bischof, sondern unmittelbar dem Papst. Da die Burgkapelle aber für religiöse Feiern größeren Stiles zu eng war, ließ der Herzog die Propstei in die Stephanskirche übertragen und diese zu einem Dom erweitern. Die Burgkapelle blieb jedoch die Pfarrkirche der herzoglichen Familie.

Über Rudolfs Eheschicksal hatte der Vater frühzeitig entschieden. Schon im Alter von 14 Jahren mußte Rudolf die elfjährige Luxemburgerin Katharina heiraten, die Tochter des römisch-deutschen und böhmischen Königs Karl IV., der zwei Jahre später zum Kaiser gekrönt wurde. Also wohnte in der Wiener Burg wieder eine viel zu junge Herzogin, aber diese hatte immerhin das Glück, sich nicht erst in einer fremden Umgebung eingewöhnen zu müssen: Seit ihrem sechsten Lebensjahr hatte sie sich am Herzogshof zu Wien befunden, Albrecht II. hatte sie wie ein eigenes Kind erziehen lassen.

Trotz dieser Verbindung herrschte eine gewisse Eifersucht zwischen Prag und Wien. Als Karl IV. 1356 ein Reichsgrundgesetz veröffentlichte, die berühmte »Goldene Bulle«, legte er darin unter anderem die Regeln für die Königswahl fest und ernannte sieben Kurfürsten – aber die Herzoge von Österreich waren nicht darunter, auch nicht die von Bayern.

Um diese Zurücksetzung ein wenig auszugleichen, wurden im Winter 1358/59, dem ersten Regierungsjahr Rudolfs IV., in der Kanzlei der Wiener Herzogsburg fünf Urkunden gefälscht, vielleicht im Auftrag des Kanzlers Johann von Platzheim, eher aber im Auftrag des jungen Herzogs selbst.

Formal gelang die Fälschung vorzüglich – man verwendete die Siegel von echten Urkunden –, doch der Inhalt war problematisch: Dem ersten Schriftstück zufolge bestätigte König Heinrich IV. im Jahre 1058 dem Markgrafen Ernst von Österreich die Privilegien, die dessen Vorfahren von Julius Caesar und Kaiser Nero erhalten hatten! Ein wenig glaubhafter schien die zweite

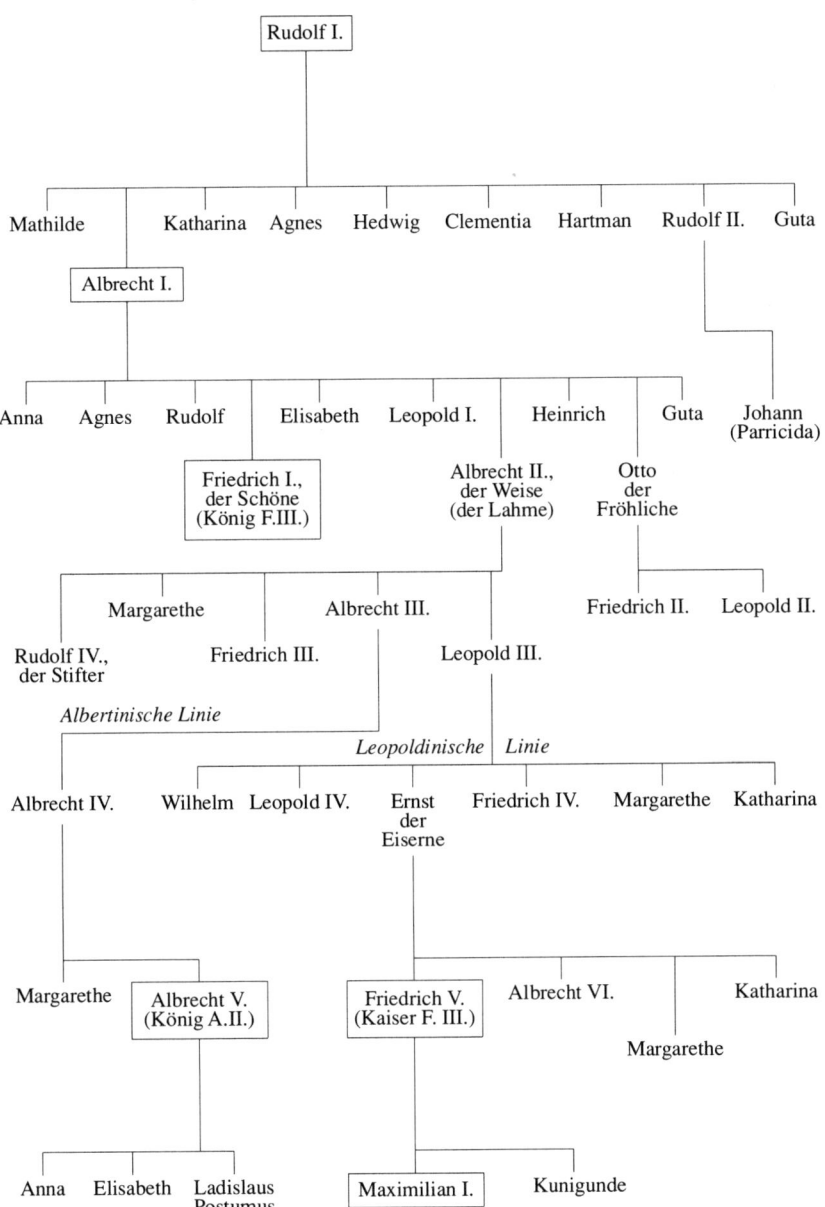

Urkunde, denn sie stimmte am Anfang wie am Ende mit der überein, die Kaiser Friedrich I. Barbarossa 1156 in Regensburg ausgestellt und gesiegelt hatte, doch die darin enthaltenen Sonderrechte waren unmäßig erweitert, die nun vorenthaltene Würde eines Kurfürsten durch eine andere ersetzt: Der Herzog von Österreich sollte den Rang eines *Palatinus Archidux* (Pfalzerzherzog) haben. Die drei anderen Urkunden enthielten nur die Bestätigungen der vorhergehenden.

Kaiser Karl IV. weigerte sich begreiflicherweise, die Urkunden als echt anzuerkennen, aber gemeinsame politische Interessen bewirkten, daß die Verstimmung nicht lange dauerte, zudem war Rudolf bald wieder mit anderen großen Unternehmungen beschäftigt. Was er für Österreich und besonders für Wien tat, wie er sich den Beinamen »der Stifter« verdiente, ist hinreichend bekannt, der Stephansdom und die Wiener Universität zeugen für ihn.

Gegen jeden bedeutenden Mann kann man Einwände erheben, im Falle Rudolfs des Stifters etwa, er habe sich bemüht, vor der Welt und wohl auch vor seiner Frau es ihrem Vater, dem großen Karl IV., gleichzutun, und seine Leistungen seien nur möglich gewesen, weil sein Vater große Geldreserven geschaffen hatte. Aber er bewährte sich auch als Diplomat und Stratege im Friauler Krieg gegen Lodovico della Torre, den Patriarchen von Aquileia. 1361 wurden der Patriarch und 16 adelige Herren als Geiseln nach Wien gebracht, doch wurden sie – ihrem Rang entsprechend – sicherlich nicht in einem unterirdischen Gefängnis festgehalten. Ob es in der Wiener Burg überhaupt ein Verlies gab, ist nicht überliefert, nur von einem ausgedehnten Weinkeller wird berichtet.

Wegen der Auseinandersetzungen mit Aquileia suchte Rudolf Unterstützung in Norditalien. Nachdem er am 12. März 1365 den Stiftsbrief für die Wiener Universität erstellt hatte, reiste er nach Mailand zur Verlobung seines 14jährigen Bruders Leopold III. mit Viridis, der etwa gleichaltrigen Tochter des Herzogs Barnabò Visconti. Während dieses Besuches in Mailand starb Rudolf der Stifter am 27. Juli 1365 im Alter von 26 Jahren. Seine Witwe Katharina blieb nicht lange in Wien, ihr Vater Kaiser Karl IV. verwendete sie bald wieder als Mittel seiner Politik und verheiratete sie mit dem Markgrafen Otto V. von Brandenburg.

Albrecht mit dem Zopfe und Albrecht der Geduldige

Da Rudolf IV. keine Kinder hinterließ, folgten ihm nach habsburgischem Hausgesetz seine minderjährigen Brüder. Friedrich III. war nicht mehr dabei, er hatte 1362 bei einem Jagdunfall den Tod gefunden. Die beiden anderen, Albrecht III. und Leopold III., erhielten ihre Länder als Reichslehen zugesprochen, aber unter der Bedingung, daß Albrecht von seiner Verlobung mit einer Nichte des Königs von Ungarn zurücktrat und statt ihrer eine Tochter Kaiser Karls IV., die achtjährige Elisabeth von Böhmen, als Ehefrau nach Wien brachte.

Hier stand die kindliche Herzogin naturgemäß im Schatten ihrer Schwägerin Viridis Visconti. Zum Glück zeigte die Mailänderin keinen politischen Ehrgeiz und übersiedelte nach etwa zwei Jahren in der Wiener Burg mit ihrem Hofstaat nach Graz. Ihr Gemahl Herzog Leopold III. erweiterte den habsburgischen Besitz im Süden und Westen von Triest bis in den Breisgau, am 9. Juli 1386 aber bei Sempach verlor sein Ritterheer die Schlacht gegen das Schweizer Fußvolk, er weigerte sich zu fliehen und fiel im Kampfe. Seine Beinamen lauteten zwar »der Fromme«, »der Gerechte«, »der Biedere«, seine Gegner jedoch warfen ihm Habsucht und Machtgier vor. Sicher überliefert ist, daß er in seinen Kanzleien und Registraturen auf Ordnung achtete. Dabei verwendeten die Beamten nicht nur die üblichen Buchstaben, sondern auch Symbole wie Krone, Schwert, Kopf oder Stiefel. Er wurde 35 Jahre alt und hinterließ vier Söhne und drei Töchter. Da er darauf bestanden hatte, die Herrschaft zu teilen, wuchsen die Kinder nun in Graz auf, drei Generationen lang bestanden zwei Linien des Hauses Habsburg nebeneinander.

Leopolds älterer Bruder Albrecht III. hatte den kleineren, aber reicheren Teil der Länder übernommen, nämlich Österreich und das Salzkammergut, und residierte in der Herzogsburg zu Wien. Nach dem Tode seiner ersten Gemahlin, der allzujungen Elisabeth, heiratete er in Wien mit allem gebührenden Prunk die 15jährige Beatrix von Zollern (Hohenzollern), Tochter des Burggrafen von Nürnberg. Sie schenkte ihm eine Tochter, danach den ersehnten Sohn.

Bald nach der Hochzeit, im Frühjahr 1375, nahm Albrecht III. an einem Kreuzzug gegen die heidnischen Preußen teil. 62 Ritter und 2000 Kriegsknechte sollen ihn begleitet haben, dazu Dichter, Musikanten und Herolde. Vielleicht führte er im Troß auch österreichischen Wein mit (zwei Fässer bildeten eine »carrata«, eine Wagenladung), denn es heißt, daß er mit den

Herren des deutschen Ritterordens fröhliche Feste und Gelage feierte. Als er im Herbst 1377 nach Wien zurückkehrte, jubelte ihm das Volk wie einem Triumphator zu.

Der Beiname Herzog Albrechts III. »mit dem Zopfe« wird auf verschiedene Art erklärt: Er habe auf dem Feldzug nach Preußen eine Locke seiner verstorbenen ersten Gemahlin bei sich getragen oder seine schönen Haare, nach Frauenart geflochten, auf den Rücken herabhängen lassen, und zwar als Zeichen der Zugehörigkeit zu einer ritterlichen Gesellschaft, die er gegründet hatte. So ist er auf einem Bild im Kunsthistorischen Museum in Wien dargestellt, ein anderes Bild zeigt ihn mit zwei über die Schultern nach vorne fallenden Zöpfen, auf einem Fensterbild schließlich trägt er einen Harnisch und hat den Zopf in einem Futteral geborgen.

Der Herzog führte den Bau des Stephansdomes weiter, kümmerte sich um die junge Universität und erlangte von Papst Urban VI. die Erlaubnis, als vierte Fakultät die theologische zu etablieren. Er selbst sammelte Bücher, zeigte Interesse für Mathematik, Geographie und Astronomie, führte mit seinem Hofkaplan, einem Augustiner Eremiten, und gelehrten Herren der Universität fachkundige Gespräche und galt – trotz einer Judenverfolgung – als gütig und gerecht. Er starb 1395 im Alter von 45 Jahren.

Eines der letzten großen Feste, die Herzog Albrecht III. in und vor seiner Burg gefeiert hatte, fand 1390 anläßlich der Hochzeit seines einzigen Sohnes, des 13jährigen Albrecht IV., mit der 17jährigen Johanna Sophia von Niederbayern statt.

Als der junge Ehemann die Regierung übernehmen mußte, zählte er 18 Jahre. Die Aufgabe war anscheinend zu schwer für ihn, zumindest in der ersten Zeit. Raubritter machten das Land unsicher, besonders die Grenzgebiete, Banden zogen umher. Der Beiname »der Geduldige«, den Albrecht IV. erhielt, könnte auf einen Mangel an Energie hinweisen. Er mußte es hinnehmen, daß sein älterer Vetter Wilhelm aus der steirischen Linie der Habsburger zeitweise in Österreich mitregierte und sich sogar in die Außenpolitik einmischte.

Als stiller, frommer Mann flüchtete Albrecht IV. gern aus der Herzogsburg in die klösterliche Ruhe der Kartause von Mauerbach im Wienerwald, die Friedrich der Schöne gestiftet hatte. Aber das erste Jahr seiner Regierung war noch nicht abgelaufen, da mußte er schon in seiner Wiener Burg viele vornehme Gäste empfangen, den französischen Connétable Philippe d'Artois und andere hohe Herren aus Frankreich und Burgund, England und Deutsch-

Herzog Albrecht IV. (1377–1404)

land. Sie zogen die Donau entlang, Schiffe beförderten den Proviant. Es war ein später Kreuzzug, der erste gegen die Türken. Unterwegs sollten sich König Sigismund von Ungarn und viele Ritter aus Böhmen, Schlesien und Polen dem Heer anschließen, auch Albrecht IV. dachte daran. Als aber im Oktober 1396 die Nachricht kam, das Kreuzfahrerheer habe bei Nikopolis eine vernichtende Niederlage erlitten, waren der Herzog, seine Frau und seine Mutter sehr froh, daß er nicht mitgeritten war.

Dafür unternahm Albrecht zwei Jahre später eine friedliche Pilgerfahrt ins Heilige Land. Von Venedig aus fuhr er mit seinen Begleitern auf zwei Galeeren nach Akkon, bestand dort einige Gefahren, besuchte das Heilige Grab und erhielt den Ritterschlag. Als er im Dezember 1398 nach Wien zurückkehrte, empfingen ihn die Geistlichkeit, die Universität und die Bürger sehr feierlich. An den langen Winterabenden in der Burg erzählte er so viel von seinen Erlebnissen und Abenteuern, daß man ihn als *»mirabilis mundi«* (Weltwunder) bezeichnete. Außer der Gemahlin und der Mutter hörten ihm auch die steirischen Vettern Wilhelm und Ernst zu, die der Politik wegen in Wien weilten.

Der Grund dafür waren die guten Beziehungen zu König Sigismund von Ungarn und Sorgen wegen dessen Bruder Wenzel I., der als älterer Sohn und Nachfolger Karls IV. römisch-deutscher König und König von Böhmen war. Wenzel hatte guten Willen, aber nicht die Fähigkeit gezeigt, seine Pflichten als Herrscher zu erfüllen, sich mit Jagd und Tafelfreuden darüber hinweggetröstet und versucht, durch Grausamkeit seine Macht zu behaupten. Sein bekanntestes Opfer war der Prager Generalvikar Johannes Nepomuk, den er in die Moldau stürzen ließ. Die Habsburger waren nicht unmittelbar beteiligt, als vier deutsche Kurfürsten König Wenzel I. absetzten, aber als Sigismund den Bruder gefangennahm, brachte er ihn am 9. August 1402 nach Wien und ersuchte die Herzoge, ihn in ihrer Burg sicher zu verwahren. Im September kam Sigismund noch einmal aus Preßburg nach Wien, um sich zu überzeugen, ob sein Bruder ordentlich bewacht werde.

Selbstverständlich mußte Wenzel nicht in einem Verlies schmachten, sein Rang sicherte ihm ritterliche Haft zu, ja er durfte sich als – allerdings unfreiwilliger – Gast fühlen und täglich in Begleitung in die Stadt und vor die Stadt hinaus reiten. Die vielen Rücksichten wurden auf die Dauer lästig, denn bescheiden war Wenzel nie gewesen, deshalb stellte man ihm ein Haus am Kienmarkt, einem kleinen Platz vor der Ruprechtskirche, zur Verfügung. Von dort gelang ihm die Flucht. Am 11. November 1403, während die Wiener den Tag des hl. Martin feierten, an dem der junge Wein zum erstenmal getrunken wurde, soll Wenzel mit vier Begleitern aus der Stadt geritten, bei Stadlau über die Donau gebracht und jenseits von Johann von Liechtenstein empfangen worden sein, der ihn in sicherem Geleit nach Mähren brachte. Nach einer anderen Version half der Fischer Hanns Gründel dem König, über die Stadtmauer zu entfliehen, und führte ihn in einem Boot über die Donau. Herzog Wilhelm scheint es ganz gern geduldet zu haben, und Wenzel dankte ihm dafür, indem er die Erbverträge zwischen den Habsburgern und den Luxemburgern bestätigte.

Herzog Albrecht IV., der Geduldige, hatte an Wenzels Flucht keinen Anteil. Er starb im folgenden Jahr, am 14. September 1404, während eines Kriegszuges gegen Raubritter, die sich in der festen Stadt Znaim eingenistet hatten. Es gibt verschiedene Überlieferungen über die Todesursache – ein Pfeilschuß, Gift –; am wahrscheinlichsten ist aber, daß er der Ruhr zum Opfer fiel.

Ein Herzogshut und drei Königskronen

Der Sohn Herzog Albrechts IV., Albrecht V., war zu der Zeit erst sieben Jahre alt, sein Onkel Wilhelm übernahm die Vormundschaft. Als Wilhelm 1406 starb, entbrannte unter seinen Brüdern ein heftiger Streit darum, wer nun die Vormundschaft über den Neffen – und damit die österreichischen Pfründe – erlangen sollte; der Streit hielt so lange an, bis im Frühjahr 1411 Albrecht von zwei Adeligen entführt und in Eggenburg von den österreichischen Ständen für mündig erklärt wurde. Als der junge Herzog am 6. Juni in Wien einritt, empfingen ihn die Bürger mit großem Jubel, Fahnen wehten von allen Türmen, aus den Fenstern hingen Teppiche und bunte Tücher, überall ertönte Musik. Die Bürgermeister und Ratsherren zogen Albrecht entgegen und überreichten ihm die Schlüssel der Stadt, die Bürger geleiteten ihn zu seiner Burg. Sigismund, König von Ungarn und seit kurzem römisch-deutscher König, erklärte ebenfalls, der junge Herr sei fähig, im Alter von 14 Jahren die Regierung anzutreten, und verlobte ihn gleich mit seiner zweijährigen Tochter Elisabeth. Albrecht V. war somit von der lästigen Vormundschaft befreit, die Onkel durften ihn nicht mehr im Sinne ihrer Absichten lenken. Leopold IV., den Dicken, traf vor Aufregung der Schlag, Ernst den Eisernen hielt ein Machtwort König Sigismunds in Schranken, Friedrich IV. (»Friedel mit der leeren Tasche«) war in Tirol ausreichend beschäftigt.

Vermutlich beeinflußte der Rat der ehemaligen Erzieher, des biederen Reinprecht von Wallsee und des klugen Andreas Blank, des späteren Bischofs von Freising, die Maßnahmen Albrechts V., aber auch er selbst erwies sich als für sein Alter verblüffend umsichtig und energisch, bekämpfte die Raubritter und sicherte den Landfrieden. Als im Jahre 1414 die Herzöge Heinrich und Ludwig von Bayern zu Besuch nach Wien kamen, empfing er sie mit aller Pracht und veranstaltete ihnen zu Ehren ein großes Turnier vor der Burg. Die Chronisten jener Zeit rühmten Prunk und Glanz der Rüstungen und Gewänder, die Gewandtheit der kämpfenden Ritter. Nur die schönen Frauen, die bei einem Turnier den Rittern zuwinken und die Sieger bekränzen sollten, fehlten in den Berichten, denn Herzog Wilhelms schöne Witwe Johanna von Durazzo war längst nach Italien heimgekehrt und inzwischen Königin von Neapel geworden, der junge Herzog Albrecht V. war noch ledig, die Wiener Burg hatte also keine Damen aufzuweisen.

König Sigismund konnte sich keinen besseren Schwiegersohn wünschen als seinen Nachbarn, den jungen, tatkräftigen Herzog Albrecht V., der in seinem

Land vorbildlich Ordnung hielt, dank seinem verläßlichen Hubmeister Berthold von Mangen über ausreichende Geldmittel verfügte und stark genug war, im Notfall (der für Sigismund sehr nahe lag) Beistand leisten zu können. Aus dem hageren Knaben war ein auffallend großer, kräftiger Mann geworden, ein Bild zeigt ihn mit dunklen Haaren, Schnurrbart und Augen, die einen Gegner einschüchtern konnten. Er war in das Alter gekommen, in dem er eine Frau brauchte, und damit er nicht von einem anderen Fürsten geködert würde oder sich selbst eine Gemahlin suchte, womöglich gar eine Liebesehe einging, reiste König Sigismund im Januar 1419 nach Wien und erinnerte Albrecht an das Verlöbnis der Kinderzeit. Zwei Wochen lang war er Gast in der Burg. Trotz des Altersunterschiedes, ja wohl gerade deswegen vertrugen sich die beiden Herren sehr gut, denn Sigismund hatte keinen Sohn und konnte im künftigen Schwiegersohn einen gewissen Ersatz finden; Albrecht war fast ohne Vater aufgewachsen und merkte während der täglichen Unterhaltung, daß er sowohl aus den Erfolgen wie aus den Fehlern, die Sigismund unterlaufen waren, noch viel lernen konnte. Das brachte sie einander näher; gewiß ritten sie auch zusammen zur Jagd und sprachen abends beim Wein von politischen Problemen.

Sobald es nur einigermaßen angängig war, gab König Sigismund seine Tochter dem Herzog zur Frau. Im April 1422 bekam die Wiener Burg eine neue Herrin, wieder einmal eine namens Elisabeth, und wieder war sie fast noch ein Kind, knapp 13 Jahre alt. Als die Mitgift vereinbart worden war, hatte Albrecht V. gewiß nicht angenommen, daß der König ihm die versprochenen 100 000 Goldgulden jemals bezahlen werde, denn Sigismund war für seine Geldverlegenheiten weithin bekannt. Dafür belehnte er im nächsten Jahr Albrecht mit der Markgrafschaft Mähren und erklärte ihn gemäß der Erbverträge zum künftigen König von Böhmen und Ungarn.

Es war eine bewegte Zeit mit Schrecklichem wie den Hussitenkriegen und Judenverfolgungen, Erfreulichem wie dem Aufstieg der Wiener Universität und Fortschritten beim Bau des Stephansdomes. König Sigismund erhielt in Rom die Kaiserkrone und starb 1437 in Znaim. Am Neujahrstag 1438 wurde sein Schwiegersohn zum König von Ungarn gekrönt, im März als Albrecht II. zum römisch-deutschen König erwählt, im Juni auch noch König von Böhmen. Zum erstenmal in der Geschichte waren Österreich, Ungarn und Böhmen unter einem Herrscher vereint. Albrecht zeigte aber keine Lust, die böhmische und die ungarische Sprache zu erlernen, und verletzte damit die nationalen Gefühle des Adels und der Bürger in diesen Ländern.

Die Hofhaltung in der Wiener Burg wurde größer, die Verwaltung und die Repräsentation wuchsen an, die Gottesdienste in der Burgkapelle wurden prächtiger und mit Musik und Gesang ausgestaltet. Mit den Würden übernahm Albrecht jedoch auch viele Pflichten. Als die Türken in Ungarn einfielen, zog er ihnen entgegen. Wie sein Vater fiel er nicht in der Schlacht, sondern erlag einer Seuche: Im Heer war die Ruhr ausgebrochen, sie ergriff auch ihn, am 27. Oktober 1439 starb er in der Nähe von Gran (Esztergom). Er soll so beklagt worden sein wie noch kein König vor ihm.

II

Von der späten Gotik
zum frühen Barock

*Der junge Ladislaus · Die Teilung der Burg · Der
Kaiser in der Burg belagert · Albrecht der Ver-
schwender · Die Ungarn in der Burg · Unter Kaiser
Maximilian I. · Die Türken zum erstenmal vor Wien ·
Die Burg im 16. Jahrhundert · Wien wieder Kaiser-
stadt · Gäste, Feste und Turniere · Hinrichtungen und
Gefangene · Der Bruderzwist · Kürassiere als Retter ·
Ferdinand III. und seine drei Frauen*

Der junge Ladislaus

Eine Burg hatte üblicherweise vier Aufgaben: erstens als Wohnsitz, zweitens
als Festung, drittens zur sichtbaren Bestätigung der Macht und des Ansehens
und viertens als Zentrum der Verwaltung des Grundbesitzes. Die Burg zu
Wien erfüllte weiterhin die erste Aufgabe und auch die zweite, obwohl die
Feuerwaffen die Art, Kriege zu führen, verändert hatten. Zur Repräsentation
hatte Albrecht V. noch in jungen Jahren die Burgkapelle vergrößern und
verschönern lassen; als aber 1426 der Infant von Portugal zu Besuch kam,
war der Tanzsaal der Burg zu klein für das prächtige Fest, das zu seinen
Ehren geplant war, da mußte man in ein großes, besser geeignetes Haus der
Stadt ausweichen. Für die Verwaltung reichten die Räumlichkeiten immer
weniger aus, je umfangreicher die Aufgaben wurden, besonders als Herzog
Albrecht V. König geworden war.
Königin Elisabeth hatte in der Burg die Töchter Anna und Elisabeth geboren,
dazwischen den Sohn Georg, der aber noch als Säugling starb. Den ersehnten
Thronfolger brachte sie erst vier Monate nach dem Tod des Gemahls, am
22. Februar 1440, in der ungarischen Stadt Komorn zur Welt. Der Knabe
erhielt den Namen Ladislaus nach einem ungarischen König und Heiligen,
als Beinamen *Postumus* (= »nach des Vaters Tod geboren«, fälschlich oft
Posthumus geschrieben). Im Juli ließ Königin Elisabeth das Kind in Stuhl-

weißenburg (Szekesfehérvár) zum König von Ungarn krönen und brachte es in die gut befestigte Wiener Neustadt, wo es sicherer war als in Ungarn, denn dort hatte eine nationale Gegenpartei schon König Wladislaw III. von Polen zum König von Ungarn gekrönt.

Als Vormund für seine Kinder hatte König Albrecht II. seinen steirischen Vetter Friedrich V. bestimmt. Auch den Kurfürsten des Heiligen Römischen Reiches schien er der geeignete Mann, sie wählten ihn zum König, doch er residierte nicht in Wien, sondern weiterhin in der Wiener Neustadt, die damals zur Steiermark gehörte. Die Wiener Burg war also für eine Weile verwaist. Sogar die Hinterlassenschaft des Vorgängers König Albrecht II. ließ Friedrich nach dem Tode von dessen Witwe Elisabeth in die Neustadt bringen, Juwelen und kostbares Tafelgeschirr, Hausrat und Teppiche, Bücher in deutscher und lateinischer Sprache. Als Vormund des jungen Ladislaus, der ja auch in der Neustadt wohnte, war er dazu berechtigt, aber den Wienern gefiel das gar nicht. Im Dezember 1451 besetzten sie die Burg als den wichtigsten und festesten Punkt ihrer Stadt, die der Herrscher ihrer Meinung nach vernachlässigte. König Friedrich ärgerte sich darüber und schrieb an den Rat und die Bürger von Wien, in seiner Burg sollten alle Räume so bleiben, wie er sie versiegelt zurückgelassen habe; sollten sie sich dennoch erlauben, irgend etwas zu verändern, werde er sie verantwortlich machen. Sie antworteten ebenso gereizt: Sie hätten nicht *seine* Burg besetzt; wie es aber mit ihres gnädigsten Herrn, des Königs Ladislaus Burg zu Wien gehalten werde, darüber werde ihm der Burghauptmann geziemend berichten.

Man warf damals und auch noch viel später Friedrich den Mangel an Energie vor, aber ihm gelang, was noch kein Habsburger vor ihm erreicht hatte: Er erhielt die Kaiserwürde. Als er im November 1451 aufbrach, um sich in Rom krönen zu lassen, schien es ihm zu gefährlich, seinen unverläßlichen Bruder Albrecht VI. und den jungen Ladislaus daheim zurückzulassen. Er nahm sie beide mit, zog kampflos nach Rom, was noch keinem vor ihm geglückt war, und heiratete dort Eleonore von Portugal. Papst Nikolaus V. traute sie am 16. März 1452, drei Tage später krönte er Herzog Friedrich V. zum Kaiser Friedrich III. Auch dessen Gemahlin erhielt die Krone aufgesetzt. Die kleine, zierliche Eleonore war mit ihren 16 Jahren halb so alt wie ihr Ehemann. Sie hatte sich auf den Titel einer Kaiserin gefreut, ohne zu wissen, was sie dafür in Kauf nahm.

Da Friedrich das gefälschte Privilegium maius Rudolfs IV. als echt anerkannte, kam seinem Bruder Albrecht VI. der Titel Erzherzog zu. Bei der Vermählung in Rom trat er im neuen Ornat auf mit scharlachrotem Rock und Mantel, der mit Hermelin gefüttert war, und dem prächtigen Erzherzogshut mit viel Gold. Er sollte Friedrich und Eleonore noch große Schwierigkeiten bereiten. Zunächst dürfte Eleonore enttäuscht gewesen sein, daß ihr Gemahl sie in keine strahlende Kaiserstadt, sondern hinter die festen Mauern der Burg zu Wiener Neustadt brachte. Freilich war er nicht ihretwegen so vorsichtig. Am 20. Juni 1452 trafen sie dort ein, zwei Monate später griffen Söldner der aufrührerischen Stände von Österreich die Stadtmauern und die Burg an. Am 1. September schloß der Kaiser einen Vergleich, am 4. übergab er sein Mündel Ladislaus Postumus dem Grafen Ulrich von Cilli, der ihn nach Wien brachte. Schon am Wienerberg kamen ihm geistliche und weltliche Herren, der Stadtrat und eine Abordnung der Universität entgegen, eine große Volksmenge jubelte ihm zu und geleitete ihn in die Hofburg.

Hier residierte nun Ladislaus, regierte als Zwölfjähriger aber verständlicherweise nicht selbständig, sondern unter der Obhut Graf Ulrichs. Die Grafen von Cilli waren mächtig und sehr reich, besaßen weite Ländereien in der Steiermark, Kärnten und Krain sowie ein großes Stadthaus in Wien nordwestlich der Burg am anderen Ende des Burgplatzes. Aber noch mehr Herren versuchten, Einfluß auf den jungen Erzherzog zu gewinnen, vor allem der Oberste Feldhauptmann Ulrich von Eitzing (Eyczing). Er erhob am Landtag zu Korneuburg so schwere Vorwürfe gegen den Grafen von Cilli wegen Eigenmächtigkeit und zahlreicher Übergriffe, daß Ladislaus das Vertrauen zu seinem Beschützer verlor. Als Graf Ulrich am Morgen des 5. Oktober 1453 den Erzherzog in der Burg aufsuchen wollte, fand er die Tür zu dessen Räumen verschlossen. Er klopfte an, pochte dann laut und rief, schließlich soll er versucht haben, die Tür einzutreten, da habe sich ihm, so heißt es, der Feldhauptmann Eitzing entgegengestellt und im Namen ihres gemeinsamen Herrn erklärt, dieser bedürfe der Dienste des Grafen nicht mehr. Zur Sicherheit hatte der Feldhauptmann in der Burg Bewaffnete verborgen, eine zweite noch größere Abteilung wartete in der Augustinerkirche auf das Zeichen zum Eingreifen. Unter diesem Druck mußte Graf Ulrich von Cilli die Burg und die Stadt verlassen.

Drei Wochen später erhielt Ladislaus Postumus zu seinen Würden als König von Ungarn und Erzherzog von Österreich noch die eines Königs von Böhmen, am 28. Oktober wurde er in Prag gekrönt. Seine wirkliche Macht war jedoch gering: In Österreich führten zwölf ständische Anwälte die Regierung, in Ungarn hatten der Feldherr und zeitweilige Reichsverweser Johann

Hunyadi, in Böhmen der Gubernator Georg von Podiebrad fast unabhängige Stellungen inne. Aber nichts war beständig, die Lage änderte sich immer wieder, Eitzing mußte aus Wien weichen, Graf Ulrich von Cilli wurde wieder in Gnaden aufgenommen und erhielt Zutritt in die Burg, Hunyadi verteidigte 1456 Belgrad erfolgreich gegen die Türken und starb an der Pest, der Graf von Cilli wurde ermordet – da ist es verständlich, daß König Ladislaus seine Sorgen beim Wein und in der ausgelassenen Runde junger Gefährten vergessen wollte. Er mußte viel umherreisen, zum Heer nach Ungarn, dann wieder nach Wien, im September 1457 nach Prag. Dort erkrankte er und starb am 23. November im 18. Lebensjahr, vielleicht an der Pest, vielleicht, wie Gerüchte besagten, durch Gift. Die Bänkelsänger in Wien hatten einen neuen Stoff für ihre schaurigen Moritaten und gaben den Böhmen die Schuld am Tode des geliebten »Lasla«.

Die Teilung der Burg

Damit war die Linie erloschen, die Herzog Albrecht III. begründet hatte, übrig blieb die zweite, die steirische Linie, die von Herzog Leopold III. abstammte, nämlich Kaiser Friedrich III., sein jüngerer Bruder Erzherzog Albrecht VI. und ihr Vetter Sigismund der Münzreiche von Tirol.

Die Standesherren, die für Ladislaus Postumus in Österreich regiert hatten, taten das weiterhin, sahen Erbstreitigkeiten voraus, wollten aber vorläufig nicht Partei ergreifen, nur nach Möglichkeit ihre Rechte wahren. Darum ließ der Hofmarschall Niklas Drugseß die Wiener Burg besetzen, verschloß die Räume des verstorbenen Ladislaus und nahm dessen Siegel in Gewahrsam. Während in Böhmen Georg von Podiebrad den Königsthron einnahm, in Ungarn Matthias Corvinus, der jüngere Sohn des Feldherrn Johann Hunyadi, brauchten die Habsburger länger, bis sie sich wenigstens vorübergehend einigten. Als sie im Mai 1458 zu einem Landtag nach Wien kamen, mußten sie in verschiedenen Häusern der Stadt Quartier beziehen.

Die Hofburg wurde gemeinsam besichtigt und aufgeteilt. Der Kaiser erhielt den Trakt gegen die Michaelerkirche zu mit den beiden Türmen an dieser Seite und den Nordosttrakt bis zur Burgkapelle: »Item das Zimmer oben bei der Kapelln, die Klain Stuben daran, item die große Kammer und zwo Stuben, die man mit ainem Ofen haitzet . . .« hieß es im Text des Wiener Vertrages. Der Jungfernturm und das Widmertor samt Turm fielen Erzherzog

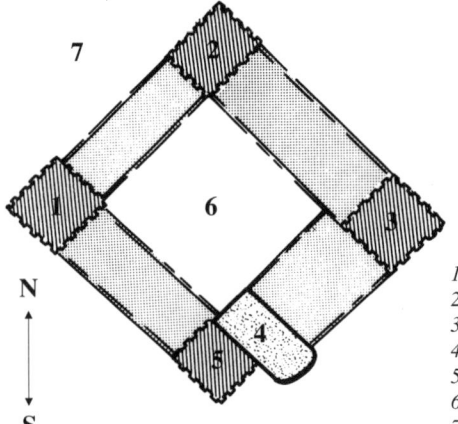

Die Wiener Hofburg im 15. Jahrhundert

1 Turm beim Widmertor
2 Neuer Turm
3 Schneider-(Zehrgaden-)Turm
4 Burgkapelle
5 Jungfernturm
6 Burghof (heute Schweizerhof)
7 Burgplatz

Albrecht VI. zu, im Südwesttrakt zwischen den Türmen das oberste Stockwerk, ferner die Küche beim Brunnen. Sigismunds Anteil war bescheidener, nur die Räume des Südwesttraktes unter dem Tanzsaal, ein Gewölbe im Turm beim Widmertor, die Küche bei dem Burgtor und der Zwinger gehörten ihm. Der »Zehrgaden«, ein Lebensmittelspeicher, und die »große Dürnitz« (Gesindestube) mit Nebenräumen waren sowohl Albrecht als auch Sigismund zugänglich.

»Item so sollen den obgenannten unsern allergnädigsten Herren allen Dreien gemain seyn: von erst die Kapelle, item die zwei Sagerer, einer unter der Kapelle, darin die Kleinot, der ander Sagerer eben darin die Briefe liegent.« Diese Stelle des Vertrages ist noch einfach zu erklären: Ein »Sagerer« war ein Sacrarium, eine Sakristei oder Kirchenschatzkammer; in dem einen lagen die Kleinodien, in dem anderen die Urkunden verwahrt. Andere Abschnitte aber sind ziemlich unklar, scheinen zum Teil sogar widersprüchlich, das »obere und untere Mueßhaus, da man in die Kapelle geet«, hat schon verschiedene Deutungen erfahren. Eigens genannt ist der Brunnen beim Burgtor, »item der Garten mit sambt Padstuben, und den gerörten Wasser darin«; der Garten stand allen drei Herren mit ihrem Gefolge zur Verfügung, ebenso die Badstube, der in Röhren Wasser zugeführt wurde. Sie befand sich fern von den Wohnräumen im Garten, woraus zu ersehen ist, daß das Baden keine Angelegenheit täglicher Hygiene, sondern ein außergewöhnliches Vergnügen war.

Ein Teil des Burggartens war den Augustiner Eremiten als Friedhof zugestanden worden, ungefähr der heutige Josefsplatz. Kaiser Friedrich kaufte ein Stück davon 1460 zurück, um seine Gartenanlage erweitern zu können. Schon vorher hatte er dem Bruder Albrecht und dem Vetter Sigismund ihre Anteile an der Burg um 32000 Pfund Pfennige abgekauft, eine ansehnliche Summe, obwohl die damalige Entwertung des Pfennigs einzuberechnen ist. Im Jahre 1459 wohnte der Kaiser vier Monate lang in der Burg, seine Gemahlin blieb noch länger, auch als ihn die Politik zwang abzureisen. Am 22. März 1459, noch in Wiener Neustadt, hatte sie den Sohn Maximilian geboren, in der Wiener Burg erlebte sie die Freude, eine Tochter zur Welt zu bringen, und bald danach den Kummer, daß die kleine Helene starb.

Eleonore hatte sich das Leben als Kaiserin anders vorgestellt, sie hatte in ihrer Heimat Portugal keine Ahnung vom Klima nördlich der Alpen gehabt, vermißte die fröhliche südländische Lebensart, Tanzfeste und Unterhaltung. Hier konnte sie wahrscheinlich mit niemandem außer ihrer Zofe Beatrix Lopi in ihrer Muttersprache reden. Unmäßiges Saufen verabscheute sie ebenso wie der Kaiser, aber vermutlich wäre ihr als Schlaftrunk ein Becher heimatlichen Weines lieber gewesen als der für ihre Begriffe saure Wein der Wiener Umgebung. Wie vielen hochgeborenen Damen blieb ihr als Zuflucht die Frömmigkeit. In Charakter und Temperament unterschied sie sich sehr von Friedrich. Sie war großzügig, lebhaft und auch jähzornig, wäre gern fröhlich gewesen und war es auch manchmal im vertrauten Kreis ihres kleinen Hofstaates. Er dagegen war immer ruhig, sparte mit Worten und mit dem Geld, arbeitete bis spät in die Nacht und schlief dafür bis in den Vormittag, was ihm den Spottnamen »Reichsschlafmütze« eintrug. Er schien oft untätig, während er zäh an seinen Zielen festhielt. Eleonore verstand es nicht, daß er seinem aufrührerischen Bruder Albrecht VI. nicht zuvorkam, nie die Initiative ergriff, bestenfalls auf Albrechts Maßnahmen zögernd reagierte, aber zu wenig unternahm, um die wirtschaftliche Not im Lande zu lindern.

Der Kaiser in der Burg belagert

Die Not hatte vielerlei Ursachen, aber man wies, wie das so üblich ist, die Schuld dem Herrscher zu. Herzog Albrecht VI. gewann Anhang. Er wollte die Macht in ganz Österreich an sich reißen und rückte im Juli 1461 die Donau entlang auf Wien zu. Erst als er in Hietzing angelangt war, schickte der Kaiser Truppen zum Schutze der Stadt, blieb aber selbst in Graz. Eleonore dagegen ritt mit ihren Hofdamen hinaus, um die kaiserlichen Söldner und die Wiener Bürgerwehr zu besichtigen und den Männern zu zeigen, daß sie ihnen vertraue. Tatsächlich hielten sie sich tapfer und wehrten den Angriff ab. Erzherzog Albrecht VI. schloß einen Waffenstillstand auf ein Jahr.

In dieser Zeit sank Friedrichs Ansehen in Wien, und als er endlich am 22. August 1462 mit hinreichender Streitmacht erschien, mußte er drei Tage lang verhandeln, bis er in die Burg einziehen durfte. 200 Mann nahm er mit sich, die anderen ließ er wieder in die Steiermark abrücken, denn er verfügte nicht über genügend Geld, um ihren Sold zu bezahlen. Die Kriegsleute aber brachen vor dem Abmarsch noch in die Weinkeller der Wiener Bürger ein und verwüsteten die Weingärten rund um die Stadt. Als der Kaiser dann noch versuchte, gegen die Verfassung einen neuen Bürgermeister und einen neuen Rat wählen zu lassen, sagten sich die Wiener von ihm los und stellten sich unter die Obhut Erzherzog Albrechts VI. Sie boten dem Kaiser freien Abzug aus der Burg an, aber da zeigte sich wieder Friedrichs Zähigkeit; er lehnte ab und richtete sich auf eine Belagerung ein.

Im Gefolge der Kaiserin befand sich ihr Hofdichter, der Schwabe Michael Beheim, der schon König Ladislaus gedient und Kriegszüge mitgemacht hatte, ein erfahrener Mann. Er schilderte die Ereignisse in der Burg als Augenzeuge, freilich nicht unparteiisch. In jüngster Zeit verfaßte der Wiener Historiker Dr. Peter Csendes eine eingehende Studie zu diesem Thema.

Als am 16. Oktober die Nacht hereingebrochen war, versuchten die Feinde des Kaisers, die Burg von der Südseite her in überraschendem Angriff einzunehmen, und schichteten Fässer und Bretter übereinander, um hinaufklettern zu können. Die Kaiserlichen waren aber auf der Hut, schossen Brandpfeile ab und vereitelten so den Handstreich. Im Morgengrauen des folgenden Tages, eines Sonntags, gingen die Wiener von der Stadtseite her vor und deckten den Angriff durch Büchsenfeuer, schossen auch mit Bogen und Armbrüsten, Steinkugeln und Pfeile flogen »wie Heuschrecken und Schneeflocken« durch die Luft. Ein Armbrustbolzen traf einen Mann des Hofstaates in den Gemächern der Kaiserin, Eleonore floh mit ihren Damen und Dienerinnen in besser gesicherte Räume bei der Kapelle, mehr erreichten die Angreifer an diesem Tage nicht.

Nach kurzer gespannter Ruhe brachten die Parteigänger Erzherzog Albrechts VI. am 19. Oktober Geschütze in Stellung und sicherten die Bedienungsmannschaft durch Schutzwände aus Holz, sowohl vor dem Widmertor wie von der Stadtseite aus. Das schwerste der Geschütze stand im Cillierhof. Diese »Hauptbüchse« oder Bombarde richtete in der Burg etlichen Schaden an, besonders in der Küche und der Backstube, und schoß eine Ecke des Nordturmes weg; die Mauertrümmer sollten den Brunnen im Burghof verschütten, doch der Viertelmeister Christoph Quas, der für diesen Abschnitt zuständig war, hatte vorsorglich den Brunnen mit Balken abgedeckt. Die Leute in der Burg wehrten sich überhaupt sehr tapfer und erfolgreich. Im Torturm lenkte der Gezeug- und Büchsenmeister Konrad Zirkendorfer das Feuer einer Haufnitz (Haubitze), eines kleineren, leichter zu bedienenden Geschützes, wie es in der Zeit der Hussitenkriege aufgekommen war, zerschoß die hölzernen Schirmwände sowohl vor dem Widmertor wie im Cillierhof und setzte schließlich die Hauptbüchse außer Gefecht.

Die Geschützrohre waren aus Bronze hergestellt, das Pulver wurde mit einer Handschaufel eingefüllt und, nachdem die Kugel eingeführt und abgedichtet war, durch ein Zündloch zur Explosion gebracht. Dazu war eine brennende

Lunte nötig, ein gefährliches Ding: Graf Ulrich von Werdenberg ging damit unvorsichtig um, als er mit dem Kaiser zusammen eine Geschützstellung besuchte, achtete nicht auf ein Pulverfäßchen in der Nähe – plötzlich flammte das Pulver auf. Glücklicherweise stürzte durch die Explosion eine Bretterwand auf den Kaiser und bedeckte ihn so, daß er nur eine Schramme an der Nase erlitt.

Kaiser Friedrich III. war ein großer, starker Mann, scheute sich nicht, seine Kraft auch einzusetzen, und half mit, eine große Büchse in die Feuerstellung zu ziehen. Die Hofdamen der Kaiserin zerstießen Holzkohle, Schwefel und Salpeter, um daraus Schießpulver zu mischen, und griffen auch beim Laden der Geschütze zu, adelige Herren und kaiserliche Räte, Edelknaben, Köche und Knechte trugen Waffen zur Verteidigung der Burg, sogar die Hofkapläne, Frauen und Mägde waren zur Abwehr bereit.

Da weder die Sturmangriffe geglückt waren noch der Artilleriebeschuß den gewünschten Erfolg hatte, begannen die Wiener Bürger Minenstollen unter die Burgmauer zu graben. Der kaisertreue Professor Thomas Siebenbürger schrieb aber warnende Nachrichten auf Zettel, die er an Pfeilen befestigte und in die Burg schoß. Die Verteidiger hielten nun auch in den Kellern der Burg Wache und achteten auf verdächtige Geräusche. Als ein Stollen einstürzte und ein Loch im Boden entstand, waren gleich die Edelleute Siegmund von Preisingen und Hans von Spaur zur Stelle. Mit böhmischen Söldnern schütteten sie heißes Pech in den Stollen, warfen Pulver hinein und brennende Holzstücke, um das Pulver zu entzünden. Zum Glück für beide Seiten gab es keine Explosion, aber der Rauch von brennendem Bettzeug vertrieb schließlich die Angreifer.

Nicht immer stritt man in blinder Wut. Als nach längerem Nahkampf im Burggraben die Krieger beider Parteien erschöpft waren, vereinbarten sie mit Handschlag kurze Waffenruhe und

> »begannen da mit mancherlei
> süßer und sanfter Melodei,
> lieblichem Jubilieren
> und Saitenspiel Psallieren«.

So schildert Beheim die Szene; vermutlich gönnte man sich auch einen Imbiß und einen Schluck Wein, bevor der Kampf neu begann.

Bald aber wurden die Mahlzeiten der Belagerten knapp. Während die Angreifer neuen Mut faßten, da am 1. November Erzherzog Albrecht VI. in die

Stadt einzog und zwei schwere Geschütze mitbrachte, litt man in der Burg bereits Hunger. Die Vorräte an Fleisch, Brot und Wein waren nahezu verbraucht, schon wurden Hunde und Katzen geschlachtet, sogar der alte Geier, der seit 30 Jahren in der Burg gehalten worden war. Graf Sigmund von Schaumburg, ein Anhänger Albrechts, bedauerte den kleinen Kaisersohn Maximilian in der Burg und erbat die Erlaubnis, ihm Nahrung schicken zu dürfen. Albrecht VI. gewährte es, ein Bote stand schon mit einem Korb voll Eiern, Mehl und Milch am Burggraben, doch ein paar Männer nahmen ihm die Gaben weg und traten sie in den Kot. Mehr Glück hatte ein kaisertreuer Wiener – die Überlieferung nennt wieder Thomas Siebenbürger oder den Hofschneider Friedrich Kronberger –, der unter Lebensgefahr Geflügel in die Burg brachte. Das geschah gerade in dem Augenblick, als der dreijährige Maximilian in der Burgkapelle betete, die Mutter Gottes möge ihm Rebhühner bescheren, und wurde selbstverständlich als ein Wunder angesehen.

Verwunderlich war auch die Leistung, die der kaiserliche Feldhauptmann Andreas Baumkircher für seinen Herrn vollbrachte: In drei (oder eher vier) Tagen war er von Wiener Neustadt bis Prag geritten, etwa 350 Kilometer weit, um König Georg Podiebrad um Hilfe zu bitten. Am 17. November, als in der Burg die Not schon sehr arg war, brachten zwei Boten die Nachricht, daß sowohl die Böhmen als auch treue Österreicher, Steirer, Kärntner und Krainer anrückten. Zwei Tage später waren von den Türmen der Burg aus die Kämpfe zu sehen, die zwischen den Entsatztruppen und den Leuten Erzherzog Albrechts entbrannten.

Es gibt zwar eine schöne Schilderung, wie am Tag der hl. Barbara, am 4. Dezember, die Wiener vom Burgtor abgedrängt wurden und Prinz Victorin, der Sohn des Böhmenkönigs, in die Stube des Kaisers trat, aber wahrscheinlicher ist, daß an diesem Tag nicht Waffengewalt die Belagerung beendete, sondern Verhandlungen zwischen König Georg Podiebrad, Vertretern des Kaisers und Erzherzog Albrecht VI. Jedenfalls konnte der Kaiser mit seiner Familie noch am 4. Dezember die Burg verlassen. Er begab sich nach Korneuburg zum Böhmenkönig, Eleonore reiste mit dem kleinen Maximilian nach Wiener Neustadt. In der Stadt mit dem Ehrennamen »die allzeit Getreue« konnte sie sich sicher fühlen.

Albrecht der Verschwender

Dem Friedensvertrag zufolge sollte Niederösterreich und damit auch Wien für acht Jahre Erzherzog Albrecht VI. zufallen. Er zog als neuer Herr in die Burg ein und ließ die Schäden ausbessern, die durch die Belagerung entstanden waren, allerdings auf Kosten der Bürgerschaft. Auch sonst machte er sich nicht beliebt, verfolgte die Anhänger des Kaisers, Schuldige und Unschuldige wurden eingekerkert, gefoltert, enteignet und vertrieben, aber die wirtschaftliche Lage der Wiener vermochte Albrecht nicht zu bessern. Um so mehr ärgerten sie sich über Gerüchte von ausgelassenen Festen, die in der Burg gefeiert wurden.

Der Bürgermeister Wolfgang Holzer, früher ein Feind des Kaisers, ließ sich nun auf heimliche Verhandlungen mit diesem ein, plante einen Aufstand und holte Söldner in die Stadt. Er hatte aber seine Möglichkeiten überschätzt, seine Leute wurden in den Burggraben abgedrängt und entwaffnet. Einer von ihnen konnte noch mit dem Schwert auf Albrecht VI. eindringen, auf der Zugbrücke kam es zu einem kurzen Zweikampf, bis der Erzherzog seinen Gegner niederschlug. In seinem Zorn ging er mit der Waffe auf den Söldnerführer Jörg Hel los, doch seine Räte hinderten ihn, sich an dem Gefangenen zu vergreifen.

Albrecht VI. hielt die Führer des Aufstandes in der Burg gefangen, bis sie in der Stadt öffentlich hingerichtet wurden. Den Bürgermeister Holzer bestrafte er besonders grausam, er ließ ihn am 15. April 1463 bei lebendigem Leibe zerhacken und die Teile des Leichnams an den vier Stadttoren aufhängen.

Doch Albrechts Herrschaft währte nicht lange. Als sich im Spätherbst in seiner linken Achselhöhle eine Beule zeigte, achtete er zunächst nicht darauf. Sie vergrößerte sich und nahm schwarze Farbe an, und als dann doch ein Arzt gerufen wurde, konnte er nicht mehr helfen. In der Nacht vom 2. auf den 3. November 1463 starb Erzherzog Albrecht in der Wiener Burg. Man sprach von Gift, aber das ist nicht wahrscheinlich, eher ist an eine Blutvergiftung, wenn nicht gar an die Beulenpest zu denken. Aus Angst vor dieser Krankheit wurde der Leichnam nicht obduziert.

Erzherzog Albrecht VI. hatte sich in vieler Hinsicht von seinem Bruder unterschieden, war energischer, härter, im Gegensatz zu Friedrichs Sparsamkeit führte er den Beinamen »der Verschwender«. Die Universität von Freiburg im (bis 1806) habsburgischen Breisgau bewahrt ihm dankbares Gedenken, denn sie wurde im Jahre 1456 von ihm gegründet, doch daran hatte seine

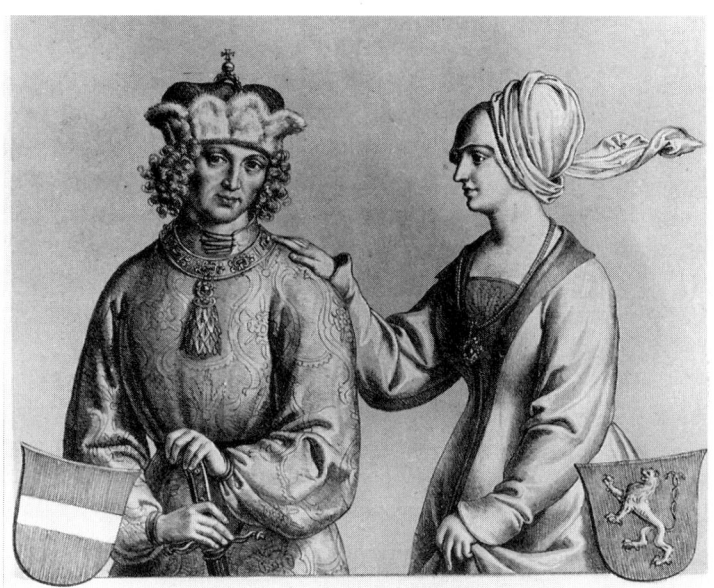

Herzog Albrecht VI. (1418–1463) und seine Gemahlin Mathilde

Frau mehr Anteil als er. Mathilde (Mechthild) von der Pfalz war als Witwe nach dem Grafen Ludwig von Württemberg im Alter von 33 Jahren Albrechts Frau geworden; sie hatte ihm viel Geld in die Ehe mitgebracht, lebte aber wenig mit ihm zusammen. Sie war eine kluge, gebildete Dame; nach seinem Tode zog sie sich auf ihren Witwensitz im württembergischen Rothenburg zurück, sammelte einen Dichterkreis um sich und wurde berühmt für ihre Bibliothek. Mit ihrem Sohn aus erster Ehe, Eberhard im Bart, stiftete sie 1477 die Universität Tübingen. Aus ihrer Ehe mit Albrecht hatte sie keine Kinder.

Kaiser Friedrich III. verzieh den Wienern in politischer Hinsicht, nicht aber in seinem Inneren. Er hatte weder Lust noch Anlaß, in der Burg zu wohnen. Als ihm die Wiener 1465 in der Burg den Treueid leisteten, nahm er daran nicht teil, sondern sandte nur drei hohe Herren, denen er vertraute, den jungen Kurfürsten Ernst von Sachsen, den Bischof von Passau und Ulrich III. von Sonnenberg, Bischof von Gurk. Immerhin sorgte Friedrich III. dafür, daß die Arbeiten zur Ausbesserung der Schäden von 1462 fortgesetzt und 1469 endlich abgeschlossen wurden. Aus seiner Zeit stammt die heute noch erhaltene gotische Burgkapelle. Von 1447 bis 1449 hatte er sie erbauen lassen.

Die Ungarn in der Burg

Wenn auch die Burg unter Friedrich III. nur vorübergehend der Hofhaltung diente, so war sie doch Sitz der Verwaltung und hatte ihre Aufgabe als Teil der Befestigungen von Wien. 1477 versuchte der König von Ungarn Matthias Corvinus vergeblich, die Stadt einzunehmen. Er hätte – so lautete die allgemeine Ansicht – lieber die Türken fernhalten sollen, doch er versprach sich mehr vom Krieg gegen Österreich. Im Frühjahr 1483 schloß sich der Ring um Wien enger – die Ungarn hatten einige feste Orte in der Umgebung erobert –, und Kaiser Friedrich III. verlegte wieder einmal sein Hauptquartier von Wien nach Wiener Neustadt, bald darauf nach Graz. Aus der Blockade Wiens wurde eine Belagerung. Die Besatzung und die Bürger wehrten sich tapfer, bis der Hunger sie zur Kapitulation zwang. Die kaiserlichen Beamten verließen die Burg und verschlossen sie, aber jene Leute, die überall und allezeit gern dem Sieger zujubeln, beeilten sich, die Wohngebäude der Burg für den Empfang des Ungarnkönigs herzurichten. Am 1. Juni 1485 zog König Matthias Corvinus feierlich in die Stadt ein.

Fünf Jahre lang war Wien in fremder Hand, die Burg Zentrum der Repräsentation und Verwaltung eines fremden Herrschers. König Matthias und seine Kanzlei führten jedoch die Korrespondenz, soweit sie Österreich betraf, in deutscher Sprache. Seine Gemahlin Beatrix von Neapel nahm an der Politik wenig Anteil, ihre Briefe schrieb sie lateinisch. Sie war 15 Jahre jünger als der König, lebensfroh und gebildet. Zusammen zeigten sie sich als Herrscherpaar im Stile der Renaissance, zogen Gelehrte und Künstler an den Wiener Hof, feierten Feste, schätzten Musik, Tanz und alle Freuden einer wohlbestellten Tafel, luden auch Wiener Adelige und vornehme Bürger mit ihren Frauen in die Burg ein. An der Stelle des Wehrganges, der die Burg nach Südosten, gegen den Burggarten zu, sicherte, ließ König Matthias eine Aussichtsterrasse errichten.

Eine Tatsache minderte das Glück des Königs: Seine zweite Frau Katharina Podiebrad war im Kindbett gestorben, Beatrix von Neapel gebar kein Kind, seine ganze Hoffnung, eine neue Dynastie zu gründen, ruhte auf seinem illegitimen Sohn Johannes. Seine Mutter soll eine Marie Krebs aus Breslau oder Barbara Edelpöck aus Stein an der Donau gewesen sein, jedenfalls war sie aus dem Gesichtskreis des Königs verschwunden, als er Beatrix heiratete, der Sohn aber blieb bei ihm, wohnte auch mit ihm in der Hofburg. Beatrix war darüber gar nicht erfreut, es gab manchen Streit; wenn ihr Ärger zu groß wurde, verließ sie die Hofburg und begab sich nach Baden bei Wien, um Thermalbäder zu genießen.

Als Matthias und Beatrix zu Weihnachten 1486 auf der Donau nach Ofen (Buda) reisten, führten sie 40 gedeckte Schiffe mit Beutegut aus der Burg mit. Das sahen die Wiener nicht gerne und warteten darauf, daß der fremde Spuk zu Ende gehen werde. Der Kaiser war nie aktiv gewesen und damals schon über 70 Jahre alt, aber sein Sohn Maximilian erweckte Hoffnungen, denn er war als einfallsreich und unternehmungslustig bekannt, war schon zum römisch-deutschen König gewählt, am 9. April 1486 in Aachen gekrönt und damit zum künftigen Nachfolger seines Vaters erklärt worden.

Die Anstrengungen des Krieges und der Politik, dazu das üppige Leben erschöpften die Kräfte des Ungarnkönigs. Am Palmsonntag des Jahres 1490, dem 6. April, um fünf Uhr nachmittags erlitt er einen Schwächeanfall und starb in der Wiener Burg im Gemach des Königs Ladislaus. Man sprach von übermäßigem Genuß griechischer Feigen und selbstverständlich auch von einem Giftmord, verdächtigte Königin Beatrix, den ungarischen Statthalter Stefan Zápolya oder die Wiener ganz allgemein, aber es dürfte ein Schlaganfall gewesen sein.

Maximilian machte sich auf, die ungarischen Besatzungen aus den Städten von Kärnten und der Steiermark zu vertreiben, Anfang August überschritt er den Semmering, am 19. August zog er mit 4 000 Mann in Wien ein. Königin Beatrix hatte mit ihrem Hofstaat, Stefan Zápolya und den Beamten bereits die Stadt verlassen, nur in der Burg lagen noch ungarische Krieger unter dem Kommando des Ladislaus Upor. Maximilian ließ sie einschließen und wartete über eine Woche lang auf die Kapitulation. Da die Ungarn sich nicht ergaben, ließ er die Burg 24 Stunden lang beschießen und am 29. August zum Sturm blasen. Eine Abteilung rückte im trockenen Stadtgraben von Osten her gegen den Jungfernturm vor, Herzog Christoph von Limburg führte die zweite von der Michaelerkirche aus gegen den Altan in der Nähe des Schneiderturms, Maximilian selbst griff mit der dritten, stärksten Abteilung vom Cillierhof her das Burgtor an. Dabei soll er durch einen Pfeilschuß leicht verletzt worden sein. Als seine Männer eindrangen, ergaben sich die Ungarn auf Gnade oder Ungnade.

Unter Kaiser Maximilian I.

Die Stadt Wien und ihre Burg waren befreit, aber der Krieg ging bald weiter, andere politische Konstellationen ergaben sich und bewirkten, daß Maximilian nur selten in Wien residierte. Er liebte ja Innsbruck und Wiener Neustadt mehr. 1493 kam er in Trauerkleidung: Sein Vater Kaiser Friedrich III. war gestorben und wurde im Stephansdom beigesetzt. Maximilian wohnte nur drei Tage lang in der Burg, am 12. Oktober mußte er schon wieder aufbrechen, um den Untersteirern Hilfe gegen die Türken zu leisten.

Das Amt eines Burghauptmanns hatte es schon früher gegeben; ab 1495 waltete ein Burggraf, trug die Verantwortung für die Gebäude und alle Arbeiten, die an ihnen vorgenommen wurden. Der erste Burggraf war Christoph von Hohenveld; seine erste Leistung im Auftrag Maximilians war es, den Innenhof neu pflastern zu lassen. Ihm unterstand auch der Gartenmeister, diesem wiederum neun Obergärtner mit ihren Gehilfen. Im Jahre 1503 wurde das Vogelhaus im Burggarten, das offenbar beim Sturmangriff 1490 zugrunde gegangen war, neu aufgebaut.

Für die Burgkapelle bestand seit Kaiser Friedrichs Zeiten eine Kantorei; der Erste Kaplan leitete die erwachsenen Sänger und die Knaben, denen die Alt- und Sopranstimmen übertragen waren. Am 4. Juni 1498 machte Maximilian diese geistliche Einrichtung zu einem Hofinstitut, in dem als Sänger und Instrumentalisten auch Laien ihren Platz hatten. Der erste Singmeister war ein geistlicher Herr, Georg Slatkonia aus Laibach, drei Jahre später hatte er das Amt des obersten Kantors und Hofkapellmeisters inne. Auch als er 1513 zum Bischof von Wien ernannt wurde, behielt er sich die Leitung der Hofmusikkapelle vor. Der Flame Heinrich Isaak wurde als »königlicher Symphonist« nach Wien berufen, er komponierte für die Hofburgkapelle Choräle, vier- und sechsstimmige Messen. Nach ihm wirkten sein Schüler, der Schweizer Ludwig Senfl, und der berühmte Paul Hofheimer aus Radstadt.

Im Sommer 1515 kam Maximilian nicht mehr als König, sondern als Kaiser in seine Burg, um hier mit zwei anderen gekrönten Häuptern zusammenzutreffen. Er empfing die hohen Herren außerhalb der Stadt und führte sie und ihr Gefolge am 17. Juli feierlich hinein. Wladislaw Jagiello, der neue König von Ungarn, und seine Kinder Ludwig und Anna durften dem Kaiser in die Hofburg folgen, Wladislaws Bruder, König Sigismund I. von Polen, bezog Quartier im Hasenhaus, einem kaiserlichen Besitz in der Kärntner Straße.

Es ging um eine politische Heirat. Maximilian I. hatte schon in seiner ersten

Ehe die früher burgundischen Besitzungen in den Niederlanden, in seiner zweiten reiche Mitgift an Bargeld erhalten; nun sollten seine Enkel dem Haus Habsburg noch mehr einbringen – ganz wie es der berühmte Vers andeutet: *Bella gerant alii, tu, felix Austria, nube* (Andere mögen Kriege führen, du, glückliches Österreich, heirate). Das erforderte lange Besprechungen; Maximilian eröffnete sie in der Hofburg mit einer sorgfältig stilisierten Rede, die manchem Zuhörer allzu lang erschienen sein mag, darauf folgten in den nächsten Tagen Gastmähler und Turniere, Tanz im Festsaal der Burg und Theateraufführungen.

Die Doppelhochzeit im Stephansdom, das Ergebnis der Beratungen, verdiente den Namen eigentlich nicht, denn Maria von Österreich war erst zehn Jahre alt, der Bräutigam Ludwig von Ungarn und Böhmen noch ein Jahr jünger. Dessen Schwester Anna zählte zwar schon zwölf Jahre, aber es stand noch nicht fest, welcher Enkel des Kaisers ihr Gemahl sein werde, bei der Hochzeitszeremonie trat Maximilian als Stellvertreter auf. Die Beratungen gingen weiter, am 28. Juli waren alle Verträge unterschrieben und gesiegelt, die Damen und Herren versammelten sich zum Abschluß noch einmal im großen Saal der Hofburg, und am nächsten Tag verließen alle gemeinsam Wien und zogen nach Wiener Neustadt.

Vor noch einer dritten (und diesmal einer richtigen) Eheschließung wird in den Annalen jener Zeit berichtet: In der Hofburgkapelle heiratete der Freiherr Siegmund von Dietrichstein, ein jüngerer Freund des Kaisers, die schöne Barbara von Rotthal. Der Kaiser und König Wladislaw geleiteten den Bräutigam zum Altar, an der Hochzeitstafel soll man zwei Kardinäle, 13 Bischöfe und 16 Fürsten gesehen haben, doch da sie nicht alle namentlich genannt sind, läßt sich die erstaunlich hohe Zahl nicht nachprüfen. Auf alle Fälle aber stellte die Festtafel hohe Forderungen an Küche und Keller der Hofburg.

Die Türken zum erstenmal vor Wien

Kaiser Maximilian betrat in seinen letzten Lebensjahren nicht mehr die Wiener Burg, sein Sohn Philipp der Schöne überhaupt nie, und als sein Enkel Ferdinand von Ende Mai bis Anfang November 1521 in Österreich weilte, kam er nicht nach Wien. In Linz heiratete er Anna von Ungarn und Böhmen, die inzwischen 18 Jahre alt geworden war, in Graz sollte sie während seiner Abwesenheit als Regentin walten.

Als Erzherzog Ferdinand im August 1522 wiederkehrte, berührte er Wien gar nicht, sondern reiste eilig nach Wiener Neustadt, um einem Hochverratsprozeß beizuwohnen. Erst danach zog er in Wien ein, war aber durchaus nicht willkommen, denn er hatte in der Neustadt zwei adelige Herren, den Bürgermeister von Wien und fünf Räte der Stadt als Rebellen hinrichten lassen, dazu der Stadt Wien Privilegien und Gewohnheitsrechte aberkannt. So zeigte er sich zunächst als harter Landesherr, der absolut regieren wollte, ohne alte ständische oder bürgerliche Rechte zu achten.

Die beiden Enkel Maximilians hatten sich geeinigt, daß Karl die Kaiserwürde und Spanien mit den reichen überseeischen Besitzungen erhalten, Ferdinand in Deutschland regieren solle. Anna wäre lieber Kaiserin als Gattin eines Erzherzogs geworden, fügte sich aber der Entscheidung und hatte es zeitlebens nicht zu bereuen. Doch als das junge Paar zum erstenmal in Wien eintraf, wütete wieder die Pest, Stadt und Land waren weniger reich, als Ferdinand erhofft hatte, und auch nicht so fromm und katholisch wie er und seine Frau.

Zu der Zeit war Erzherzog Ferdinand 19 Jahre alt und keine imposante Erscheinung, er war von zarter, nur mittelgroßer Gestalt, die großen grauen Augen traten leicht hervor, die Nase war dünn und ein wenig gekrümmt, die Unterlippe wulstig. Das Gesicht verriet jedoch Intelligenz, bald merkte man auch sein vorzügliches Gedächtnis. Anna hatte noch ein kindliches Gesicht, ihre Gestalt wirkte angenehm, ein wenig mollig. Beide waren sie ganz unerfahren in die Ehe getreten, was man wohl nur bei ihr als ziemlich selbstverständlich voraussetzte. Sie empfanden bald Liebe für einander und bewahrten die eheliche Treue. Wenn er auf Reisen ging, und das geschah oft, nahm er Anna mit, sofern es irgend möglich war. Als man ihm wegen ihrer Reisekosten Vorwürfe machte, antwortete er, das Geld sei dafür besser angelegt, als wenn er sich ohne sie auf Liebesabenteuer einließe. Dieser Reisen wegen sah die Wiener Burg das junge Herrscherpaar in den ersten Jahren nur selten. Es war auch nicht zugegen, als die Burg im Sommer 1525 in große Gefahr geriet.

Die Gefahr ging vom Cillierhof jenseits des Burgplatzes aus, der schon bei den Kämpfen 1462 und 1490 eine Rolle gespielt hatte. Er diente seit Kaiser Friedrich III. als kaiserliches Zeughaus und Artilleriedepot und enthielt die dazugehörigen Werkstätten, Tischlerei, Wagnerei und eine Schmiede. Diese wurde zum Verhängnis: In der Nacht vom 18. auf den 19. August 1525 brach dort ein Brand aus, der berüchtigte Wiener Wind trug Funken und Flammen hinüber zur Michaelerkirche und zur Burg, der Schneiderturm fing

Ferdinand I. (1503–1564) als König, im Hintergrund die Stadt Wien

Feuer, im Hof das hölzerne Brunnenrad. Die »öde Kapelle«, ein nicht vollendeter Sakralbau in der Nähe der Burg, wurde als Pulvermagazin benützt; eine Explosion hätte zu einer Katastrophe geführt. Das blieb zwar den Wienern erspart, doch das Ausmaß des Brandes war auch so verheerend: In dieser Nacht brannten 416 Häuser ab – das war ein Drittel der Häuser der Innenstadt!

König Ludwig II. von Ungarn fand 1526 auf der Flucht vom Schlachtfeld bei Mohács gegen die Türken den Tod. Damit wurde sein Schwager Erzherzog Ferdinand gemäß den Erbverträgen König von Ungarn und Böhmen, aber das war ein gefährliches Erbe. Sultan Sulejman eroberte im Sommer 1529 die Festung von Ofen (Buda) so schnell, daß er sich entschloß, gleich nach

Wien weiterzuziehen. Ferdinand befand sich gerade in Prag, um vom böhmischen Landtag Hilfe zu erlangen, als der Sultan vor Wien erschien und die Stadt einschloß.

Die Türken hielten die Hofburg für uneinnehmbar und griffen sie daher nicht ernstlich an, stürmten häufiger gegen das Kärntner- und das Stubentor. Aus dem Widmertor neben der Burg machten die Verteidiger in der Nacht vom 5. auf den 6. Oktober einen Ausfall, zerstörten zwar einige Batterien der Feinde, mußten sich aber unter schweren Verlusten zurückziehen. Da die Landstraßen vom Regen aufgeweicht waren, der Transport auf der Donau durch die tapfere Besatzung von Preßburg behindert wurde, hatten die Türken keine schwere Artillerie herangebracht und konnten die Stadtmauern nicht sturmreif schießen. Deshalb verlegten sie sich darauf, Minenstollen unter die Mauern zu graben. Die Verteidiger legten Gegenstollen an und konnten in der Nacht zum 14. Oktober unter der Burg eine gewaltige Sprengladung noch rechtzeitig ausräumen. Zwischen der Hofburg und dem Kärntnertor entstand durch die Minen eine gefährliche Bresche in der Stadtmauer, aber sie half den Feinden nichts mehr.

Ihr Nachschub war schlecht organisiert, die Umgebung von Wien schon ausgeplündert, aus Mangel an Nahrungsmitteln stillten die Türken ihren Hunger mit Obst und Weintrauben. Das hatte Durchfall und bei den schlechten hygienischen Bedingungen im Lager Ruhr und Typhus zur Folge, dazu setzte schlechtes Wetter ein, Regen und kalter Wind. Die Truppen waren so verdrossen und unwillig, die Aussichten auf Erfolg so gering, daß der Sultan nach einem letzten vergeblichen Angriff den Abzug anordnete. Am 16. Oktober 1529 brach er mit dem Heer auf.

Die Truppen aus dem Reich, die Entsatz bringen sollten, hatten sich sehr saumselig versammelt und konnten nicht mehr eingreifen. König Ferdinand erkannte, daß Wien bei einem neuen Vorstoß der Feinde wieder auf sich selbst gestellt sein würde, und ließ die Befestigungsanlagen verstärken. Die Arbeiten dafür waren noch nicht abgeschlossen, als der Sultan 1532 neuerlich ein Heer gegen Wien führte. Er beging jedoch den strategischen Fehler, sich vor der tapfer verteidigten Stadt Güns (Köszeg) so lange aufhalten zu lassen, bis sich vor Wien ein stattliches Heer gesammelt hatte, vermied einen Zusammenstoß und zog nach Süden ab.

Während noch türkische Reiter die Umgebung von Wien unsicher machten, hielt König Ferdinand am 14. September feierlichen Einzug in die Hofburg und ließ sich vom Bürgermeister Wolfgang Trew mit einer schönen Rede begrüßen; auch der Bischof Johann Fabri, der Burggraf und Herren des Stadtrates waren zugegen. Neun Tage später traf Kaiser Karl V. zu Schiff in Wien ein; es war das erstemal, daß er die Hofburg betrat, und er blieb nicht sehr lange. Sein Bruder Ferdinand aber beschloß im folgenden Jahr, seine Hofhaltung aus Prag, wo er als König residiert hatte, nach Wien zu verlegen. Sowohl politische wie auch strategische Gründe sprachen dafür, viele zweckmäßige Baumaßnahmen im Laufe der nächsten Jahre waren die Folge.

Im Spätherbst 1537 wurde ein Gefangener in die Burg gebracht: Hans Katzianer, als Freiherr von Katzenstein in den Adelsstand erhoben, hatte als Reiterführer, dann als Feldhauptmann lange Zeit tapfer gegen die Türken gekämpft. Im September 1537 aber hatte er in einer Schlacht in der Nähe von Esseg (Osijek) in Slawonien, als die Niederlage unabwendbar erschien, mit seinen Reitern die Flucht ergriffen und das Fußvolk im Stich gelassen, so daß es von den Feinden aufgerieben wurde. Das legte man Katzianer als Hochverrat aus, er wurde verhaftet und nach Wien gebracht, seinem Rang entsprechend aber in der Hofburg in ritterlicher Haft gehalten; sogar sein Diener durfte bei ihm bleiben. Der König von Polen und andere einflußreiche Freunde verwendeten sich vergeblich für ihn, und was er zu seiner Verteidigung vorbrachte, wurde nicht anerkannt. Deshalb entschloß er sich zur Flucht. Eine Dame brachte ihm eine silberne Flasche als Geschenk, doch darin war kein Wein, sondern ein Strick. In der Nacht vom 30. auf den 31. Januar 1538 durchbrach er mit seinem Diener die Zimmerwand unterhalb seines Bettes und gelangte so in den benachbarten Raum, eine Kanzlei, deren Fenster nicht vergittert war. Aus diesem Fenster ließen sie sich mit dem Strick in den Burggraben hinab und entkamen.

In der Burg hatte man offensichtlich nicht damit gerechnet, daß eine Flucht möglich war. Allerdings hatte die Burg in Friedenszeiten auch keine allzu starke Besatzung, das Hofstaatsverzeichnis nennt nur eine königliche Garde, nämlich 40 Trabanten mit einem Kaplan, einem Trommler und einem Pfeifer, sowie 40 Hartschiere.

Diese Gardisten leisteten beim Antritt ihres Dienstes dem König den Treueid und standen dafür unter seinem Rechtsschutz, das heißt, sie mußten bei irgendeiner Verfehlung nicht vor dem städtischen Gericht erscheinen. Sie dienten vorwiegend der Repräsentation, wie das an allen Fürstenhöfen üblich war, begleiteten den König bei offiziellen Anlässen, hatten aber auch im Falle einer Feuersbrunst zu helfen. Abends, wenn die Tore gesperrt wurden, kontrollierten sie, ob alle Fremden die Burg verlassen hatten, und wenn einmal nachts ein Tor geöffnet werden mußte, etwa um einen Boten einzulassen, achteten sie, daß kein Unbefugter hereinkam. Bei Banketten, Ballfesten und Ritterspielen traten sie als Ordner auf.

Die Hartschiere hatten ihren Namen von den einstigen Bogenschützen (französisch »archers«, italienisch »arcieri«). Sie versahen ihren Dienst außerhalb der Stadt zu Pferde und waren dabei mit Degen, später auch Pistolen bewaffnet; in der Stadt trugen sie Cousen mit sensenartiger Klinge auf einem Schaft. Anfangs wurden nur Edelleute oder bewährte Soldaten in ihre Reihen aufgenommen. Die Trabanten dagegen stammten meist aus dem Handwerkerstande, ihre Waffe war die Hellebarde. Beide Garden trugen spanische Hoftracht in den Farben Schwarz und Gelb.

Die Burg im 16. Jahrhundert

Das Königspaar Ferdinand und Anna war mit vielen Kindern gesegnet. Der älteste Sohn kam am 1. August 1527 in der Wiener Burg zur Welt und wurde nach dem Urgroßvater auf den Namen Maximilian getauft. Im Alter von sechs Jahren brachte man ihn nach Innsbruck, und so erging es auch den älteren Geschwistern. Offiziell hieß es, sie seien in Innsbruck sicherer, die Luft sei besser, aber vielleicht hatte auch ihre Mutter Königin Anna nicht genug Zeit für sie, da sie von den nachfolgenden Kindern in Anspruch genommen wurde. Im Herbst 1538 aber durften Maximilian und sein Bruder Ferdinand samt den älteren Schwestern Elisabeth und Anna nach Wien kommen und drei Jahre lang bei den Eltern in der Burg bleiben.

Die unbeschwerte Kindheit war für sie zu Ende, besonders für Maximilian; er wurde in die Formalitäten des Staatslebens eingeführt. Sosehr der König seine Kinder liebte, hatten sie sich doch ihm gegenüber der Etikette zu fügen, die er in seiner Jugend in Spanien erlernt hatte, sie hatten in seiner Gegenwart die Kopfbedeckung abzunehmen und erst auf seinen Wink hin wieder aufzusetzen, mußten vor ihm stehen und durften sich erst mit seiner Erlaubnis setzen. Die gleiche Ehrerbietung mußten sie andererseits von ihrer Umgebung fordern und sich immer ihres königlichen Blutes bewußt sein. Die hohe Abstammung brachte nicht nur Vorrechte, sie erlegte auch Pflichten auf. Dazu gehörte, gegebenenfalls auf eigene Wünsche zu verzichten. Königin Anna übte ihre Töchter von klein an darin, indem sie ihnen oft statt einer Mahlzeit nur Schwarzbrot bringen ließ, als Getränk Wasser, dünnes Bier oder sauren Wein. Die Familie und der gesamte Hofstaat hielten auch die Fasten-gebote der Religion streng ein.

Maximilian und sein Bruder Ferdinand erhielten als Söhne des Königs den besten Unterricht, der zu jener Zeit möglich war, lernten Sprachen, Geschichte, Genealogie und Geographie, dazu tanzen, reiten und fechten, mußten aber auch mit Gewehr und Pistole umgehen, sogar ein Geschütz richten können. Alles, was sie erlernt hatten, brauchten sie, als sie im Jahre 1544 an den Hof Kaiser Karls V., ihres Onkels, berufen wurden und an seiner Seite Feldzüge mitmachten. Ferdinand war anfangs noch zu jung, um selbst mitzukämpfen, Maximilian aber bewies schon mit 17 Jahren persönliche Tapferkeit und durfte bald auch politische Aufgaben übernehmen, zwar keine Entscheidungen treffen, wohl aber repräsentieren. 1548 mußte er in Spanien seine Cousine Maria heiraten, die Tochter Karls V., im April 1552 kehrte er mit ihr nach Wien zurück.

Der feierliche Einzug des Paares war ein Schauspiel exotischer Pracht mit einem Elefanten, den ein Mohr führte, Maria im achtspännigen Prunkwagen, unter den anderen Wagen auch zehn voll Hafer und Wein als traditionelles Geschenk des Landes an den Thronfolger. 14 Ochsen, mit Wappenschildern behängt, gingen im Zuge mit, Pauken und Trompeten erklangen, auf dem Stephansturm leuchtete abends ein Freudenfeuer. In der Burg erhielt Maximilian drei Becher überreicht; sie waren aus Silber gefertigt, die Oberfläche vergoldet.

Die Wiener hatten den Einzug Maximilians bestaunt, er seinerseits wunderte sich darüber, wieviel sich seit seinem Abschied vor acht Jahren in der Burg verändert hatte. Die Burgkapelle war renoviert, besaß nun eine Vorhalle und sollte auch eine Stiege zu den Wohnräumen König Ferdinands erhalten, der baufällige Schneiderturm war durch eine Unterfangung wieder gefestigt, im Garten davor verband eine breite Treppenanlage den oberen mit dem unteren Teil. Dort stand nun ein neues Ballhaus – nicht für Ballfeste mit Tanz, sondern für das Ballspiel, das Ferdinand in seiner Jugendzeit in Spanien kennengelernt und in Wien eingeführt hatte. Gegen die Stadt zu war der Garten bis zum Gelände des ehemaligen Pulverturms erweitert, dieser zu einem Getreidemagazin umgebaut. Gutes Trinkwasser erhielt die Burg aus den Weingärten von Reinprechtsdorf im heutigen 5. Wiener Gemeindebezirk, dem Siebenbrunnenfeld; es floß durch hölzerne Röhren und ergänzte die erste Wasserleitung, die von der Anhöhe bei St. Ulrich (7. Bezirk) herab kam. Fast überall in der Burg arbeiteten Maurer und Stukkateure, Maler und Zimmerleute, schufen neue Räume und statteten sie aus, verschönerten die Fassaden, gliederten sie im zur Zeit modernen Stil der Renaissance. Als schönes Beispiel ist jedem heutigen Besucher der Hofburg das Schweizertor bekannt, das damals freilich noch nicht diesen Namen trug, und darüber die Inschrift, die Ferdinand als König der Römer, Deutschlands, Ungarns und Böhmens bezeichnet, als Infanten von Spanien, Erzherzog von Österreich, Herzog von Burgund, mit der Jahreszahl 1552. Die Rollen für die Ketten der einstigen Zugbrücke sind noch erhalten, ebenso Reste des Burggrabens.

Die freie Fläche vor diesem Tor, der heutige Innere Burghof, hatte schon früher als »Rennbahn« gedient, jedoch weniger für Pferderennen im heutigen Sinne als für ritterliche Kampfspiele; nun war der Turnierplatz bis hinüber zum Cillierhof erweitert. Auf der anderen Seite der Burg, nach Osten zu, wurde an einer Verbindung zum Augustinerkloster gebaut. Diese war zwar nicht als eigener Gebäudetrakt geplant, sondern nur als gemauerter Gang, sollte aber schön ausgestaltet werden, innen mit Fresken bemalt, oben mit Kupferplatten gedeckt.

Nicht nur architektonisch hatte sich in der Zeit von Maximilians Abwesenheit viel verändert, sondern auch in der Familie, und das berührte ihn naturgemäß noch viel mehr, obwohl ihn Briefe über die wichtigsten Tatsachen informiert hatten. Er wußte vom Tod seiner Mutter, der Königin Anna, im Jahre 1547, er hatte damals um sie getrauert, doch jetzt erschütterte es ihn, die Lücke zu sehen, die sie hinterlassen hatte, besonders im Leben Ferdinands. Dafür waren die Geschwister, die Maximilian als Kinder verlassen hatte, inzwischen herangewachsen, sein jüngster Bruder, Karl, schon zwölf Jahre alt. König Ferdinand ließ für die Kinder anschließend an den Widmerturm oberhalb des Tores ein neues Gebäude auf der Burgbastei errichten, die Räumlichkeiten der alten Burg hätten für sie alle nicht mehr ausgereicht.

Zwischen dem jüngsten Sohn des Kaisers und dem ersten Enkel betrug der Altersunterschied nur zwölf Jahre, zwischen der jüngsten Tochter und der ersten Enkelin noch weniger; die große Kinderschar belebte die Burg und den Garten. Maximilians Tochter Anna war 1549 zur Welt gekommen, sein Sohn Rudolf am 18. Juli 1552 kurz vor sieben Uhr abends; das Datum ist so genau überliefert, weil es damals für das Horoskop wichtig war. Da die nächsten Kinder bald folgten, war es an der Zeit, für Maximilian als künftigen Thronerben und seine Familie eine eigene Residenz zu schaffen, zumal der Erzherzog seinen Vater in den Pflichten der Politik und der Repräsentation unterstützen mußte. Als Bauplatz bot sich die »öde Kapelle« an, das ehemalige Pulvermagazin und Zeughaus, späterer Getreidespeicher nahe dem Burggarten. Die Arbeiten begannen 1558, zogen sich aber lange hin, denn es fehlte häufig an Geld dafür.

Wien wieder Kaiserstadt

Fast zu jeder Zeit spielte der Hofprediger eine wichtige Rolle in der Burg. Im Jahre 1554 empfahl der königliche Rat Kaspar von Nidbruck für dieses Amt einen gelehrten Herrn namens Johannes Pfauser, und König Ferdinand berief diesen nach Wien. Pfausers Predigten in der Augustinerkirche erregten Aufsehen, die Bürger drängten sich, warteten schon stundenlang vorher, um ihn hören zu können, denn er sprach anderes als das bisher Gewohnte, nicht von den Heiligen, dafür um so mehr von der Heiligen Schrift als einziger Richtlinie. Das Gerücht, er sei verheiratet und habe Kinder, machte ihn noch interessanter. Davon erfuhr König Ferdinand vermutlich nichts oder wollte es nicht zur Kenntnis nehmen, er war mit dem Niveau der Predigten einverstanden, nur inhaltlich wünschte er sich eine andere Linie. Als er im Oktober 1555 mit Pfauser ein Gespräch darüber führte, war auch Maximilian anwesend. Je offener der Hofprediger seine Ansichten verteidigte, je eifriger der junge Erzherzog ihm zustimmte, desto ärgerlicher wurde der König, bis er die Unterredung abbrach. Es spricht sehr für Ferdinands Großmut, daß er

Die Burg im 16. Jahrhundert und die Häuser der Vorstadt

Pfauser zwar verbot, weiterhin in der Augustinerkirche zu predigen, ihn aber nicht aus Wien verbannte, sondern ihm nur eine andere Kirche in der Stadt zuwies. Als neuen Hofprediger und religiösen Lehrer der Erzherzöge bestellte er Urban Sagstetter, den Bischof von Gurk.

Ferdinand I. war schon seit langem römisch-deutscher König und leitete in Vertretung seines Bruders die Reichstage. Da Karl V., von Gicht geplagt und des Regierens müde, auf die Kaiserwürde verzichtete, wurde Ferdinand in Frankfurt am Main zum Kaiser gekrönt. Als er am 14. April 1558 mit seinem Sohn Maximilian auf einem Donauschiff zurückkehrte, herrschte in Wien große Freude. Vor dreieinhalb Jahrzehnten hatten die Bürger mit mehr Sorge als Freude seinen Einzug angesehen, nun jubelten sie, bewunderten das militärische Gepränge, säumten die Straßen, und sobald er vorbeigeritten war, löste sich das Spalier auf, die Leute strömten ihm nach zum Stephansdom und dann zur Burg. Dort erwartete ihn seine Schwiegertochter Maria samt ihren Kindern und begrüßte ihn mit einer Rede in spanischer Sprache, sei es, daß sie die deutsche noch immer nicht einwandfrei beherrschte, sei es aus nationalem Trotz. Die Wiener nahmen ihr das wahrscheinlich nicht übel, denn an diesem Tag hatten sie noch viel anzuschauen, Ritterspiele auf dem Burgplatz und ein Schaugefecht, bei dem Krieger eine hölzerne Festung erstürmten und zerstörten. Zwei Tage später machte der Adel dem neuen Kaiser in der Burg die Aufwartung und überreichte als Geschenk zwei goldene (oder zumindest vergoldete) Becher voll Goldmünzen, am 17. April brachte der Stadtrat vergoldetes Silbergeschirr, 16 Ochsen, Wein und Hafer, wie es alter Brauch war.

Nun war Wien wieder die Kaiserstadt, die Wiener Burg die Kaiserburg. Das brachte Verpflichtungen mit sich; obwohl die Geldmittel knapp waren, mußte man repräsentieren – und tat es auch gern. Ein Anlaß dazu war die Familienzusammenkunft im Juni 1560. Kaiser Ferdinand I. war zugegen, seine Söhne Maximilian, Ferdinand und Karl, aus Tirol kamen die jüngeren Töchter des Kaisers angereist, aus Bayern die älteste Tochter Anna mit ihrem Gemahl, Herzog Albrecht V. von Bayern. Dieser Herr war bekannt für seine Freude an Pracht und Glanz, ihm zu Ehren war viel Großartiges vorbereitet. Ein Chronist berichtet:

»Vor der Burgk ist ein schöner Platz, welcher hundert und vierzig schridt lang und hundert braidt ist. Der selb Platz war überaus wohl gebutzt, geziert und vermacht mit großen Planken umbundumb. Auch war allda viel schöner und zierlichen Pinen [Bühnen] gebaudt für die Frauen und Jungfrauen vom Adel und ander Personen . . .«

Auf diesem Platz traten die Kämpfer einzeln gegeneinander an, dann folgte ein Massenkampf außerhalb der Stadt, abends wurde ein Feuerwerk abgebrannt, und schließlich traf man einander im Tanzhaus auf der Bastei, die seit 1535 als vorgelagertes Bollwerk die Hofburg schützte. Die Festlichkeiten verschlangen so viel Geld, daß es nicht möglich war, den Maurern und Zimmerleuten, die zu der Zeit den Osttrakt der Burg gegen den Garten zu ausbauten, ihren Lohn auszuzahlen.

Als Kaiser Ferdinand I. das 60. Lebensjahr erreicht hatte und spürte, daß seine Kräfte allmählich abnahmen, übertrug er immer mehr von seinen Rechten und Pflichten auf seinen ältesten Sohn. Maximilian erfreute sich keiner festen Gesundheit und besuchte oft von Wien aus die Heilbäder von Mannersdorf am Leithagebirge, nahm aber gutwillig alles auf sich, was die Sohnespflicht von ihm verlangte. 1562 ließ er sich in Frankfurt zum römisch-deutschen König wählen und krönen, danach auch zum König von Böhmen krönen.

Maximilian II. neigte im Herzen zur Lehre Martin Luthers, hielt die Heiligenverehrung für Götzendienst und bezweifelte den Wert der guten Werke, war aber vom Gottesgnadentum des Herrschers überzeugt und freute sich an den Festlichkeiten, die damit verbunden waren. Als er nach den Krönungen mit seinem Vater und seiner Gemahlin Maria am 16. März 1563 auf einem Donauschiff in Wien eintraf, waren vom Rotenturmtor bis zur Burg Bäumchen aufgerichtet. Maximilian ritt durch die Ehrenpforten, am Weinbrunnen am Lugeck vorbei, der aus zwölf Röhren roten und weißen Wein fließen ließ. In der Stephanskirche hörte er das Tedeum, dann ritt er weiter zu den nächsten Weinbrunnen und Ehrenpforten. Auf dem Burgplatz standen 1 500 Jünglinge, fast noch Knaben, teils rot-weiß-rot, teils schwarz-gelb gekleidet, mit Büchsen und Schwertern, Spießen und Hellebarden, in gut geordneten Vierecken aufgestellt. In der Burg begrüßte die Familie den Kaiser und den jungen König.

Es war zu spät am Tage, um noch das Spektakel aufzuführen, das geplant war; am nächsten Tag aber gingen die Feierlichkeiten weiter: Ferdinand und Maximilian mußten lateinische Gedichte und Ansprachen anhören und danach dem üblichen Schauspiel zuschauen. Wiederum wurde auf dem Burgplatz eine hölzerne Festung beschossen und erstürmt. Die gesamte Veranstaltung kostete die Stadt Wien 7 320 Pfund Pfennige. Es entsprach nicht der Gedankenwelt und dem Lebensstil jener Zeit, laut zu überlegen, ob diese hohe Summe nicht nützlicher zu verwenden gewesen wäre.

Ferdinand I. dachte allerdings auch an Bedürftige und half, wo er nur konnte. Ein schönes Beispiel dafür war das Kaiserhospital. Seine Geschichte reicht bis in die Jahre 1540/45 zurück, als der Hofmeister der Edelknaben, Don Diego de Serava, und der reiche Weinbauer Leopold Weinberger das Grundstück für das Hospital dem Minoritenkloster abgekauft hatten. Für den Bau wendete der Kaiser an die 10 000 Gulden auf und stiftete außerdem jährlich 1 200 für den Unterhalt von 36 Personen, die vorläufig im ehemaligen Dormitorium des Minoritenklosters wohnten. 1562 war der Bau in der Schauflergasse gegenüber dem alten Cillierhof fertiggestellt, eine ausgedehnte Anlage mit drei Flügeln und einem Arkadenhof, die Dächer mit Kupfer aus den königlich ungarischen Bergwerken von Neusohl (Banská Bystrica in der Slowakei) gedeckt. Als Spitalskirche stellten die Minoriten ihre alte Katharinenkapelle zur Verfügung. 1564 richtete der Kaiser eine Stiftung für 80 Pfleglinge des Hospitals ein, zur einen Hälfte alte Hofbedienstete, zur anderen Hälfte Kranke.

Das war eine seiner letzten guten Taten. Die Atembeschwerden und der Husten, die ihn schon seit längerer Zeit quälten, wurden zu Beginn des Jah-

Schauspiel eines Kampfes auf dem Burgplatz

res 1564 ärger, im April setzte er seinen Sohn Maximilian als Regenten ein. Danach wurde er immer müder und schwächer, lag die meiste Zeit im Bett. Zwei Freuden hatte Ferdinand I. immer geschätzt, die Jagd und die Musik. Auf die Jagd hatte er allmählich verzichten müssen, aber jeden Tag kamen Kammermusiker in sein Gemach in der Burg, um ihm die liebsten Melodien vorzuspielen. Dafür sorgte Maximilian, und er schickte auch einen Geistlichen, der regelmäßig aus den Werken des hl. Augustinus vorlas. An seinem letzten Lebenstag betrachtete Ferdinand lange ein Bildnis seiner verstorbenen Gemahlin Anna, in der Nacht des 25. Juli 1564 starb er ganz sanft ohne Todeskampf. Seinem Wunsch gemäß wurde er neben Anna in Prag beigesetzt.

Gäste, Feste und Turniere

In diesem Jahr 1564, in dem Maximilian II. seinen Vater verlor, mußte er sich auch für längere Zeit von seinem ältesten Sohn trennen. Er hatte den Knaben nicht, wie Kaiser Ferdinand I. es wünschte, Jesuiten zur Erziehung anvertraut, sondern ein Gelehrter der Wiener Universität namens Georg Muschler kam täglich in die Burg, um die jungen Erzherzoge Rudolf und Ernst zu unterrichten. Königin Maria aber, Maximilians streng katholische Frau, mißtraute der Glaubenstreue Muschlers und setzte es durch, daß Rudolf nach Spanien an den Hof ihres Bruders, seines Onkels Philipp II., geschickt wurde. Dort blieb der Knabe sieben Jahre lang und erlebte die Tragödie seines Vetters Don Carlos mit.

Der Bau einer eigenen Residenz für Maximilian II. in der Nähe der Hofburg war, wie erwähnt, nur langsam vor sich gegangen. Da Maximilian bereits zum römischen König gekrönt war, ging nach dem Tode seines Vaters die Kaiserwürde auf ihn über, er zog mit seiner Familie in die Hofburg. Der frühere Wohnsitz wurde für andere Bestimmungen frei und deshalb 1565 umgebaut. Er war – und ist noch – ein Renaissancebau mit nicht gerade auffallender Fassade, der Innenhof aber prächtig durch die Laubengänge der drei Stockwerke. Das Untergeschoß widmete Maximilian II. den Hofstallungen, daher erhielt die Anlage den Namen »Neue Hofstallgebäude«, heute ist sie als »Stallburg« bekannt.

Mit der Spanischen Reitschule, deren Pferde jetzt in der Stallburg stehen, hatte diese 1565 noch wenig zu tun, sie beherbergte aller Wahrscheinlichkeit nach vorwiegend die Zugpferde, die für die vielen Wagen der Hofhaltung nötig waren. Wenige Jahre vorher hatte Maximilian II. in Kladrub in Böhmen ein eigenes Gestüt gegründet, aber dieses konnte nicht so bald die Wagenpferde nach Wien liefern, die später als die prächtigen Kladruber berühmt wurden. Bis es soweit war, wurden die Zugpferde benützt, die man schon früher hatte, über ihre Rasse liegen keine verläßlichen Nachrichten vor. Spanische Reitpferde hatte Maximilian sowohl durch Ankauf in Spanien wie im spanisch beherrschten Süditalien nach Wien gebracht. Für sie sollte ein eigener Spanischer Reitstall und ein »Roß Thumblplatz«, also eine Reitbahn, auf dem Gelände des heutigen Josefsplatzes angelegt werden.

Die ritterliche Tradition erforderte schwerere Pferde, als sie aus dem nahen Ungarn bezogen werden konnten. Obwohl die Ritterzeit abgelaufen, die Turniere überholt waren, wurden sie als schöne Erinnerung weiter gepflegt, so zum Beispiel im Sommer 1565, als Kaiser Maximilian II. zu Ehren seines Schwagers Herzog Albrecht V. von Bayern und anderer vornehmer Gäste eine Reihe prächtiger Feste veranstaltete. Am 12. Juni ritt man zur Jagd, beim Turnier am folgenden Tag traten auch Mitglieder des Kaiserhauses als Kämpfer auf, dann gab es die feierliche Fronleichnamsprozession, deren Glanz nicht nur der Frömmigkeit, sondern auch der Eitelkeit und Schaulust entsprach. Nicht minder prächtig waren die Tanzfeste bei Hofe; an einem nahmen nach dem Bericht von Wolf Wolfrath, einem Begleiter des Herzogs von Bayern, »einhundertvierundfünfzig Weibsbilder« teil.

Die Festlichkeiten dauerten bis zum 30. August und kosteten den Gastgeber viel Geld. Solche Ausgaben erschienen aber allen Fürsten der späten Renaissancezeit selbstverständlich berechtigt. Maximilian II. erfüllte auch in anderer Hinsicht die Erwartungen, die man an einen Herrscher seiner Zeit stellte: Er zog Gelehrte und Künstler, Dichter und Musiker an seinen Hof nach Wien. Zur eigenen Freude wie zur Repräsentation ließ er südöstlich der Stadt ein Lustschloß errichten, das im Gegensatz zur alten Burg als »Neugebäude« bezeichnet wurde. Es versprach die Annehmlichkeiten eines Landsitzes für die warme Jahreszeit, bot ringsum weites Jagdgelände und die Möglichkeit, den Park für exotische Tiere, der bei dem nahen Jagdschloß Kaiser-Ebersdorf bereits bestand, noch zu erweitern.

Die Hofburg in Wien blieb jedoch das Zentrum der Regierung und der Verwaltung und hatte auch ihre Aufgabe im Rahmen der Festungsanlage, allerdings nicht mehr in erster Linie. Vor der Burg lag schon seit 1531 der sogenannte »Spanier«, eine der zwölf Bastionen der Stadtmauer.

Ein neuer Anlaß für ein großartiges Fest ergab sich Ende August 1571, als

Erzherzog Karl II., der jüngste Bruder des Kaisers, seine Nichte Maria von Bayern heiratete. Er war aus Graz über den Semmering nach Wien geritten, sie kam mit großem Gefolge auf einem Schiff donauabwärts, stieg in einen reichverzierten Brautwagen um, die Bürgermiliz in Festgewändern gab ihr das Geleit, von den Stadtmauern krachten die Salutschüsse aus über hundert Geschützrohren.

>»Wie nun die Fürstin hochgeborn
> mitsamt den Gesandten auserkorn
> kamen in die Burg oder Vest,
> hat ihr Majestät die werten Gäst
> empfangen an der selben Statt . . .«

So schildert der fahrende Dichter Heinrich Wirrich (Wire) den Einzug der Braut in die Burg. Aus seinem langen Gedicht ist zu ersehen, wie sich im Stile der Renaissance christlich-ritterliche Tradition mit antiker Mythologie verband. Am Sonntag folgte auf den Gottesdienst in der Augustinerkirche ein Festmahl in der Burg, dann gingen die Gäste in das Tanzhaus auf der Burgbastei. Am Dienstag sammelten sich auf dem Burgplatz die Teilnehmer eines Festzuges, der sich durch die Stadt zum Rotenturmtor und hinaus ins Freie bewegte. Die Gestalt der Mutter Europa ritt auf einem Ochsen, begleitet von ihren Töchtern Italia, Frankreich, Hispania und Deutschland, dazu Nymphen und Sirenen. Victoria kam mit den gefesselten Lastern, gefolgt von Iustitia an der Spitze der übrigen Tugenden, der Jagdgöttin Diana und vielen anderen Gottheiten und Sagenhelden. Kaiser Maximilian II. verkörperte den Winter im Gefolge der Europa, sein Stallmeister ritt als Frühling mit, zwei Erzherzöge als Sommer und Herbst, die Herren von Auersperg, Strein, Puchheim und Liechtenstein waren als Ritter von König Artus' Tafelrunde gekleidet. Den »Dank«, den ersten Preis beim folgenden Ringelstechen, gewann Siegmund Friedrich von Herberstein.

Der Mittwoch war der Ruhe und einfacherer Unterhaltung gewidmet, am Donnerstag wurde ein großes Turnier auf dem Burghof abgehalten, erst Einzelkämpfe zu Pferd, dann je vier Ritter gegeneinander,

> »daß die Harnisch laut erklungen
> und die Spieß gen Himmel sprungen«.

Die Kämpfe zu Fuß am Sonntag waren wieder mit mythologischem Gepränge ausgestattet, vier Schimmel zogen den Berg Aetna als Sitz der Unterwelt mit dem Sänger Orpheus, den Titanen, den Büßern Ixion, Tantalus und den Danaiden. Maria von Bayern soll bei aller Frömmigkeit solchen Prunk geschätzt haben und, als die Festlichkeiten zu Ende waren, recht zufrieden ihren Gemahl Erzherzog Karl II. in dessen Residenzstadt Graz begleitet haben.

Drei Jahre später sah die Wiener Hofburg einen ungewöhnlichen Gast, einen König, der sein Reich heimlich verlassen hatte, um in einem anderen den Thron zu besteigen. Das kam so: König Karl IX. von Frankreich war mit Elisabeth von Österreich verheiratet, einer Tochter Kaiser Maximilians II., hatte aber keine Kinder. Als er am 30. Mai 1574 starb, war sein Bruder Heinrich von Anjou der nächste Thronanwärter, doch diesem hatte die Mutter, die berühmt-berüchtigte Katharina von Medici, gerade erst durch Bestechung und Intrigen die Krone von Polen verschafft. Dem verwöhnten jungen Herrn – er war noch kaum 23 Jahre alt – erschien es begreiflicherweise erstrebenswerter, den Luxus von Paris als den von Krakau zu genießen. Da er vermutete, die Polen würden ihn nicht aus dem Lande lassen, ergriff er die Flucht heimlich, nur von seinen französischen Höflingen begleitet und mit dem Kronschatz im Gepäck.

Kaiser Maximilian II. war vermutlich nicht entzückt, den Bruder seines verstorbenen Schwiegersohnes so unvermutet als Gast empfangen zu müssen, aber die Gebote der Ritterlichkeit und der Solidarität unter gekrönten Häuptern verpflichteten ihn zu großem Aufwand. Er bot Heinrich Quartier in der Burg, ritt mit ihm zur Jagd, veranstaltete Bälle und Festmähler. Heinrichs Hände waren durch ein Hautleiden entstellt (»aufgebrochene Hände« vermerkte ein Chronist), deshalb trug er beim Tanz wie beim Mahle Handschuhe. Seine Wiener Tischdame hielt das für die neueste Mode, und – so sagt der Chronist – »hat das Frauenzimmer gefragt, obs eine Pollnisch oder Französische Höflichkeit sey«.

Der ungebetene Gast reiste weiter nach Venedig und amüsierte sich dort (allerdings auf eigene Kosten) vorzüglich, bis ihn dringende Briefe seiner Mutter nach Frankreich riefen, damit er dort als Heinrich III. zum König gekrönt würde. Kaiser Maximilian II. hatte inzwischen in Wien andere Sorgen. Obwohl er noch nicht 50 Jahre alt war, ordnete er alles so, daß sein ältester Sohn, Rudolf, ihm ohne Schwierigkeiten als römisch-deutscher Kaiser, König von Böhmen und Ungarn nachfolgen konnte, und gab Auftrag, für ihn auf dem Gelände des alten Cillierhofes ein eigenes neues Gebäude zu errichten. Zu dessen künstlerischer Ausgestaltung berief Rudolf aus Florenz den Maler Bartholomäus Spranger und den Bildhauer Giovanni de Monte,

Kaiser Maximilian II. (1527–1576)

aber der übliche Mangel an Geld verzögerte den Bau. Am 11. Oktober 1576 starb Kaiser Maximilian II. in Regensburg, einer der sympathischsten, in der Regierung tüchtigen und trotzdem wenig bekannten Herrscher des römisch-deutschen Reiches und Herren der Hofburg zu Wien.

Hinrichtungen und Gefangene

Der neue Kaiser Rudolf II. ist durch Grillparzers Drama vom Bruderzwist in Habsburg bekannt, man weiß von ihm, daß er klug und gebildet, an jeglicher

Kunst interessiert, aber melancholisch und menschenscheu war, daß ihm die Sterne am Himmel mehr bedeuteten als die Streitigkeiten der Menschen auf Erden. Aber als er die Regierung übernahm, lagen die Schwächen des Alters noch in weiter Ferne, er war erst 22 Jahre alt! Die fromme Mutter und die Jugendjahre in Spanien hatten ihn zu einem festeren Katholiken gemacht, als sein Vater es je gewesen war, er wollte den Lutheranern keine Zugeständnisse machen. Das zeigte er deutlich zu Fronleichnam 1578. Das Fest hatte bereits seinen Glanz verloren, nun schritt wieder der Kaiser in der Prozession, zusammen mit seinen Brüdern Ernst und Maximilian und einem Herzog von Bayern.

Ernst war mit Rudolf in Spanien erzogen worden, war ebenso fromm, war anständig und gerecht, zeigte aber weder Humor noch die freundliche, umgängliche Art des Vaters, die gerade in Wien nötig gewesen wäre. Dennoch waltete er hier als Statthalter, sooft Rudolf verreisen mußte. Schon am 19. Juli 1579 hatte er eine schwere Probe zu bestehen. Die öffentlichen lutherischen Gottesdienste, die Maximilian II. gestattet hatte, waren verboten worden; die Wiener Protestanten wollten das nicht hinnehmen und drangen in den Burghof ein, um eine Petition zu überreichen. Die Lage schien bedrohlich, selbst wenn die überlieferte Zahl von 5000 bis 6000 Teilnehmern zu hoch angesetzt sein sollte. Erzherzog Ernst bewahrte Ruhe, ließ weder sich einschüchtern noch die Burgwache einschreiten, die ohnehin zu schwach gewesen wäre, sondern trat den aufgeregten Leuten entgegen, beschwichtigte sie und versprach, ihre Petition an den Kaiser weiterzuleiten. Er hielt sein Wort, und als Rudolf II. die Forderungen ablehnte und befahl, die Anführer des allzu stürmisch vorgebrachten Bittgesuches streng zu bestrafen, entschied sich Erzherzog Ernst für die verhältnismäßig mildeste Form; er wies die Leute aus dem Lande, beließ ihnen aber die Freiheit und den Besitz.

Die Mutter des Kaisers, Maria von Spanien, hatte seit dem Tod ihres Gemahls Maximilian II. an Einfluß verloren und lebte zurückgezogen, fast einsam. Im Jahre 1581 begab sie sich nach Madrid zu ihrem Bruder Philipp II. Mit ihr zusammen verließ ihre jüngste Tochter, die 14jährige Margarethe, die Wiener Burg.

Kaiser Rudolf II. hielt sich immer öfter in Prag statt in Wien auf. Im Frühsommer 1583 verlegte er seine Hofhaltung endgültig nach Prag. Im Februar hatte er noch am Wiener Fasching teilgenommen und dabei ganz gesund gewirkt, nun aber zeigten sich bereits deutliche Symptome der Krankheit, die man damals als »Melancholie« bezeichnete; heutzutage würde man wohl eher von psychosomatischen Zusammenhängen sprechen – er litt an Magengeschwüren.

Die hohen Würdenträger des Reiches samt ihren Angehörigen folgten selbstverständlich dem Kaiser nach Prag, ebenso die Künstler und Gelehrten, die er besoldete, dazu die Mehrzahl der Beamten und der große Troß der Dienerschaft. Also hatte Wien für eine Weile seine Rolle als Kaiserstadt eingebüßt, die Hofburg an Glanz verloren. Den Handwerkern, die den Hof beliefert hatten, auch den Wirten, sogar den Bettlern vor den Kirchentüren entging nun ein guter Teil der regelmäßigen Einnahmen.

Die Burg verödete jedoch nicht völlig. Hier residierte als Statthalter des Kaisers dessen Bruder Erzherzog Ernst, vielleicht schon im Trakt, der für Rudolf an der Stelle des ehemaligen Cillierhofes erbaut, aber noch nicht ganz fertiggestellt war. Sein Hofstaat war zwar viel bescheidener als der kaiserliche, aber durch seine Gerechtigkeit erwarb Ernst sich solches Ansehen, daß ihm 1590, als sein Bruder Erzherzog Karl II. gestorben war, die Vormundschaft über dessen zwölfjährigen Sohn Ferdinand übertragen wurde. Zwei

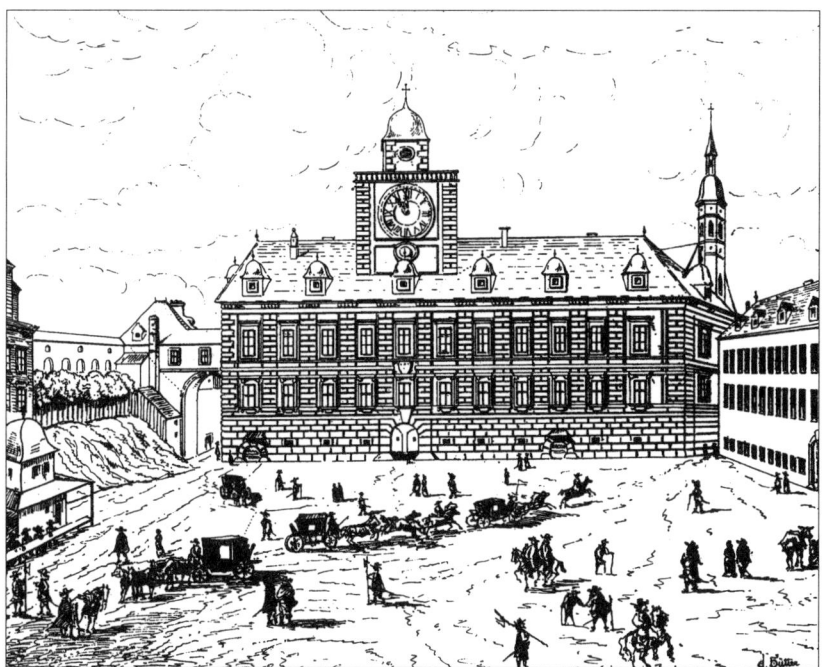

Die Rudolfsburg, spätere Amalienburg

Jahre später vertraute ihm sein Onkel, König Philipp II. von Spanien, die Statthalterschaft in den Niederlanden an.

Rudolf und Ernst hatten bei ihrer Rückkehr aus Spanien 180 edle Pferde mitgebracht; ihr Bruder Karl begründete im Hinterland von Triest im bischöflichen Gutshof Lipizza ein Gestüt, wo die spanischen Pferde vertrautes Klima und den steinigen Boden fanden, den sie gewohnt waren. Das Gestüt lieferte regelmäßig Reit- und leichte Wagenpferde für den Bedarf des kaiserlichen Hofes nach Wien. Zum guten Teil fanden sie Platz in der Stallburg. Sie unterstanden dem Oberststallmeister, der einen hohen Rang bei Hof einnahm. Er trug auch die Verantwortung für die Edelknaben, die seit 1593 im ersten Stockwerk der Stallburg wohnten und ihre Erzieher sowie eigene Diener hatten.

1592 brach ein neuer Krieg gegen die Türken aus, Siege und Niederlagen wechselten, Festungen gingen verloren oder wurden erobert. In die Wiener Hofburg kamen darüber Berichte, in der Stadt waren die Lieder der Bänkelsänger und die Erzählungen der Soldaten zu hören, die zu Krüppeln geworden waren und nun vor den Kirchen bettelten. Im Spätsommer oder Herbst 1595 wurde auf dem Burgplatz unter Trommelwirbel das Urteil über Graf Ferdinand von Hardegg verkündet: Er hatte Stadt und Festung Raab (Györ) nicht bis zum letzten Mann verteidigt, sondern kapituliert, als ihm die Lage aussichtslos erschien. Das galt als Majestätsverbrechen und wurde mit dem Tode bestraft. Aus einem ähnlichen Grund wurde 1601 das Urteil über den Hauptmann Georg Paradeiser auf dem Burgplatz verlesen und öffentlich vollzogen.

Damals wohnte Erzherzog Matthias in der Burg. Er hatte nach der Abreise seines Bruders Ernst in die Niederlande die Wiener Statthalterschaft übernommen und unterzeichnete im Namen des Kaisers die Todesurteile. Er war überzeugt, nur durch Strenge und abschreckende Beispiele sei die Disziplin der Truppen aufrechtzuerhalten; schon mehrmals hatten die Söldner befestigte Plätze verlassen, weil die Bezahlung ausgeblieben war. Eine rührende, leider nicht ganz verläßlich beglaubigte Geschichte erzählt von solch einem Fall: Am 4. September 1600 wurden Soldaten verurteilt, die zwei kleine Festungen in Ungarn dem Feind gegen freien Abzug übergeben hatten. Dafür sollten sie nun büßen. In ihrer Todesangst fielen sie auf die Knie nieder, erhoben flehend die Hände gegen Erzherzog Matthias, der aus einem Fenster der Burg zusah, und baten um Gnade. Der Erzherzog schenkte den Soldaten das Leben und ließ sie bei verkürztem Sold weiterdienen. Die drei Hauptschuldigen freilich, ein Hauptmann, ein Fähnrich und ein Feldwebel, wurden hingerichtet.

Als Festung hatte die Wiener Burg auch die Aufgabe, Kriegsgefangene zu verwahren. Das Los der Gefangenen war weder auf der christlichen noch auf der muslimischen Seite durch Konventionen geregelt. Einem einfachen Mann, der als Herrschaftsdiener, Musikant oder Handwerker beschäftigt war, erging es meistens besser als hohen Herren, denn diese hielt man fest, um sie bei Gelegenheit gegen eigene Leute auszutauschen; als »Ungläubige« hatten sie aber keinen Anspruch auf ritterliche Haft. Die Gefangenen in der Hofburg hausten in einem kalten, feuchten und düsteren Gewölbe eines Turmes, manche waren gar im Stadtgraben angekettet. Im Jahre 1597 wurde der Bej von Stuhlweißenburg (Szekesfehérvár) als Häftling in der Burg festgehalten, zwei Jahre später der Pascha von Ofen (Buda).

Der Bruderzwist

Erzherzog Matthias, Statthalter in Wien, vertrat seinen Bruder Rudolf II., den Kaiser, bei den deutschen Reichstagen, leitete den ungarischen Reichstag zu Preßburg, führte den Oberbefehl über die Armee, die gegen die Türken kämpfte, war aber an die Entscheidungen gebunden, die der Kaiser in Prag traf oder hinauszögerte. Rudolf II. war gewiß nicht so stumpf und träge, wie man ihn oft dargestellt hat, doch aus Mißtrauen menschenscheu, allmählich ein wenig weltfremd und nicht so energisch, wie es die Lage erfordert hätte. Darüber hatten seine nächsten Verwandten schon manches besorgte Gespräch geführt, im April 1606 traten sie – auf Anregung von Melchior Klesl, dem Bischof von Wien – zu einer Konferenz in der Wiener Burg zusammen. Matthias hatte dazu seinen jüngeren Bruder Maximilian eingeladen, Hochmeisters des Deutschen Ritterordens, der meistens in Tirol residierte, und aus der Steiermark seine Vettern Ferdinand und Maximilian Ernst.

Das war der Beginn des berühmten Bruderzwistes. Zwei Jahre später war Rudolf II. noch Kaiser, sein Bruder Matthias aber Herr über Ungarn, Mähren und auch Österreich.

Johann Holzmüller aus Heidenreichstein, »der freien Künste Studiosus und Poet«, schilderte in einem langen Gedicht Matthias' Einzug als neuer Landesfürst in Wien, Georg Keller aus Nürnberg fertigte Zeichnungen davon an.

Es war ein prächtiges Schauspiel mit allem Pomp des frühen Barock, vielen schön gekleideten Herren und geschmückten Pferden. Zehn Triumphbogen waren errichtet, aus zwei Brunnen konnte jedermann so viel Wein holen, wie er nur wollte, und da es ein heißer Tag war, trank sich mancher Zuschauer einen Festrausch an. Der Bischof von Wien mit elf Äbten und der Rektor der Universität mit den vier Dekanen der Fakultäten geleiteten Matthias in den Stephansdom, zum Tedeum sangen fünf Chöre. Danach setzte sich der Zug fort durch die Ehrenpforten der deutschen Handelsleute beim Stock im Eisen, der Hofhandelsleute am Kohlmarkt und die letzte, der Juden, vor der Burg. Das neue Tor vom Michaelerplatz zum Burgplatz war noch nicht fertig gebaut, aber mit Pyramiden und Fahnen geschmückt.

Drei Jahre später heiratete Matthias, schon 55 Jahre alt, seine Tiroler Cousine Anna. Die Burg hatte eine neue, eine junge und sehr schöne Herrin, nur leider stellte sich keine Nachkommenschaft ein. Im folgenden Januar (1612) starb Kaiser Rudolf. Durch eifrige Verhandlungen erreichte Bischof Klesl, daß Matthias im Juni desselben Jahres zum Kaiser gekrönt wurde. Eine seiner ersten und für die Folgezeit wichtigen Handlungen war es, die kostbarsten Stücke von Rudolfs Schatz- und Kunstkammer aus Prag nach Wien bringen zu lassen. Sie wären sonst verlorengegangen, als die Schweden 1648 Prag eroberten; nun wurden sie in der Wiener Burg aufbewahrt.

Obwohl sich schon absehen ließ, daß die religiösen Gegensätze Unheil heraufbeschwören würden, feierten die Wiener 1618 noch einen ausgelassenen Fasching. Am 30. Januar versammelte sich auf dem Burgplatz ein gewaltiger Festzug, auf Wagen mit reichen Dekorationen zeigten sich Venus im Olymp und die Musen des Parnaß, daneben schritten »acht wilde Männer und drei nackende Jungfrauen«.

Kaiser Matthias hatte bereits die Nachfolge geregelt, denn seine Gesundheit bereitete Sorgen. Bei den Verhandlungen in der Burg sprachen nicht nur die Verwandten in Österreich mit, auch der spanische Gesandte meldete Erbansprüche seines Königs an: Philipp III. war ja ebenfalls ein Habsburger, mütterlicherseits sogar ein Neffe des kinderlosen Kaisers! Nach langen Beratungen und einigen Zugeständnissen verzichteten die anderen Anwärter, zum künftigen Herrscher wurde der steirische Erzherzog Ferdinand bestimmt und vorsorglich zum König von Böhmen und Ungarn gekrönt. Er war ein tatkräftiger, streng katholischer Herr im 40. Lebensjahr. Im Mai 1618 verlegte er seinen Regierungssitz von Graz nach Wien. Schon zwei Monate später schaltete er den Mann aus, der ihm am meisten im Wege stand.

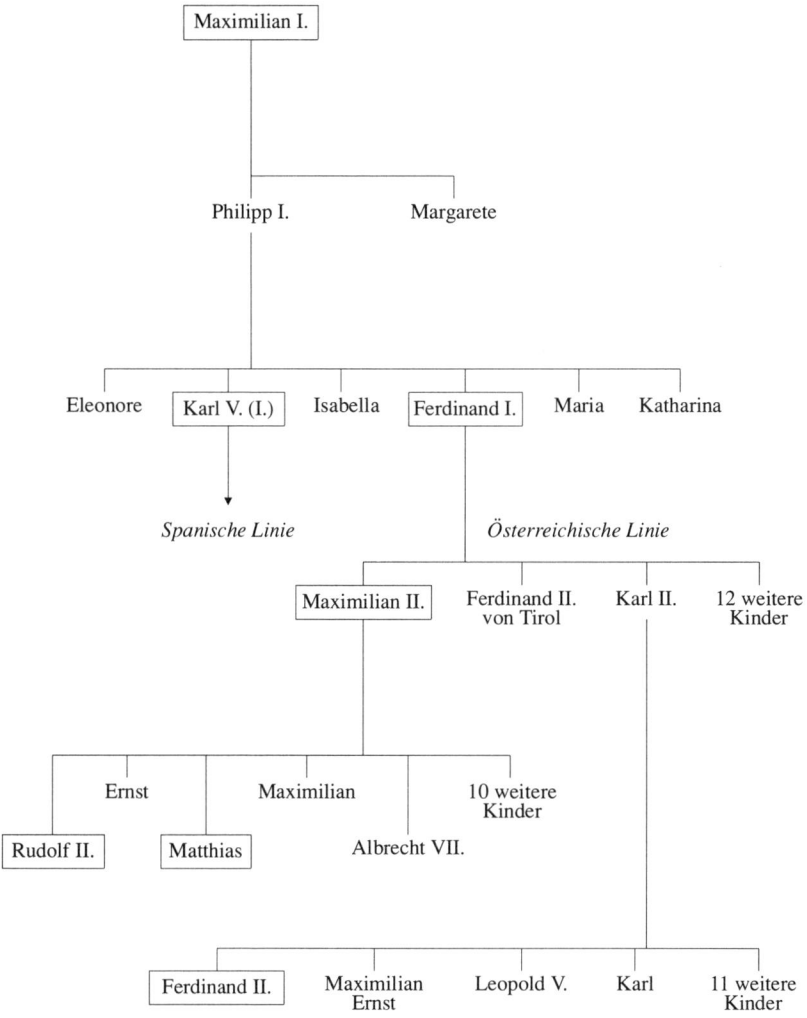

Maximilian I.

Philipp I. Margarete

Eleonore Karl V. (I.) Isabella Ferdinand I. Maria Katharina

Spanische Linie *Österreichische Linie*

Maximilian II. Ferdinand II. von Tirol Karl II. 12 weitere Kinder

Ernst Maximilian 10 weitere Kinder

Rudolf II. Matthias Albrecht VII.

Ferdinand II. Maximilian Ernst Leopold V. Karl 11 weitere Kinder

73

Melchior Klesl (auch Khlesl oder Klesel geschrieben) war 1553 als Sohn eines protestantischen Bäckermeisters in Wien geboren, trat während des Studiums der Philosophie zum katholischen Glauben über und machte eine steile Karriere: Im Alter von 26 Jahren war er Dompropst von St. Stephan und damit Kanzler der Universität, dann wurde er Bischof von Wien, 1616 sogar Kardinal. Er hatte auf Rudolf II. solchen Einfluß, daß man ihn den »Vizekaiser« nannte. Obwohl er einer der starken Männer der Gegenreformation war, bewahrte er sich die Urteilskraft dafür, welche Maßnahmen möglich seien, welche zu starken Widerstand heraufbeschwören würden, und wollte auch nach dem Prager Fenstersturz den offenen Krieg vermeiden. Ferdinand dagegen lehnte das Lavieren und Paktieren ab, hielt nichts von Kompromissen, und sein Vetter Maximilian III., der Hochmeister, stimmte ihm zu.

In der Kunst des Intrigierens war der Kardinal überlegen, darum wandte Ferdinand ganz einfach Gewalt an. Als Klesl »infolge eines Gegenbesuches, welchen er dem Könige Ferdinand zu machen hatte, im Vorgemache desselben in der kaiserlichen Burg erschien, trat der Hauptmann Seyfried von Brenner auf ihn zu und übergab ihm einen Verhaftsbefehl. Khlesl wurde über lange, verborgene Gänge zu einem Pförtchen gebracht, das, durch einen Mauervorsprung verdeckt, auf die Bastei führte. Vor demselben hielt eine Reisekutsche, die er besteigen mußte. Beim Schottentor erwartete ihn ein Piquet von 20 Reitern, bei der ›Spinnerin am Kreuz‹ jedoch eine Abteilung von Dampierre-Kürassieren, in deren Begleitung es über die Steiermark nach dem Schlosse Ambras in Tirol ging. Als man dem krank darniederliegenden Matthias mitteilte, was geschehen war, wurde er blutrot vor Zorn, preßte die Bettdecke an die Lippen, sprach aber kein Wort.«

So ist es in dem seinerzeit bekannten, vom heutigen Standpunkt nicht absolut verläßlichen Werk »Die kaiserlichen Burgen und Schlösser in Wort und Bild« von Franz Weller zu lesen. Weller hat es offensichtlich aus den »Annales Ferdinandei« übernommen, einem sehr ausführlichen Werk (12 Bände!) des Franz Christoph Khevenhüller, das 1721 bis 1726 in Leipzig veröffentlicht wurde. Nach einem anderen Bericht war es nicht ein Hauptmann, sondern der Obrist Heinrich Du Val Graf von Dampierre selbst, der den Kardinal verhaftete. Man kann auch einwenden, daß der Weg von der Burg zur Spinnerin am Kreuz nicht über das Schottentor führt, sicher ist aber, daß Kardinal Klesl in der Burg ohne Wissen des Kaisers festgenommen wurde. Es erging ihm (das sei vorgreifend gesagt) übrigens besser, als zu jener Zeit ein ähnlicher Fall in

London oder Paris oder 40 Jahre früher im Moskau Iwans des Schrecklichen abgelaufen wäre; fünf Jahre später war Klesl frei, 1627 übte er wieder sein Amt als Bischof von Wien aus.

Ob die Geschichte von der Bettdecke, die der Kaiser vor Zorn an die Lippen preßte, nun wahr ist oder nicht, Matthias war jedenfalls schwer gekränkt, ja erschüttert. Er mußte erkennen, daß das Schicksal sich wiederholte: Wie er vor einem Jahrzehnt seinen Willen dem Bruder Rudolf aufgezwungen hatte, so handelte jetzt der Vetter Ferdinand als der Jüngere, Gesündere über den Willen des Kaisers hinweg.

Gegen Ende dieses Jahres 1618 trafen den kranken Kaiser noch zwei viel schwerere Schläge des Schicksals. Am 2. November starb in der Wiener Burg sein Bruder Maximilian III., der Hochmeister des Deutschen Ordens, den er trotz Verstimmung wegen Kardinal Klesls sehr geschätzt hatte, und am 14. Dezember seine Gemahlin Anna von Tirol, erst 33 Jahre alt. Sie war in der Familie, in der Hofgesellschaft und in der Stadt beliebt gewesen, hatte in ihrer Frömmigkeit vielen Menschen Wohltaten erwiesen. Nun war in der Stadt das Klagelied zu hören, das auf ihren Tod verfaßt worden war: »Hör auf, mein Seel, traur nit so sehr.« Am 20. März 1619 folgte ihr Kaiser Matthias in den Tod nach.

Die Hoftrauer, die nach den beiden ersten Todesfällen angeordnet worden war, setzte sich fort. Alle Feste und Tanzveranstaltungen des Karnevals waren ohnehin schon abgesagt worden, alle Personen bei Hofe gingen schwarz gekleidet, wie es die Etikette für solche Fälle vorschrieb, die Damen verzichteten auf Schminke und verschleierten sich, die Herren und sogar die Edelknaben trugen schwarze Strümpfe, die Spiegel waren mit schwarzen Tüchern verhängt, in der Burgkapelle wurde unablässig für das Seelenheil der Verstorbenen gebetet. Das Kapuzinerkloster mit der Kaisergruft, die Matthias und Anna gestiftet hatten, war noch im Bau. Sobald sie fertiggestellt war, sollten die Särge des Kaiserpaares als erste hineingebracht werden.

Kürassiere als Retter

Der neue Herr in der Wiener Burg und Landesherr in Österreich war der steirische Erzherzog Ferdinand II., König von Ungarn und Böhmen. Seine politische Rolle wird sehr verschieden beurteilt, aber auch seine Feinde mußten seine Energie anerkennen, seinen Eifer für das, was er für gut hielt, und sein moralisch einwandfreies Privatleben. Seine erste Frau, die fromme Maria Anna von Bayern, war 1616 noch in Graz gestorben, er kam als Witwer nach Wien. Seine Freunde rühmten ihn als sehr gottesfürchtigen, gebildeten Mann, heiter und freundlich, offenherzig und gesprächig, interessiert an Theater und bildender Kunst. Die offizielle Hofhistoriographie bezeichnete Ferdinand II. als Helden und Märtyrer und deutete nur vorsichtig seine Schwächen an: Er war gegenüber Herren und Dienern an seinem Hof recht nachsichtig, verzieh leicht, verteilte Gnaden und Belohnungen großzügig, verschenkte Güter und erließ Schulden, und mancher in seiner Umgebung wußte das schlau auszunützen. Für sich selbst lebte Ferdinand dagegen einfach und bescheiden, in guter habsburgischer Tradition liebte er vor allem die Musik und die Jagd.

Mut und Standhaftigkeit mußte Ferdinand sehr bald beweisen. Der Aufstand der böhmischen Adeligen hatte auch auf Ober- und Niederösterreich übergegriffen; Matthias Graf Thurn, der Führer des Prager Fenstersturzes, stand mit seinen Truppen vor Wien. Am frühen Vormittag des 5. Juni 1619 empfing der Erzherzog protestantische Adelige mit Paul Jakob von Starhemberg als Wortführer zur Audienz in der Burg und ließ sich die Forderungen der niederösterreichischen Herren überreichen.

Die folgenden Ereignisse sind in die Sammlung »Historische Legenden« eingegangen und in verschiedenen Versionen überliefert. Vom Kruzifix, das auf dem Tisch in der Ratstube stand, soll eine Stimme geflüstert haben: »Ferdinand, ich werde dich nicht verlassen.« Der Erzherzog bewahrte seine Fassung, auch als ihn Andreas Thonrädel, Herr auf Ebergassing an der Fischa, an einem Westenknopf packte und rief: »Gib dich, Nandl!« Thonrädel oder ein anderer Herr soll ihm das Dokument mit den Forderungen vorgehalten und gefragt haben: »Nandl, willst unterschreiben oder net?« Auch die lateinische Form ist überliefert: »Ferdinandule, non subscribes?« Jedenfalls war es ein gefährlicher Augenblick, der schon an den Prager Fenstersturz gemahnte, zumindest etwas Ähnliches befürchten ließ, da bewahrheitete sich die tröstende Stimme des Kruzifixes. Vom Burgplatz her erklangen Trompeten, Hufe klapperten auf dem Pflaster, und als die Herren zum Fenster eilten, erblickten sie einige hundert gepanzerte Reiter, die vor dem Burgtor hielten, und zwar »in völligem Spornstreich und mit aufgezogenen Röhren«, das heißt schußbereiten Pistolen. Ein Bild des Historienmalers Sigmund l'Allemand im ehemaligen Audienzzimmer Kaiser Franz Josephs I. zeigt diese Szene.

Wegen der Streitmacht des Grafen Thurn, die aus Böhmen gegen Wien zog, hatte Ferdinand um Hilfe nach Krems geschickt, wo General Graf Dampierre verläßliche Truppen versammelt hatte. Der General wartete nicht erst, bis alle seine Leute zum Aufbruch bereit waren, sondern schickte sogleich ein Vorkommando von 500 Kürassieren und Arbebusieren (berittenen Schützen) unter dem Befehl des Hauptmanns Gilbert de Saint-Hillière auf Schiffen los, um Zeit zu sparen und die Pferde nicht durch einen langen Ritt vorzeitig zu erschöpfen. Die Reiter fuhren die Donau abwärts, landeten bei Nußdorf, ritten durch das Fischertor in die Stadt und kamen gerade im richtigen Augenblick zur Hofburg.

Damit war die Situation gerettet. Die eben noch drohenden Herren aus Niederösterreich wurden kleinlaut, Ferdinand aber ließ sie nicht verhaften, sondern lud sie für den Nachmittag zu noch einer Besprechung ein. Das deutet darauf hin, daß sie sich nicht so ungebührlich benommen hatten, wie später immer erzählt wurde, sondern wahrscheinlich doch den schuldigen Respekt vor dem Landesherrn bewahrt hatten. Bald trafen die übrigen Truppen des Generals Dampierre ein. Nach dem Bericht des Gesandten der Republik Venedig standen 700 Reiter und 2 000 Söldner zu Fuß zur Verfügung, um die Burg und die Mauern der Stadt zu verteidigen. Auch Studenten und Bürger aus Wien und der Umgebung bezogen Posten, so daß Graf Thurn auf einen Angriff verzichtete und mit seinen Böhmen abmarschierte.

Am 28. August dieses Jahres 1619 wählten die Kurfürsten nach langen Beratungen Ferdinand II. zum Kaiser, ein Jahr später leistete die Mehrzahl der Adeligen Österreichs ihre Huldigung in der Hofburg. Als auch die aufständischen Böhmen besiegt waren, dankte der Kaiser Gott dafür in einer großen Prozession, an der Hofstaat, Universität und Bürger teilnahmen. Das geschah am 24. November 1620; daß der Krieg weitergehen und insgesamt 30 Jahre dauern würde, war noch nicht zu ahnen.

Zwischendurch aber gab es auch Anlaß zur Freude in der Stadt und in der Burg. Der Kaiser hatte in Innsbruck eine um 20 Jahre jüngere Dame geheiratet, die jüngste Tochter des Herzogs Vincenzo I. Gonzaga von Mantua und Montferrat, die wegen ihrer Schönheit und Frömmigkeit berühmt war. Ihr Einzug in Wien am 26. Februar 1622 wurde in der üblichen Art gefeiert, in der Hofburg dauerten die Feste einige Tage lang. Zwar waren Stimmen zu hören, der Kaiser hätte statt Eleonora Gonzaga auch eine deutsche Fürstentochter wählen können, aber Ferdinand II. war nicht der Mann, sich in seiner Wahl beeinflussen zu lassen.

Ferdinand III. und seine drei Frauen

Drei Kinder aus der ersten Ehe des Kaisers mit Maria Anna von Bayern waren schon gestorben, die anderen vier durften antreten, der jungen Stiefmutter zur Begrüßung die Hand zu küssen: der 14jährige Ferdinand III., die zwölfjährige Maria Anna, die elfjährige Caecilia Renata und Leopold Wilhelm, acht Jahre alt. Sie alle waren vortrefflich erzogen. Täglich kamen Jesuiten als Lehrer der Prinzen und Prinzessinnen in die Burg.

In Böhmen und Ungarn hatte man es Ferdinand II. sehr übelgenommen, daß er die Landessprache nicht beherrschte. Er selbst erlernte sie nicht mehr, sein Nachfolger mußte es tun. Außer in der deutschen und lateinischen Sprache, in Französisch, Italienisch und Spanisch, Rechtswissenschaft, Geschichte und Geographie erhielt er auch Unterricht in Böhmisch und Ungarisch. Das sicherte ihm gleich Sympathie in diesen Ländern, im Alter von 17 Jahren wurde er in Preßburg zum König von Ungarn, im folgenden Jahr 1626 in Prag zum König von Böhmen gekrönt.

Als Thronfolger hatte Ferdinand III. seit seinem 14. Lebensjahr einen eigenen Hofstaat im neuen Trakt der Burg bei dem Widmerturm oberhalb des Tores. Sein Vater, der Kaiser, bewohnte die unteren Gemächer der alten Burg, Erzherzog Leopold Wilhelm und die beiden Schwestern die oberen Räume.

Als Gemahlin für den Thronfolger kam 1631 wieder eine Dame aus südlicheren Ländern nach Wien, Infantin Maria Anna, Tochter König Philipps III. von Spanien und Portugal. Sie war um zwei Jahre älter als ihr Vetter Ferdinand III., den sie nun heiraten sollte, ein Gemälde von Friedrich Stoll im Wiener Kunsthistorischen Museum zeigt sie blond und schlank mit regelmäßigem, fast schönem Gesicht.

Eine Abordnung berittener Bürger holte den Bräutigam aus der Hofburg ab und begleitete ihn nach St. Marx, wo Maria Anna in einem vergoldeten Wagen und mit großem Gefolge ankam. Nach der Begrüßung bestieg sie wieder den Prunkwagen und setzte die Fahrt in die Stadt fort, alle Kirchenglocken läuteten, die Kanonen auf den Basteien feuerten Salutschüsse ab. Die Trauung wurde in der Augustinerkirche vollzogen, danach gab es ein Festbankett und Tanz. Der spanische Dichter Don Pedro Calderon de la Barca hatte für diesen Tag ein Festspiel verfaßt, eine Komödie voll verwickelter Liebesgeschichten mit dem Schauplatz Wien. Der Herzog von Guastalla steuerte ebenfalls eine Komödie bei, und da die Festlichkeiten fast den ganzen Monat März lang andauerten, war auch Zeit für ein Ballett in mythologischen Kostümen im Tanzsaal der Burg. Auf dem Roßtummelplatz nahe der Burg ritten vornehme Herren so kunstvolle Figuren, daß man von einem Roßballett sprach.

Ferdinand III. durfte nicht lange bei seiner Frau in Wien bleiben, sondern mußte 1634 den Oberbefehl der kaiserlichen Truppen übernehmen. Für einen Herrn von 26 Jahren war das keine leichte Aufgabe, auch wenn er erfahrene Heerführer wie Matthias Graf Gallas und Ottavio Piccolomini als Berater zur Seite hatte. Auf dem Reichstag in Regensburg wurde er gegen Ende des Jahres 1636 zum römisch-deutschen König gewählt, gerade noch rechtzeitig, denn wenige Wochen später, am 15. Februar 1637, starb sein Vater Ferdinand II. in Wien. Ohne Schwierigkeiten konnte Ferdinand III. die Nachfolge antreten.

Der junge Kaiser war groß und schlank, hatte dunkle Augen, die ein wenig Melancholie verrieten, und schwarze Haare, der Mode entsprechend trug er Schnurrbart und Spitzbart. In seinem Privatleben war er bescheiden wie seine Vorgänger, aber noch musikalischer als sie, er komponierte sogar selbst Werke von beachtlichem Rang. Er galt als einer der gebildetsten Fürsten seiner Zeit, hatte Verständnis für Malerei und bildende Kunst.

Auch seine Gemahlin Maria Anna wußte die Künste zu schätzen, neigte aber nicht zur Bescheidenheit, sondern liebte es, mit Pracht und gutem Geschmack hofzuhalten. Ihre Fähigkeit würdiger Repräsentation bewährte sich, sooft der Kaiser abwesend war, sie vertrat ihn sogar in politischen Belangen. Von ihren Kindern starben zwei sehr früh, zwei Söhne und eine Tochter wuchsen in der Wiener Burg heran. Als die Schweden im Frühjahr 1645 in Niederösterreich einbrachen, arbeitete die Kaiserin erfolgreich mit dem Hofkriegsrat zusammen. Erst nachdem Ferdinand III. in Wien eingetroffen war, brachte sie sich mit den Kindern nach Graz in Sicherheit, später nach Linz. Dort starb sie am 13. Mai 1646, kurz bevor sie ihr sechstes Kind zur Welt gebracht hätte.

Seit Ferdinand III. die Regierung angetreten hatte, war sein wichtigstes Ziel, den Krieg zu beenden; über die Verhandlungen in Münster und Osnabrück ließ er sich regelmäßig genau informieren und sandte seine Weisungen dorthin. Endlich brachte im Spätherbst 1648 ein Oberst Ranfft die Botschaft vom Friedensschluß nach Wien. Trompeten schmetterten, die Glocken aller Kirchen läuteten, die Bürger geleiteten den willkommenen Boten in die Hofburg, der Kaiser umarmte ihn und beschenkte ihn mit einer Gnadenkette. In diesem Jahr 1648 heiratete Kaiser Ferdinand III. zum zweitenmal, und zwar seine 16jährige Cousine Maria Leopoldine, die jüngste Tochter des Erzherzogs Leopold V. von Tirol und der Claudia de' Medici. Bevor sie sich in Wien noch recht eingewöhnt hatte, starb sie am 7. August 1649 bei der Geburt ihres ersten Kindes. Dieses Kind, Karl Josef, wuchs in der Wiener Burg auf; er wurde für den geistlichen Stand bestimmt und hatte gemäß der hohen Abkunft eine große Laufbahn vor sich, starb aber schon im 15. Lebensjahr.

Die drei Gemahlinnen Ferdinands III.

Maria Anna
von Spanien

Maria Leopoldine
von Tirol

Eleonore
von Gonzaga

Inzwischen war die dritte Frau Kaiser Ferdinands III. in die Hofburg eingezogen, wieder eine Eleonore. Sie war die Tochter des Prinzen Karl II. von Mantua-Nevers und der Maria Gonzaga, also nah verwandt mit ihrer Schwiegermutter, 23 Jahre alt, sehr fromm, künstlerisch begabt und von Kindheit an mit Musik und Malerei vertraut, literarisch sehr interessiert. Der Hofmaler Frans Luycx, ein Schüler des großen Rubens, stellte sie als Göttin Diana dar, aber dafür war sie zu stattlich, nicht schön genug; das Gesicht verrät jedoch hohe Intelligenz.

Ob nun schön oder nicht, als Kaiserin wurde Eleonore von einem Dichter besungen, dem Sachsen Philipp von Zesen, der sich als gelehrter Mann auch Caesius nannte. Er hatte sich bereits mit seinem Schäferroman »Adriatische Rosemund« einen Namen gemacht und eine ganz nützliche Anleitung zu Poesie und Metrik verfaßt; in einem langen Gedicht hatte er Ferdinand III. als Friedensbringer gerühmt, der ihn darauf in den Adelsstand erhob. Der Kaiserin widmete Zesen ein Marienlied, sie zeigte sich dankbar und unterstützte ihn finanziell auch in späteren Jahren.

Es ist nicht genauer bekannt, wie gut Eleonore sich mit den Kindern des Kaisers aus dessen früheren Ehen verstand, denn das Hofzeremoniell schirmte jeden ab, formelle Höflichkeit überdeckte Zuneigung oder Eifersucht. Von den Kindern Ferdinands III. war der Älteste, Ferdinand IV., der Liebling des Vaters, ein hübscher, blonder Knabe, klug und munter. Die Tochter Maria Anna war nicht mehr im Hause, sie lebte seit 1649 als Gemahlin König Philipps IV., ihres Onkels, in Spanien. Der jüngere Sohn, Leopold, stand völlig im Schatten des überlegenen Älteren; er sollte Geistlicher werden und bereitete der Stiefmutter gewiß keine Schwierigkeiten. Karl Josef, das einzige Kind aus der zweiten Ehe des Kaisers, war erst zwei Jahre alt, als die Stiefmutter ihre Gemächer in der Burg bezog.

Eleonore schenkte dem Kaiser vier Kinder, aber zwei von ihnen starben im ersten Lebensjahr, nur zwei Töchter blieben ihr. Die ältere wurde auf den Namen der Mutter getauft, so daß nun drei Eleonoren in der Burg wohnten, zumindest den Winter über. Im Sommer lebte die älteste der drei, die Witwe des Kaisers Ferdinand II., in Laxenburg, in dem Lustschloß Favorita (im heutigen 4. Wiener Gemeindebezirk) oder in Schönbrunn, aber auch die übrige kaiserliche Familie verbrachte nur einen Teil der schönen Jahreszeit innerhalb der Burg – in der Umgebung von Wien standen ja genug Jagdschlösser und andere Sommersitze zur Verfügung.

Der Kaiser machte seinen Sohn Ferdinand IV. frühzeitig mit den künftigen

Aufgaben vertraut und freute sich zu sehen, wie schnell der Knabe alles begriff. Im Alter von 13 Jahren wurde er zum König von Böhmen, mit 14 Jahren zum König von Ungarn gekrönt, die Würde eines römisch-deutschen Königs erhielt er mit 20 Jahren. Die Nachfolge schien gesichert, aber die Pocken, eine der bösen Seuchen jener Zeit, drangen auch in die Hofburg. Ferdinand IV. erkrankte und starb am 9. Juli 1654 im Alter von 21 Jahren. Nun galt Leopold, der andere Sohn des Kaisers, als Thronfolger und wurde gleich im nächsten Jahr zum König von Ungarn gekrönt. Das war vorläufig nur ein Titel; der schmächtige, häßliche 15jährige widmete sich in seinen Räumen der Wiener Burg weiterhin unter der Leitung von Jesuiten den Studien, lernte neben den Wissenschaften auch Sprachen, musizierte, ritt zur Jagd in die Umgebung der Stadt.

Die Wiener erfuhren von allen Vorgängen in der Burg, zwar nicht durch öffentliche Bulletins, doch durch die Erzählungen der vielen Angestellten bei Hofe. Es gab immer etwas zu bereden, zuweilen auch anzuschauen. 1655 erregte die Ankunft tatarischer Gesandter großes Aufsehen, im nächsten Jahr kam mit etlichem Prunk ein Gesandter des Zaren Alexej Michailowitsch aus Moskau. Man bestaunte die fremdartigen Gestalten, ihre Kleidung, ihr Benehmen, sah sie aber auch gern wieder abreisen und war froh, daß der Kaiser zu klug war, sich auf gefährliche Bündnisse einzulassen.

Einen anderen Anlaß zu Gesprächen in der Stadt und auch zu gutem Verdienst für etliche Handwerker boten die Arbeiten in der Stallburg. Erzherzog Leopold Wilhelm, Bruder des Kaisers, reicher Kirchenfürst und daneben auch Feldherr, hatte als Statthalter der spanischen Niederlande mit sicherer Urteilskraft viele Kunstwerke ersten Ranges erworben und wollte sie, nachdem er sein Amt niedergelegt hatte, nach Wien bringen. In der Hofburg war kein Platz dafür, wohl aber in der Stallburg. Wenn man die Renaissance-Arkadengänge zumauerte – selbstverständlich Fenster frei ließ –, konnte man zusätzliche Räume gewinnen. Das dauerte einige Zeit, zunächst wurden nur die Möbel hingestellt und Wandteppiche aufgehängt, nach einem Jahr kamen die Gemälde und Skulpturen an die Reihe. Da es sich um große Werte handelte, mußte ein völlig verläßlicher Mann die Aufsicht führen; die Wahl fiel auf den Hofkaplan Anton von der Baren. Die verfügbaren Räumlichkeiten reichten nicht aus, jedes Bild so aufzuhängen, daß es für sich allein den Betrachter fesseln konnte; von solchen Erwägungen war man damals noch weit entfernt, die Gemälde wurden in drei Reihen übereinander angeordnet – bei der Zahl von 1 397 Gemälden und 343 Zeichnungen recht begreiflich.

Die 542 Statuen standen auf Sockeln in zwei Reihen zwischen den vermauerten Arkadenbogen. Vorhänge regelten den Einfall des Tageslichtes. Die Aufstellung dauerte bis zum Jahre 1659, und inzwischen wurde die Hofburg zum Schauplatz eines tragischen Ereignisses.

In allen Küchen der Burg mußte – wie in jedem Haushalt jener Zeit – abends das Herdfeuer ausgelöscht oder zumindest die Glut so mit Asche überdeckt werden, daß sie keine Gefahr bildete. Kaiserin Eleonore hatte aber zu Beginn des Jahres 1657 ihr viertes Kind geboren, sie und der kleine Ferdinand brauchten auch nachts warmes Wasser, deshalb brannte das Feuer in der Kammerküche weiter. Durch Unvorsichtigkeit, Nachlässigkeit oder irgendeinen unglücklichen Zufall brach in der Nacht zum 2. April 1657 ein Brand aus und drohte gefährlich zu werden, weil der Brunnen im Burghof schon beim dritten Zug kein Wasser mehr gab. Der Kaiser wollte sich nicht in Sicherheit bringen lassen, ehe nicht das Kind gerettet war. Ein Trabant ergriff die Wiege, stieß aber damit gegen eine Wand, denn das Zimmer war schon von Rauch erfüllt. Er stürzte mitsamt dem Kind zu Boden. Prinz Ferdinand blieb unverletzt, der Kaiser aber erlitt einen Schock und starb wenige Stunden darauf, erst 48 Jahre alt.

III

Die Festung wird zum wohnlichen Schloß

Der junge Kaiser Leopold · Eine prächtige Hochzeit und viel Musik · Eine Brandkatastrophe · Erfreuliche und zweifelhafte Personen bei Hofe · Pestgruben und neue Bauten · Die Burgbastei 1683 · Freud und Leid in der Familie · Würden und Zeremonien · Formvollendete Diplomatie · Kaiser Leopolds I. letzte Jahre · Joseph I. stirbt zu früh

Der junge Kaiser Leopold

König Ludwig XIV. von Frankreich bewarb sich um den römisch-deutschen Kaiserthron, aber nach Intrigen, Zahlungen und Versprechungen beider Seiten wählten die Kurfürsten doch Ferdinands III. Sohn am 18. Juli 1658 zum Kaiser. Sein Einzug in Wien am 1. Oktober wurde von Geistlichkeit und Adel, Universität und Bürgerschaft würdig gefeiert und klang in einem richtigen Volksfest aus, denn nach bewährtem Muster floß wieder Wein aus Brunnen. Der gelehrte Dichter Jakob Sturm leitete in seinem Werk »Unverwelklicher österreichischer Ehrenkranz« sogar den römischen Namen Wiens, Vindobona, von »vinum bonum« ab:

> »da guter Wein aufgeht,
> der auf des Kaisers Tisch
> und seiner Tafel steht.«

Leopold hatte in seiner Jugend sorgfältigen Unterricht genossen, daneben auch militärische Studien betrieben; aus seinem zwölften Lebensjahr stammt die Zeichnung einer schön verzierten, durchaus zweckmäßigen Kanone. Als eine seiner ersten Aufgaben als Herrscher sah er an, die Befestigungen von Wien zu verstärken, und er setzte fort, was sein Vater begonnen hatte, nämlich die Burgbastion, die bisher nur ein Erdwall gewesen war, mit Ziegelmauern zu verkleiden. Sie lag vor dem Widmertor; der Weg aus der Stadt zu den Vorstädten war mühsam, in Windungen zwischen den Festungswerken hindurch und auf einer hölzernen Brücke über den Stadtgraben zur Contreescarpe, der äußeren Befestigung des Grabens, von der aus der Feind im Rücken bekämpft werden konnte, wenn er schon in den Graben eingedrungen war. Damals mag sich mancher Bürger gewundert haben, daß der junge Kaiser sich darum Sorgen machte, zwei Jahrzehnte später war man dankbar. Das äußere Burgtor zeigte sich von der Stadtseite her ganz schlicht, außen aber war es architektonisch geschmückt, neben der Toreinfahrt gab es ein kleines Tor für Fußgänger, dieses mit dem böhmischen, jene mit dem ungarischen Wappen versehen.

Im Jahre 1660, als das äußere Burgtor fertiggestellt war, entging der junge Kaiser durch eine glückliche Fügung einem Unfall, der gewiß gefährlich, vielleicht sogar tödlich gewesen wäre. Eine italienische Schauspielertruppe hatte auf dem Roßtummelplatz neben der Burg Galerien für die Zuschauer errichtet. Leopold I. hatte Verständnis, ja eine Schwäche für schöne Aufführungen und schaute aus seiner Loge im ersten Rang zu, als ihm die Ankunft seines Onkels Erzherzog Leopold Wilhelm gemeldet wurde. Er ging ihm entgegen, und gerade in diesem Augenblick stürzte die Loge des zweiten Ranges ein, in der sich drei Hofdamen befanden, die Gräfinnen Ursenbeck, Harrach und Slawata. Hätte der Kaiser seinen Platz an der Brüstung nicht verlassen, wären sie auf ihn gestürzt und mit ihm hinab auf die Hellebarden der Trabanten, die im Parterre darunter aufgestellt waren.

Dem Kaiser, der an aller Kunst und auch an Architektur interessiert war, erschien die mittelalterliche Burg zu eng und, wie er selbst gesagt haben soll, »etwas altväterisch«. Er ließ Pläne für eine Verbindung vom Trakt beim Widmertorturm zum ehemaligen Cillierhof ausarbeiten, die Durchführung übertrug er dem Architekten Domenico Carlone. Der übliche Geldmangel verzögerte allerdings den Bau. Es dauerte sieben Jahre, bis der »Leopoldinische Trakt« (die heutige Seite der Hofburg gegen den Heldenplatz zu) fertiggestellt war.

Am 12. November 1662 starb Erzherzog Leopold Wilhelm im Alter von 48 Jahren. Da er als geistlicher Herr unverheiratet war, fiel seine Hinterlassenschaft dem Kaiser zu. Er selbst hatte den Wert der Gemälde, Skulpturen und Tapisserien, der Bibliothek und der Silberkammer auf eine Million Gulden geschätzt, die amtliche Kommission verstand nicht so viel wie er von der niederländischen Malerei ab dem 15., der italienischen ab dem 16. Jahrhundert und den Werken der damals zeitgenössischen Künstler, die der Erzherzog gefördert hatte, sie taxierte den Wert nur auf 500 000 Gulden. Auch das war eine beträchtliche Summe in einer Zeit, da die Kosten für die Verpflegung eines Soldaten auf vier Gulden monatlich berechnet wurden. Was Leopold Wilhelm hinterließ, wurde der Grundstock der Gemäldesammlung des Wiener Kunsthistorischen Museums.

Eine prächtige Hochzeit und viel Musik

Im Alter von 26 Jahren, am 12. Dezember 1666, heiratete Kaiser Leopold I. eine nahe Verwandte, die spanische Infantin Margarita Teresa, ein Mädchen von 15 Jahren. Sie hatte schon im Frühjahr mit einem Gefolge von über 300 Personen die Reise angetreten. In Wien erbaute inzwischen der Theaterarchitekt Lodovico Burnacini ein neues Opernhaus, das auf drei Rängen angeblich 5 000 Personen aufnehmen konnte, und zwar auf dem Teil der Stadtbefestigung, der an die Burgbastei anschloß – ein anderer Bauplatz in der Nähe der Burg war nicht mehr zu finden.

Der Braut blieb noch eine Woche Zeit, um sich von den Anstrengungen der Reise zu erholen, aber dann folgte eine Festlichkeit auf die andere, bis in den

*Ein Schauspiel barocker Pracht auf dem Turnierplatz,
dem heutigen Inneren Burghof*

Monat Januar hinein. Der alte Turnierplatz vor der Burg war mit hölzernen Gerüsten für die Zuschauer umgeben, an der Seite der Burg stand die reichgeschmückte Tribüne für die hohen Herrschaften, die kaiserliche Familie saß unter einem goldstrotzenden Thronhimmel. In diesem Rahmen entfaltete sich ein Schauspiel von barocküberladener Pracht voll allegorischer Anspielungen und Schmeicheleien.

Wie auf einer Theaterbühne erweckten bewegte Tücher den Eindruck von Wellen, das Schiff Argo segelte heran, umgeben von 30 Meergöttern, die auf Muschelhörnern bliesen, und ankerte in der Mitte des Platzes. Auf dem Hinterdeck erschien die Göttin Fama, der Ruhm, und kündigte einen Streit der Elemente an, wer am meisten Anrecht auf die Perle habe. Die Göttin Juno auf einem Wolkenwagen repräsentierte das Element Luft, ihre Begleiter trugen blaue und rosarote, mit Silber verzierte Flügelkleider. Für das Element Feuer kam Gott Vulcanus auf einem zerklüfteten Felsen, in dessen Inneren man wilde Cyklopen mit schweren Hämmern schmieden sah, aus der Spitze des Felsens schlugen Flammen. Als Gegner von Luft und Feuer zeigte sich das Wasser: Auf Rädern wurde ein Bassin hereingezogen, in dessen Mitte ein Thron für Neptun stand, umgeben von Tritonen; beim Feuer herrschte naturgemäß die Farbe Rot vor, beim Wasser Lichtblau. Grün und weiß waren die Ritter des Elementes Erde gekleidet, mit Früchten und Laubwerk geschmückt, ihr Wagen trug einen künstlichen Garten mit dem Thron einer Göttin, die man als Flora oder Venus ansehen konnte.

Der Streit um die Perle wurde erst mit Musik, Gesang und Deklamation geführt, dann als Kampfspiel zu Pferd und zu Fuß, bis Trompetenstöße Einhalt geboten, die Wolken des Hintergrundes (vor dem ehemaligen Cillierhof) sich zerteilten und der Tempel der Unsterblichkeit sichtbar wurde. Aus diesem bewegte sich ein neuer prunkvoller Zug, voran der Wagen des Ruhmes, dahinter zu Pferd die Genien der frühen Herrscher Österreichs, als letzter Kaiser Leopold I. persönlich. Ihm, so verkündete die Ruhmesgöttin, werde die umstrittene Perle zuteil, eine Anspielung auf den Namen der Braut, denn das spanische Wort margarita bedeutet zu deutsch eben »Perle«. Zum Abschluß zeigten die Reiter ein Roßballett in vier Abteilungen, angeführt von Herzog Karl von Lothringen, Graf Montecuccoli, dem Pfalzgrafen von Sulzbach und Fürst Dietrichstein.

Über 1 000 Personen, darunter 200 Musikanten und 80 Reiter, hatten bei diesem Schauspiel mitgewirkt, aber es war noch nicht der Höhepunkt der Festlichkeiten, den bildete erst die Oper »Il pomo d'oro« von Marcantonio Cesti im neuen Opernhaus. Der Inhalt war die bekannte Sage vom goldenen Apfel, welcher der schönsten Göttin zufallen sollte. Juno, Minerva und Venus stritten darum, raffinierte Theatermaschinen ließen Götter in der Luft zugleich mit Menschen auf der Erde erscheinen, einige der Szenen spielten auch in der Unterwelt, 23mal verwandelte sich das Bühnenbild. Schließlich erhielt die junge Kaiserin den Apfel zugesprochen, sie vereinigte in sich die Würde der Juno, den Geist der Minerva und die Schönheit der Venus. Es war ein prunkvolles Schauspiel, ein Markstein der Musikgeschichte, die Kosten beachtlich: 100 000 Gulden!

Auch weiterhin wendete Leopold I. hohe Summen für Theater, Schauspiele und Konzerte auf. Als man ihm das vorwarf, antwortete er, man möge ihm diese Freude gönnen; wenn er so viel Geld für Mätressen ausgäbe, würde niemand etwas dagegen sagen. Damit spielte er auf die Unsitten an, die an anderen Höfen herrschten, besonders an dem Ludwigs XIV. Des politischen Gegensatzes wegen waren am Wiener Hof keine französischen Werke zu hören, fast nur italienische und spanische. Leopold selbst komponierte drei Singspiele und etliche Lieder zu Texten in deutscher Sprache. Schon sein Vater hatte Musikwerke geschaffen, Leopold aber übertraf ihn weit, und wenn er ein Stück nicht vollständig ausführte, reichten die Skizzen immerhin, daß seine Hofkapellmeister – darunter Johann Heinrich Schmelzer – sie mit Begleitstimmen versehen und für eine Aufführung reif machen konnten. So kamen acht Oratorien, 71 andere Werke für geistlichen und 155 für weltlichen Gebrauch zusammen. Ein Verzeichnis davon liegt in der Österreichischen Nationalbibliothek. Der Wiener Lokalhistoriker Wilhelm Kisch sprach 1883 sogar von 300 Motetten, die der Kaiser mit eigener Hand niedergeschrieben habe.

Allein diese Motetten, ob ihre Zahl nun stimmt oder nicht, beweisen ungeheure Arbeitskraft und Genauigkeit, nur wäre es vielleicht besser gewesen, wenn Leopold sie für sein Amt als Herrscher aufgewendet hätte, obwohl er gewiß nicht nachlässig war. Er galt sogar als Pedant, weil er die diplomatischen Noten überprüfte, die üblicherweise in lateinischer Sprache abgefaßt wurden, jeden Fehler verbesserte und sich dabei gut amüsierte. Man kann das freilich auch positiv werten, als Zeichen seiner Gewissenhaftigkeit und Sprachkenntnis. Der Kaiser beherrschte übrigens auch die italienische, spanische und tschechische Sprache. Höflinge lachten heimlich darüber, daß der Kaiser in seinen Kalender eintrug, welche Summen er beim Kartenspiel verloren habe – manchem anderen großen Herrn hätte es sehr gutgetan, wenn er sich darüber Rechenschaft gegeben hätte!

Eine Brandkatastrophe

Der sogenannte Leopoldinische Trakt der Hofburg, das heißt der Neubau an der stadtauswärtigen Seite des Turnierhofes, war 1667 endlich so weit fertiggestellt, daß der Kaiser mit seiner Frau und dem Hofstaat einziehen konnte. Auch seine Stiefmutter Eleonore von Mantua und seine beiden Halbschwestern, Erzherzogin Maria Anna Josepha und Erzherzogin Eleonore, übersiedelten dorthin.

Die Wohnräume des Neubaues waren bequemer als die der alten Burg, aber auch hier brannte in den Küchen offenes Feuer, in den Gemächern gab es nur Kerzenlicht, und das brachte immer Gefahr. Am 23. Februar 1668 brach um zwei Uhr früh ein Brand aus und verbreitete sich rasch. Die junge Kaiserin wurde in einen Wagen gesetzt und fortgebracht, aber Leopold I. sorgte sich um seine Stiefmutter und die Schwestern. Er wollte schon in das brennende Gebäude zurückkehren, um nach ihnen zu suchen, da kam die tröstliche Nachricht, der Hauptmann der Burgwache, Franz Graf Waldstein, habe die Kaiserinwitwe, die Oberhofmeisterin die beiden Erzherzoginnen rechtzeitig in Sicherheit gebracht.

Das Feuer griff rasch um sich, bald stand der ganze neue Trakt in Flammen. Von den nächsten Gebäuden wurden Teile des Daches abgetragen, damit das Feuer nicht übergreife. Als es endlich erloschen war, forschte man nach seiner Ursache und stellte fest, daß in einer der Werkstätten im Erdgeschoß des Traktes ein unvorsichtiger Tischlergeselle beim Leimsieden den Brand verschuldet hatte.

Nach dem Bericht des päpstlichen Nuntius, eines Grafen Pignatelli, sei der Tischler nach Mitternacht betrunken heimgekehrt und habe mit seiner Kerze den Brand verschuldet. Die Schildwache, so heißt es weiter, verständigte sofort die Wachmannschaft; diese versuchte anfangs möglichst leise zu löschen, um die Nachtruhe der Kaiserin nicht zu stören, aber bald mußte sie Alarm schlagen, die Trompeten blasen und die Trommeln rühren lassen. Alle Glocken läuteten, die Wiener eilten zur Burg, um zu helfen oder nur zuzuschauen. Als aus den Fenstern des brennenden Gebäudes Kisten mit Silberzeug herabgeworfen wurden und auf dem Boden zerbarsten, griffen viele Hände zu, aber nicht alles, was zu bergen war, wurde nachher abgeliefert. Ein Page lief zurück, um den Papagei der Kaiserin zu retten, und geriet dabei selbst in Lebensgefahr. Der Kellermeister sorgte sich um die Fässer kostbaren Weines aus dem Herzogtum Monferrato im Piemont, die in den obersten Kellergewölben lagerten.

Fünf Tage nach dem Unglück fand sich im Schutt der Kammerkapelle eine kostbare Reliquie, die in der Sakristei aufbewahrt worden war, ein Span vom Kreuze Christi. Das Gold und das Email der Fassung waren geschmolzen, das Kristallglas gesprungen, aber das alte Stückchen Holz unversehrt. Das wurde als Wunder angesehen, die Kaiserinwitwe Eleonore stiftete aus Dank den Orden der Sternkreuzdamen.

Kaiser Leopold I. gab Befehl, den abgebrannten Trakt der Burg neu und noch größer wiederaufzubauen. Bei der ersten Ausschachtung für die Kellerräume war im Januar 1662 ein Sarkophag aus der Römerzeit mit Skelettresten, Münzen und anderen kleinen Gegenständen entdeckt worden; diesmal ergab sich kein Fund mehr: Die Keller hatten den Brand überdauert, man brauchte nicht neu zu graben. Die Bauarbeiten gingen dennoch nicht so schnell voran, wie der Kaiser es gewünscht hätte – es fehlte wieder einmal an Geld.

Erfreuliche und zweifelhafte Personen bei Hofe

Die Kaiserin Margarita Teresa blieb nicht so schön, wie sie als 15jährige vielleicht wirklich gewesen, vielleicht nur aus Höflichkeit gepriesen worden war. Sie bekam einen Kropf, sechs Schwangerschaften erschöpften den jungen Körper. Sie beherrschte die deutsche Sprache schlecht, mit ihrem Gemahl Leopold sprach sie nur spanisch. Die beiden vertrugen sich gut, da sie beide fromm und musikalisch waren, aber bei den anderen Damen der kaiserlichen Familie und dem Wiener Hofstaat war Margarita Teresa wenig beliebt. Die meisten Spanier, die sie nach Wien begleitet hatten, waren zwar wieder abgereist, doch diejenigen, die in der Burg oder in der Stadt blieben, gaben Anlaß zu Eifersucht und Streit. Als die Kaiserin am 12. März 1673 starb, dürfte ihr einziges überlebendes Kind, die vierjährige Maria Antonia, den Verlust noch nicht ganz begriffen haben. Der Kaiser trauerte, mußte aber bald an eine zweite Ehe denken, denn ihm fehlte der Thronfolger. Bei Hofe hatte man schon längst erwogen, wer als neue Kaiserin in Frage komme.

Noch im selben Jahr 1673 heiratete der Kaiser die letzte, die aus der Tiroler Linie der Habsburger noch lebte, Claudia Felicitas. Sie war 20 Jahre alt, fast so schön, wie ihre Mutter Anna de' Medici in jungen Jahren gewesen war, zudem eine kluge Frau. Als sie die Mißstände in Regierung und Verwaltung wahrnahm, veranlaßte sie den Hofpoeten Niccolò Graf Minato, diese in der Komödie »Die Laterne des Diogenes« dem Kaiser vor Augen zu führen; er sollte erkennen, daß er – so wie Alexander der Große auf der Bühne – viel zu gutmütig war.

Tatsächlich herrschte arge Korruption; von den 120 Millionen Gulden, die jährlich an Staatseinnahmen einlangen sollten, versickerte die Hälfte in unergründlichen Kanälen. Manchmal war die Staatskasse so leer, daß nicht einmal das Geld vorhanden war, um Kuriere abzusenden. Die Hofkammermusiker streikten, weil sie schon lang nicht mehr bezahlt worden waren, die Augustinermönche erhielten jahrelang keine Meß- und Musikgelder – doch gleichzeitig war der Kaiser nicht fähig, Bittsteller abzuweisen. Sehr scharf urteilte der Gesandte der Republik Venedig in einem Bericht: »Seine Freigebigkeit basiert auf Kosten des fremden Sackes; Leopold gewährt Straflosigkeit den Verbrechern, wenn sie zum Katholizismus übertreten.«

Von dieser bösen Nachrede erfuhr der Kaiser zwar nichts, ein anderer Mann aber nannte die Übel, die bei Hofe herrschten, deutlich beim Namen: der Augustinermönch Abraham a Sancta Clara. Wenn er predigte, war die Augustinerkirche übervoll, auch der Kaiser hörte ihm zu, am 28. April 1677 ernannte er ihn zum Hofprediger. Pater Abraham, mit bürgerlichem Namen Johann Ulrich Megerle, war erst 33 Jahre alt, als er Zutritt in die Hofburg erhielt und die gutmütige Schwäche des Kaisers unmittelbar vor Augen hatte, dazu die Habgier und Eitelkeit, die Verlogenheit und den gegenseitigen Neid der Höflinge.

Außer den Herren, die Würden trugen und Ämter innehatten, und denen, die sie erlangen wollten, kamen zuweilen auch Abenteurer und Glücksritter an die Herrscherhöfe in ganz Europa, Herren mit schönen Titeln zweifelhafter Herkunft, Alchimisten, Wunderdoktoren und Scharlatane. Einer von ihnen, der ehemalige Jesuit Giovanni Francesco Borri, nahm für sich den Rang eines Cavaliere in Anspruch und behauptete, dem Kaiser das Leben gerettet zu haben.

Er hatte schon die Königin Christine von Schweden und König Friedrich III. von Dänemark um viel Geld erleichtert, wollte seine Tätigkeit nach Konstantinopel verlegen und wurde auf der Reise dorthin in Mähren verhaftet. Da soll er erklärt haben, er habe von einer rätselhaften Erkrankung Leopolds I. gehört und sich verpflichtet, ihn zu heilen. Er fand den Kaiser – so lautet die Erzählung, die freilich vielfach bestritten ist – in einem Zimmer, dessen Fenster mit dichten Vorhängen verhüllt waren, stellte fest, daß von den Wachskerzen auf dem Tisch und den Wandleuchtern ein eigenartiger Geruch ausging, und ließ sogleich die Fenster öffnen und die Kerzen auslöschen.

Eine chemische Untersuchung ergab, daß die Dochte der Kerzen mit einer Arseniklösung getränkt waren, die den Kaiser binnen kurzer Zeit getötet hätte. Man brachte den Mordanschlag mit einer Verschwörung ungarischer Magnaten in Verbindung; diese zumindest ist historische Tatsache, so unbewiesen die Geschichte mit den vergifteten Kerzen auch sein mag. In Wien soll Borri belohnt worden sein, in Rom aber wurde er eingesperrt und starb nach langer Haft 1695 im Kerker der Engelsburg.

Kaiserin Claudia Felicitas brachte zwei Töchter zur Welt, die nur kurz lebten, und starb noch jung am 8. April 1676. Leopold führte als dritte Gemahlin Eleonore Magdalena von Pfalz-Neuburg heim. Sie war 22 Jahre alt, blond, nicht gerade hübsch und von geringem Temperament, dafür fromm und sittenstreng. In dieser Hinsicht konnte sie mit dem Wiener Hof zufrieden sein, anderes verwunderte sie, zum Beispiel, daß ihr Gemahl stets nach spanischer Mode gekleidet war, ganz in Schwarz mit kurzem Mantel, mit roten Strümpfen und Schuhen. Die Herren bei Hofe mußten diesem Beispiel folgen, doch im Winter, wenn die Kachelöfen der Hofburg die hohen Räume wenig erwärmten, kostete es Überwindung, kurze, bauschige Hosen zu tragen, die nicht einmal bis zu den Knien reichten. Wer zu dünne Beine hatte, polsterte sich die Waden aus, das wirkte ansehnlicher und wärmte. Besser erging es dem Leibkutscher: Er trug einen gelben Samtpelz.

Wie die Kleidung, so war auch jede Begrüßung an strenge Regeln gebunden. Dem Kaiser und seiner Familie gebührte die spanische Reverenz, bei der man sich tief verbeugte und auf ein Knie niederließ. Der Kaiser wiederum mußte beachten, wie viele Schritte er einem Gast entgegenging oder Stufen hinabstieg; er grüßte Fürsten mit der französischen Reverenz, einer halben Verbeugung. Diese war allgemein bei den Herren untereinander üblich und wurde auch von niedergestellten Personen den Höheren erwiesen. Ein Händedruck war bei Hofe selten, eine Umarmung nie zu sehen, aber es galt als Auszeichnung, wenn Herren oder Damen dem Kaiser oder der Kaiserin die Hand küssen durften.

Eleonore Magdalena wäre lieber in ein Kloster eingetreten als Kaiserin geworden, sie liebte Prunk nicht; wieweit sie an den vielen Opern und Chorkonzerten am Wiener Hof Gefallen fand, ist nicht bekannt. Leopold nahm jede Gelegenheit wahr, schöne Musik zu hören und Schauspiele aufführen zu lassen. Jeder Geburtstag eines Familienmitgliedes gab dazu Anlaß. Zu Beginn des Jahres 1678 fand sich noch ein zusätzlicher Grund, ein Fest zu feiern: die glückliche Wendung einer anfangs tragischen Liebesgeschichte.

Eleonore, die Halbschwester des Kaisers, hatte schon in jungen Jahren eine Neigung zu dem männlich schönen, ritterlichen Herzog Karl von Lothringen empfunden und beglückt gemerkt, daß er ihre Gefühle erwidere. Aus Gründen der Staatsraison aber mußte sie 1670 den Polenkönig Michal Wiśniowiecki heiraten. Sie war ihm eine treue Gemahlin, im Lande rühmte man ihre Schönheit und unendliche Güte, wie den Briefen des Jan Sobieski an seine Frau zu entnehmen ist, aber nach König Michals frühem Tod 1673 und politischen Wirren in Polen kehrte sie gern nach Wien zurück. Hier fand sie ihren Karl wieder. Am 27. Januar ließ der Kaiser in der Hofburg die bevorstehende Heirat, am 6. Februar die Hochzeit seiner Halbschwester mit dem Herzog von Lothringen mit festlicher Musik feiern.

Das glückliche Paar übersiedelte nach Innsbruck, die Wiener Hofburg hatte eine liebenswürdige Bewohnerin verloren, aber der Kaiser feierte weiter, am 9. Juni seinen eigenen Geburtstag, am 26. Juli die Geburt seines ersten Sohnes. Aus seinen beiden früheren Ehen hatte er nur eine Tochter, die gerade neun Jahre alt war, jetzt endlich lag ein Thronfolger in der Wiege! Schon am Tage nach der Geburt wurde der Kronprinz »im neuen Stockh der kays. Burg im ersten Zimmer nechst an der äußersten Antecamera ober dem Pastey Thore« auf den Namen Joseph getauft.

Pestgruben und neue Bauten

Die Freude über die Geburt des Thronfolgers mußte bald einer neuen Sorge weichen: Die Pest war nach Wien eingeschleppt worden! Im Januar und Februar starben in Wien Hunderte Menschen, im April schon fast 5 000, im Juli erreichte die Seuche mit 7 507 gezählten Toten ihren Höhepunkt. Insgesamt waren in diesem Jahr in Wien – das heißt in der heutigen Innenstadt – beinahe 50 000 Opfer zu beklagen, nicht gerechnet die in den Vororten. Der Kaiser hatte sich mit seiner Familie zunächst auf den Kahlenberg zurückgezogen, dann eine Wallfahrt nach Mariazell unternommen und sich schließlich nach Prag begeben. In der Hofburg blieben nur einige Wachen zurück. Für die Sicherheit in der Stadt sorgte Ferdinand Fürst zu Schwarzenberg, ein Herr von erst 27 Jahren, aber bereits kaiserlicher Reichshofrat. Sein Mut, seine Umsicht und seine feste Hand, die oft nötig war, sind heute vergessen; an die Seuche erinnern die Pestsäule am Graben mit der knienden Gestalt des Kaisers und die Sage vom Lieben Augustin, der betrunken in eine

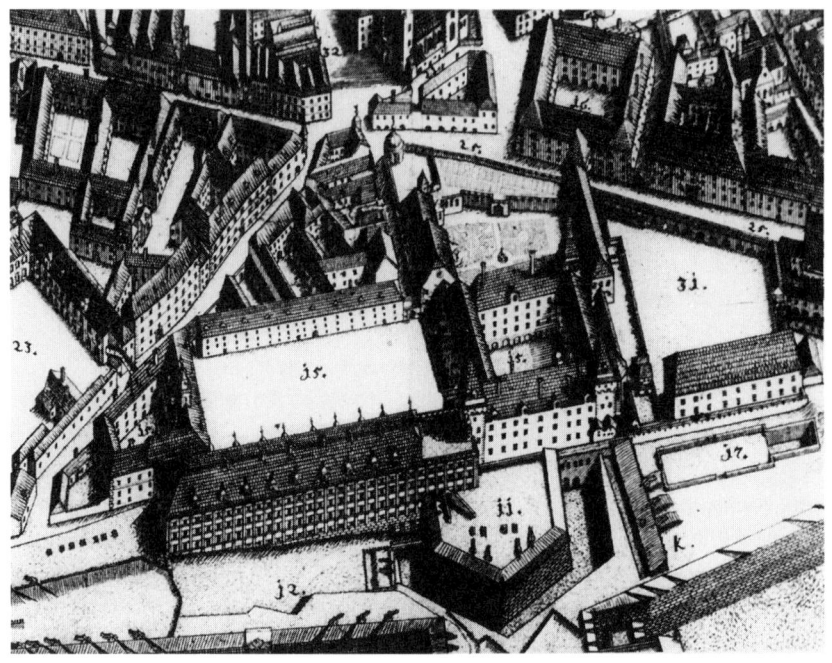

Vogelschauplan der Burg aus dem Jahre 1683

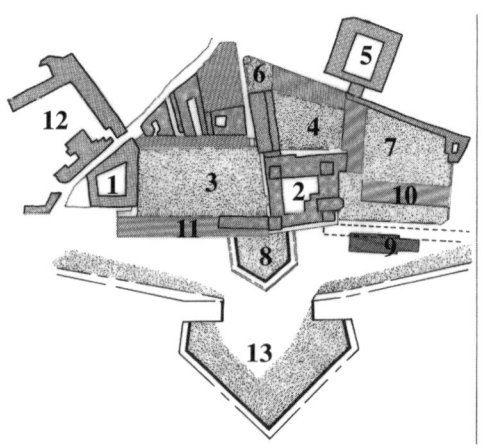

1 *Amalienburg*
2 *Die alte Burg, heute Schweizerhof*
3 *Turnierplatz, heute Innerer Burghof*
4 *Garten (heutige Sommer-reitschule)*
5 *Stallburg*
6 *Das alte Paradeisgartl (Fundamente unter dem Michaelerplatz)*
7 *Roßtummelplatz, heute Josefsplatz*
8 *Der »Spanier«, der bei der Verteidigung 1683 eine große Rolle spielte*
9 *Komödienhaus auf der Wallmauer*
10 *Die gedeckte Reitschule, heute Nationalbibliothek*
11 *Leopoldinischer Trakt*
12 *Kaiserspital*
13 *Burgbastei*

94

Pestgrube gestürzt und am nächsten Morgen zwischen den Leichen erwacht sein soll.

Zwei Jahre später war der Leopoldinische Trakt der Hofburg endlich vergrößert wiederaufgebaut und bewohnbar. Die Kaiserinwitwe Eleonore hatte mit ihrem Hofstaat schon früher einziehen wollen, aber da fehlten noch die Türen und die Kachelöfen. Ergänzend dazu schreibt der Historiker Dr. Harry Kühnel in seinem wertvollen Werk »Die Hofburg«:

»Bei einer 1970 erfolgten Restaurierung der Fassade konnte die ursprüngliche Färbelung freigelegt werden: Die Wandflächen waren in einem hellgelben Farbton gehalten, die Pilaster und Gesimse steingrün, die Metopenfelder im Kranzgesimse abwechselnd grau und rosa, ein farbenprächtiges Bild, das der Sinnenfreudigkeit des Barock entsprach.«

Am Rande des Roßtummelplatzes neben der Burg begannen 1681 die Arbeiten für ein Gebäude, dessen Geschoß zu ebener Erde als gedeckte Reitschule bestimmt war, das obere Geschoß für die kaiserliche Bibliothek, wie das schon 1663 geplant gewesen war. 1683 stand der Bau fertig, aber noch im selben Jahr sollte er arge Schäden erleiden.

Die Burg zu Wien hatte an Glanz gewonnen, und die Möglichkeit, darin zu wohnen, war wesentlich verbessert. Ihre andere Aufgabe – die als Festung – hatte sie 1683 zu erfüllen. Nach der ersten Türkenbelagerung 1529 und besonders im 17. Jahrhundert war sie in langer, immer wieder verzögerter Arbeit durch vorgelegte Festungswerke geschützt worden. Auf der Burgbastei stand noch der alte »Spanier«, ein runder Turm, der die Aufgabe eines »Kavaliers« im fortifikatorischen Sinne erfüllte, das heißt, eines erhöhten Bauwerkes, das weite Sicht- und Schußmöglichkeiten bot. Zwischen der Bastei vor der Burg und der nächsten (insgesamt waren es zwölf) lag das Burgravelin, ein Vorbau mit dreieckigem Grundriß: Von dort konnte der Feind beschossen werden, wenn er die Stadtmauer angriff.

Und nun kam der Feind wirklich!

Die Burgbastei 1683

Schon am 31. März 1683 war die Armee des Osmanischen Reiches von Konstantinopel aufgebrochen. Zusammen mit den Truppen, die sich unterwegs anschlossen, soll ihre Stärke über 248 000 Mann betragen haben, dazu ein Troß von 62 000 Mann. Sultan Mehmed IV. blieb in Griechisch Weißenburg (Belgrad) zurück, der Großwesir Kara Mustafa führte das Heer vor Wien. Kaiser Leopold I. ließ sich vorerst nicht aus der Ruhe bringen und ritt noch Anfang Juli zur Hirschjagd in den Wienerwald, während sich schon tatarische Streifscharen in der Gegend zeigten. Als aber die Hauptmacht des Feindes anrückte und Wien einzuschließen drohte, hielt es der Kaiser für besser, nicht in der Stadt zu bleiben, wo er bald von aller Verbindung abgeschnitten wäre, sondern von einem Zufluchtsort weiter westlich sich zu bemühen, ein Heer zum Entsatz zusammenzurufen. Am Abend des 7. Juli fuhren die Karossen und Wagen des Kaisers und seiner Familie durch das Burgtor aus der Stadt; sie brachten auch den Inhalt der Schatzkammer und die wertvollsten Bestände der Bibliothek in Sicherheit.

Jeder, der die Mittel hatte, ergriff die Flucht zu Wagen oder zu Pferd, auch zu Schiff auf der Donau. Dafür strömten Flüchtlinge aus der Umgebung in die Stadt und schlugen auf den freien Plätzen ihre Lager auf, auch auf dem Burgplatz. Sogar aus ungefährdeten Gegenden kamen Landedelleute herein, um durch ihr Beispiel den Bürgern Mut zu machen, unter ihnen der Freiherr Heinrich Friedrich von Kielmannsegg mit 80 Jägern. Er besaß eine gute Büchse und wußte sie zu gebrauchen: Von der Burgbastei aus schoß er auf 300 Schritt Entfernung einen türkischen Befehlshaber und dessen Begleiter nieder.

Die Burgbastei war einer der Punkte, auf die sich in den folgenden Wochen die Angriffe der Feinde konzentrierten, denn hier war der Boden trocken, kein Grundwasser erschwerte es, Laufgräben anzulegen und Minenstollen zu graben. Das Opernhaus auf der Burgbastei, das aus Holz erbaut war, ließ der Stadtkommandant Ernst Rüdiger Graf von Starhemberg abbrechen, damit es nicht in Brand geschossen würde und das Feuer größeren Schaden anrichte. Die Mönche des nahen Augustinerklosters hatten ihn darum gebeten, fühlten sich nun beruhigt, mußten aber bald eine andere Störung hinnehmen: Der Bürgermeister Johann Andreas von Liebenberg hatte schon im Pestjahr 1679 erkannt, wie wichtig es sei, die Toten sogleich zu bestatten, und sorgte auch nun für Begräbnisplätze vor. Unter anderen schien der alte Friedhof der Augustiner neben dem Burggarten geeignet. Im Laufe der Belagerung wurden laut der Notiz eines Mönches »auf diesem Platz gegen 2 000 Mann bei der früheren Kalkgrube begraben. Die vom Starhembergschen Regiment liegen von den Sakristeifenstern an bis zu dem Roßstall einer an dem anderen begraben.«

Am 30. Juli sprengten die Feinde eine Mine, die den äußeren Rand des

Szene aus dem Kampf um Wien 1683 (Ausfall der Belagerten)

Grabens vor der Burgbastei beschädigte, die Stellung dort mußte geräumt werden. Eine Woche später stiegen die Janitscharen in den Graben hinab und trieben von dort einen Minenstollen gegen die Spitze des Burgravelins vor. Die nächsten Minen explodierten am 12. August zwischen Burgtor und Burgravelin, schadeten der Befestigung selbst nicht, warfen jedoch im Graben so viel Erde auf, daß die Feinde auf einer breiten Rampe angreifen konnten. Sie wurden an diesem Tag zurückgeworfen, rannten aber immer wieder an und setzten sich an der Spitze des Ravelins fest.

Graf Starhemberg ließ jedesmal neue Verteidigungslinien anlegen, auch den alten »Spanier« bezog er ein. Die Artillerie der Stadt war besser als die der Angreifer, am 17. August zerschoß sie ein Bollwerk, das die Türken vor dem Burgtor aus Erdsäcken und Latten errichtet hatten. Aber sie gruben dauernd Minen, der Burgravelin war schon mit einem Ameisenhaufen zu vergleichen, am 29. August blieb nach einer neuen Sprengung nur mehr ein kleines Palisadenwerk übrig.

So drangen die Türken Schritt für Schritt vor; die Verteidiger konnten nur hoffen, daß die Entsatzarmee rechtzeitig anrücken würde. Am 1. September waren die Minen im Burggraben fertig gebaut, die Feinde machten sich schon an die Stadtmauer heran, am folgenden Tag riß eine Minensprengung in den Quaderreihen der Burgbastei einen Spalt auf. Die kaiserlichen Soldaten gruben Gegenminen, eine bei der Burgbastei, da brach plötzlich die Erde ein, sie blickten in ein Loch und sahen, daß sie unmittelbar über einer türkischen Mine angelangt waren. Der Nahkampf, der sich da unter der Erde entspann, endete unentschieden, weil es keiner der beiden Parteien ratsam erschien, im Stollen des Gegners allzu weit vorzudringen.

Die Bürger von Wien bildeten Freiwilligenkompanien, nach Berufsgruppen gegliedert, ebenso die Studenten, die Hofbediensteten und die »Hofbefreiten«, das heißt die Hausbesitzer, die durch Privilegien des Kaisers von Steuer und Einquartierung befreit waren; sie logierten jetzt in der Burg. Nur die Bediensteten der Reichshofrats-Kanzlei, die in kleineren Gebäuden an der Nordostseite des Burgplatzes untergebracht war, wollten sich von dem Waffendienst drücken und erklärten, sie hätten Kanzlei und Registratur zu verwahren.

Die Hauptlast des Kampfes hatten die regulären Soldaten zu tragen. Von diesen waren schon so viele gefallen oder verwundet, daß Graf Starhemberg alle weiteren Verluste vermeiden mußte und deshalb am 2. September den Rest des Burgravelin und die anderen Verteidigungsanlagen im Graben preisgab. Zwei Tage darauf ließen die Türken eine große Mine an der Burgbastei sprengen, so daß ein großes Stück der Mauer, wenigstens 5 Klafter (etwa 9,5 Meter) breit, in den Graben stürzte. Der folgende Angriff wurde abgewehrt, die Breschen mit Sandsäcken und Balken geschlossen, aber der Kampf hatte wieder 114 Mann gekostet. Die Besatzung der Stadt war auf 64 Punkte verteilt, auf der Burgbastei standen Wilhelm Johann Anton Graf Daun, Johann Carl Graf Serényi und Friedrich Sigmund Graf Scherffenberg mit ihren Soldaten.

Die Entsatzarmee traf im letzten Augenblick ein, länger hätte sich die Stadt nicht halten können. Am 23. September tobte die große Schlacht vor Wien, zwei Tage später ritt Kaiser Leopold I. mit dem Herzog von Lothringen sowie den Kurfürsten von Sachsen und Bayern in die befreite Stadt ein. Er wäre gern beim letzten Kampf zugegen gewesen, aber König Jan Sobieski von Polen war zur Waffenhilfe nur unter der Bedingung bereit gewesen, daß er selbst das Kommando führen durfte. Da trat der Kaiser im Interesse der

Stadt Wien zurück, sein Schwager Karl von Lothringen begnügte sich, die Operationen zu leiten, ohne den Ruhm der Befreiung Wiens in Anspruch zu nehmen.

Freud und Leid in der Familie

Am Tage seines Einzuges nahm der Kaiser Quartier in der Stallburg, die nicht beschädigt worden war. Am Morgen des nächsten Tages besuchte er die Messe der Augustinerpatres in der Loretokapelle, danach empfing er einen Gesandten des Königs von Polen zur Audienz. Dieser Herr war sehr erstaunt, als auf seine sorgsam einstudierte Rede in lateinischer Sprache der Kaiser ebenfalls lateinisch, aber völlig frei sprechend antwortete.

Die Audienz fand wohl auch in der Stallburg statt, denn durch Bastei und Ravelin waren die Feinde zwar von den Burgmauern abgehalten worden, aber der Artilleriebeschuß hatte die Alte Burg und den Leopoldinischen Trakt arg beschädigt. Der Kaiser konnte vorläufig nicht hier wohnen, sondern begab sich nach Linz. Erst im nächsten Jahr waren die Wohngemächer soweit wiederhergestellt, daß Leopold I. mit seiner Familie einziehen konnte. Allmählich verlief das Leben bei Hofe wieder in den gewohnten Bahnen.

Die Repräsentations- und Wohnräume des Kaisers reichten im ersten Stockwerk von der Hofburgkapelle in der Alten Burg bis zur Mitte des Leopoldinischen Traktes. In der Trabantenstube hielten sich die Gardisten auf, die nicht gerade anderwärts gebraucht wurden. Daran schloß sich die Ritterstube, in der unter einem Baldachin der Kaiserthron stand; hier durften alle bei Hof zugelassenen Personen eintreten, um an religiösen und weltlichen Zeremonien teilzunehmen. Die erste und zweite Antecamera trennten diese Räume von der Ratsstube, in welcher der »Geheime Rat« seine Sitzungen abhielt. Sie diente auch als privater Thronsaal für den Empfang hochgestellter Persönlichkeiten wie der Kur- und Reichsfürsten, des päpstlichen Nuntius und anderer wichtiger Botschafter. Daneben lagen die Privatgemächer des Kaisers, Retirade und Cabinet, dann kamen die Gemächer der Kaiserin. Selbstverständlich waren Retirade und Cabinet nur einem sehr engen Personenkreis zugänglich. Wer nach der Audienz beim Kaiser noch in die Wartestube der Kaiserin geladen war, nahm den Weg dorthin durch den Kontrollorgang im Mezzanin des Gebäudes.

Von den Kindern des Kaisers stand der Thronfolger Joseph im Vordergrund, obwohl er zu der Zeit erst sechs Jahre alt war, aber augenblicklich richtete sich die Aufmerksamkeit auf Josephs Halbschwester Maria Antonia aus der ersten Ehe des Kaisers. Sie zählte 15 Jahre, stand also bereits im heiratsfähigen Alter. König Jan Sobieski hätte sie gern als Schwiegertochter gewonnen, doch die polnische Krone war nicht erblich, die Thronfolge des Königssohns Jakub nicht gesichert. Außerdem war Maria Antonia schon dem Kurfürsten Max Emanuel von Bayern versprochen, einem wichtigen Verbündeten des Kaisers im Türkenkrieg, der mit der Befreiung Wiens noch längst nicht beendet war:

Im Juni 1685 reiste der gesamte bayerische Hofstaat nach Wien, 849 Personen mit 1 084 Pferden, die bayerischen und die österreichischen Hofdichter verfaßten Hymnen, die Hochzeit wurde mit großer Pracht gefeiert. Das kostete freilich viel Geld: Für die Ausstattung der Erzherzogin mußten die Untertanen in Böhmen 100 000 Gulden aufbringen, die in Schlesien 70 000, in Mähren 30 000. Allein die neue Livree des Hofstaates kostete 24 715 Gulden! Nach der Hochzeit begab sich Max Emanuel zum Heer nach Ungarn, die junge Ehefrau blieb mit einem kleinen Hofstaat noch in Wien und übersiedelte erst im September nach München. Am 1. Oktober dieses Jahres brachte Kaiserin Eleonore Magdalena in der Wiener Burg zur allgemeinen Freude wieder einen Knaben zur Welt. Er wurde Karl Franz Joseph getauft.

Maria Antonia war aus diplomatischen Gründen verheiratet worden, wie das so üblich war. Viele solcher Ehen, auch die ihrer Mutter Margarita Teresa mit Kaiser Leopold I., wurden trotzdem glücklich, die ihrige leider nicht. Max Emanuel kümmerte sich nicht um sie, nahm nicht einmal so viel Rücksicht, wie die Etikette es verlangt hätte, betrog sie unablässig und ganz offen. Als er, immer von Schulden gedrückt, den einträglichen Posten als Statthalter der Niederlande antrat, reiste Maria Antonia zu ihrem Vater nach Wien. Am 28. Oktober 1692 brachte sie in der Kaiserburg einen Sohn zur Welt, der Joseph Ferdinand getauft wurde, kam aber nach der Entbindung nicht mehr zu Kräften und starb zwei Monate später. Ihrem Wunsch gemäß wurde sie in der Kapuzinergruft neben ihrer Mutter beigesetzt.

Würden und Zeremonien

Die hohen Würden der Erzämter des Heiligen Römischen Reiches spielten bei Krönungsfeierlichkeiten noch eine Rolle, der König von Böhmen war

Erzschenk, der Pfalzgraf bei Rhein Erztruchseß, der Herzog von Sachsen Erzmarschall, der Markgraf von Brandenburg Erzkämmerer. Obwohl die Herren selten ihre Aufgabe persönlich ausübten und sie eher einem Vertreter übertrugen, legten sie großen Wert auf den Titel. Daneben bestanden Erbämter, zum Beispiel hatten die Grafen von Werthern das Reichserbtürhüteramt inne, die Grafen (seit 1686 Fürsten) von Thurn und Taxis das einträgliche Reichserbpostmeisteramt. Wie im Reich, so bestanden auch in den einzelnen Ländern Erbämter, die zum guten Teil nur bei besonderen Zeremonien wichtig waren, etwa bei der Erbhuldigung vor einem neuen Landesherrn.

Völlig davon verschieden, vor allem nicht erblich, aber gut besoldet, waren die Ämter bei Hofe, die mit regelmäßiger Tätigkeit, Verantwortung und Einfluß verbunden waren. Dem Obersthofmeister unterstanden der Oberststabelmeister für die kaiserliche Tafel, der Oberstküchenmeister, der Oberstsilberkämmerer, der Oberstjägermeister, der Oberstfalkenmeister und der Oberstzeremonienmeister. Der nächste im Rang war der Oberstkämmerer, der für den inneren Dienst samt dem Personal zuständig war und die Privatkasse des Herrschers sowie die Bibliothek und die Sammlung verwaltete. Der Obersthofmarschall war für Ordnung und Sicherheit verantwortlich und leitete das Hofgericht; die Angehörigen des Hofstaates mußten vor keinem anderen Gericht erscheinen. Der Oberststallmeister hatte die Aufsicht über den Marstall, das heißt die Reit- und Wagenpferde des Hofstaates, über die Wagen und die dazugehörigen Werkstätten, die Hofgestüte, die Harnisch- und Rüstkammern. Gelegentlich ergaben sich Schwierigkeiten, da manche Kompetenzen einander überschnitten. Die Büchsenspanner hätten eher in den Bereich des Oberstjägermeisters gehört, unterstanden aber, da sie auf den Jagdwagen mitfuhren, dem Oberststallmeister, ebenso die Edelknaben und die Leiblakaien.

Da die Kaiserin über einen eigenen Hofstaat verfügte, hatte sie neben einer Obersthofmeisterin auch einen Obersthofmeister. 1692 trat Ferdinand Fürst zu Schwarzenberg dieses Amt bei Kaiserin Eleonore Magdalena an – eben jener Herr, der sich 1679 während der Pestkatastrophe hervorragend bewährt hatte. Er konnte schon auf eine beachtliche Laufbahn zurückblicken: 1675 Reichshofrat, 1683 kaiserlicher Geheimer Rat, 1685 kaiserlicher Obersthofmarschall. Diese Ämter erlaubten ihm nicht, sich auf seinen Gütern in Böhmen oder der Stammherrschaft Schwarzenberg (ungefähr auf halbem Wege zwischen Nürnberg und Würzburg) längere Zeit aufzuhalten; er gehörte zu den wichtigsten Herren in der Wiener Hofburg. Daraus erklärt sich, daß sein

Sohn Adam Franz schon im Alter von 14 Jahren den Ehrentitel eines kaiserlichen Kämmerers erhielt und damit das Recht des Zutritts bei Hofe. Selbstverständlich waren mit der Würde eines Kämmerers auch gewisse Verpflichtungen verbunden, aber dem Kaiser kleine Dienste zu leisten war eine Ehre. Dem spanischen Zeremoniell und seinen Regeln entsprechend hatte Erzherzog Joseph, der älteste Sohn des Kaisers, seit dem sechsten Lebensjahr einen eigenen Hofstaat. Er war 1687 zum König von Ungarn, 1690 – im Alter von nur zwölf Jahren – zum römisch-deutschen König gekrönt worden, um dereinst seinem Vater auf den Kaiserthron nachfolgen zu können. Sein Obersthofmeister Karl Theodor Otto Fürst von Salm-Anholt besaß etlichen Einfluß bei Hofe, seine Protektion konnte viel nützen. So hielt er im Jahre 1692 für seinen Freund, den kaiserlichen Kammerherrn Christoph Tiedmayr Graf von Schallenberg, um die Hand der Gräfin Ursula von Limburg-Styrum an, selbstverständlich mit Erfolg. Dadurch eröffnete sich dem Freund eine schöne Karriere, denn die Gräfin war die Schwester eines Generalfeldmarschalls und Hofdame der Kaiserin; als ihr Gatte erhielt er die erste Stelle bei Hof, die frei wurde: Obristkriegskommissär mit einem Jahreseinkommen von 18 000 Gulden zusätzlich zu den 12 000, die er aus seinen bisherigen Ämtern bezog. Verbindungen bei Hofe lohnten sich also! Das galt freilich nicht nur für den Wiener Hof. Um auf Fürst Salm-Anholt zurückzukommen: Als Obersthofmeister des jungen Erzherzogs Joseph war er auch Lehrer und Erzieher; ihm gelang es, den künftigen Herrscher auf Mängel in der Verwaltung der Erbländer aufmerksam zu machen und davon zu überzeugen, daß zeitgemäße Reformen nötig waren. Der Fürst war im evangelischen Glauben aufgewachsen und erst später zum katholischen übergetreten, deshalb übertrug der Kaiser die religiöse Erziehung seines Sohnes lieber dem Geistlichen Franz Ferdinand von Rumel, einem vielseitig gebildeten Herrn. Joseph wurde nicht so fromm, ja bigott wie sein Vater, aber ebenfalls ein guter Musiker und leidenschaftlicher Jäger. Da er frühzeitig eine starke Neigung zu Hofdamen zeigte und sich auf manches Abenteuer einließ, schien es geraten, ihn bald einer Ehefrau zu überantworten.

Joseph stand im 21. Lebensjahr, als er verheiratet wurde, die Braut war mit ihren 26 schon fast eine alte Jungfer. Auch diese Ehe hatte ihre politischen Gründe: Kaiser Leopold I. brauchte Hannover als Verbündeten, für die dort regierende Familie Braunschweig-Lüneburg war es eine Ehre, daß ihre Tochter Wilhelmine Amalie die Gemahlin des römisch-deutschen Königs und künftigen Kaisers wurde.

Zur Feier der Vermählung ließ der Kaiser am 28. Februar 1699 eine prachtvolle Serenade aufführen, wie üblich mit antiken Göttern und allegorischen
Figuren auf drei großen Triumphwagen, begleitet von fünf kleineren Wagen
mit Musikanten und Sängern. Es war wohl keine bewußte Anspielung (die
hätte sich kein Arrangeur erlaubt), aber bezeichnend für die Hochzeit: Nicht
Amor oder Cupido war die Hauptfigur, sondern Hymen, der Gott des Ehe-
bundes. Die Wagen fuhren mit vielen Begleitern zu Pferd und zu Fuß im
Kreis auf dem Burgplatz und standen dann in der Mitte, während unter
Fackelschein ein Konzert begann mit dem Titel »Le triomphant Hymenée«.
Es soll drei Stunden lang gedauert haben.

Vom Hochzeitsmahl ist ein bezeichnendes Beispiel für die kleinliche Genauigkeit des Hofzeremoniells überliefert: Die Sessel des Kaiserpaares waren
mit Goldbrokat bezogen, die der übrigen kaiserlichen Familie mit Samt; die
Mutter der Braut, die verwitwete Benedikta von Braunschweig-Lüneburg,
hatte ebenfalls einen rotsamtenen Sessel, aber ohne Armlehnen, weil sie nur
eine Herzogin war, und mußte nach dem Konfekt aufstehen, um der Kaiserin
die Serviette zu reichen.

Obwohl es, wie gesagt, keine Liebesheirat war, schien Joseph doch an seiner
Frau Gefallen zu finden. Er dehnte die Hochzeitsnacht so lange aus, daß die
Morgenmesse auf vier Uhr nachmittags verschoben werden mußte, erst um
fünf Uhr konnte sich die kaiserliche Familie zum Mittagessen begeben.

Formvollendete Diplomatie

Diese Hochzeit fiel in eine Zeit allgemeiner Freude. Ein Monat vorher, am
26. Januar 1699, hatten in Karlowitz (Sremski Karlovci) an der Donau die
Abgesandten des Kaisers, des Sultans, des Königs von Polen und des Dogen
von Venedig einen Vertrag unterzeichnet, der endlich den Türkenkrieg beendete und dem Kaiser noch dazu großen Landgewinn brachte. Danach trafen
Botschafter in Wien ein und wurden nach genau festgelegtem Zeremoniell
empfangen.

Der älteste Kämmerer holte den venezianischen Botschafter im sechsspännigen Audienzwagen von dessen Quartier ab und fuhr mit ihm in den Hof der
Alten Burg, der Hofwagen mit dem Gefolge des Botschafters mußte vor dem
alten Tor der Burg (dem späteren Schweizertor) anhalten. Am Fuß der Stiege
begrüßte der Obersthofmarschall den Botschafter und geleitete ihn durch ein

Spalier der Hartschiere und der Trabantenleibgarde zur Ritterstube; dort begrüßte ihn der Obersthofmeister und führte ihn weiter in die Zweite Antecamera, wo ihn der Oberstkämmerer empfing und beim Kaiser anmeldete. Schließlich durfte der Botschafter in der Ratsstube vor den Kaiser treten.

Ein Jahr später, 1700, kam ein Sonderbotschafter des Sultans Mustafa II. namens Hasnadar Ibrahim Pascha mit einem Gefolge von 658 Mann nach Wien. Er hatte 1683 den Großwesir Kara Mustafa begleitet, war unter dem verhältnismäßig bescheidenen Namen Ibrahim Aga dessen Schatzmeister gewesen: In die Stadt, die sie damals vergeblich belagert hatten, durfte er nun im sechsspännigen Audienzwagen einfahren, begleitet von einer Abteilung der Stadtguardia! Eine andere Abteilung dieser Garde mit Fahne stand auf dem Burgplatz und präsentierte unter Trommelschlag das Gewehr. Wie der Venezianer im Vorjahr durfte der Türke in den Hof der Alten Burg fahren, stieg aber nicht aus, sondern ließ sich von seinen Dienern hinausheben. Das übrige Zeremoniell vollzog sich in der herkömmlichen Art mit Empfang und Begleitung durch hohe Herren. Von der Audienz selbst liegt ein genauer Bericht vor: Auf einem Podium stand der Kaiser unter einem Baldachin, rechts von ihm die Gardehauptleute und hohe Hofbeamte, links der Reichsvizekanzler. Der Pascha ging mit dreimaliger Verneigung langsam vorwärts, trat auf das Podium, verneigte sich noch einmal und küßte den Mantelsaum des Kaisers, stieg rücklings, das Gesicht dem Kaiser zugewandt, von dem Podium und hielt eine Ansprache, die ein kaiserlicher Dolmetsch übersetzte. Auf einen Wink des Kaisers stieg der Reichsvizekanzler auf das Podium, kniete nieder (die bekannte »spanische Reverenz«), erhielt den Auftrag zu antworten und stieg, ebenfalls rücklings, wieder hinab. Er hielt die Antwortrede in deutscher Sprache, der Dolmetsch übersetzte. Ein türkischer Beamter, dessen Titel etwa mit »Legationssekretär« zu übersetzen wäre, reichte ein Schreiben des Sultans dem Pascha, dieser küßte es ehrfürchtig, legte es neben dem Kaiser auf einen Tisch, dazu die Geschenke des Sultans. Einige ausgewählte Personen des Gefolges waren in einem Hofwagen zur Burg gebracht worden und hatten inzwischen in der Antecamera gewartet, nun wurden sie in die Ratsstube eingelassen und dem Kaiser vorgestellt. Zum Abschluß der Audienz küßte der Botschafter noch einmal den Mantelsaum des Kaisers. Der Audienzwagen brachte ihn zurück in sein Quartier, den Gasthof »Zum goldenen Lamm« außerhalb der Stadtmauern in der Vorstadt Leopoldstadt. Hasnadar Ibrahim Pascha soll seinen Aufenthalt in Wien sehr genossen und sich hier das Weintrinken angewöhnt haben.

Der Sonderbotschafter des Sultans hatte also die kaiserliche Hofburg zu Wien von innen gesehen. Ein anderer Türke derselben Zeit, Osman Aga aus Temesvár, der 1688 in Gefangenschaft geraten war, kannte sie nur von außen, gab aber in seiner Autobiographie noch eine kleine Ergänzung bezüglich der wirtschaftlichen Lage der Hartschiere, die zusammen mit den Trabanten für Hasnadar Ibrahim Pascha ein Spalier gebildet hatten. Osman Aga erzählt von »einem gewissen Hahnbeiß, einem kaiserlichen Hartschier, der gegenüber dem Ballhaus bei der Hofburg einen Laden hatte«. Es war eine Art kleiner Konditorei, in welcher der Türke lernte, Speiseeis herzustellen. Nach dem Dreißigjährigen Krieg war das Geld stark entwertet, der Sold der Gardisten aber nicht hinreichend erhöht worden; darum suchten diese durch einen Nebenerwerb ihre Einkünfte zu verbessern. Der Laden des Hartschiers Hahnbeiß war eine harmlose Angelegenheit; es mochte auch noch angehen, wenn sie in ihrer dienstfreien Zeit ihren Frauen halfen, Wein oder Bier auszuschenken, bedenklich aber war es, wenn sie das nicht in der Stadt, auf den Basteien oder in den Vorstädten taten, sondern innerhalb der Hofburg. In den Wachlokalen dürfte es recht munter zugegangen sein, denn eine kaiserliche Instruktion vom 2. März 1651 mahnte den Obersthofmarschall, es sei »öfter vorgekommen, daß Diener, Pagen und andere Leute in den Trabantenstuben spielen und sonstigen Unfug treiben«. Das wurde sogleich abgestellt und 1697 den Gardisten das »Leutgeben«, das heißt die Ausschank, auch außerhalb der Burg verboten; als Ersatz für diese Einnahme erhielt jeder eine Zulage von jährlich 60 Gulden.

Zu dieser Zeit fanden sich unter den Hartschieren keine Edelleute mehr, es waren zumeist langgediente Soldaten oder Handwerker, und wenn sie schon nicht mehr ausschenken durften, gab es doch genug andere Arten der Nebenbeschäftigung, bis die Universal-Gewerbe- und Zunftordnung von 1725 den Hartschieren und Trabanten verbot, irgendeine Profession nebenher auszuüben. Der Rang eines Garde-Kapitäns blieb jedoch ein hohes Amt, das unter Leopold I. auch ein Graf Ludwig Colloredo, ein Fürst Montecuccoli, ein Graf Nikolaus Pálffy als Auszeichnung empfanden. Später machte Kaiser Karl VI. den Grafen Gundaker von Althann und den Herzog Leopold Philipp Karl von Arenberg zu Kapitänen seiner Garde.

Kaiser Leopolds I. letzte Jahre

Der Friede von Karlowitz und die Hochzeit des Thronfolgers Joseph bildeten einen erfreulichen Abschluß des 17. Jahrhunderts. Nun, da die Türken weit zurückgedrängt waren, konnte Kaiser Leopold I. daran denken, seine Wohngemächer noch schöner auszugestalten. Dazu reichte seine Lebenszeit nicht mehr ganz aus, es kam auch ein neuer Krieg dazwischen, aber schon 1690 hatte er seine Räume in der alten Hofburg, die bisher Kassettendecken gehabt hatten, mit Deckengemälden ausstatten lassen. Damit beauftragte er den Südtiroler Maler Peter Strudel, nach dessen Atelier in der Alservorstadt, dem Strudelhof, eine Gasse und eine Stiege benannt sind. Es ist anzunehmen, daß der Maler weniger wichtige Partien Hilfskräften übertrug, allein hätte er die ungeheure Aufgabe nicht bewältigen können. Nach der Arbeit in der alten Hofburg war er mit ähnlichen Aufträgen im Lustschloß Favorita beschäftigt, dann mußte er noch rechtzeitig vor der Hochzeit des Thronfolgers dessen Räume und die seiner künftigen Gemahlin in der Hofburg ausschmücken, das ergab 148 Deckengemälde!

Der jüngere Sohn des Kaisers, Erzherzog Karl, hatte ebenfalls einen eigenen Hofstaat und damit auch eigene Wohnräume. Diese lagen an der nordöstlichen Schmalseite des neuen Burghofes in dem Gebäudeteil, der an der Stelle des einstigen Cillierhofes errichtet, von Kaiser Rudolf II. 1610/1611 umgestaltet worden war und seither deshalb »Rudolfinischer Trakt« hieß. Wie einst sein Vater Leopold I. mußte auch Erzherzog Karl in sehr jungen Jahren eine Rolle in der Weltpolitik übernehmen. Am 1. November 1700 starb König Karl II., der letzte spanische Habsburger. Alten Verträgen zufolge sollte nun ein österreichischer Habsburger den Thron in Madrid besteigen, auch die spanischen hatten sich ja als »Casa de Austria« bezeichnet. Aber König Ludwig XIV. von Frankreich hatte gleichfalls Argumente, die Erbschaft zu beanspruchen; nach dem, was er dem römisch-deutschen Reich angetan hatte, während der Kaiser gegen die Türken kämpfen mußte, schien ihm ein Sohn dieses Kaisers als König von Spanien überaus gefährlich. Also ließ König Ludwig XIV. seinen Enkel Philipp von Anjou zum König von Spanien ausrufen, der Spanische Erbfolgekrieg begann.

Den ersten Sieg über die Franzosen errang Prinz Eugen von Savoyen, der berühmte kaiserliche Feldherr, am 9. Juli 1701 bei Carpi in der Poebene; im Januar 1703 reiste er nach Wien, um die Stelle des Präsidenten des Hofkriegsrates zu übernehmen. Seinem Namen und seinen Leistungen entsprechend war er schon oft sowohl dienstlich wie privat in der Hofburg empfangen worden, fortan kam er nicht als Gast, sondern an seine Arbeitsstelle. Gewöhnlich trat der Hofkriegsrat viermal in der Woche zusammen. Diese Behörde war für die Befehle zuständig, die im Namen des Kaisers an die Feldherren ergingen, für die Ernennung der höheren Offiziere, aber auch für die Ergänzung der Truppen und des Kriegsmaterials, für Proviant, Transport, Befestigungen und sogar das Brückenwesen. Das alles unterstand nun Prinz Eugen. Er leitete in der Hofburg die Beratungen mit den 24 Hofkriegsräten und gab den acht Hofkriegssekretären und anderen unterstellten Beamten seine Anweisungen. Nun bekam er die Briefe der Feldherren, die sich über mangelnde Versorgung ihrer Truppen beschwerten, wie er es vor kurzem noch selbst getan hatte. Zum Glück war der neue Präsident der Hofkammer, der für die Finanzierung verantwortlich war, Gundakar Graf Starhemberg, damals sein Freund. Der Thronfolger, König Joseph, half ihnen, wo er nur konnte.

Joseph nahm auch persönlich am Kriege teil und war bei den Truppen, die 1704 die feste Stadt Landau in der Rheinpfalz eroberten. Als er nach Wien zurückkehrte, wurde ihm zu Ehren eine Festoper mit dem beziehungsreichen Titel »Julius Caesar als Sieger über Mauretanien« gespielt und an seinem Namenstag »Die ruhmvollen Vorbedeutungen des Scipio Africanus«. Die Freude an Musik und prunkvoller Repräsentation galt bei Hofe mehr als die nüchterne Überlegung, daß das Geld für andere Zwecke nötiger gewesen wäre.

Kaiser Leopold I. war mit seinen 64 Jahren noch kein Greis, aber von Krankheit geschwächt. Als in Ungarn ein Aufstand losbrach, von Frankreich heftig geschürt, und die »Kuruzzen« auf ihren schnellen Pferden in Niederösterreich einbrachen, brauchte sich der Kaiser um Wien nicht zu sorgen. Die Befestigungen waren seit 1683 längst wiederhergestellt und schienen so sicher, daß der alte Turm auf der Burgbastei, der »Spanier«, den die Wiener »Spaninger« nannten, als Remise für die Hofwagen diente und in der Galerie, die ihn umgab, die Fleischvorräte für den Kaiserhof lagerten. Ein Angriff auf Wien selbst war nicht zu befürchten, wohl aber auf die Vorstädte. Zu ihrem Schutz ließ Prinz Eugen eine äußere Befestigungslinie anlegen. Patrouillen ritten immer wieder zur Erkundung aus, König Joseph nahm daran teil, so kühn, daß sich die Herren seiner Umgebung um ihn sorgten, noch mehr sein Vater.

Kaiser Leopolds I. Krankheit wurde von den Ärzten als »Brustwassersucht« bezeichnet. Er starb am 5. Mai 1705 in der Hofburg, sein Leichnam wurde in der Kapuzinergruft beigesetzt, sein Herz in der Loretokapelle der Augustinerkirche. Joseph I. trat die Regierung an. Karl, der andere Sohn, war als Karl III. König von Spanien. Vor dem Abschied aus der Heimat im September 1703 hatte er noch eine Wallfahrt nach Mariazell unternommen, um von der Mutter Gottes Beistand zu erbitten.

Joseph I. stirbt zu früh

Die Erbhuldigung für Joseph in Wien war ein Freudenfest im überlieferten Stil mit Triumphpforten, für das Volk Wein aus künstlichen Brunnen, Früchte und gebratenes Fleisch, dazu wurden silberne Krönungsmünzen verteilt. Ein

Kaiser Joseph I. (1678–1711)

Jahr nach dem festlichen Empfang sah der junge Kaiser von seinem Fenster aus einen Adler in den Burghof fliegen; der Vogel zog einige Kreise, ließ sich vor Josephs Fenster nieder, blickte ihn an und flog über den Rudolfinischen Trakt fort. Gustav Gugitz hat dieses Ereignis in seine »Sagen und Legenden der Stadt Wien« aufgenommen, aber daß ein Fischadler aus den Donauauen über und in den Burghof flog, ist durchaus möglich, sagenhaft ist nur die Ausgestaltung, daß er den Kaiser fest anblickte, und die Ausdeutung als Augurium, als Vorzeichen durch Vogelflug in altrömischer Tradition: Die Kriegslage habe dem Kaiser Sorgen bereitet, der Adler den Sieg vorhergesagt, den Ende Mai 1706 der Herzog von Marlborough über die Bayern und Franzosen errang. Jedenfalls erhielt danach die Stiege zwischen dem Leopoldinischen und dem Rudolfinischen Trakt der Hofburg den Namen »Adlerstiege« und trägt ihn heute noch.

Joseph war in der Stadt beliebt, die Bürger setzten große Hoffnungen auf ihn. Seine jugendliche Energie unterschied sich merkbar von der zögernden Art, mit der sein Vater, besonders in den letzten Jahren, regiert hatte, aber die Hofhaltung wurde nicht viel sparsamer. Weiterhin erfreute sich die Hofgesellschaft an Musik und Schauspielen, kostspieligen Festen mit Tanz und allen Tafelfreuden, die Herren ritten zur Jagd, die Damen fuhren in Wagen mit, und alles erforderte viel Personal. Im Winter führten prächtige Hofschlitten die hohen Herrschaften vom Burgplatz aus durch die Stadt und zu fröhlichen Ausflügen in die Umgebung und beendeten die Fahrt abends bei Fackelschein mit einer Schneckenrunde wieder auf dem Burgplatz. Gesandte wurden mit großem Pomp empfangen, 1707 der Großmeister des Ordens der Ritter von Malta, 1708 Lorenzo Tiepolo, Botschafter der Republik Venedig. Kanzler des Heiligen Römischen Reiches war seit Jahrhunderten jeweils der Erzbischof von Mainz, der Reichsvizekanzler aber gehörte zu den höchsten Herren des Wiener Hofes; unter Kaiser Joseph I. nahm der junge Graf Friedrich Karl Schönborn diese Stellung ein. Das Amt des Obersthofmeisters bekleidete Karl Theodor Otto Fürst von Salm-Anholt, der ehemalige Lehrer Josephs, nicht gerade beliebt, aber geachtet. Erster Hofkanzler war Johann Friedrich Graf Seilern, zweiter Hofkanzler Ludwig Philipp Graf Sinzendorf. Die Sympathien oder Eifersüchteleien zwischen den Herren beschränkten sich auf Persönliches, störten die Politik kaum und machten deshalb dem Kaiser wenig Sorgen. Er hatte gern den fröhlichen Grafen Leopold Lamberg in seiner Nähe, der ein guter Jäger und bei Liebesabenteuern ein nützlicher Gefährte war.

Das Theatergebäude auf der Stadtmauer in der Nähe der Hofburg, das 1683 abgerissen worden war, wurde nach der Türkenbelagerung wiederaufgebaut – allerdings nicht an genau derselben Stelle. Am 16. Juli 1699 brannte es ab. Da Joseph I. gleich seinen Vorfahren Theater und Musik liebte, ließ er nun anschließend an die Hofburg auf der Seite gegen die Michaelerkirche zu ein Hoftheater mit zwei Sälen errichten. Der größere war für festliche Opernaufführungen bestimmt, der kleinere für italienische Schauspiele und Maskenbälle, beide prachtvoll ausgestaltet. 1708 wurde der Opernsaal eingeweiht, er galt als einzigartig in Europa. Es gab jedoch keinen regelmäßigen Spielbetrieb, deshalb kostete es oft Mühe und immer viel Geld, geeignete Künstler zu verpflichten, wenn sie gerade gebraucht wurden.

Für andere Bauarbeiten waren nur geringe Mittel vorhanden, denn Prinz Eugen mahnte den Kaiser, mit dem er sich sehr gut verstand, doch auch an seine Armeen zu denken. Joseph I. ließ in der Burg nur baufällige Gebäudeteile abtragen und ersetzen, vor allem den alten Südturm. Zwischen dem Leopoldinischen und dem Rudolfinischen Trakt wurde ab 1710 ein Verbindungsbau mit Tor errichtet, nach Plänen des kaiserlichen Rats und Hofingenieurs Johann Lukas Hildebrandt.

Inzwischen war Fürst Salm-Anholt, der Obersthofmeister, über 70 Jahre alt und kränklich geworden, aber der Kaiser war zu rücksichtsvoll, seinen ehemaligen Lehrer abzusetzen. Im August 1709 trat der Fürst endlich von seinem Amt zurück, Joseph I. war erleichtert und ernannte als Nachfolger den Herrn, den ihm Prinz Eugen und der einflußreiche böhmische Hofkanzler Johann Wenzel Graf Wratislaw von Mitrowitz empfahlen, den 60jährigen Fürsten Johann Leopold Donat Trautson. Dieser Wechsel wirkte sich bald auf die hohe Politik aus, allmählich auch auf das Alltagsleben in der Burg.

Die Posten der Trabanten- und Hartschieren-Leibgarde an den Toren und Türen der Hofburg dienten vorwiegend der Repräsentation, schützten den Kaiser aber auch vor unliebsamen Besuchern und lästigen Bittstellern. Einen fürchterlichen Eindringling konnten sie nicht abhalten: die Pocken. Die Seuche war aus Ungarn gekommen und trotz aller Absperrungsmaßnahmen nach Wien vorgedrungen. Im November 1710 überstanden eine der jungen Töchter des Kaisers und der Obersthofmeister die Krankheit, der Kaiser hielt sich wochenlang abgeschlossen in der Burg, aber am 7. April 1711 traten auch bei ihm die ersten Anzeichen auf. Er wollte nicht daran glauben, hielt am folgenden Vormittag noch eine vierstündige Konferenz, ritt nachmittags zur Jagd, doch am 9. April bekam er Fieber. Im Bewußtsein des nahen Todes bat er seine Frau um Verzeihung für alle eheliche Untreue und blickte dem Ende gefaßt entgegen.

Prinz Eugen wollte, bevor er wieder auf den Kriegsschauplatz in die Niederlande abreiste, den Kaiser noch in der Burg besuchen, aber dieser lehnte ab: Das Leben des Prinzen sei zu kostbar, als daß es der Gefahr einer Ansteckung ausgesetzt werden dürfe. Nach kurzer Besserung seines Zustandes starb Joseph I. am 17. April 1711 um halb zehn Uhr vormittags im 33. Lebensjahr. Sein früher Tod beraubte Österreich eines fähigen, tatkräftigen Herrschers und hatte verhängnisvolle Folgen.

IV

Das Haus Habsburg-Lothringen

Damen bei Hofe · Der Alltag des Kaisers · Die junge
Maria Theresia · Ein Gast aus Lothringen · Pracht-
bauten und Weinkeller · Lästige Feste, hohe Herren ·
Maria Theresia heiratet · Große und kleine Sorgen ·
Maria Theresia regiert · Spektakel müssen halt sein ·
Freude an den Kindern · Tratsch und Eifersucht ·
Schicksale in der Familie · Eine neue Königin

Damen bei Hofe

Da Kaiser Joseph I. zwei Töchter, aber keinen Sohn hinterließ, kam als
Nachfolger nur sein Bruder Karl in Frage, der seit Jahren um die Krone von
Spanien kämpfte. Bis er von dort zurückkam, sollte nach Josephs Wunsch
nicht seine Witwe Amalie Wilhelmine, sondern seine Mutter Eleonore Magdalena die Regentschaft führen, weil sie gekrönte Königin von Ungarn und
Böhmen war. Unerhört: eine Frau als Herrin der Hofburg! Karl schickte
allerdings aus Spanien eilige Botschaft, in allen wichtigen Staatsangelegen-
heiten solle – da Prinz Eugen auf dem Kriegsschauplatz weilte – nur Graf
Wratislaw zusammen mit dem Obersthofmeister Fürst Trautson entscheiden.
Eleonore Magdalena war 56 Jahre alt und besaß einige politische Erfahrung,
denn sie hatte ihren Gemahl Leopold I. oft beraten und ihm zeitweise als
Sekretärin gedient, als sparsame Frau sogar versucht, die Verschwendung im
Hofleben einzuschränken. Sie war überaus fromm, hatte ein Andachtsbuch
verfaßt, und obwohl ihr niemand eine Sünde nachsagen konnte, hielt sie
täglich Bußübungen ab. Dazu gehörte auch Wallfahrten mit bloßen Füßen; da
eine Kaiserin sich aber nicht unvollständig bekleidet in der Öffentlichkeit
zeigen konnte, trug sie bei solchen Anlässen Schuhe ohne Sohlen. Mit den
Vergnügungen ihres Sohnes Joseph war sie begreiflicherweise nicht einverstanden. Gegen die Jagdleidenschaft konnte sie nicht viel sagen, gegen Josephs Mätressen aber bildete sie zusammen mit ihrer Schwiegertochter Ama-

Kaiserin Amalie Wilhelmine, Gemahlin Kaiser Josephs I.

lie Wilhelmine eine gemeinsame Front. Seine letzte Geliebte, die schöne Tochter des verdienstvollen Generals der Kavallerie Johann Graf Pálffy, bekam es jetzt, da sie Josephs Schutz entbehrte, bitter zu spüren. Kaiserinmutter Eleonore Magdalena zwang Marianne von Pálffy, die Juwelen zurückzugeben, die Joseph ihr geschenkt hatte, einen Wert von angeblich einer halben Million Gulden.

Die Witwe Kaiser Josephs I. hatte in ihrer Jugend den Vornamen Wilhelmine an erster Stelle geführt, nach ihrem Übertritt zur katholischen Religion aber den zweiten Namen Amalie vorangestellt, wohl weil der Heiligenkalender keine Wilhelmine kennt, Amalien aber gleich zwei. Am Wiener Hof stand die

Kaiserin ein wenig unter dem Einfluß der Jesuiten. Nun bezog sie als Witwensitz den Rudolfinischen Trakt der Hofburg, der von ihr den Namen Amalienhof oder Amalienburg erhielt und bis heute trägt. Ihre Versuche, auf die Politik Einfluß zu nehmen, hatten keinen Erfolg, am Hofleben nahm sie allmählich weniger Anteil und begnügte sich mit kleinen Sticheleien. Ihr Wunsch, ihre beiden Töchter sollten bei der Erbfolge berücksichtigt werden, war verständlich, bereitete aber politisch einige Sorgen.

Der Bruder des verstorbenen Kaisers, Erzherzog Karl, als König von Spanien Karl III., trennte sich nur schwer von dem Lande, um das er jahrelang gekämpft hatte. Als er im Sommer 1711 aus Barcelona aufbrach, ließ er seine junge Frau Elisabeth Christine als Statthalterin und »Generalkapitän« zurück; sie sollte ein Pfand dafür sein, daß er seine treuen Untertanen nicht im Stich lassen werde. Als er im Oktober in Genua aus dem Schiff stieg, war er von den Kurfürsten bereits zum Kaiser gewählt und begab sich nach Frankfurt, um als Karl VI. gekrönt zu werden. Am 26. Januar 1712 traf er in Wien ein und bezog Räume in der Hofburg.

Beide Brüder hatten von ihrem Vater Leopold I. die hohe musikalische Begabung und die Leidenschaft für die Jagd geerbt, beide waren von untersetzter Gestalt, aber Joseph hatte feinere Gesichtszüge, die blonden Haare und blauen Augen paßten zu seiner heiteren Gemütsart. Karl glich mit seinem vorgebauten Kinn und der starken Unterlippe mehr dem Vater, seine Haare waren braun. Er zeigte sich weniger lebenslustig als sein Bruder, bescheidener und bereit, alle Mühen auf sich zu nehmen, die das von Gottes Gnade verliehene Amt des Herrschers ihm brachte – allerdings auch alle Vorrechte in Anspruch zu nehmen, die damit verbunden waren.

Da Karl VI. nicht mehr nach Spanien zurückkehren konnte, holte er seine Elisabeth Christine 1713 nach Wien. Es lebten also etliche Jahre lang drei Kaiserinnen, zwei ehemalige und die gegenwärtige, zugleich in der Hofburg, freilich nicht das ganze Jahr über. Eine Schilderung der drei Damen, die unmittelbarem Eindruck entsprang, ist Lady Mary Montagu zu verdanken. Als ihr Gatte Edward Wortley Montagu als britischer Botschafter nach Konstantinopel reiste, begleitete sie ihn und hielt sich mit ihm vom September 1716 bis Januar 1717 in Wien auf. In ihren Briefen in die Heimat schilderte sie ihre Erlebnisse und Eindrücke:

»Ich hatte eine halbstündige Privataudienz [dem Zeremoniell entsprechend], und danach wurde es allen anwesenden Damen erlaubt, ihre Cour zu machen. Von der Kaiserin war ich gänzlich entzückt, dennoch kann ich nicht sagen, daß ihre Züge regelmäßig sind. Ihre Augen sind nicht groß, haben aber einen lebhaften Blick voll Sanftmut, ihre Gesichtsfarbe ist die schönste, die ich je gesehen habe, ihre Nase und Stirne wohl gebildet, aber ihr Mund hat zehntausend Reize, die die Seele berühren. Wenn sie lächelt, so tut sie dies mit einer Schönheit und Anmut, die zu Bewunderung zwingt. Sie hat eine ungeheure Menge feinen blonden Haares, aber dann erst ihre Gestalt! . . . Nichts kann der Schönheit ihres Nackens und ihrer Hände hinzugefügt werden. Bevor ich sie sah, glaubte ich nicht, daß es so vollendete Hände in der Natur gäbe; ich war beinahe traurig, daß es mir mein Rang hier nicht erlaubte, sie zu küssen, aber sie werden genug geküßt, denn jeder, der seine Aufwartung macht, erweist ihr diese Ehre beim Eintreten und beim Verabschieden . . . Kein Mann außer dem alten Obersthofmeister, der der Kaiserin das Erscheinen des Kaisers ankündigt, betritt den Raum. Seine kaiserliche Majestät erwies mir die Ehre, mit mir in einer sehr verbindlichen Art zu sprechen, sonst spricht er aber nie mit anderen Damen, und alles geht mit Ernst und einem gewissen Hauch von Feierlichkeit vor sich, die etwas sehr Förmliches an sich hat.«

»Die Kaiserin Amalia, Witwe des verstorbenen Kaisers Joseph, kam an diesem Abend, um der regierenden Kaiserin ihre Aufwartung zu machen, sie war von den zwei Erzherzoginnen (Maria Josepha und Maria Amalie), ihren Töchtern begleitet, die anmutige junge Prinzessinnen sind. Ihre kaiserlichen Majestäten erhoben sich und gingen ihr bis an die Türe des Raumes entgegen, worauf sie in einem Armsessel neben der Kaiserin Platz nahm, dasselbe geschah beim Souper, wo die Herren die Erlaubnis haben, ihre Aufwartung zu machen. Die Erzherzoginnen sitzen auf Stühlen mit Rücken-, jedoch ohne Armlehnen. Die Tafel wird ausschließlich von den Hofdamen, zwölf jungen Damen der ersten Gesellschaft, besorgt, die alle Speisen auftragen. Sie erhalten keine Besoldung, haben aber ihr Logis bei Hofe . . .«

»Am nächsten Tag hatte ich bei der Kaiserin Mutter Audienz, einer Fürstin von großer Tugend und Güte, die sich aber selbst sehr mit ihrer übertriebenen Frömmigkeit brüstet und fortwährend außerordentliche Bußübungen verrichtet, ohne jemals etwas getan zu haben, um sie zu verdienen. Sie hat dieselbe Anzahl von Ehrenfräulein, denen sie gestattet, bunt gekleidet zu gehen, sie selbst legt aber niemals ihre Trauer ab, und sicherlich kann nichts trostloser sein als die hiesige Trauerkleidung . . .«

Die schreibfreudige Dame erzählte in ihren Briefen auch von der Schatzkammer der Burg, die wenig Eindruck auf sie machte, sehr kritisch von Bällen mit den dort üblichen Tänzen und auch vom Theater: »Letzte Nacht wurde am Hofe eine italienische Komödie aufgeführt. Die Dekorationen waren hübsch, aber die Komödie an sich eine sehr unerträgliche Farce, ohne Witz und Humor, daß ich erstaunt war, daß der ganze Hof vier Stunden aufmerksam dabei sitzen konnte. Frauen ist es verboten, auf der Bühne zu spielen, und die Männer, als solche verkleidet, waren von so ungeschickter Figur, daß sie die Albernheit des Stückes nur erhöhten. Was die Unterhaltung vervollständigte, war die außergewöhnliche Kälte, die so groß war, daß ich dachte, dort sterben zu müssen . . .«

Der Alltag des Kaisers

Da sich Lady Montagu mehr mit den Damen bei Hofe beschäftigte, ist eine Ergänzung von männlicher Seite nötig. Sie lieferte der Freiherr Karl Ludwig von Pöllnitz, der ebenfalls im Jahre 1717 in Wien weilte. Er war damals 25 Jahre alt; ob man ihm alles glauben darf, was er in seinen Memoiren (übrigens in französischer Sprache) schrieb, bleibe dahingestellt, er hatte nach Alter und Rang gewiß nicht viel Zutritt bei Hofe und dürfte zum guten Teil aus Erzählungen und Tratsch geschöpft haben. Immerhin erzählt er ausführlich über die Tagesordnung des Kaisers:
Sobald Karl VI. aufgestanden und angekleidet war, las er die jüngsten Depeschen, gab einem Minister Audienz oder nahm am Staatsrate teil. Danach begab er sich zur hl. Messe, an Wochentagen in der Privatkapelle, an Feiertagen in der Hofburgkapelle, der Michaeler- oder der Augustinerkirche. Nach der Messe hielt er sich in seiner Retirade auf, den Privatgemächern, bis der Oberkammerherr meldete, das Diner sei bereit. Zusammen mit der Kaiserin, die von ihren Damen begleitet wurde, schritt der Kaiser zur Tafel. Ein Kammerdiener trug den Wein auf, der Kaiser trank auf die Gesundheit seiner Gemahlin, sie auf seine Gesundheit. Während des Diners traten der Obersthofmeister, der Oberkammerherr, der Oberststallmeister und meistens auch der Kapitän der Garde heran, um die Befehle für den Nachmittag zu empfangen. Die Mahlzeit dauerte selten länger als eine Stunde, dann brachte der Oberstsilberkämmerer eine Schüssel und eine kleine Gießkanne, damit die Majestäten sich die Hände abspülen konnten, der Oberkammerherr reichte dem Kaiser die Serviette, eine der Ehrendamen der Kaiserin.
Nach dem Mittagessen gönnten die Majestäten sich ein wenig Ruhe, dann

fuhren sie zur Jagd oder zum Scheibenschießen, darauf folgten Audienzen. Gewöhnlich war die Kaiserin früher damit fertig und setzte sich mit ihren Damen zum Kartenspiel, bis sie der Kaiser zum Souper abholte. Einige der Damen durften als Zuschauer stehend daran teilnehmen, die anderen verabschiedeten sich mit dem üblichen Handkuß. Das Souper wurde in den Räumen der Kaiserin serviert, danach ging man wieder zum Kartenspiel; der erste Einsatz betrug – so sagt Pöllnitz – nie mehr als einen Gulden.

Die nächste Nachricht vom Hofleben stammt wieder von Lady Montagu: »Alle Fürsten halten sich Lieblingszwerge. Der Kaiser und die Kaiserin haben zwei dieser kleinen Ungeheuer, häßlich wie Teufel, besonders die weiblichen, die aber alle vollständig mit Diamanten bedeckt sind und bei allen öffentlichen Anlässen in der Nähe Ihrer Majestät stehen.«

Hofzwerge und Hofnarren hatten das Recht, mitunter ein offenes Wort zu wagen, manchmal erheiterten sie das Hofleben, und das war willkommen, denn meistens regierte die Langeweile, vorwiegend unterhielten sich die hohen Herrschaften mit Kartenspiel, Gesellschaftsklatsch, kleinen Bosheiten und Intrigen. Die Bonmots und die mehr oder minder geistreichen Scherze der Kavaliere waren längst bekannt, man war dankbar, wenn einmal ein neues Gesicht auftauchte. Deshalb wurde die gebildete, vielfach interessierte Lady Montagu freundlich aufgenommen. In ihren Briefen nannte sie noch einen anderen geschätzten Gast, Dom Miguel de Braganza, Bruder König Johanns V. von Portugal, 20 Jahre alt: »Der junge Prinz von Portugal ist die Bewunderung des ganzen Hofes. Er ist schön, höflich und von großer Lebhaftigkeit. Alle Offiziere erzählen Wunder von seiner Tapferkeit im letzten Feldzug. Er wohnt bei Hofe mit allen Ehren seines Ranges.«

Der »letzte Feldzug«, den die Lady erwähnte, hatte nichts mehr mit dem Spanischen Erbfolgekrieg zu tun, es handelte sich wieder um einen Krieg gegen die Türken, den der Kaiser nur ungern, wirklich notgedrungen unternommen hatte. Von ihm ist das Lied »Prinz Eugenius, der edle Ritter, wollt' dem Kaiser wiederum kriegen Stadt und Festung Belgerad« im allgemeinen Gedächtnis geblieben.

Die junge Maria Theresia

Ein Vierteljahr vor der Eroberung von Belgrad, am 13. Mai 1717 knapp nach halb acht Uhr früh, hatte die Kaiserin Elisabeth Christine in der Hofburg ein

Kind zur Welt gebracht. Der Knabe Leopold, den sie im Vorjahr geboren hatte, war nach sieben Monaten wieder gestorben; nun schwankte man bei Hofe und in allen Erbländern zwischen der Enttäuschung, daß es diesmal nur ein Mädchen war, und der Freude, daß immerhin wieder ein Kind da war. Noch am selben Tag fand in der Ritterstube der Alten Burg die Taufzeremonie statt.

Die Wände waren mit gold- und silbergewirkten Seidentapeterien behängt, unter einem Baldachin standen ein Altar und zwei verschieden große Taufbecken aus Gold. Über der Tür war ein Balkon errichtet, auf dem der Oberhofkapellmeister Johann Josef Fux mit der Hofmusikkapelle Platz genommen hatte. Während eine Intrade mit Pauken und Trompeten erklang, schritten in vorgeschriebener Ordnung die Hofkavaliere und Standesherren herein, die kaiserlichen Geheimen Räte und Kämmerer, der päpstliche Nuntius und der Gesandte der Republik Venedig, hinter ihnen der Kaiser in prächtigem Gewand mit Mantel und federgeziertem Hut. Ganz in Schwarz, aber mit Perlen und Diamanten reich geschmückt, folgten ihm die verwitweten Kaiserinnen Eleonore Magdalena und Amalie Wilhelmine, dann die kaiserliche Aja (Kinderfrau), die Reichsgräfin Anna Dorothea von Thurn-Valsassina. Den Täufling trug der Oberhofmeister Fürst Johann Anton von Liechtenstein auf einem Kissen von weißem Atlas. Er war Ritter des Ordens vom Goldenen Vlies, zwei weitere Ordensritter begleiteten ihn, dahinter paarweise die Töchter Leopolds I. und Josephs I. in goldgestickten Kleidern, schließlich die Oberhofmeisterinnen der drei Kaiserinnen, Hofdamen und die Gattinnen der höchsten Würdenträger. Die Juwelen glänzten im Licht der Deckenluster und Wandleuchten.

Der Erzbischof von Wien, Sigismund Graf Kollonitsch, verrichtete den ersten Teil der Zeremonien im blauen Vespermantel, den zweiten Teil in einem weißen, mit Silber gestickten Mantel. Vier Prälaten assistierten ihm, auch der Hof- und Burgpfarrer Johann Anton Stancheri wirkte mit, drei Hofkapläne ministrierten. Der Oberhofmeister hatte das Kind auf ein rotsamtenes Kissen neben dem Altar gelegt, die Aja nahm es von dort auf und reichte es der Großmutter Kaiserin Eleonore Magdalena; die weiteren Taufpaten waren Kaiserin Amalie Wilhelmine und der Nuntius Spinola im Namen des Papstes. Der Erzbischof taufte die Kaiserstochter auf die Namen Maria Theresia Walburga Amalia Christina und stimmte darauf das Tedeum an. Nach dem abschließenden Segen nahm die Aja die kleine Erzherzogin und überreichte sie dem Oberhofmeister, der sie, begleitet von den beiden Ordensrittern, aus dem Rittersaal trug, in der Antecamera nahm die Aja wieder das Kind und brachte es ins Schlafgemach der Mutter.

Nach einem Jahr und vier Monaten kam wieder ein Mädchen zur Welt, Maria Anna. Die beiden Töchter des Kaiserpaares wuchsen in der Hofburg auf, genossen aber auch frische Luft und Bewegung, wenn sie die Eltern zu längerem Aufenthalt in eines der Schlösser der Umgebung begleiten durften, vor allem in die Favorita oder nach Laxenburg. Dort lernten sie reiten und schießen, nahmen an Jagden teil, wurden kräftig und abgehärtet. Im täglichen Unterricht stand die Religionslehre im Vordergrund, daneben lernten die Prinzessinnen die französische, italienische, spanische und lateinische Sprache, auch ein wenig Geschichte und Geographie, viel Musik und Tanz; im täglichen Umgang sprachen sie wienerisch.

Durch die »Pragmatische Sanktion« hatte Karl VI. beizeiten gesichert, daß nach seinem Tode nicht die Töchter seines Bruders Joseph I., sondern eines seiner eigenen Kinder die habsburgischen Länder ungeteilt erben würde. Damals hatte er noch auf einen Sohn gehofft, nun wurde es von Jahr zu Jahr wahrscheinlicher, daß die ältere Tochter Maria Theresia die Erbin sein werde. Demgemäß begannen in Wien und München, Madrid, Nancy und an noch anderen Höfen sehr früh die Erwägungen, wer als künftiger Gemahl der Kaiserstochter in Frage komme.

Auch die Töchter Kaiser Josephs I. zeigten Interesse am Erbe, obwohl jede bei ihrer Hochzeit feierlich darauf verzichten mußte. Maria Josepha heiratete 1719 nach Sachsen, Maria Amalie war seit ihrem 16. Lebensjahr dem Erbprinzen von Bayern versprochen und heiratete ihn 1722 in Wien. Die Festlichkeiten gestalteten sich prächtig, die Mitgift war hoch, der Schmuck der Braut wurde auf einen Wert von einer Million Gulden geschätzt. Jede der beiden Damen war ihrem Gemahl geistig und moralisch überlegen, doch Kaiser Karl VI. bedauerte es nicht, daß seine beiden Nichten nun die Hofburg verlassen hatten.

Ein Gast aus Lothringen

Gegen Ende Dezember 1723 zeigte sich dafür in der Hofburg ein neues Gesicht: Der 15jährige Prinz Franz Stephan von Lothringen bezog im Leopoldinischen Trakt die Räume, die Kaiser Karls Mutter Eleonore Magdalena bis zu ihrem Tode 1720 bewohnt hatte. Der Vater des Ankömmlings, Herzog

Leopold, war der Sohn des ruhmreichen kaiserlichen Feldherrn Karl von Lothringen und der Halbschwester Leopolds I., Eleonore Maria, also durchaus ebenbürtig, sein Sohn kam in die engere Wahl als künftiger Gatte für Maria Theresia. Davon sollte jedoch nicht offiziell die Rede sein, der Kaiser wollte sich noch nicht festlegen, keinen der anderen interessierten Höfe vorzeitig verstimmen, vor allem aber nicht den König von Frankreich, dem die Verbindung Lothringen-Habsburg gar nicht willkommen gewesen wäre. Zunächst wollte der Kaiser den präsumtiven Schwiegersohn näher kennenlernen und ihn in seinem Sinne in Wien erziehen lassen. Herzog Leopold erreichte, daß sein Sohn nicht nur als Edelknabe in der Stallburg, sondern als naher Verwandter des Kaisers in der Hofburg wohnte.

Der Herzog von Lothringen war sehr verschuldet und konnte seinem Sohn nur dessen Lehrer Karl Baron Pfütschner und einen Beichtvater mitgeben. Vom Kaiser aber erhielt Franz Stephan einen ganzen Hofstaat: als Erzieher und Ersten Kammerherrn den General Baron Neipperg, dazu zwei andere Kammerherren und drei Lehrer, je einen Leibarzt und Chirurgen, vier adelige Pagen, drei Kammerdiener und vier andere Diener, zwei Türsteher, zwei Läufer, zwei Heiducken, die hinten auf dem Wagen stehend mitzufahren hatten, einen Kammerheizer mit Kammerheizerjungen, je einen Waffenmeister, Stallmeister, Wagenmeister und Leibkutscher, zwei andere Kutscher, zwei Vorreiter oder Postillions, fünf Pferdewärter; 14 Pferde standen zur Verfügung. Nicht unmittelbar zum Hofstaat des Prinzen gehörten der Tanzlehrer und der Fechtlehrer, der Erzieher und die Diener der Pagen.

Dem Kaiser war nicht leid um das Geld, das er für seinen jungen Gast aufwendete. Sobald der Frühling sich anzeigte, nahm er ihn mit zur Schnepfenjagd, bald auch zur gefährlicheren Jagd auf Wildschweine und freute sich über den Mut des Prinzen. Allmählich begann er, ihn richtig zu lieben, als Ersatz anzusehen für den Sohn, der ihm versagt war, und bezeichnete sich in den Briefen an Herzog Leopold von Lothringen als Franz Stephans »zweiten Vater«. Maria Theresia, die älteste Tochter des Kaisers, verliebte sich sehr bald in den hübschen, lebhaften Jüngling.

Der Prinz ritt gern mit dem Kaiser zur Reiherbeize oder Hasenjagd und ging auf die Pirsch. In der Burg sah das Leben für ihn ernster aus, da mußte er den Lehrstoff, den er während der Jagden versäumt hatte, nachholen und neuen in sich aufnehmen. Das Tanzen und Fechten erlernte er zusammen mit seinen Pagen, sonst genoß oder erduldete er Einzelunterricht. Abends war er oft bei der Kaiserin eingeladen und erlebte im häuslichen Rahmen den Kaiser ganz anders als bei gesellschaftlichen Anlässen. Während ein Mahl »auf des Kaisers Seiten« eine offizielle Angelegenheit war, bei der jede Handlung, sogar das Überreichen der Serviette, einer Zeremonie glich, ging es »auf der Kaiserin Seiten« gemütlicher zu, fast familiär. Karl VI. zeigte sich weniger steif, er lächelte und scherzte; nach dem Mahl spielte er auf dem Cembalo, Elisabeth Christine sang dazu, manchmal auch die kleine Maria Theresia. Ihr und ihrer Schwester Maria Anna war der junge Lothringer der liebste Spielgefährte.

Prachtbauten und Weinkeller

Als die Kaiserin am 5. April 1724 noch ein Kind gebar, war es wieder ein Mädchen. Trotz der Enttäuschung wurde die Festoper aufgeführt, die Johann Josef Fux komponiert hatte, der Kaiser dirigierte selbst, Maria Theresia sang mit. Niemand konnte erkennen, ob sie vorher Lampenfieber gehabt habe, vielleicht sang sie wirklich ganz unbeschwert. Es war ja nicht das erste Mal, daß sie auf einer Bühne stand, sie hatte schon bei Kindertheatern mitgewirkt und mit den Töchtern und Söhnen der höchsten Familien zusammen getanzt und gesungen.

Maskenfeste zur Faschingszeit waren in allen Dörfern und Städten und auch an den Fürstenhöfen in ganz Europa üblich, der Wiener Hof aber hatte mindestens seit der Zeit Kaiser Leopolds I., wahrscheinlich schon früher, etwas ganz Besonderes zu bieten, eine Mischung aus Maskenball und Stegreiftheater: die »Bauernwirtschaft«. Der Kaiser hieß als »Wirt vom Schwarzen Adler« die Gäste willkommen und blickte immer wieder stolz zu seiner »weißen Liesl« hin – so nannte er zärtlich die schöne Elisabeth Christine wegen ihrer zarten Haut. Sie war als Wirtin verkleidet, Maria Theresia als Kranzljungfer einer Bauernhochzeit, Franz Stephan als böhmischer Bauer. Fürsten und Grafen kamen im Gewand von Nachtwächtern und Rauchfangkehrern, Mönchen oder Mohren, Türken oder Chinesen, als Kellner trugen sie Wein auf, die Tische freilich waren nicht ländlich, sondern mit kaiserlichem Aufwand gedeckt.

Die kaiserliche Familie und auch der Prinz von Lothringen, der inoffiziell schon dazugerechnet wurde, verbrachten gewöhnlich kaum zwei Drittel des Jahres in der Hofburg. Spätestens im Juni, oft schon früher, übersiedelte der Hof in das Lustschloß Favorita südlich der Stadt oder nach Laxenburg. Dort bereitete das Jagdrevier dem Kaiser viel Freude; ein zweiter Grund dafür waren Staub und Lärm der Bauarbeiten rund um die Burg.

Bisher waren die vielen Reit- und Wagenpferde des Hofes teils in der Stallburg, teils in der Stadt verteilt gestanden; Karl VI. wollte sie in einem gemeinsamen Gebäude unterbringen. Platz dafür bot sich auf dem Glacis, denn dieses mußte nun, da keine Türkengefahr drohte, nicht mehr so streng als Schußfeld vor der Stadtmauer freigehalten werden. Gegenüber der Burg am Hang des Spittelberges hatte der kaiserliche Oberbauinspektor Johann Bernhard Fischer von Erlach 1719 den Bau begonnen, sein Sohn Joseph Emanuel vollendete ihn vier Jahre später. Bevor er noch abgeschlossen war, wurde am 15. Oktober 1723 der Grundstein zum Reichskanzleitrakt der Burg gelegt, der kleinere, wenig ansehnliche Gebäude aus der Zeit Ferdinands I. ersetzen sollte. Er steht gegenüber dem Leopoldinischen Trakt, ist aber tiefer als dieser und besitzt mehrere Lichthöfe, reicht von der Alten Burg bis zur Amalienburg und schaut mit seiner Nordseite gegen die Schauflergasse hin. Als äußeren Schmuck auf der Stadtseite schuf der Hofbildhauer Lorenzo Mattielli vier große plastische Gruppen aus dem Bereich der Herakles-Sage.

Die Künstler der Barockzeit verstanden es, würdige und ansehnliche Gebäude hinzustellen, auch wenn es sich um Zweckbauten handelte wie den

Der Reichskanzleitrakt der Wiener Hofburg

Reichskanzleitrakt. Nötig und nützlich wie dieser, aber noch prächtiger ausgeführt war die neue Hofbibliothek über den Mauern der Reitschule Kaiser Leopolds I.; der Prunksaal gehört zu den schönsten Räumlichkeiten dieser Art, die es auf der Welt gibt. Es dauerte allerdings jahrelang, bis die Bücher eingeordnet werden konnten, denn der Kaiser wünschte sich eine entsprechende Ausstattung. Daniel Gran fertigte das Deckengemälde für den Prunksaal sowie allegorische und mythologische Szenen an den Wänden und in den Lunetten an, erst später wurde das Stiegenhaus errichtet.

Daniel Johann Gran war ein Wiener und damals nicht viel über 30 Jahre alt, hatte bei seinem späteren Schwiegervater Georg Werle gelernt und mit diesem für Adam Franz Fürst Schwarzenberg gearbeitet, der Fürst hatte ihm sogar eine Studienreise nach Italien ermöglicht. Auch Joseph Emanuel Fischer von Erlach zählte erst 30 Jahre, als er nach dem Tode seines Vaters Johann Bernhard dessen Arbeiten weiterführte. Es war eine goldene Zeit für Künstler und Architekten, nicht nur an der Hofburg, sondern in der ganzen Stadt und ihrer Umgebung, und auch die adeligen Bauherren besaßen Geschmack.

Die alte gedeckte Reitschule unter der Hofbibliothek genügte nicht mehr den Ansprüchen des Kaisers, Joseph Emanuel Fischer von Erlach entwarf den Plan für ein eigenes neues Gebäude. Die Mittel dafür ließen sich aufbringen, denn der Kaiser vernachlässigte das Militärbudget in gefährlichem Ausmaße, aber Platz mußte erst geschaffen werden.

Schon das Hofschauspielhaus Kaiser Leopolds I., das Opernhaus von 1705 und die alte gedeckte Reitschule, über der nun die Hofbibliothek stand, waren im alten Paradeisgarten errichtet worden. Dieser Burggarten Herzog Albrechts II. trug seinen Namen nicht etwa von Paradeisern (Tomaten), die dort gepflanzt worden wären, von diesen hatte man im 14. Jahrhundert noch keine Ahnung in Wien, sondern vom Paradies, das ja auch ein schöner Garten gewesen war. Das Paradeisgartl bei der Burg wurde im Laufe der Zeit mit Brunnen, einer künstlichen Grotte und einer Rotunde ausgestattet, mit einer Mauer umgeben, aber immer wieder verkleinert, bis 1728 der Befehl kam, auch die Reste aufzulassen und die Mauer wegzusprengen, damit die neue Winterreitschule Platz finde. Sie wurde zu einem einmaligen Bau. Eine frei hängende, mit Ornamenten verzierte Gipsdecke spannt sich in 17 Meter Höhe über einer Reitbahn von 55 Meter Länge und 18 Meter Breite, an den Längsseiten laufen Galerien mit 46 Säulen ganz in Elfenbeinweiß, an der Schmalseite gegenüber dem Eingang grüßt das Bild Kaiser Karls VI. aus der

Hofloge. Über dem Rundbogen des Einganges trägt eine Tafel eine Inschrift in lateinischer Sprache, deren Übersetzung lautet:
»Diese kaiserliche Reitschule wurde zum Unterricht und zur Übung der adeligen Jugend sowie zur Ausbildung der Pferde für kunstvollen Ritt und den Krieg auf Befehl Kaiser Karls VI., des Sohnes des verewigten Kaisers Leopold I., und unter der Obsorge des Generalbaudirektors und Vorstandes der Hofstallungen Gundaker Graf Althann im Jahre 1735 errichtet.«
Was heute von der Spanischen Reitschule als kostbare Tradition weitergeführt wird, war damals völlig aktuell. Das gut ausgebildete Pferd schützte den Reiter mit dem eigenen Körper, wenn es sich zur Levade erhob, wie das Prinz-Eugen-Denkmal es seit 1865 auf dem Äußeren Burghof zeigt, und bedrohte mit den Vorderbeinen die Feinde, es verscheuchte in der Kapriole Gegner, die von hinten her angriffen, in der Pirouette drehte es sich in verkürztem Galopp im Kreise, wobei die Vorderbeine gegen den Feind zu einen größeren Kreis beschrieben als die Hinterbeine; diese Bewegung verhinderte, daß der Reiter von rückwärts angegriffen würde.
Wohl gab es schon zur Zeit Karls VI. prächtige Vorführungen, aber der tägliche Betrieb in der Reithalle war doch der Ausbildung von Reiter und Pferd gewidmet. Die berühmten Lipizzaner waren noch nicht durchwegs weiß wie heutzutage, es gab sie in vielen Farben, Isabellen und Mohrengraue, Füchse und Braune, und selbstverständlich durften die Reiter, die zur Übung in der Halle zugelassen waren, auch Pferde aus anderer Zucht als der vom Gestüt Lipizza mitbringen.
Nicht nur die Bauten kosteten Karl VI. viel Geld. Als er die Regierung übernahm, war er entschlossen, nicht so großzügig Gehälter und Pensionen zu zahlen wie seine Vorgänger, aber dann konnte auch er sich den vielfältigen Verpflichtungen nicht entziehen und wurde schamlos ausgenützt wie vor ihm Leopold I. Die Hofküche soll allein für Petersilie jährlich 4 000 Gulden verrechnet haben, für den Schlaftrunk der Kaiserinwitwe Amalie Wilhelmine täglich zwölf Kannen Ungarwein, für jede Hofdame sechs Kannen, die Kanne zu ungefähr einem Liter. Das Brot für die Papageien der Kaiserin Elisabeth Christine wurde in Wein eingeweicht, dafür brauchte man jährlich zwei Fässer (905 Liter) Tokajer. Diese Mengen werden gern als Beispiel für die Verschwendung bei Hofe angeführt; dabei bleibt die Frage offen, ob der Hofkellermeister mehr verrechnete, als er lieferte, oder Diener, Gardisten, Musikanten und andere sich den Wein vergönnten, den die Damen und die Papageien übrigließen.

Der Eingang zum Weinkeller liegt im Inneren Burghof in der Mitte des Leopoldinischen Traktes; die Tür ist barock umrahmt, aber unscheinbar. Sie ist noch vorhanden, die übrige Herrlichkeit, die jeden verständigen Besucher begeisterte, ist nur mehr wehmütige Erinnerung. Die Verwaltungsräume lagen im Hochparterre, steile Stufen führen hinab in die Keller, die sich nach beiden Seiten hin erstrecken und unter der Amalienburg vielfach verzweigen, drei Stockwerke untereinander, jedes fünf Meter hoch.

Ein Riesenfaß, das Kaiser Leopold I. von einem mährischen Bindermeister anfertigen ließ, soll 5 050 Eimer (2 850 Hektoliter) enthalten haben, somit mehr als das in der Festung Königstein in Sachsen oder das berühmte Heidelberger Faß. Solche Angaben sind aber mit Vorsicht aufzunehmen, denn die Maßeinheit war der Eimer, der von Land zu Land eine verschiedene Menge enthielt, und es gehörte unter den Fürsten zum guten Ton, mit einem Riesenfaß zu prahlen, dessen Fassungsvermögen aber nicht leicht zu überprüfen war. Zudem dürfte der Wein aus einem so überdimensionierten Faß den Kenner unserer Zeit nicht entzückt haben, denn darin kamen die Weine aus ganz verschiedenen Lagen zusammen, auch von verschiedenen Jahrgängen, da immer wieder nachgefüllt wurde. Um die Rebsorten kümmerte sich der Kellermeister ohnehin nicht, er unterschied zumeist nur die Qualitäten. Wie man heute noch die Bezeichnung »Prälatenwein« kennt, so sprach man damals vom Herrschaftswein, Offizierswein und Soldaten- beziehungsweise Dienerwein. Wieweit – und ob überhaupt – Karl VI. Flaschenwein lagern ließ, wäre eine interessante Frage, dürfte aber noch nicht beantwortet sein.

Die Aufsicht führte der Hofkellermeister, ihm unterstanden der Ausspeis-Kellermeister, der für die unmittelbare Abgabe sorgte, der Kellerschreiber für die Buchführung und ein Kellerbinder, der für den Zustand der Fässer verantwortlich war. Der »Summelier« gehörte nicht zum Kellerpersonal, sondern kümmerte sich um den Mundtrunk und das Brot des Kaisers. Der Wein gehörte zur täglichen Mahlzeit, die Herren und auch die Damen des Hofes erhielten ihr Quantum für den persönlichen Bedarf zugewiesen, und was sie mehr brauchten, durften sie im Hofkeller einkaufen.

Lästige Feste, hohe Herren

Eine Würde bei Hofe oder auch nur eine Anstellung, je nach dem Stande, galt als höchst erstrebenswert, denn sie brachte große Vorteile. Die Zahl der

Würdenträger und Hofbediensteten war hoch, angeblich bis zu 2 000, und alle hatten – neben ihrer offiziellen Entlohnung – die Möglichkeit, die Einkünfte halb oder ganz illegal zu vergrößern. Hohe Herren ließen sich die Protektion, die sie gewährten, durch ein Schmuckstück für ihre Frau abgelten, aber auch die kleinen Leute verstanden es, sich zu bereichern. Die Lakaien der Hofburg – so klagten ausländische Diplomaten – erwarteten nicht nur immer wieder ein Trinkgeld, sondern forderten es sogar unverschämt ein.

Eine andere Eigenheit des Wiener Hoflebens befremdete viele der Diplomaten und erschien ihnen geradezu lästig: die zahlreichen Festtage mit ihren Zeremonien. Die kaiserliche Familie war sehr fromm, in ihrem Gefolge mußten gleich den Hofleuten auch die ausländischen Herren zu jedem Heiligenfest den Gottesdienst besuchen, Seelenmessen wurden nicht nur nach einem Begräbnis gelesen, sondern auch an den Gedenktagen für tote Vorfahren oder Verwandte. Wenn der Kaiser bei einer Prozession zu Fuß ging, mußten es auch die Minister und Botschafter tun, sogar der päpstliche Nuntius, und zwar alle mit unbedecktem Haupte.

An den »Galatagen« zu Geburts- oder Namensfesten in der kaiserlichen Familie trug Karl VI. ein Gewand aus Goldbrokat oder einen roten, goldgestickten Anzug, auf dem Hut weiße, rote und schwarze Federn. Das ganze Diplomatische Korps wurde zum Handkuß vorgelassen und durfte stehend zuschauen, wenn die kaiserliche Familie speiste – und so wenig unterhaltsam das war, galt es doch als hohe Gunst, die niemand ausschlagen durfte.

An den »Toisontagen« erschienen alle Ritter des Ordens vom Goldenen Vlies und saßen bei Messe und Vesperandacht in Chorstühlen. Sie boten einen prächtigen Anblick in ihren goldgestickten Mänteln aus karmesinrotem Samt, mit weißseidenem Randbesatz und Futter; aus gleichem Samt wie der Mantel bestand der Hut, auch das Untergewand war aus rotem Samt und mit weißer Seide gefüttert. Die höchsten Herren des Hofes durften hoffen, in den Kreis der Ordensritter aufgenommen zu werden, Herren fürstlichen Geblüts konnten die ruhmvolle Auszeichnung schon in jüngeren Jahren und ohne besondere Leistung durch die Gnade des Kaisers erlangen.

Die Toisontage betrafen nur eine auserwählte Gruppe von Herren, die Sternkreuzfeste nur eine kleine Schar hochadeliger Damen; sie nahmen die Mühen der Zeremonien im Bewußtsein ihrer Würde gern auf sich. Die überlieferten religiösen Bräuche der Fastenzeit aber waren für alle Angehörigen des Hofes und das gesamte Diplomatische Korps verpflichtend, soweit man katholisch

war. Der außerordentliche Botschafter des Königs von Frankreich am Wiener
Hof, der Herzog Louis François Armand de Richelieu, beklagte sich in einem
Brief an seinen Kollegen in Rom, den Kardinal Melchior Marquis de Poli-
gnac:

»Ich habe hier in Wien während der Fastenzeit ein ungemein frommes Leben
geführt, das mir nicht eine Viertelstunde des Tages frei gelassen hat. Ich muß
aufrichtig sagen, hätte ich das Leben gekannt, das ein Gesandter in Wien zu
führen verpflichtet ist, nichts in der Welt würde mich vermocht haben, dieses
Amt zu übernehmen, wo unter dem Vorwande von Einladungen und Vorstellungen in den Kapellen die Gesandten genötigt werden, gleich Kammerdie-
nern dem Hofe zu folgen. Nur ein Kapuziner von robustester Gesundheit
kann ein solches Leben während der Fastenzeit überstehen! Um Eurer Emi-
nenz einen Begriff davon zu machen: Ich bin vom Palmsonntag bis Mittwoch
nach Ostern im Gefolge des Kaisers hundert Stunden in der Kirche gewesen!«

Dieser Herzog von Richelieu war kaum 30 Jahre alt, hatte sich aber bereits
den Ruf eines Lebemannes erworben und auch in Wien für Gesprächsstoff

Zeremonie in der Hofburgkapelle

gesorgt. Einige Herren der Hofgesellschaft begleiteten ihn bei seinen Abenteuern und suchten ihn nachzuahmen; der Hoftratsch nannte besonders den jungen Abbé Philipp Ludwig Graf Sinzendorf und Johann Philipp Graf von Merode, Marquis von Westerloo, Hauptmann der Trabantengarde, der es noch zur Würde eines kaiserlichen Feldmarschalls bringen sollte. Der Abbé errang schon im Alter von 33 Jahren den Kardinalshut, denn er verfügte über hohe Protektion: Sein Vater, ebenfalls Ludwig Philipp mit Vornamen, war Hofkanzler und soll übrigens seine hohe Stellung ausgenützt haben, sich ausgiebig zu bereichern. Damit stand er am Hofe Karls VI. allerdings nicht allein.

Völlig unbestechlich war dagegen Johann Christoph Freiherr von Bartenstein, Sekretär der Geheimen Konferenz, die alle wichtigen Entscheidungen traf. Er hatte Jura studiert und sich durch eigene Tüchtigkeit hinaufgedient, war sehr klug, fleißig, ehrgeizig; seine Gegner nannten ihn einen eitlen Streber und Emporkömmling. Als er sich einmal zu sehr in die Beratungen einmischte, fuhr ihm der Reichsvizekanzler Graf Schönborn über den Mund: Die Aufgabe eines Sekretärs bestehe im Schreiben, nicht im Reden.

Gleich dem Bruder, Vater und Großvater war Karl VI. ein guter Musiker, er war aber auch an anderen Künsten interessiert, an Architektur und Gemälden. Die Sammlung seines verstorbenen Großonkels Leopold Wilhelm bereitete ihm große Freude, für sie ließ er weitere Räume in der Stallburg adaptieren. Als die Arbeiten im Jahre 1728 beendet waren, stellte Francesco Solimena auf einem Gemälde die Szene dar, wie der Kaiser aus der Hand des knienden Hofbaudirektors Gundaker Graf Althann das Inventar der Galerie übernahm. Die Althann (Althan) spielten bei Hof eine große Rolle. Graf Christoph Johann war unter Kaiser Leopold I. Obersthofmeister und Landjägermeister gewesen, sein Sohn Gundaker war unter Karl VI., wie eben gesagt, Hofbaudirektor, Gouverneur zu Raab, Kapitän der Hartschieren-Garde und schließlich Oberststallmeister. In diesem Amte verscherzte er sich die Gunst der Kaiserin: Als für einen Jagdausflug Karls VI. einmal plötzlich ein Gespann gebraucht wurde, nahm Graf Gundaker die Pferde, die gerade für einen anderen Wagen bereitstanden – aber leider waren sie für den Beichtvater der Kaiserin bestimmt gewesen, der sich bitter beschwerte. Graf Gundaker mußte von seinem Amt als Oberststallmeister zurücktreten, wurde aber zum Trost in den Orden der Ritter vom Goldenen Vlies aufgenommen. Ein anderer Althann, Graf Michael Johann, war am Wiener Hof einer der wenigen Herren, die dem Kaiser persönlich nahestanden, er durfte sogar mit ihm Billard spielen und hatte Wohngemächer in der Hofburg. Er legte aber wenig Wert darauf, politischen Einfluß zu gewinnen, begnügte sich mit der Würde eines Kammerherrn und lehnte es ab, Mitglied der Geheimen Konferenz zu werden. Seine Freundschaft mit Karl ging auf die Jahre zurück, die sie gemeinsam in Spanien verbracht hatten. Karl zählte erst 19 Jahre, als er im Januar 1704 dorthin kam, und schloß sich dem um einige Jahre älteren Althann an. Bei Hofe munkelte man, Karl habe damals ein Verhältnis mit einer blonden Schönheit, der jungen Gräfin Marianne Pignatelli, gehabt. Als 1708 Elisabeth Christine nach Spanien kam und Karl sie in Barcelona heiratete, soll er dem Freund dankbar gewesen sein, daß dieser sich der Gräfin annahm und sie zu seiner Frau machte. Als Michael Johann 1722 starb, trauerte der Kaiser sehr um ihn.

Maria Theresia heiratet

Als am 25. April in der Augustinerkirche die Totenvigil für den jüngst verstorbenen Herzog Leopold von Lothringen gehalten wurde, nahmen die kaiserliche Familie, ihre Beamten und Höflinge daran teil, aber kein ausländischer Gesandter oder anderer Diplomat, nicht einmal der päpstliche Nuntius, denn Frankreich hatte alle offiziellen Beziehungen mit Lothringen verboten. Der Kaiser war betrübt, als sein lieber junger Freund und Jagdgefährte Franz Stephan aus Wien abreiste, um als Nachfolger Herzog Leopolds in Nancy eine recht gefährdete Herrschaft anzutreten.
Noch mehr als der Kaiser vermißte seine Tochter den liebenswürdigen jungen Lothringer. Der englische Gesandte J. F. Earl of Waldgrave berichtete nach London, Maria Theresia sei liebeskrank; offenbar hatte er seine Informanten in der Hofburg. Der lothringische Gesandte in Wien, Baron Nikolaus Jacquemin, verfügte über noch bessere Beziehungen. Maria Karolina Gräfin Fuchs, die Aja der Erzherzoginnen, nahm wohlwollend Anteil an den Liebessorgen der 14jährigen Maria Theresia, sprach darüber mit dem Baron Jacquemin und vermittelte sogar Begegnungen zwischen diesem und der Kaiserin, so daß er Briefe seines Herzogs zustellen und Briefe an ihn entgegennehmen konnte. Die Kaiserin begünstigte die Neigung ihrer Tochter, und der Kaiser tat, als bemerke er nichts.
Nach zweieinhalb Jahren, am Abend des 16. April 1732, traf der junge Her-

Maria Theresia als junges Mädchen

zog von Lothringen wieder in Wien ein, durfte sich aber nicht lange hier aufhalten, denn das Kaiserpaar reiste zur Kur nach Karlsbad, die Erzherzoginnen Maria Theresia und Maria Anna blieben in Wien zurück; da wäre es völlig ungehörig gewesen, in Abwesenheit der Eltern in der Nähe der Mädchen zu wohnen. Franz Stephan begab sich als kaiserlicher Statthalter nach Preßburg. Erst am 4. November bot ihm der Namenstag des Kaisers einen Anlaß, nach Wien zu kommen; da durfte er an einer festlichen Opernaufführung teilnehmen, jedoch nicht in der kaiserlichen Loge. Auch auf einem Maskenball in der Burg am 3. Februar 1733 durfte Franz Stephan an der kaiserlichen Tafel nicht neben Maria Theresia sitzen, und damit er nicht der Versuchung erliege, sie – oder eine andere Dame, was ebenfalls nicht erwünscht war – zum Tanze aufzufordern, war ihm das Kostüm eines Geistlichen anbefohlen worden.

Endlich im Sommer 1735 stimmte der Kaiser der Verlobung seiner Erbtochter Maria Theresia mit dem Herzog von Lothringen zu. Dieser mußte nun erst recht in Preßburg bleiben – ein verlobtes Paar unter demselben Dach wäre äußerst unschicklich gewesen! Nur wenn Franz Stephan aus einem dringenden Grund für ein paar Tage nach Wien kam, bezog er die Gemächer im Leopoldinischen Trakt der Burg, die er schon als Jüngling bewohnt hatte.

Obwohl der Kaiser die Verlobung erlaubt hatte, war noch eine förmliche

Werbung nötig. Franz Stephan kam dazu aus Preßburg in die Wiener Burg, aus Lothringen waren der Fürst Marcus de Beauvau-Craon und der Marquis de Lenoncourt angereist, der lothringische Gesandte Baron Jacquemin fuhr am Vormittag des 30. Januar 1736 im sechsspännigen Wagen in den Burghof ein. Mit diesen drei Herren, vor ihnen noch einige Pagen und Kämmerer, schritt Franz Stephan durch das Spalier der Garden hinauf zu den kaiserlichen Gemächern. Der Obersthofmeister, der Obersthofmarschall und der Oberstkämmerer empfingen ihn und geleiteten ihn weiter, in der Retirade sprach Franz Stephan mit dem Kaiser ohne Zeugen. Danach besuchte er die Kaiserin in ihrem Spiegelzimmer, erwies dreimal die spanische Reverenz mit Kniebeugung, durfte ihr und Maria Theresia die Hand küssen. Sogar Kaiser Josephs I. Witwe Amalie Wilhelmine kam aus dem Kloster, in dem sie seit 1722 lebte, in die Hofburg und empfing Franz Stephan.

Für die Hochzeit am 12. Februar 1736 war die kühle, strenge gotische Architektur der Augustinerkirche von flandrischen Gobelins verdeckt, über dem Hochaltar ein Baldachin errichtet. Der päpstliche Nuntius Domenico Passionei hatte die ehrenvolle Aufgabe übernommen, das Paar zu trauen. Zuerst betraten die kaiserlichen und die herzoglich lothringischen Kammerherren und Kavaliere die Kirche, dahinter die Geheimen Räte, die Minister und die Ritter des Ordens vom Goldenen Vlies in ihrem prachtvollen Ornat. Zwei Edelknaben gingen dem Bräutigam, vier dem Kaiser voran; sie trugen weiße Wachsfackeln, als ob sie in der Kirche, die von festlichem Kerzenschein erhellt war, den Weg beleuchten müßten. Der Bräutigam war reich gekleidet. Noch strahlender zeigte sich die Braut in einem silberbestickten Kleid, das mit Perlen und Diamanten besetzt war, als sie zwischen den beiden Kaiserinnen, der gegenwärtigen und der verwitweten, in die Kirche schritt.

Die Hochzeitstafel war im Opernsaal gedeckt. Der Kaiser saß zwischen seiner Gemahlin und der verwitweten Schwägerin Amalie Wilhelmine, zu seiner Linken dann seine unverheiratete Schwester Maria Magdalena und seine Tochter Maria Anna; sie hatte auf den Ehrenplatz auf der rechten Seite verzichtet, so daß dort das Brautpaar nebeneinander sitzen konnte – sonst hätte Franz Stephan als Person niederen Ranges gar nicht auf dieser Seite neben Maria Theresia Platz nehmen dürfen!

Da es sich noch mehr als an den anderen Galatagen um ein Schaumahl handelte, waren nur drei Seiten der Tafel besetzt, die leere vierte Seite gab den Blick auf das goldene Service, die blitzenden Pokale und die Speisen frei. Die geladenen Zuschauer durften sich jedoch nachher auch selbst an einem Festmahl erfreuen, für sie waren in gebührender Entfernung eigene Tische aufgestellt. Am Abend des nächsten Tages diente der Saal wieder seiner eigentlichen Bestimmung, da wurde die Oper »Achille in Sciro« von Antonio Caldara aufgeführt.

Große und kleine Sorgen

Von der lothringischen Familie war niemand zur Hochzeit nach Wien gekommen, denn Franz Stephans Mutter und Schwestern waren mit der Heirat nicht einverstanden und gaben der kaiserlichen Politik die Schuld daran, daß französische Truppen Lothringen besetzt hatten. Herzogin Elisabeth Charlotte hatte nicht einmal ihrem jüngeren Sohn Karl erlaubt, an der Hochzeit teilzunehmen. Erst danach durfte er zu Franz Stephan nach Wien reisen. Kaiser Karl VI. nahm ihn freundlich auf, lud ihn zu längerem Aufenthalt ein und deutete an, er habe seine zweite Tochter, Maria Anna, dem Prinzen Karl als Gemahlin zugedacht.

Das sollte eine Entschädigung dafür sein, daß die lothringische Herzogsfamilie ihr Land verloren hatte. Ein Krieg um den Thron von Polen war für Frankreich der willkommene Anlaß gewesen, in Lothringen einzumarschieren; eine der Bedingungen für einen Friedensschluß lautete, daß Franz Stephan sein Herzogtum an den abgesetzten König von Polen (und Schwiegervater König Ludwigs XV.) abtrete; nach dessen Tod sollte es an Frankreich fallen.

In Wien war inzwischen der Freiherr von Bartenstein zu einem der wichtigsten Männer am Kaiserhof geworden. Er legte am 11. April 1736 Franz Stephan die Urkunde vor, mit der er auf Lothringen zu verzichten hatte, und reichte ihm die Feder zur Unterschrift. Es war eine der wirklich tragischen Szenen, die sich in der Hofburg abgespielt haben: Empört warf Franz Stephan die Feder weg. Seit gut einem halben Jahr wußte er, was man im Interesse der Politik und des Friedens in Europa von ihm fordern werde, hatte immer noch auf eine rettende Wendung gehofft – nun hob Bartenstein die Feder auf und reichte sie ihm, ohne ein Wort zu sagen, neuerlich hin. Franz Stephan warf sie wieder weg. Aber wenn er bei seiner Weigerung bliebe, was wäre gewonnen? Nichts, denn die Franzosen würden Lothringen keinesfalls räumen, doch der Kaiser, der einzige, der vielleicht später einmal helfen konnte, das Land zurückzugewinnen, wäre tief beleidigt. Der Gedanke an die Mutter und die Geschwister, die der Heimat beraubt würden, ließ ihn noch einmal die Feder zurückweisen, Bartenstein hielt sie wieder hin, seine steinerne Miene entsprach dem unabwendbaren Geschick. Franz Stephan unterschrieb die Urkunde im Bewußtsein der Vorwürfe, denen er sich in der Gegenwart und in der Zukunft aussetzte.

Bei Hofe hatte kaum jemand gezweifelt, daß Franz Stephan nachgeben werde. Maria Theresia nahm innigen Anteil an seinem Kummer, bald tröstete sie ihn mit einer neuen Hoffnung: Sie fühlte die ersten Anzeichen einer Schwangerschaft. Vielleicht noch mehr als sie beide freute sich Kaiser Karl VI. auf sein erstes Enkelkind. Wenn es ein Knabe würde, könnte er dereinst auf den Thron folgen! Am 5. Februar 1737 brachte Maria Theresia im Leopoldinischen Trakt der Hofburg ein Mädchen zur Welt.

Zu dieser Enttäuschung gesellte sich die Sorge wegen eines neuen Krieges. Das Bündnis mit Rußland zwang Kaiser Karl VI., seine Truppen gegen die Türken ziehen zu lassen, aber diesmal ohne Prinz Eugen; der war am 21. April 1736 gestorben. Die Vorbereitungen für den bevorstehenden Feldzug beschäftigten den Hofkriegsrat unter seinem Präsidenten Graf Lothar von Königsegg, andere Herren in der Burg befaßten sich mit ganz anderen Problemen.

Um dem neuen Herzog von Lothringen Platz zu machen, mußte Franz Stephan die Schlösser von Nancy und Lunéville räumen. Möbel und Hausrat ließ er in das Großherzogtum Toskana transportieren, das ihm als Ersatz für Lothringen zufallen sollte, doch Wein in die Toskana zu bringen, wäre unsinnig gewesen; also wurde der Inhalt der Schloßkeller von Nancy und Lunéville nach Wien geschafft. Hier hatte sich der Hofkellermeister darum zu kümmern, wie er die 25 großen Fässer mit Rheinwein, die kleineren voll Burgunderwein im Keller der Hofburg unterbringen konnte. Der Oberstküchenmeister nahm Schinken von Bayonne und Töpfe voll Straßburger Gänseleber in Empfang, Tafelsilber fand Platz in der Hofsilberkammer, Teppiche und Gobelins in den Wohnräumen des Herzogpaares.

Kaiser Karl VI. und Maria Theresia waren sehr betrübt, daß Franz Stephan sich nicht abhalten ließ, mit seinem Bruder Karl an dem Feldzug teilzunehmen, und verbrachten einen Sommer voll Sorge, bis die beiden am 7. September 1737 wieder in der Hofburg eintrafen. Im nächsten Sommer führte er den Oberbefehl über das kaiserliche Heer, sie erwartete ihr nächstes Kind. Er kehrte nach zwei kleineren Siegen und viel Ärger mit den zaghaften Generälen fieberkrank nach Wien zurück, sie brachte am 6. Oktober 1738 ein zweites Mädchen zur Welt.

Diese beiden Kinder, Maria Elisabeth und Maria Anna, waren der Trost des Kaiserpaares im Winter 1738/1739, als Maria Theresia und ihr Mann in der Toskana weilten. In Serbien ging der Krieg gegen die Türken ruhmlos weiter und endete kläglich. Am 12. Januar 1740 brachte Maria Theresia wieder ein Kind zur Welt; es war das dritte Mädchen und lebte nur ein Jahr lang. Noch vor ihm starb Maria Elisabeth, die älteste Enkelin des Kaisers, aber er hoffte wieder auf den Thronfolger, denn Maria Theresia war im Sommer 1740 zum vierten Male schwanger. Da nahm die Geschichte eine Wendung, auf die niemand so recht vorbereitet war: Am 20. Oktober 1740, bald nach seinem 45. Geburtstag, schied Kaiser Karl VI. aus dem Leben. Er hatte sich auf einem Jagdausflug eine Pilzvergiftung zugezogen.

Maria Theresia regiert

Schon am Tage nach des Kaisers Tod geschah in der Hofburg Unerwartetes. Maria Theresia berief die Geheime Konferenz ein, übernahm den Vorsitz und führte die Besprechungen mit einer Energie, die der Frau von 23 Jahren niemand zugetraut hätte – höchstens ihr Gemahl, der sie ja gut genug kannte. Sie machte ihn zum Mitregenten, beließ ihm das Oberkommando des Heeres, zeigte aber deutlich, daß nur sie die Erbin der habsburgischen Länder war.

In den folgenden Monaten wurde die Burg zur Stätte aufgeregter Konferenzen, wie sie es schon lange nicht mehr gewesen war. Die Gefahr war noch größer als selbst 1683, denn damals hatte man Verbündete, nur Wien und das östliche Niederösterreich waren unmittelbar gefährdet, diesmal ging es um den größten Teil des habsburgischen Besitzes. Ohne Kriegserklärung waren preußische Truppen in Schlesien einmarschiert, nun kamen Unterhändler und boten im Namen des jungen Königs Friedrich II. Waffenhilfe gegen alle künftigen Feinde an, wenn ihm dafür diese reiche Provinz überlassen werde. Die preußischen Herren wandten sich an Franz Stephan, denn weder ihr König noch sie selbst konnten sich vorstellen, daß eine in Regierungsgeschäften völlig unerfahrene junge Frau die Politik in Wien leiten würde – aber sie tat es. Sie weigerte sich, auf Schlesien zu verzichten.

Die wichtigste Leistung, mit der sie ihrer Familie und den Untertanen Mut machte, vollbrachte sie am 13. März 1741: Knapp nach zwei Uhr früh brachte sie einen Knaben zur Welt. Nachdem sie drei Mädchen geboren hatte, von denen zwei inzwischen gestorben waren, lag nun der Thronfolger in der

Wiege. Die Wehen hatten um elf Uhr nachts eingesetzt, wie in Zeiten höchster Not stand in der Kammerkapelle des Leopoldinischen Traktes der Hofburg eine Hostie auf dem Altar. Die Not war ja wirklich groß – nicht auszudenken, was geschehen würde, wenn Maria Theresia bei der Entbindung stürbe! 101 Kanonenschüsse verkündeten die Geburt des Kronprinzen. Der päpstliche Nuntius taufte noch am selben Morgen den kleinen Erzherzog auf die Namen Joseph Benedikt August Anton Michael Adam.

Ein Vierteljahr später, am 10. April 1741, siegte bei Mollwitz in Schlesien die preußische Armee über die österreichische. Das ermutigte viele Herrscher zum Krieg gegen Maria Theresia. Bayern, Frankreich und Spanien verbündeten sich, Preußen schloß sich an, binnen kurzer Zeit kamen noch Sachsen, Schweden, Sardinien, Neapel, die Kurpfalz und das Erzbistum Köln dazu: Jeder wollte seinen Anteil bekommen, wenn die habsburgischen Erblande zerstückelt würden.

Maria Theresia begab sich nach Preßburg, ließ sich zur Königin von Ungarn krönen und bemühte sich, vom ungarischen Reichsrat Beistand zu erlangen. Indessen rückten bayerische und französische Truppen über Passau die Donau entlang vor. Die Archive und die wertvollsten Stücke der Schatzkammer wurden nach Graz in Sicherheit gebracht, die Hofbeamten begaben sich nach Preßburg zu Maria Theresia. Feldmarschall Andreas Graf Khevenhüller leitete die Maßnahmen zur Verteidigung von Wien.

Kurfürst Karl Albrecht von Bayern marschierte jedoch nicht weiter auf Wien zu, sondern wollte Prag erobern, bevor sich dort die Preußen oder Sachsen bereichern könnten. Am 11. Dezember 1741 zog Maria Theresia wieder in Wien ein, zu Pferd in ungarischem Kostüm, begleitet von allen namhaften Magnaten. Als sie mit ihnen in die Burg einritt, läuteten die Glocken, ertönten Salutschüsse, Feldmarschall Graf Khevenhüller beugte vor seiner Herrscherin die Knie und küßte ihr die Hand.

Spektakel müssen halt sein

Bald danach kehrte Großherzog Franz Stephan vom Kriegsschauplatz in Böhmen in die Burg zurück. Das Herrscherpaar bewohnte das erste Stockwerk des Leopoldinischen Traktes, hatte aber dort eine ganz neue Einrichtung getroffen: ein gemeinsames Schlafzimmer. Auf das, was den Kaiserinnen und Königinnen bisher nicht gegönnt gewesen war, aber jede Bürgers-

und Bauernfrau genießen durfte, wollte Maria Theresia nicht verzichten. Die anderen Räumen waren noch ungefähr so eingeteilt wie zu Kaiser Leopolds Zeit. Aus einer Ecke des Hofes der alten Burg, wo wenig später die Botschafterstiege erbaut wurde, gelangte man zur Wachstube der Trabanten und in die Ritterstube. Diese war durch die erste und zweite Antecamera von der Ratsstube getrennt, in welcher Franz Stephan tafelte und Audienzen gab. Zu seinen Wohngemächern gehörten weiterhin Retirade und Cabinet, außerdem ein Billardzimmer. Das Schlafzimmer des Herrscherpaares bildete das Zentrum, hier begannen die Räume Maria Theresias mit Kabinetten, Spiegelzimmer, Audienzzimmer und den beiden Antecamere; sie reichten bis zur Wachstube bei der Adlerstiege, die in den Burghof hinabführte. Die Majestäten mußten allerdings nicht die Stufen hinab- oder hinansteigen, für sie gab es auf der Außenseite der Burg eine Rampe, auf der ihre Karossen bis zur Höhe des ersten Stockwerks hinauffuhren. Wer andererseits aus der Burg dort ins Freie hinaustrat, empfand die frische Luft als etwas Schönes – davon soll die Rampe den Namen »Bellaria« erhalten haben.

Den berühmten Ausspruch »Spektakel müssen halt sein« tat Maria Theresia im ersten Kriegsjahr, als sie dem Pächter des Kärntnertor-Theaters, Joseph Karl Selliers, erlaubte, auf seine Kosten zwei Gebäude an der Michaelerseite zu einem Theater umzugestalten; es handelte sich um das alte Hofballhaus und das »Stöckl«, ein hübsches Haus ohne Innenhof. Zu Beginn des Jahres 1742 waren die Arbeiten abgeschlossen – in den neuen Räumen des »Hofburgtheaters« konnte die erste Oper aufgeführt werden, eine Version des Hamlet-Stoffes mit der Musik eines wenig bekannten Komponisten namens Carcano. Die Nachrichten darüber sind leider spärlich; das »Wiennerische Diarium«, das seit 1703 zweimal wöchentlich an den Posttagen Mittwoch und Samstag erschien, meldete nur, »daß Ihre Majestät am 5. Februar 1742 in Dero neuen Theater an Dero königlicher Burg eine wellische gesungene Opera mit anzuhören und mit sonderbarer Zufriedenheit zu delectiren geruhten«.

Als Ersatz für das alte Ballhaus wurde ein neues auf dem Areal des ehemaligen Cillierhofes erbaut. Es wurde ein einstöckiges Gebäude mit großen Fenstern, nicht besonders ansehnlich, aber sehr zweckmäßig und – abgesehen von der Hofreitschule – der einzige Ort, wo die wohlgenährten Höflinge zur Winterszeit sich körperlich betätigen konnten; das Ballspiel war nicht so aufwendig wie die Jagd, nicht so von gesellschaftlichen Verpflichtungen beeinträchtigt wie der Tanz auf den Hofbällen.

Seit dem Tode Karls VI. war die Wiener Burg nicht mehr Kaiserburg und sollte diesen Rang zunächst auch nicht zurückerhalten, denn am 24. Januar 1742 wurde Kurfürst Karl Albrecht von Bayern in Frankfurt am Main zum Kaiser gewählt, am 12. Februar als Karl VII. gekrönt. Aber am nächsten Tag eroberten österreichische Truppen seine Hauptstadt München, und am 13. Mai, Maria Theresias Geburtstag, gab es wieder ein freudiges Ereignis in der Burg. Die Damen und Herren der Hofgesellschaft warteten in der Antecamera, um Maria Theresia zum Geburtstag gratulieren zu dürfen, da wurden sie ersucht, statt dessen in der Hofburgkapelle für eine glückliche Niederkunft zu beten. Knapp vor Mitternacht brachte Maria Theresia zum fünften Mal ein Kind zur Welt, Maria Christine.

Das Jahr 1742 endete mit einem erfreulichen Erfolg der österreichischen Truppen, die französische Besatzung von Prag zog zum größeren Teil ab, der Rest kapitulierte. Zur Feier dieses Sieges veranstaltete Maria Theresia im Saal der Hofreitschule ein »Carroussel«, das die höchsten Damen des Hofes ausführten. Zwei Abteilungen zu je vier Damen erschienen zu Pferd, zwei weitere ließen sich in schmalen Muschelwagen, sogenannten Phaëtons, von sehr vornehmen Kavalieren umherkutschieren, alle in farbenprächtigen, kostbaren Gewändern von Samt und weißem Atlas. Sie hatten aber nicht nur kunstvoll zu reiten oder sich führen zu lassen, sondern mußten mit Lanze und Degen nach hölzernen Türkenköpfen stechen, mit Pistolen auf sie schießen. Diesem kriegerischen Gehaben entsprach die Kostümierung als Amazonen. Das schwierige Amt der Preisrichter hatten hohe Würdenträger des Hofes. Selbstverständlich gewann Maria Theresia den ersten Preis, ein in Gold gefaßtes, mit Brillanten besetztes Besteck aus Bergkristall, trat es aber an die Gräfin Pálffy ab, der die Preisrichter den zweiten Preis zuerkannt hatten. Der Kreis der Zuschauer war dem Hofzeremoniell entsprechend beschränkt; um auch den einfachen Bürgern etwas zu gewähren, das ihre Schaulust erfreuen sollte, ritt Maria Theresia an der Spitze aller, die mitgewirkt hatten, aus der Reitschule hinaus auf die Straße und über den Michaelerplatz wieder in die Hofburg zurück.

Maria Theresia genoß diesen Fasching mit all seinen Aufführungen und Bällen. Nachdem sie am Faschingsdienstag bei ihrem zukünftigen Schwager Karl von Lothringen getanzt hatte, ging sie mit ihrem Gemahl nach dem Souper noch zu einem Maskenfest in der Burg, besuchte ein Fest des hohen Adels in der Stadt und tanzte danach noch bis acht Uhr früh. Eine Stunde später nahmen die Majestäten, nur umgekleidet, aber nicht ausgeruht, an den

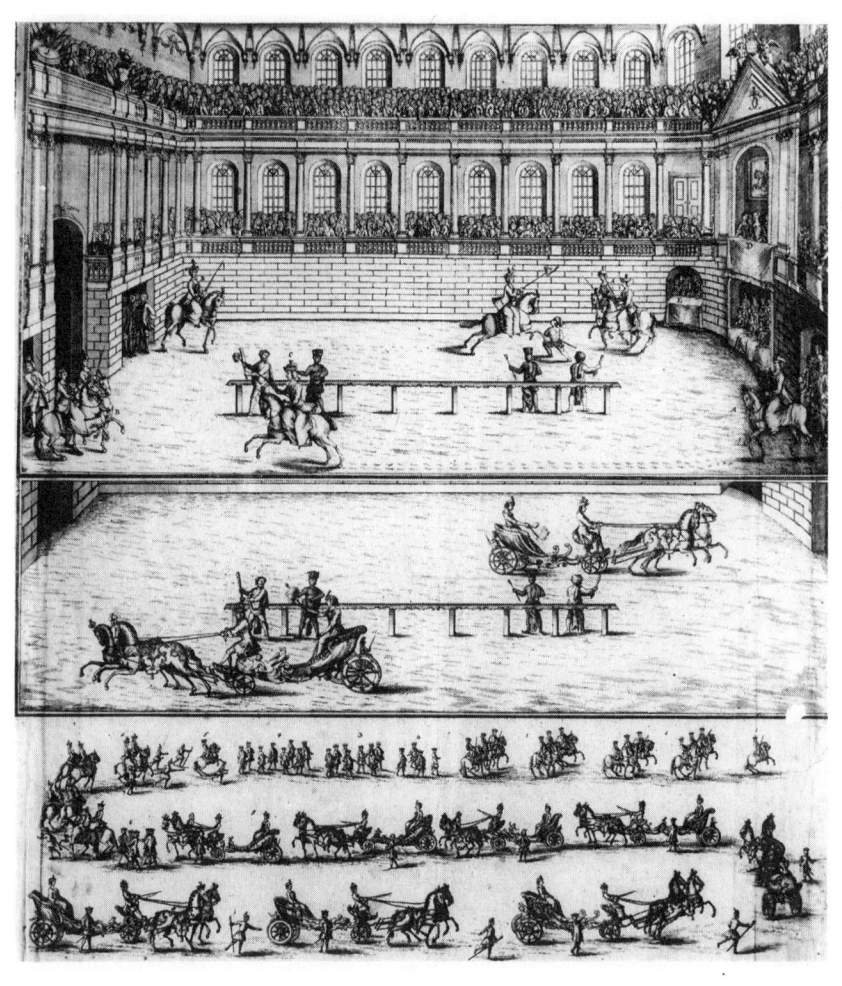

Das Damencarroussel in der Winterreitschule

religiösen Zeremonien des Aschermittwochs in der Augustinerkirche teil, wie es die fromme höfische Tradition verlangte.

Da die Feinde vertrieben waren, konnte Maria Theresia die Krönung in Prag und die Erbhuldigung in Linz über sich ergehen lassen, sehr anstrengende Formalitäten angesichts ihrer neuen Schwangerschaft. Am 13. August 1743 brachte sie ihr sechstes Kind zur Welt; es wurde Maria Elisabeth getauft.

Freude an den Kindern

Maria Anna, die jüngere Schwester von Maria Theresia, war inzwischen schon 25 Jahre alt geworden. Ihr Vater hatte sie Karl von Lothringen als Braut zugesagt, nur nicht mehr die Verlobung bekanntgeben können, und nach seinem Tod meinte die Kaiserinwitwe, ihre Tochter könne eine bessere Partie machen, als einen Prinzen ohne Land zu heiraten. Als sie endlich nachgab, wurde die Hochzeit für den 7. Januar 1744 festgesetzt. Maria Theresia liebte ihre Schwester und den Schwager sehr und sparte nicht an Aufwand. Am 8. Januar ließ sie im Opernhaus Josephs I. eine italienische Oper aufführen, die gesamten Festlichkeiten dauerten fünf Tage und endeten mit einem großen Maskenball in der Hofreitschule. Danach reiste das jungvermählte Paar aus Wien ab, um in Brüssel die Statthalterschaft über die habsburgischen Niederlande anzutreten.

Einer der Gründe für die Ehe war gewesen, daß Maria Theresia bisher nur einen Sohn hatte. Falls ihm etwas zustieß, könnte vielleicht ein Kind des zweiten habsburgisch-lothringischen Paares, Maria Anna und Karl, die Dynastie fortsetzen. Dieser Fall trat nicht ein: Maria Anna starb schon während ihres ersten Ehejahres an den Folgen einer Totgeburt, Maria Theresia aber brachte am 1. Februar 1745 in der Hofburg ihren zweiten Sohn zur Welt, Karl Joseph. Der Kindesvater, Großherzog Franz Stephan, konnte vor Freude kaum sprechen, als er den wartenden Würdenträgern in der Antecamera die frohe Nachricht mitteilte. Die glückliche Großmutter, Kaiserinwitwe Elisabeth Christine, öffnete ein Fenster und rief die Freudenbotschaft in den Burghof hinunter.

Die Etikette verlangte von einer Herrscherin, sich nach einer Entbindung etliche (üblicherweise sechs) Wochen lang nicht in der Öffentlichkeit zu zeigen. Für Maria Theresia dauerte das diesmal zu lange; als am 28. Februar sechs Kinder des höchsten Adels die kurze französische Kinderkomödie »Zeneide« in der Ratsstube des Leopoldinischen Traktes aufführten, schaute die liebende Mutter incognito zu, denn Erzherzogin Maria Anna, sechseinhalb Jahre alt, spielte die Hauptrolle. Andere acht Kinder der ersten Familien vollführten ein Ballett, deutsche Tänze und ein Menuett im Spiegelzimmer, danach wurde für sie in der benachbarten Antecamera ein Imbiß mit Dessert angerichtet.

In diesem Winter zeigten die hochgeborenen Kinder noch zweimal ihre Komödie, vermutlich kein großes Kunstwerk – aber die Hofgesellschaft erfreute sich am Anblick der frischen Gesichter und zarten Gestalten. Am 3. März war der Fasching zu Ende, um zehn Uhr vormittags zelebrierte Graf Emmerich Esterházy, Bischof von Neutra in Oberungarn, in der Hofburgkapelle die Aschermittwochmesse. Den Majestäten brachte der Zeremonienmeister die Asche in ihr Oratorium, die Geheimen Räte und Kammerherren aber traten dem Range nach vor den Hochaltar, knieten auf der obersten Stufe nieder und erhielten das Aschenkreuz auf die Stirn gezeichnet. Die anderen Gottesdienste und Fastenpredigten wurden in der Kammerkapelle gehalten, weil Maria Theresia sich noch nicht öffentlich zeigen sollte.

Die Geburt des zweiten Sohnes in der Hofburg erregte nicht nur große Freude in den habsburgischen Ländern, es brachte diesen auch Verpflichtungen. Am 7. März überreichte der Landmarschall Graf Friedrich von Harrach als Kindbett-Präsent der Stände des Landes unter der Enns (Niederösterreich) 3 000 Dukaten, zwei Tage später stellte sich Graf Josef Anton Ungnad von Weissenwolff ein mit einem Geschenk der Stände des Landes ob der Enns (Oberösterreich) in gleicher Höhe. Am 11. März überbrachte ein Kammerherr des Herzogs von Sachsen und Königs von Polen die Glückwünsche seines Monarchen, am 13. hatten wegen des Geburtstages des kleinen Erzherzogs Joseph die Höflinge in Galakleidung zu erscheinen, am 14. März wurde der »höchst beglückte Hervorgang« Maria Theresias gefeiert; die Zeit der Schonung nach der Entbindung war abgelaufen. Nach der Messe in der Augustinerkirche empfing die Königin zwei Herren aus Sachsen, die Grafen August Heinrich von Friesen und Heinrich von Bünau, in Audienz, dann speiste sie mit der engsten Familie in der zweiten Antecamera »unter gewöhnlicher sehr schlechten Taffl-Music«, wie der Obersthofmarschall Johann Josef Graf Khevenhüller-Metsch in sein Tagebuch notierte. Dieser Herr, Landmarschall von Kärnten, hielt sehr auf das überlieferte Zeremoniell und vermerkte gekränkt jede Abweichung von der Tradition; sein Tagebuch von 1742 bis 1776 ist eine ungemein wertvolle Quelle für die Kenntnis aller Vorgänge bei Hofe.

Nach dem »Hervorgang« verlief das Hofleben wieder in den gewohnten

Bahnen. Die Hoftrauer um Erzherzogin Maria Anna, die Schwester der Königin, war bei der Entbindung unterbrochen worden, nun wurde sie neuerlich angesagt, doch man durfte wieder Schmuck tragen. Zur Audienz in der Ratsstube empfing Maria Theresia einen Gesandten des Herzogtums Lucca und einen Ratsherrn von Bologna, die Beschwerden über die Einquartierung österreichischer Truppen vorbrachten. Ein wichtigerer Gast in der Burg war der Geheime Rat Freiherr Philipp Christoph von Erthal, Gesandter des Kurfürsten von Mainz, denn nach dem Tode Karls VII. stand eine neue Kaiserwahl bevor.

Am 28. März 1745 fuhr um zwei Uhr nachmittags ein viersitziger Reisewagen, ein sogenannter Landauer, die Bellaria-Rampe hinauf zur Burg. Das Herrscherpaar und Prinz Karl von Lothringen hatten sich in Mariazell mit Prinzessin Charlotte von Lothringen getroffen und brachten sie nun mit, stiegen sogleich »den Schnecken«, eine Wendeltreppe, hinauf in das zweite Stockwerk des Leopoldinischen Traktes zu den Gemächern der Kaiserinwitwe Elisabeth Christine. Diese duldete es nicht, daß Charlotte ihr die Hand küßte, umarmte sie und gab damit liebenswürdig zu erkennen, daß sie die Schwägerin ihrer Tochter als Mitglied der engsten Familie betrachtete. Am folgenden Tag wurde nach dem Gottesdienst in der Hofburgkapelle das Mittagsmahl in der Antecamera »auf der Königin Seiten« eingenommen. Charlotte hatte auf einem Sessel ohne Armlehnen den Ehrenplatz zur Rechten von Maria Theresia, obwohl es damals an den Fürstenhöfen nicht üblich war, eine Prinzessin höher zu achten als einen Prinzen.

Da die Wohnräume Kaiser Josephs I. in Schloß Schönbrunn renoviert waren, übersiedelte Maria Theresia mit ihrem Hofstaat am 20. April 1745 für die Sommerszeit dorthin. Die Verbindung mit der Hofburg blieb jedoch aufrecht. Schon am 24. April fuhr Maria Theresia mit ihrem Gefolge in die Stadt, um in der Hofburgkapelle das Fest des hl. Georg zu feiern. Grund zur Freude gab es genug: Nach Savoyen und Sachsen war nun auch Bayern aus der Reihe der Feinde ausgeschieden.

Im Frühherbst dieses Jahres 1745 wurde der Großherzog der Toskana als Franz I. zum römisch-deutschen Kaiser gekrönt. Die Wiener jubelten ihm zu, als er am 27. Oktober mit Maria Theresia zurückkehrte. Sie hatte die Krönung abgelehnt, doch alle Welt – abgesehen von einigen Feinden wie dem Preußenkönig Friedrich II. – nannte sie »die Kaiserin«, und jedenfalls war Wien wieder Kaiserstadt.

Bei Hofe änderte sich manches. Reichskanzler war traditionsgemäß der Erzbischof und Kurfürst von Mainz, Reichsvizekanzler mit dem Sitz in Wien wurde Rudolf Joseph Graf Colloredo, der dieses Amt schon unter Karl VI. innegehabt hatte. Zudem war er Geheimer Rat und Konferenzminister, seines munteren Wesens und seiner stattlichen Erscheinung wegen allgemein beliebt, mit einer Gräfin Starhemberg verheiratet, Vater vieler Kinder.

Das Amt des Oberstkämmerers übernahm der treue, verläßliche Johann Josef Graf Khevenhüller-Metsch. Er hätte gern die Etikette Karls VI. wieder genau befolgen lassen, aber der neue Kaiser war nicht völlig dazu bereit. Es mag erstaunen, daß der Lothringer gemütlicher, umgänglicher war als der Wiener vor ihm. Er hatte wenig Lust, allein zu speisen, wie Karl VI. es meistens getan hatte. Nur nach vielen Mahnungen verzichtete er darauf, die Mahlzeiten mit vielen Freunden zusammen einzunehmen, und ließ zwei Tafeln aufstellen, wobei an seiner höchstens 16 Personen saßen.

Die Stallburg hatte schon viele Bewohner und ganze Behörden für kürzere oder längere Zeit beherbergt, das Oberstkämmereramt, die Hofkriegskanzlei und die Hofbaudirektion. Im Jahre 1746 verlegte Maria Theresia auch die Hofapotheke in eine Ecke des Erdgeschosses; 13 Personen von den geprüften Pharmazeuten bis zu den Hilfskräften, die mit Stößel und Mörser hantierten, waren dort angestellt. Die Medikamente wurden alle einzeln hergestellt, die Rezepte waren Geheimnis der Ärzte, der Apotheker durfte sie nicht verraten oder für andere ähnliche Fälle verwenden. Alle Personen, die zum Hof gehörten, bezogen ihre Arzneien kostenlos, Hofdamen und Kammerfrauen, Kavaliere und Edelknaben, aber auch die Köche und »Kuchelmenscher«, die Nachtwächter, der Brunnenschöpfer, die Gardisten und Sänftenträger. Selbstverständlich wurde dieses Vorrecht weidlich ausgenützt, meistens versorgten die »Hofarzneifreien« ihre ganze Familie.

Tratsch und Eifersucht

Wie immer und überall, so spielten auch am Wiener Hof Fragen des Ranges und Ansehens eine große Rolle. Manche Damen und Herren schätzten das wie ein Gesellschaftsspiel, andere nahmen es sehr ernst. Bis zum Sommer 1745 konnte, wenn Franz Stephan zugegen war, Sigismund Graf Kollonitsch nicht zur Hoftafel geladen werden, weil er als Fürsterzbischof von Wien einen höheren Rang beanspruchte als der Großherzog der Toskana. Dieses Hindernis fiel erst weg, als Franz Stephan Kaiser geworden war. Der russische Botschafter Graf Michael Bestuchew-Rumin bestand darauf, an der Hoftafel keinen weniger achtbaren Platz einzunehmen als der päpstliche Nuntius, dieser wieder wollte nicht weniger geehrt werden als Prinzessin Charlotte von Lothringen.

Viele Damen glaubten, die Hofcharge ihres Gatten verleihe auch ihnen den gleichen Rang, Maria Theresia aber bestimmte, daß auf alle Fälle die Fürstinnen bei der hl. Kommunion nach der Palmsonntagmesse und bei Prozessionen vor den Gräfinnen zu gehen hätten. Bei den Kammerherren sollten nicht die Dienstjahre entscheiden, sondern ebenfalls die Fürsten den Vorrang haben, sowohl in den Prozessionen als auch bei den Diensten, die sie bei Tisch zu erweisen hatten, den Wein einzuschenken, das Fleisch vorzuschneiden usw. Der Kämmererschlüssel aus vergoldetem Eisen wurde als Zeichen der Würde unter der Taillennaht, also in Hüfthöhe, auf einem kleinen Polster getragen, war aber von einer großen Quaste verdeckt.

Daß Fürsten die Funktion von Kammerherren ausübten, war erst seit Kaiser Karl VI. üblich. Ihm hatten sie alle Dienste gern erwiesen, doch als Maria Theresia anordnete, daß man ihren Gemahl und Mitregenten gleich ihr – ausgenommen die Kniebeugung – zu bedienen habe, ja auch ihren Schwager Prinz Karl von Lothringen, da wollte keiner der fürstlichen Kammerherren Karls VI. unter den neuen Verhältnissen weiterdienen. Auch kein neuer Anwärter aus dem Fürstenstande fand sich; Josef Adam Fürst zu Schwarzenberg erklärte es als nicht vereinbar mit seiner Würde als Ritter des Ordens vom Goldenen Vlies, Wenzel Ferdinand Fürst von Lobkowitz und Johann Nepomuk Karl Fürst von Liechtenstein fanden den Vorwand, noch zu jung zu sein. Maria Theresia ärgerte sich darüber und bestimmte, daß außer souveränen Fürsten nur Hofwürdenträger Zutritt bei Hofe haben, diese beiden jungen Herren also ausgeschlossen seien. Daraufhin gaben sie nach und bewarben sich um den Kämmererschlüssel. Maria Theresia war taktvoll, gewährte ihnen den Schlüssel, ersparte es ihnen aber, in Anwesenheit von Prinz Karl von Lothringen ihren Kämmererdienst verrichten zu müssen; in der Osterwoche 1745 ließ sie einen jungen Grafen dafür einteilen.

Als am 5. Mai 1747 der dritte Habsburg-Lothringer getauft wurde, trug der Obersthofmeister das Kind, die Kammerherren Josef Adam Fürst zu Schwarzenberg und Fürst Franz zu Liechtenstein durften die Zipfel des Polsters halten, auf dem das Kind lag. Eine kleine Komplikation blieb aber nicht aus: Weil der päpstliche Nuntius die Taufe vollzog, war der Fürsterzbischof von Wien nicht erschienen. Erste Taufpatin war die Zarin Elisabeth von Rußland.

Sie hatte Prinz Karl von Lothringen schriftlich gebeten, sie zu vertreten. Um einen Rangstreit zwischen ihm und dem venezianischen Botschafter zu vermeiden, war dieser nicht eingeladen worden. Das Kind erhielt die Namen Peter (nach Peter dem Großem, dem Vater der Zarin) Leopold Joseph Johann, als Kaiser Leopold II. ging es in die Geschichte ein.

Für die Herren bei Hofe gab es freilich auch mühsamere Pflichten, als die Polsterzipfel eines Täuflings zu halten. Als Maria Theresia Hofmeisterin Maria Christine Gräfin Philippi gestorben war, mußten zur Beerdigung bei den Augustinern zwölf Kammerherren den Sarg tragen. Die Damen nahmen natürlicherweise an den Rangproblemen und Pflichten der Herren regen Anteil, ob es sich um ihre Ehegatten oder um deren Konkurrenten handelte, hatten daneben ihre eigenen Sorgen und Wünsche und beredeten jede Liebesbeziehung, jedes Heiratsproblem bei Hofe.

Die junge Comtesse Maria Katharina von Schönfeld besaß ein Vermögen von mehr als zwei Millionen Gulden und hatte entsprechend viele Bewerber, konnte sich aber für keinen entscheiden. Das ergab viel Stoff für Gespräche und Getuschel! Schließlich hatte der junge Graf Hans Adam von Auersperg gute Aussichten, teils durch die Intrigen seiner Stiefmutter, teils durch sein angenehmes Äußeres. Es hieß zwar, er sei nicht besonders klug, aber das sagte man auch von der Braut. Deren Mutter aber, die als reiche böhmische Gräfin geboren war, wollte sich nicht mit einem Grafen als Schwiegersohn begnügen und erklärte, sie gebe ihre Tochter dem jungen Auersperg nur, wenn dieser in den Reichsfürstenstand erhoben würde. Zum Glück stand sein Vater, Fürst Heinrich Josef Johann, als tüchtiger Oberststallmeister bei den Majestäten so in Gunst und Gnade, daß sie ihm zuliebe auch dem jüngeren Sohn den Fürstentitel verliehen, der eigentlich nur dem Erstgeborenen zugestanden wäre.

Da Maria Theresia in ihrer Ehe sehr glücklich war, glaubte sie fest, dieses Glück auch anderen bescheren und Ehen stiften zu müssen. Jedes Kammerfräulein erhielt bei der Hochzeit ein Porträt der Herrscherin in kostbarem Rahmen, ihr besonderer Schützling war Maria Charlotte Freiin von Hager. Diese Dame war zuerst Gesellschafterin der Fürstin Karoline Dietrichstein und wurde 1740 Hofdame bei Maria Theresia; als Aja zweier Töchter gewann sie die Zuneigung der Majestäten. Da sie im 45. Lebensjahr noch keinen Mann hatte, suchte Maria Theresia einen für sie und fand ihn in dem Kammerherrn und niederösterreichischen Regimentsrat Graf Nikolaus von Stella. Dieser nahm den Vorschlag dankbar an, da er sich etliche Vorteile von der Verbindung erhoffen durfte, aber dem Brautvater, Geheimer Rat und Burggraf, sagten die Vorfahren des ausersehenen Bräutigams nicht zu. Maria Theresia stellte ihre Bemühungen nicht etwa beleidigt ein, sondern fand einen anderen Herrn, den Fürsten Johann Wilhelm Trautson, der schon zweimal verwitwet war und im Alter zu passen schien.

Der Fürst hatte sich jedoch keine gleichaltrige, sondern eine jüngere dritte Gemahlin gewünscht und nahm den Standesunterschied zum Vorwand abzulehnen. Aber Maria Theresia gab nicht auf und veranstaltete eine Ahnenprobe, das heißt, sie ließ die Vorfahren ihrer Hofdame erforschen. Dabei ergaben sich durchwegs adelige Namen, auch alte, hochgeachtete wie Katzianer von Katzenstein, Sinzendorf, Clam und Hoyos. Mehr als die Ahnenprobe überzeugte den Fürsten die Aussicht auf eine Stelle als zweiter Obersthofmeister der Majestäten, eine Pension von 8000 Gulden jährlich für ihn und 4000 für seine Braut sowie das Versprechen, er werde bei der nächsten Promotion in den Orden vom Goldenen Vlies aufgenommen. Die Hochzeit wurde in der kaiserlichen Ratsstube gefeiert, was bis dahin noch nie geschehen war.

Die nächste Ehe bei Hofe kam mit geringeren Schwierigkeiten zustande. Sophia Amalia Freiin von Schack war Hofdame bei der Herzogin von Lothringen gewesen und mit deren Tochter Charlotte nach Wien gekommen; Maria Theresia hatte versprochen, sie zu versorgen. Für sie fand sich als Bräutigam der Freiherr Cassian von Enzenberg aus Mühlbach im Pustertal. Schon vor 14 Jahren hatte er sie heiraten wollen, doch sein Vater hatte es nicht erlaubt. Nun war die Jugendliebe schon ein wenig gealtert, dafür erhielt der späte Ehemann den Kämmererschlüssel.

In ihrer Freude an glücklichen Ehen beachtete Maria Theresia die Standesunterschiede kaum, ihr Gemahl noch weniger. Als am 1. Juni 1749 sein alter Kammerheizer Franz Artner das Fest der goldenen Hochzeit feierte, nahmen die Majestäten im Oratorium der Schottenkirche daran teil, empfingen danach das Hochzeitspaar samt Kindern und Enkeln und anderen Verwandten, fast 30 Personen, zum Handkuß und schenkten ihm 100 Dukaten für einen Festschmaus.

Man sprach – nicht nur in Wien – viel darüber, wie sich das Hofleben verändert habe, seit eine Frau die wichtigste Person war. Maria Theresia zeigte sich zwar ausländischen Fürsten und Botschaftern in allem Glanz ihrer Würde, fühlte sich aber viel wohler im familiären Rahmen, begab sich gern von den Kabinettssitzungen zu ihrem Mann und den Kindern – und deren wurden es

Nikolausbescherung in der kaiserlichen Familie,
Zeichnung von Erzherzogin Maria Christine

immer mehr! Im Jahre 1748, als der Österreichische Erbfolgekrieg zu Ende ging, war Maria Anna zehn Jahre alt, der Thronfolger Joseph sieben, Maria Christine sechs, Maria Elisabeth (die zweite dieses Namens) fünf, Karl Joseph drei, Maria Amalia zwei, Peter Leopold ein Jahr. Es folgten noch weitere: Ein Mädchen starb 1748 noch am Tage der Geburt, 1750 kam Johanna Gabriele zur Welt, 1751 Maria Josepha, 1752 Maria Karoline (das erste Kind dieses Namens war 1740 gestorben). Am 1. Juni 1754 gebar Maria Theresia den Sohn Ferdinand, am 2. November 1755 die Tochter Maria Antonia.

Das 16. und letzte Kind kam am 8. Dezember 1756 zur Welt, am 48. Geburtstag des Kaisers, als schon die Festtafel für das Mittagsmahl gedeckt war. Auf dieses mußten die Gäste verzichten, da bei Maria Theresia die Wehen einsetzten und der Kaiser in der Hofburgkapelle um eine glückliche Entbindung betete. Bei der Taufe erhielt das Kind die Namen Maximilian Franz. Seine älteren Geschwister Joseph und Anna vertraten die Taufpaten, den Kurfürsten von Bayern und dessen Gemahlin. Am Abend wurde die Oper »Il re pastore« von Christoph Willibald Gluck aufgeführt, wie das für den Geburtstag des Kaisers angeordnet war.

Trotz der vielen Entbindungen fand Maria Theresia Zeit für neue Regelungen im Staat und in der Burg. Der einflußreiche, aber vielfach unbeliebte Freiherr von Bartenstein verlor 1753 sein Amt als Konferenzminister, Corfiz Anton Graf Ulfeld wurde Obersthofmeister. An seine Stelle als Hof- und Staatskanzler trat Wenzel Anton Graf Kaunitz-Rietberg, dessen neue Pläne in der Außenpolitik sich bald auswirken sollten.

Die alte Burg büßte wieder einiges von ihrem Charakter als Festung ein. Maria Theresia ließ 1753 bis 1756 die oberen Teile zweier Türme aus dem Mittelalter abtragen, des Jungfernturms im Süden und des Widmertorturms im Westen. Es lohnte sich nicht, Baufälliges kostspielig zu erhalten, die gegenwärtigen Vorhaben verschlangen schon genug Geld. Das Hoftheater Josephs I. in der Nähe der Winterreitschule war zu Redoutensälen umgestaltet worden, die nun noch verschönert wurden, der Aufwand dafür soll schon im November 1755 60 000 Gulden betragen haben.

Um dem Fonds, aus dem die Auslagen bestritten wurden, neues Geld zuzuführen, griff Maria Theresia zu einer bedenklichen Maßnahme. Das Hasardspiel Pharao war bei Hofe sehr beliebt gewesen, hatte sich aber in die bürgerlichen Schichten der Bevölkerung verbreitet und so viel Unglück angerichtet, daß es verboten werden mußte. Statt dessen spielte man das ebenfalls dubiose Lansquenet (»Landsknecht« oder »Kümmelblättchen«). Nun erlaubte Maria Theresia das Pharao-Spiel wieder zugunsten des »Fonds des spectacles« bei Festen in den Redoutensälen. Der Kaiser und viele andere verantwortungsbewußte Herren waren damit nicht einverstanden. Dieser vergebliche Widerspruch wurde selbstverständlich bald bekannt, und der Hoftratsch freute sich festzustellen, daß Maria Theresia wieder einmal ihren Willen durchgesetzt hatte.

Auch die Einteilung der kaiserlichen Appartements im Leopoldinischen Trakt wurde verändert, die Ritterstube in der Alten Burg ein wenig verkleinert, die zweite Antecamera des Kaisers so vergrößert, daß ihre Fenster auf der einen Seite den Blick in den Burghof, auf der anderen Seite nach der Bastei hin freigaben. Die erste Antecamera dazwischen, die neu und sehr schön hergerichtet worden war, wurde am 3. November 1755 Schauplatz eines freudigen Ereignisses der kaiserlichen Familie: Der Fürsterzbischof von Wien taufte das 15. Kind seiner Landesherrin auf die Namen Maria Antonia Anna Josepha Johanna. Als Marie Antoinette, Königin von Frankreich, sollte es tragischen Ruhm erlangen.

Maria Theresia sah die Etikette als notwendiges Übel an, der Kaiser haßte den Zwang, trug nur ungern das traditionelle spanische Gewand, nie länger als unbedingt nötig, und duldete es nicht, daß Damen ihm die Hand küßten. Auch als Kaiser blieb Franz Stephan Kavalier, aber das wurde nicht immer nur wohlwollend anerkannt. Sein Bruder Prinz Karl zeigte noch deutlicher, wie wenig Wert er auf Etikette legte, einmal schritt er zum allgemeinen Entsetzen in Reitstiefeln über das Parkett der Räume in der Hofburg. Maria Theresia war ihm gegenüber nachsichtig, wahrscheinlich erfuhr sie auch nicht von allen Vergnügungen, die er sich als Witwer gönnte.

Über die eheliche Treue ihres Gemahls aber wachte sie streng. Davon berichtete Otto Graf Podewils, preußischer Gesandter, an seinen König: »Sobald sie bemerkt, daß er sich um irgendeine Frau kümmert, schmollt sie und bereitet ihm zahllose Unannehmlichkeiten. Außerdem erlaubt ihm sein gutmütiger Charakter nicht, jemanden der rachsüchtigen Laune der Kaiserin auszusetzen, die diese Art von Kränkungen selten vergißt.« Der Gesandte schrieb noch von allerlei Gerede über sogenannte Vergnügungspartien, die der Kaiser mit Damen unternehme, fügte aber hinzu, er glaube eher, diese Gerüchte stammten von Leuten, die daran interessiert seien, zwischen dem Kaiser und seiner Gemahlin Zwietracht aufkommen zu lassen – ein deutlicher Hinweis darauf, wie gefährlich sich der Hoftratsch auswirken konnte.

Der Kaiser war übrigens sparsam und hielt seine Angelegenheiten in Ordnung, bezahlte die Angestellten besser, als Karl VI. es getan hatte, ließ aber nicht zu, daß sie sich Nebeneinnahmen verschafften oder gar sich auf seine Kosten bereicherten. Tratschgeschichten haßte er, plauderte aber gern mit Freunden, von den Damen am liebsten mit seiner Schwester Charlotte und der Gräfin Fuchs, den beiden, deretwegen er weder Eifersucht seiner Gemahlin noch übles Gerede bei Hofe befürchten mußte.

Maria Karolina Gräfin Fuchs, die einstige Aja und seit langem Obersthofmeisterin von Maria Theresia, war nie schön gewesen und nun schon ziemlich alt, aber als gütige, kluge, gebildete Frau beim Herrscherpaar sehr beliebt. Diese Sympathie übertrug sich auch auf die beiden Töchter der Gräfin. Maria Ernestine war mit dem Hofmusik- und Generalbaudirektor Graf Adam Philipp Losy von Losymthal verheiratet, den der Kaiser als persönlichen Freund schätzte, Maria Josefa, verwitwete Gräfin Nostitz, wurde die Frau des Generals Leopold Graf Daun. Als beide Herren den Titel eines Geheimen Rates erhielten, hieß es gleich, sie verdankten das nur der Protektion ihrer Schwiegermutter. Das mochte stimmen, aber Maria Theresia kannte auch das militärische Talent des Grafen Daun, er hatte schon unter Prinz Eugen gekämpft, sich in allen späteren Feldzügen bewährt und leitete nun die große Heeresreform, versuchte die Mängel in der Armee abzustellen, die sich während des letzten Krieges gezeigt hatten, und begründete die Militär-Akademie in Wiener Neustadt, um für einen geschulten Nachwuchs an Offizieren zu sorgen.

Als die Gräfin Fuchs am 21. April 1754 im Alter von 80 Jahren starb, verlor die Wiener Hofgesellschaft eine allgemein geschätzte, wirklich liebenswerte Persönlichkeit. Im Spätsommer desselben Jahres verließ Prinzessin Charlotte die Wiener Burg. Sie hatte sich hier nie heimisch gefühlt, immer dem verlorenen Lothringen nachgetrauert, fast nur mit Landsleuten verkehrt, war stolz und sehr empfindlich. Damit hatte sie manchen leisen Spott hervorgerufen; dazu erregte sie den Neid anderer alternder Damen, denn Charlotte hatte einen sehr ansehnlichen und – was als unerhört galt – unverheirateten Herrn als Obersthofmeister. Niemand trauerte ihr nach, als sie mit ihrem Hofstaat in ein adeliges Damenstift der habsburgischen Niederlande übersiedelte. Nur der Kaiser litt sehr darunter, daß er binnen kurzer Zeit die beiden Damen eingebüßt hatte, denen er viele Stunden vertrauten Gesprächs verdankte.

In jungen Jahren war Maria Theresia oft geritten, hatte gejagt und ausdauernd getanzt. Als sie nach den vielen Entbindungen behäbiger wurde, hielt sie sich noch mehr als früher an die Religion und schaute mit noch strengeren Augen auf alles, was ihr sittenlos erschien. Ließ eine Dame, die bei Hofe verkehrte, sich zu einem Fehltritt verleiten, mußte sie Wien verlassen. Das galt nicht nur für den Adel; in Venedig sollen Sängerinnen und Schauspielerinnen sich gerühmt haben, sie seien von der Kaiserin verbannt worden, waren also noch stolz darauf.

Der Staatskanzler Graf Kaunitz-Rietberg war allerdings so unentbehrlich, daß Maria Theresia gegen seine Liaison mit der Sängerin Caterina Gabrielli nichts unternehmen konnte. Die Sitten der Herren wurden ja seit jeher in der ganzen Welt milder beurteilt; die Kaiserin mußte oft ein Auge oder auch beide zudrücken, weil sie auf die Dienste des betreffenden Herrn in der Regierung und Verwaltung, in der Diplomatie oder beim Heer nicht verzichten konnte oder weil dieser unter dem Schutz des Kaisers stand, aber sie zeigte ihren Unwillen deutlich, besonders wenn sie fürchtete, er könnte mit seinem Lebenswandel dem Kaiser ein schlechtes Beispiel geben. Das galt sowohl für die Freunde aus Lothringen wie für den Grafen Franz Esterházy junior, genannt »Quinquin«, mit seiner langjährigen Beziehung zur Gräfin Josepha Althann.

Ab dem Fasching 1757 geriet wieder der Kaiser ins Gerede. Schon früher hatte die Hofgesellschaft sehr darauf geachtet, mit welchen Damen er sich unterhielt, tanzte, vielleicht sogar bei einem Ausflug zusammentraf, obwohl das natürlich nie allein geschah, sondern stets in größerer Gesellschaft. Man hatte festgestellt, daß ihm die Gräfin Gabriele Colloredo, Frau des Reichsvizekanzlers, gut gefiel, ein anderes Mal sprach man von einer Gräfin Pálffy oder einer anderen Hofdame. Nun war es die Tochter des Generals Graf Neipperg, Maria Wilhelmine Josefa, die der Fürst Johann Adam Josef von Auersperg in zweiter Ehe heimgeführt hatte, noch keine 20 Jahre alt und sehr schön. Für eine Schlittenfahrt incognito am 26. Januar 1758 waren die Paare ausgelost, dem Kaiser die junge Fürstin zubestimmt worden. Seitdem vermerkte man es noch genauer, sooft der Kaiser mit ihr Karten spielte und dabei Geld an sie verlor, wenn er ihre Spielschulden bezahlte oder bei einem Jagdausflug der Hofgesellschaft in ihrer Nähe weilte.

Der Kaiser liebte nicht die großen Festlichkeiten, die ihn zwangen, seine Würde zur Schau zu tragen. Viel mehr freute er sich über fröhliche Unterhaltungen und anregende Gespräche im engeren Kreis, gerne erzählte er auch selbst, ob es nun neue Themen waren oder alte Geschichten, mit denen er seine Zuhörer ermüdete, ohne daß sie es zeigen durften. Maria Theresia leistete ihm dabei nur selten Gesellschaft. Schon am frühen Morgen begann sie, die Staatsakten zu lesen oder sich von den Kammerfrauen in deutscher oder lateinischer, französischer oder italienischer Sprache vorlesen zu lassen. Sie nahm an Konferenzen teil, ergriff oft selbst das Wort und war sich ihrer Verantwortung bewußt. Abends zog sie sich meistens frühzeitig von der Hofgesellschaft zurück, ließ sich aber noch im Bett Akten und Protokolle vorlesen. Ihre Länder regierte sie umsichtig, für ihren Mann und die Kinder blieb immer weniger Zeit übrig. Der Kaiser hatte dagegen bis tief in die Nacht auszuharren, ob bei einer Theateraufführung oder einem Ball, beim Kartenspiel oder bei mehr oder weniger amüsanten Gesprächen. Daß er da zwischen den müden Gesichtern der Würdenträger, der Damen mittleren und höheren Alters gern die jugendfrische Fürstin Auersperg sah, ist wohl zu verstehen. Der Hoftratsch befaßte sich ausgiebig mit diesem Thema.

Schicksale in der Familie

Zu dieser Zeit gab es jedoch größere Sorgen. Seit August 1756 befand sich Österreich wieder im Krieg mit Preußen, und das wirkte sich auch auf das Hofleben aus. Der Fasching 1757 wurde mit viel weniger Glanz als in Friedenszeiten gefeiert, die Uniform galt als hoffähige Kleidung. Nach der Schlacht von Kolin stiftete Maria Theresia den nach ihr benannten Orden, die erste Promotion fand am 7. März 1758 in der Hofburg statt. Als Großmeister des Ordens eröffnete der Kaiser die Feierlichkeit. Graf Kaunitz hatte als Kanzler des Ordens die schwierige Aufgabe, in seiner Festrede zu begründen, weshalb Prinz Karl von Lothringen mit dem ersten Großkreuz ausgezeichnet wurde; bei dem Großkreuz für Feldmarschall Graf Daun, den Sieger von Kolin, war es leichter, die militärischen Verdienste zu rühmen.

Trotz der Härte des Krieges blieben die guten Formen gewahrt. Einer der preußischen Feldherren, Prinz August Wilhelm von Braunschweig-Bevern, war am 24. November 1757 in österreichische Gefangenschaft geraten, wurde in Brünn interniert, vom Wiener Hof aus mit allem Nötigen versehen, Wäsche und sogar Tafelsilber, und durfte an seinen König schreiben wegen des Austausches gegen einen gefangenen Österreicher gleichen Ranges. Als Friedrich II. nicht antwortete, entschloß sich Maria Theresia, dem Prinzen als nahen Verwandten die Freiheit zu geben. August Wilhelm reiste nun nach Wien, um sich zu bedanken, die Majestäten gewährten ihm am 16. März 1758 Audienz und luden ihn danach zum Mittagessen an ihrer Tafel ein.

Ein anderer Verwandter, der aber – und noch dazu sehr tapfer – auf österreichischer Seite kämpfte, kam Anfang 1760 nach Wien. Maria Theresia empfing ihn sogleich zur Audienz und lud ihn zu einem Hauskonzert in der Hofburg ein. Es war Prinz Albert von Sachsen; die kulturelle Atmosphäre des Wiener Hofes begeisterte ihn, am meisten jedoch die kaum achtzehnjährige Erzherzogin Maria Christine. Als er während einer Schlittenfahrt an ihrer Seite sitzen und mit ihr plaudern durfte, verliebte er sich in sie, leider ohne viel hoffen zu dürfen, denn er war nur der jüngere Bruder des Erbprinzen.

Maria Theresia merkte bald, daß ihre Lieblingstochter die Neigung des hübschen Prinzen erwiderte, dachte aber nicht viel darüber nach, denn zur Zeit stand eine andere Verehelichung im Vordergrund: Der Thronfolger Joseph war mit seinen 19 Jahren alt genug, um zu heiraten und die Dynastie Habsburg-Lothringen fortzusetzen. Die Eltern wählten für ihn die schöne Infantin Isabella, Tochter des Herzogs Philipp von Parma und der jüngst verstorbenen

Louise Elisabeth, einer Tochter König Ludwigs XV. von Frankreich. Am 6. Oktober 1760 traf sie mit rund 100 sechsspännigen Wagen in Wien ein. Der päpstliche Nuntius traute sie und Erzherzog Joseph in der Augustinerkirche, Maria Theresia ließ das Hochzeitsmahl in der Antecamera des Kaisers auf goldenem Geschirr servieren, eine Serenade im Redoutensaal schloß das Fest ab.

Auf diesen Freudentag in der Hofburg folgte nur ein Vierteljahr später großes Leid. Erzherzog Karl Joseph war in der Familie und bei Hofe beliebter als sein älterer Bruder, der ernste, verschlossene Joseph, er war lebhafter und fröhlicher und soll sogar noch begabter gewesen sein. Er scheute sich auch nicht, mit dem älteren Bruder in Konkurrenz zu treten. Am 18. Januar 1761

Isabella von Parma, erste Gemahlin Josephs II.

starb er im Alter von 16 Jahren an den Pocken. Am 23. Dezember folgte ihm seine Schwester Johanna Gabriela in den Tod nach; sie war nicht einmal 13 Jahre alt.

Ein kleiner Trost für die Majestäten war, daß in der Hofburg ihr erstes Enkelkind aufwuchs, das nach der Großmutter Maria Theresia hieß. Fünfeinhalb Jahre vorher hatte diese selbst noch ein Kind geboren! Aber bald forderten die Pocken das nächste Opfer in der kaiserlichen Familie: Josephs Gemahlin Isabella erkrankte im sechsten Monat ihrer zweiten Schwangerschaft und starb am 27. November 1763.

Eine neue Königin

Vom dynastischen wie vom politischen Standpunkt aus sollte der Thronfolger bald wieder heiraten, sosehr er auch um seine Isabella trauerte; nur ein kleiner Aufschub war ihm noch gegönnt. Sein Vater wollte ihm rechtzeitig die Nachfolge sichern. Am 12. März 1764 rollte der Leibwagen des Kaisers, in dem er und seine beiden Söhne Joseph und Leopold saßen, durch das Burgtor. Viele vornehme Herren gaben ihnen das Geleit. Manche waren durch ihr Amt dazu verpflichtet, der Reichsvizekanzler und der Obersthofmarschall, andere reisten als persönliche Freunde mit. Als Oberstfalkenmeister hätte der Graf Johann Joseph St. Julien ja nicht unbedingt dabeisein müssen, eher schon in seiner Funktion als Oberstküchenmeister.

Als sie Ende April 1764 aus Frankfurt am Main zurückkehrten, war Joseph zum römischen König gekrönt. Für den kaiserlichen Vater brachte der Herbst die Freude, daß sein Bruder Karl aus Brüssel, seine Schwester Charlotte aus Bergen im Hennegau nach Wien kamen und er somit wieder vertraute Gesellschaft hatte. Maria Theresia hatte sich während des Sommers auf dem Landtag zu Preßburg über die ungarischen Magnaten geärgert, die zäh an ihren alten Privilegien festhielten und zu keiner zeitgemäßen Reform zu bewegen waren.

Gemeinsam drangen die Eltern darauf, daß Joseph wieder heirate. Er fügte sich und führte – nachdem er die Tochter des Königs von Sachsen gesehen hatte – als kleineres Übel Maria Josepha von Bayern zum Traualtar. Sie brachte leider wenige Voraussetzungen für eine glückliche Ehe mit, war klein und dicklich, hatte einen unreinen Teint und häßliche Zähne, besaß geringe Bildung und anscheinend auch keine besonderen geistigen Interessen. Sollte ein gewisser jugendlicher Reiz früher einmal diese Mängel überdeckt haben, war er längst verflogen, denn sie zählte schon 26 Jahre, zwei mehr als Joseph. Dabei bemühte sie sich herzlich um seine Liebe, wäre gern eine gute Gemahlin gewesen, aber er versuchte gar nicht, irgendeinen Kontakt zu ihr zu finden, vielleicht nicht einmal in der Hochzeitsnacht, er zeigte sich lieblos und gleichgültig, zuweilen sogar unhöflich.

In den ersten Tagen hatte noch der übliche Pomp alles Peinliche überdeckt, zumindest nach außen. Am 29. Januar 1765 erhielten die Würdenträger und Kavaliere Befehl, sich um elf Uhr vormittags in der Burg zu versammeln. Berittene Boten und Hofläufer berichteten darüber, wie sich der Festzug von Schönbrunn her näherte. Im alten Burghof, der nun Schweizerhof hieß, standen die Leute so dicht beisammen, daß die höchsten Herren des Kaiserhofes sich nur schwer durchdrängen, erst im letzten Augenblick zum Empfang antreten konnten und dann sogleich in die Burgkapelle eilen mußten. Nach dem Tedeum hielt die kaiserliche Familie, 13 Personen, ein öffentliches Mahl, der Kardinal und der Nuntius hatten die ehrenvolle, aber mühsame Pflicht, die vier Majestäten zu bedienen. Abends war großer Empfang, danach Ball ohne Masken im großen Redoutensaal, ein »Freiball«, bei dem nicht nur die hoffähigen Personen zugelassen waren, sondern auch Handelsherren und Künstler. Der Zustrom übertraf alle Erwartungen, das Gedränge war gar nicht mehr festlich.

Trotz dieser Erfahrung wollte die Kaiserin auch am folgenden Tag, dem 30. Januar 1765, den Abstand zwischen den hohen Herrschaften und den Untertanen verringern. Zur Feier der Hochzeit ließ sie 25 Brautpaare aus den Vorstädten beschenken: Jedes erhielt 50 Gulden für das Hochzeitsmahl und weitere 150 als Beitrag zur Aussteuer. Sie wurden im Stephansdom getraut und durften danach in die Burg kommen, um sich zu bedanken und den Majestäten die Hand zu küssen. Abends wurde bei Hofe die Oper »Telemaco« von Gluck aufgeführt, gegen zehn Uhr setzte man sich zum Souper im kleinen Redoutensaal. Dabei sollten Bürger zuschauen dürfen, aber die Wachen waren nicht genau instruiert, ließen zu viele Leute ein, wieder entstand Verwirrung und Gedränge, so daß man eilends die Saaltüren sperren mußte.

Die Bälle, Konzerte, Theateraufführungen und Hofschlittenfahrten bereiteten den Teilnehmern meistens Freude, den Veranstaltern manche Sorgen. Dazwischen mußte in der Burg auch regiert werden; am 8. Februar 1765 zum Beispiel befaßte sich der Staatsrat mit den katholischen Schülern im vorwiegend protestantischen Siebenbürgen, mit der Ausfuhr von Sensen und anderen Eisenwaren in das Osmanische Reich und mit den Schulden der Geistlichen in Böhmen, Mähren und Innerösterreich, am 16. Februar ging es um die Instruktionen für einen Obermünzmeister in Böhmen und um die Bücherzensur.

Für solche Fragen interessierten sich die Kaiserin und ein kleiner Kreis verantwortlicher Herren; die Hofgesellschaft sprach viel mehr über die Schlittenfahrt am 12. Februar, die von Fackelträgern begleitet wurde, und von der anschließenden Maskenredoute bei Hofe. Die Eintrittskarten dafür hatte Maria Theresia selbst verteilt, und so kam es, daß die schöne junge Fürstin Auersperg weder an der Schlittenfahrt noch an der Redoute teilnehmen durfte.

Zum Abschluß des Faschings 1765 ordnete Maria Theresia am Nachmittag einen kleinen Ball an, aber die Teilnehmer waren nicht gut ausgewählt, es fehlte an jungen Tänzern, so daß man sich bald an die Spieltische setzte. Der Kaiser entfloh in den Redoutensaal zur letzten Theateraufführung mit anschließendem Tanz und fand dort fröhlichere Unterhaltung. Am Aschermittwoch, dem 20. Februar, begann die Fastenzeit mit der üblichen Andacht in der Hofburgkapelle. Statt des Theaters gab es nur mehr Konzerte, an den übrigen Abenden traf sich eine auserlesene Gesellschaft im Spiegelzimmer der Kaiserin, um Pharao oder Piquet zu spielen.

Zum Geburtstag von Königin Maria Josepha am 30. März trat die ganze Hofgesellschaft an, Glückwünsche darzubringen, auch Maria Theresia kam mit ihrem Gefolge. Die Königin hatte ihren eigenen Hofstaat, als Obersthofmeister den Grafen Franz Philipp von Sternberg, als Obersthofmeisterin die Gräfin Maria von Aspremont-Reckheim-Lynden, eine geborene Gräfin Nostitz, verwitwete Gräfin Lichnowsky. Diese würdige Dame wohnte ebenfalls in der Hofburg; dem Range nach kam sie gleich nach der Obersthofmeisterin der Kaiserin, der Gräfin Antonia von Paar, geborene Gräfin Esterházy, noch vor allen Fürstinnen.

Anfang Mai pflegte der Hof nach Laxenburg zu übersiedeln. Das geschah auch in diesem Jahr, doch fand Maria Theresia immer wieder einen Anlaß, in die Burg zu kommen, zum Staatsrat, zu Audienzen für die Botschafter und zur Fronleichnamsprozession. Im Juni begann die Schönbrunner Saison, am 4. Juli brach die kaiserliche Familie mit großem Gefolge zur Reise nach Innsbruck auf, um dort die Hochzeit von Erzherzog Peter Leopold mit der spanischen Infantin Maria Luise zu feiern.

In der Hofburg kehrte sommerliche Ruhe ein, nur bei der Hofbibliothek gab es Staub und Lärm, denn da arbeiteten Maurer und Zimmerleute. Die Fundamente waren nämlich seinerzeit nur für eine Reitschule bestimmt gewesen, für die Bibliothek reichten sie nicht aus, die Mauern senkten sich und mußten unterfangen werden. Das dauerte noch einige Jahre lang, lohnte aber die Mühe, denn der Direktor der Bibliothek, der große Arzt Gerhard van Swieten, richtete einen Lesesaal ein und erschloß damit die Bücherschätze einem weiteren Kreis von interessierten Leuten. Der heute noch gebräuchliche Name »Augustiner-Lesesaal« erinnert daran, daß dieser Gebäudeteil einst zum Augustinerkloster gehört hatte. Das Treppenhaus wurde verlegt und neu gestaltet, die Seitenflügel um ein Stockwerk erhöht, so daß ihre Dachlinien dem Bibliothekstrakt angeglichen wurden und den Raum dazwischen, den späteren Josefsplatz, majestätisch umschlossen. Bis diese Arbeiten zu Ende geführt waren, verging freilich noch etliche Zeit.

V

Von der Aufklärung zum Biedermeier

*Nach dem Tod des Kaisers · Wohnungsprobleme ·
Wieder die Pocken!· Die Garden · Eine Ära geht zu
Ende · Das Hofburgtheater und der Kontrollorgang ·
Der Papst in der Hofburg · Der Kaiser und sein Neffe ·
»Gott erhalte Franz, den Kaiser« · Der Wiener Kongreß · Friedliche Zeiten · Ferdinand der Gütige · Das
Revolutionsjahr 1848*

Nach dem Tod des Kaisers

Königin Maria Josepha war nicht mit nach Innsbruck gereist, sondern ihrer schwachen Gesundheit wegen und weil eine Schwangerschaft zwar nicht wahrscheinlich, doch immerhin möglich war, mit ihrem Hofstaat und den jungen Kindern des Kaiserpaares in Schönbrunn geblieben. Gegen Ende August 1765 brachte ein Kurier die Eilbotschaft, Kaiser Franz I. Stephan sei in Innsbruck einem Schlaganfall erlegen. Die Kinder des Verstorbenen durften sich der Trauer hingeben, die Königin klagte um ihren lieben, immer freundlichen Schwiegervater, ihrem Obersthofmeister Graf Sternberg aber brachte der Kurier den Auftrag, die kaiserlichen Zimmer in der Burg, in Schönbrunn und in dem Stadthaus des Kaisers zu versiegeln.

Nun war Joseph II. Kaiser, Maria Josepha führte den Titel Kaiserin. Sie bezog am 1. September ihre Gemächer in der Hofburg, hatte aber nicht die Kraft, den ersten Vigilien für den Verstorbenen in der Augustinerkirche beizuwohnen. Die jüngeren Kinder Franz Stephans waren zugegen, die Geheimen Räte und Kämmerer begleiteten sie in die Oratoria, der Kardinal pontifizierte, die Ritter des Ordens vom Goldenen Vlies assistierten. Maria Theresia und Joseph II. kamen erst am 6. September zu Schiff in Nußdorf an und fuhren in der Abenddämmerung incognito in die Burg.

Am folgenden Tag suchte Joseph II. zusammen mit dem Oberstkämmerer Khevenhüller, der im Vorjahr in den Fürstenstand erhoben worden war, in der

Burg nach dem Testament, hauptsächlich in den unteren Gewölben, wo man Möbel und Bilder aus der inneren Retirade Franz Stephans eingelagert hatte. Weder in den Schreibtischen noch in den Truhen war etwas zu finden. An einem alten Schubladkasten, der schon lange hier abgestellt stand, war das Schloß so verrostet, daß der Schlüssel sich nicht drehen ließ. Joseph II. wollte sich nicht lange damit aufhalten, Khevenhüller aber ließ einen Schlosser kommen und fand in dem alten Kasten das Testament des Kaisers aus dem Jahre 1751.

Maria Theresia hatte im ersten Schmerz den Wunsch geäußert, sich in ein Kloster zurückzuziehen, ließ sich aber durch die Bitten und ernsten Mahnungen der führenden Herren bei Hofe davon abbringen. Es schien allgemein zu bedenklich, die Regierungsgewalt über die habsburgischen Länder einem 24jährigen zu überlassen, der ohnehin die Last der Kaiserkrone zu tragen hatte.

Also bezog Maria Theresia, nunmehr als »Kaiserinwitwe« oder »Kaiserin-Königin« bezeichnet, für die ersten Tage ihr bisheriges Appartement. Joseph II. blieb in dem seinen in der Alten Burg, obwohl es etwas klein und eng war, nur die öffentlichen Mahlzeiten nahm er in der großen Antecamera ein. In der alten Ratsstube wurden die Wände mit schwarzen Tüchern behängt, die Retirade und die anderen Räume des verstorbenen Kaisers blieben vorläufig unbewohnt.

Es erschien zweckmäßig, den Hofstaat beider Majestäten zusammenzulegen. Der Erste Obersthofmeister Corfiz Anton Graf Ulfeld wurde in seinem Amte bestätigt, ihm aber ein »Erster Obersthofmeister secundo loco« an die Seite gestellt, und zwar Johann Josef Fürst Khevenhüller-Metsch. Er übernahm den neuen Posten nur ungern, obwohl das Einkommen wesentlich höher war, wäre lieber Oberstkämmerer geblieben, gehorchte nur den Bitten Maria Theresias. Sie kannte ihn gut, schätzte ihn sehr, sah in ihm eine Stütze des konservativen Elements in der Regierung. Sein bisheriges Amt als Oberstkämmerer übernahm Anton Graf Salm-Reifferscheid, Josef Adam Fürst Schwarzenberg blieb Obersthofmarschall, Johann Karl Graf Dietrichstein Oberststallmeister. Am 20. September 1765 legten die Herren ihren Amtseid ab.

Die Behörden und Ämter mußten wie bisher weiterarbeiten, Graf Saint-Julien als Oberstküchenmeister ebenso wie die vielen unteren Stellen, die Kontrollore, Vizekontrollore, Futtermeister-Adjunkten und was sonst noch alles bis hinab zu Ofenheizern und Küchenjungen in der Hofburg täglichen Dienst tat. Die beiden Obersthofmeister sorgten dafür, daß alles klaglos funktionierte, die Kaiserin-Königin brauchte sich darum nicht zu kümmern. Ihr Blick richtete sich auf die Hofdamen: Keine durfte sich schminken! Als die Gräfin Maria Theresia Kinsky mit roten Wangen zum Dienst erschien, bekam sie scharfe Worte zu hören; sie war aber ganz unschuldig, nur die Kälte hatte ihr die Wangen gefärbt. Die Kaiserin-Königin war großzügig genug, sich sogleich, als sie den Irrtum erkannt hatte, bei ihrer Hofdame zu entschuldigen.

Am Abend des 7. Oktober setzte sich die Kaiserin-Königin zum erstenmal wieder an den Spieltisch. Dies geschah fortan fünfmal in der Woche, am Montag und Freitag in ihren Gemächern, am Dienstag, Donnerstag und Samstag bei ihrer Schwiegertocher. Ob das regelmäßige Kartenspiel geeignet war, die Kaiserin Maria Josepha von ihren Ehesorgen abzulenken, läßt sich schwer sagen. Sie versuchte gar nicht, ihren Kummer zu verbergen und mit Würde zu ertragen, wollte auf keinen guten Rat hören, vertraute sich nicht nur ihren Hofdamen an, sondern klagte auch in Gegenwart von Zofen und Lakaien. Schließlich konnte ihre Obersthofmeisterin Gräfin Aspremont-Reckheim-Lynden das nicht mehr mit ansehen und bat unter Hinweis auf ihr Alter um Entlassung.

Wohnungsprobleme

Das Jahr 1766 brachte noch andere, viel wichtigere Änderungen in der Hofburg. Erzherzogin Maria Christine durfte ihren geliebten Albert von Sachsen heiraten und übersiedelte zu ihm nach Preßburg, wo er als Feldmarschall und kommandierender General von Ungarn residierte. Maria Theresia mußte also auf die Gesellschaft ihrer Lieblingstochter verzichten und brachte auch noch ein weiteres Opfer. Als sie am 31. Oktober von Schönbrunn an die Hofburg zurückkehrte, konnte sie nicht mehr ihre früheren Gemächer beziehen, denn dort logierten nun Kaiser Joseph II. und seine Gemahlin. Für Maria Theresia war mit hohen Kosten der Amalienhof hergerichtet worden, doch der Leibarzt van Swieten erklärte, dort würde sie wenig Luft und keine freie Aussicht haben. Also stellte Joseph statt dessen seiner Mutter das Appartement im zweiten Stockwerk des Leopoldinischen Traktes zur Verfügung, wo ihre Mutter Elisabeth Christine gewohnt hatte.

Hier hatte Maria Theresia nach einigen Umbauten ihren Schlafraum und die weniger wichtigen Zimmer gegen den Burghof hin, die Hauptwohnung aber, wo sie sich gewöhnlich aufhielt, auf der anderen Seite mit dem Blick auf die Bastei und die Vorstädte, die Hofstallungen und einige schöne Palais; die Räume waren hell, freundlich und mit allen Bequemlichkeiten versehen, abgesehen von der Tatsache, daß eine nicht mehr junge, etwas korpulente Dame Mühe hatte, die Wendeltreppe in dieses zweite Stockwerk hinaufzusteigen. Daran dachten die Herren und Damen des Hofstaates, die ihr mehr anhingen als Joseph II., und stellten überhaupt fest, die Wohnung sei als Witwensitz wohl geeignet, für die regierende Königin von Ungarn und Böhmen aber »nicht ganz convenabel«.

Das dürfte allmählich auch Joseph eingesehen haben, denn später stimmte er einer neuen Regelung zu: Er behielt im ersten Stockwerk die Wohn- und Arbeitsräume gegen die Bastei hin, seine Mutter bekam wieder die Gemächer, deren Fenster auf den Burghof gingen. Sie bargen viele liebe und schmerzliche Erinnerungen an ihre glückliche Ehe. Im Audienzzimmer zwischen der zweiten Antecamera und dem Spiegelzimmer hängen bis heute an den Wänden ehemalige Kunstwerke, Mosaike, die, aus Halbedelsteinen zusammengesetzt, wie Gemälde wirken. Auch die Möbel sind mit Einlegearbeiten in dieser berühmten »Pietradura-Technik« verziert. Franz I. Stephan hatte die kostbaren Gegenstände, Erbstücke der Medici, aus Florenz nach Wien bringen lassen. Die Räume Maria Theresias und Kaiser Josephs II. bildeten zwei parallel verlaufende Zimmerfluchten, getrennt durch eine Reihe von Gängen und Magazinen, dem Bereich der Lakaien und Heizer, die von dort die Herrschaft bedienten und die Öfen und Kamine von außen versorgten. Die »Lakaienstiege« in einer Ecke des Burghofes führt heute noch diesen Namen.

Der Amalienhof hatte zu der Zeit keine dauernden Bewohner, sondern stand für Gäste zur Verfügung. Am 3. November 1766 kam lieber Besuch aus Preßburg und nahm im Amalienhof Quartier, Albert von Sachsen und seine Gemahlin Maria Christine mit ihrem Gefolge. Albert war übrigens nicht mehr nur Prinz, sondern führte den Herzogtitel; Maria Theresia hatte es durchgesetzt, daß er mit dem kleinen Herzogtum Teschen belehnt wurde. Sie freute sich sehr über den Besuch, Joseph II. aber war nicht in Wien, um Schwester und Schwager zu begrüßen, sondern fuhr nach Stammersdorf und auf den Bisamberg zur Hubertijagd. Nach dem Tod des Vaters war er jetzt das Haupt der Familie. Die jüngsten Geschwister beugten sich seiner Autorität, die Schwestern aber, die ihm im Alter nahestanden, litten unter seiner herrischen, wortkargen Art wie auch seinem Mangel an Humor und vergalten ihm das oft mit spitzen Worten. Maria Christine dürfte es nicht bedauert haben, daß er nicht dastand, als sie im Burghof aus dem Wagen stieg.

Das Problem, wer wo in der Burg unterzubringen sei, war seit Jahrhunderten immer wieder aufgetaucht. Gelegentlich mußte das Obersthofmeisteramt improvisieren und ganze Dienststellen mit ihren Akten übersiedeln; einige Provisorien wurden zu Dauereinrichtungen, andere mehrmals abgeändert. Prinz Clemens von Sachsen, Alberts jüngerer Bruder, Bischof von Freising und Regensburg, wurde bei seinem Besuch in Wien am 23. April 1767 sehr feierlich empfangen, aber als Wohnung für ihn fanden sich nur die kleinen Gemächer mit Blick in den Schweizerhof, wo noch vor zwei Jahren Joseph II. logiert hatte. Clemens war gekommen, um das Kind zu taufen, das seine Schwägerin Maria Christine gebären würde. Am 16. Mai brachte sie im Amalienhof nach langen Schmerzen ein Mädchen zur Welt, aber es war so schwach, daß Clemens nur eine Nottaufe vornehmen konnte, am nächsten Tag starb es.

Wieder die Pocken!

Ein Handschreiben Kaiser Josephs II. vom 30. November 1766 trug dem Ersten Obersthofmeister auf:»Lieber Graf Ulfeld! Ich Habe Mich entschlossen, vom zukünftigen Neujahrstag anni 1767 anzufangen, keinen noch grossen, noch kleineren Galatag mehr zu halten, den eintzigen Neujahrstag ausgenommen, an welchen Ich mit beeden Kaiserinnen den öffentlichen Einzug der Garden, deren Handkuß, wie auch öffentlichen Eintritt des Obriststallmeisters und Eintritt des Hofmarschalls, Obrist Falckenmeister und Obrist-Jägermeister, wie auch angesagte große Gala, Taffeldienst mit goldenen Service und Appartement halten will.

Deren Botschafters-Audienzen, so sie sowohl an Namens- und Geburtstagen, als an Weinachts- und Osterfeiertägen ablegeten, sollen hinführo aufgehoben sein und nur auf dem Neuen Jahrstag verbleiben. Die Sontäge oder andere Täge, an welchen ich oder öffentliche Tafel oder Appartement oder Cercle halten werde, wird es einem jeden freistehen, auch in glatten Kleidern zu erscheinen. Diese Aufhebung aller Glückwünsche und Aufputz ist auf das genaueste zu halten . . .« Die Eigenheiten der Orthographie des Kaisers zeigen übrigens keinen Mangel an Bildung an, sondern ergaben sich nur daraus, daß die Regeln noch nicht verbindlich festgelegt waren.

Diese neue Maßnahme entlastete sowohl den Kaiser wie seine Familie, die Damen und Herren bei Hofe und das Diplomatische Korps. Das Leben wurde einfacher, allerdings auch weniger bunt. Eine der letzten Feiern nach altem Herkommen waren am 12. Dezember 1766 Gala und Empfang zum Geburtstag Prinz Karls von Lothringen, aber auch da zeigte sich schon der neue Stil: Die beiden jüngsten Erzherzoge erschienen nicht in höfischem Gewand, sondern in Uniform, freilich sehr prächtig, der fast 13jährige Ferdinand als Feldzeugmeister, der zehnjährige Max als General der Kavallerie. Die Sitte, daß schon Kinder des Herrscherhauses hohe militärische Ränge bekleiden durften, hatte Kaiser Franz I. Stephan aus Lothringen eingeführt, in Österreich war es früher nicht üblich gewesen.

Joseph II. trug gern Uniform, sogar bei religiösen Festen, deren Zahl er ohnehin einschränkte, oder ging im sogenannten Campagna-Kleid, einem praktischen, eher schlichten Gewand. Das führte in der ersten Zeit zu peinlichen Überraschungen. Der Botschafter des Malteser-Ritterordens und böhmische Granprior Graf Emanuel von Kolowrat nahm an, der Kaiser werde ihn bei der öffentlichen Audienz am 18. Mai 1767 im spanischen Mantelkleid empfangen, wie das bisher üblich gewesen war, und legte sein prächtiges Ordenshabit an, die Ritter seiner Begleitung erschienen in ihrer Ordensuniform mit roten Röcken, weißen Aufschlägen und weißen Westen, der Kaiser aber zeigte sich nur »in campagna« gekleidet, also viel weniger ansehnlich.

Josephs Reformen im Hofleben ersparten sowohl dem Staat wie den einzelnen Adeligen etliche Ausgaben. Bei den winterlichen Schlittenfahrten eilten nicht mehr Läufer voraus, um den Weg freizumachen, das Pharao- und andere Glücksspiele waren streng verboten, und da der Kaiser selbst keine Freude am Tanz hatte, dauerten die meisten Hoffeste nicht mehr so lang wie in früheren Jahren. Nicht nur in den Erbländern, sondern auch bei Hofe fielen uralte Bräuche Josephs Neuordnung zum Opfer, zum Beispiel das »Einrauchen«: Am 24., 30. und 31. Dezember und 5. Januar wurden Räucherpfannen durch alle Räume getragen, um die bösen Geister zu bannen, die in den Rauhnächten ihr Unwesen trieben. Das dürfte auf heidnische Zeiten zurückgehen und war in ländlichen Gegenden trotz aller Verbote bis weit ins 20. Jahrhundert hinein üblich – in der Hofburg hörte es 1766 auf.

Gegen die Pocken hätte auch das Einräuchern nicht geholfen. Am Morgen des 22. Mai 1767 zeigten sie sich bei der Kaiserin Maria Josepha. Der Hofstaat hatte sich schon zum Aufbruch nach Schönbrunn gerüstet, um die Sommerzeit dort zu verbringen, nun wurde die Abreise zur Flucht vor Ansteckung. Der

Zustand der Kranken verschlimmerte sich so sehr, daß Maria Theresia und Joseph ihretwegen die Nacht vom 23. auf den 24. Mai doch in der Burg verbrachten. In den frühen Morgenstunden fühlte Maria Theresia Kopfschmerzen und Übelkeit – böse Vorzeichen. Der Kaiser blieb deshalb in der Burg, seine Schwestern Maria Anna und Amalia folgten in den nächsten Tagen dorthin nach, die übrigen Kinder blieben mit dem nötigen Personal in Schönbrunn, der Verkehr zwischen dem Sommersitz und der Burg wurde unterbrochen.

Als nun auch Erzherzogin Maria Christine erkrankte, befanden sich drei sehr hohe Damen zu gleicher Zeit in Lebensgefahr. In der Hofburgkapelle beteten alle Würdenträger und Angestellte des Hofes, der Kaiser wich tagsüber nicht vom Krankenbett seiner Mutter und wachte nachts abwechselnd mit dem

Maria Josepha von Bayern, zweite Gemahlin Josephs II.

Leibarzt bei ihr. Am Festtag Christi Himmelfahrt, dem 28. Mai, starb Kaiserin Maria Josepha im 28. Lebensjahr. Vier Tage später verlangte Maria Theresia nach den Sterbesakramenten; der Burgplatz war voll von Menschen, die betend zu den Fenstern ihrer Landesherrin hinaufstarrten, in allen Kirchen begann das Vierzigstündige Gebet. Die Gesandten von Schweden und Dänemark durften mit ihrem Gefolge täglich in der Kammerkapelle im Leopoldinischen Trakt nach evangelischem Ritus beten.

Nach Besserung und Rückfällen durfte man endlich auf Genesung hoffen, Danksagungen setzten ein, zuletzt folgte am 29. Juni ein großes Tedeum: Maria Theresia und ihre Tochter Maria Christine hatten die Pocken überstanden, auch dem Herzog Albert von Sachsen-Teschen ging es schon besser. Einige Tage nach den Hofdamen wurde am 2. Juli der männliche Hofstaat zum Handkuß vorgelassen, zuerst die Geheimen Räte und Generäle, später die Kammerherren und die übrigen höchsten Offiziere. Diese Achtung für das Militär war neu und erregte bei den zivilen Würdenträgern einigen Ärger.

Die hohe Geistlichkeit dagegen hielt sich im Hintergrund, vorsichtig vermied sie jeden Rangstreit. Das hatten schon die Jesuiten als Beichtväter getan, und das geschah auch weiterhin so. Gerhard van Swieten, der Leibarzt und einflußreiche Berater der Kaiserin-Königin, stellte ihr den Propst des Augustiner-Chorherrenstiftes vor, der wie van Swieten und der Staatskanzler Fürst Kaunitz ein Vertreter des Reformkatholizismus und somit Gegner der Jesuiten war. Dieser fromme, liebenswürdige Herr namens Ignaz Müller gewann das Vertrauen Maria Theresias und half ihr als außerordentlicher Beichtvater in Gewissensfragen.

Der Hof übersiedelte im Juni 1767 nach Laxenburg, dann nach Schönbrunn. Schon begannen die Vorbereitungen für die Hochzeit der Erzherzogin Maria Josepha, die Königin von Neapel werden sollte, da erkrankte am 5. Oktober die Braut an den Pocken. Die Festvorstellung im Theater bei der Burg konnte nicht mehr abgesagt werden, die Oper »Psyche« von Florian Leopold Gaßmann erhielt Beifall, das Ballett aber mit dem traurigen Geschick von Orpheus und Eurydike als Inhalt erschien wie ein böses Omen. Am folgenden Tag gingen Kuriere nach Neapel zum Bräutigam und nach Madrid zu dessen Vater ab, um mitzuteilen, daß die Hochzeit auf das nächste Frühjahr verschoben werden müsse.

Die Kranke blieb in Schönbrunn. Maria Theresia, Maria Christine und Herzog Albert wohnten bei ihr, die anderen Geschwister aber mußten eilends in die Hofburg zurückkehren, um nicht angesteckt zu werden. Gegen Abend des 15. Oktober 1767 starb Erzherzogin Maria Josepha, 16 Jahre alt, ein hübsches Mädchen von munterem Wesen. Sie hatte die Mutter sehr geliebt und noch mit den letzten Worten versucht, sie zu trösten: Sie hätte ohnehin Abschied nehmen müssen, nun gehe sie statt Neapel in den Himmel, wo sie viel besser aufgehoben sein würde.

Der Kaiser hatte Pferde und Wagen bereithalten lassen, so daß die hohen Herrschaften noch am selben Abend in die Burg zurückkehren konnten. An den Trauerfeierlichkeiten, dann einem Gedenkgottesdienst für Kaiser Karl VI. am 20. Oktober in der Kammerkapelle und den Vigilien in der Hofburgkapelle nahm die ganze kaiserliche Familie teil, auch Erzherzogin Maria Elisabeth, obwohl sie sich übel fühlte. Am nächsten Tag zeigte sich, daß auch sie von den Pocken befallen war. Sie war 24 Jahre alt, unter den schönen Töchtern Maria Theresias die schönste und ein wenig eitel, hatte viele Bewerber, aber als sie die Krankheit überstanden hatte, war ihr früher bezauberndes Gesicht von Pockennarben entstellt.

Da die verstorbene Erzherzogin Maria Josepha Mitglied des Ordens der Sternkreuz-Damen gewesen war, fand eine eigene Trauerfeierlichkeit des Ordens in der Hofburgkapelle statt. Die Familie, der gesamte Hofstaat und der Botschafter des Königreichs Neapel waren zugegen, der Kaiser aber nahm nicht teil, sondern begab sich auf die Jagd. Das war nicht gerade taktvoll, aber vielleicht verständlich, denn er liebte große Zeremonien nicht. Auch viele Hofleute hatten allmählich genug vom Trauern. Als noch dazu »Hof-Klage« angesetzt wurde für den Bruder des Königs von England, war die letzte Seelenandacht am 9. November 1767 in der Hofkirche der Augustiner sehr schwach besucht. Der Oberstkämmerer Graf Salm-Reifferscheid mußte eine förmliche Untersuchung darüber anstellen, weshalb sich so wenige Kammerherren eingefunden hatten.

Die Garden

Ein kleiner Gegensatz, der aber als pikant gewertet wurde, ergab sich aus der Neigung Kaiser Josephs II. zu allem Militärischen und seinem Bemühen, am Aufwand des Hofes zu sparen. Versuche in dieser Richtung waren freilich nichts Neues; eines der vielen Probleme dabei waren die Garden.

Die gute alte Stadtguardia hatte schon Kaiser Ferdinand I. 1546 aus angewor-

Die Garden am Wiener Hof: a – Hartschier; b, c, d – Arcièren-Leibgarde;
e, f, g – Trabanten-Leibgarde; h – Hofburgwache; i – Leibgarde-Reiter;
k – Leibgarde-Infanterie; l – Ungarische Leibgarde;
m – Ungarische Kronwache

benen Landsknechten errichtet, seit 1580 war sie 500 Mann stark und unterstand dem Burggrafen. Sie hütete in der ganzen Stadt die Ordnung, bis 1740 stellte sie auch die Burgwache. Ihre Wachstube befand sich im Erdgeschoß des Leopoldinischen Traktes nahe dem alten Widmertor; davor standen – unnötig, aber dekorativ – zwei Kanonen, an einer hölzernen Schranke lehnten die Gewehre. Kam eine besonders zu ehrende Person vorbei, rief ein Posten die Wache »ins Gewehr«, die Männer eilten aus ihrer Stube, ergriffen die Waffen und präsentierten sie. Der Obrist der Stadtguardia genoß großes Ansehen, sie hatte ihre eigene Gerichtsbarkeit, der Untersuchungsrichter trug den Titel »Regimentsschultheiß«.

Es war keine sehr schwierige Aufgabe, für die Sicherheit in der Burg zu sorgen, abgesehen von vielleicht einem Brand drohte keine Gefahr. Die Bevölkerung war dem Herrscherhaus treu ergeben, nahm Anteil an den freudigen und traurigen Ereignissen in der Familie wie in der Politik, die Zeit der Sturmpetitionen war längst vorbei, Demonstrationen lagen außerhalb des Vorstellbaren, an ein Attentat war nicht zu denken. Dennoch gehörte zu einer Burg eine Wache. Maria Theresia übertrug dieses Amt von der Stadtguardia auf das reguläre Militär. Von zwei Offizieren geführt, zog täglich eine Kompanie Grenadiere mit fliegender Fahne und klingendem Spiel auf dem Burgplatz auf, die Wiener und alle Besucher der Stadt erfreuten sich an dem Schauspiel. Eine Schweizer Garde, wie sie der Papst, der König von Frankreich und viele Fürsten hielten, gab es in Wien bis 1745 nicht. Die Erinnerung an die Kämpfe österreichischer Ritter gegen das Schweizer Fußvolk war zu bitter, als daß man die Nachkommen der siegreichen Gegner als Söldner berufen hätte. In Lothringen aber waren die Schweizer Gardisten geschätzt; als der letzte Herzog, Franz Stephan, die Selbständigkeit seines Landes opfern mußte, empfand er es als seine Pflicht, für die treue Garde zu sorgen. Zunächst verlegte er sie nach Florenz, berief sie aber nach Frankfurt, als er zum Kaiser gewählt wurde. Prächtig in Rot und Silber gekleidet, erregten die stattlichen Männer allgemeine Bewunderung. Am 30. November 1745 bezogen sie am Wiener Hof die Wachstube der Trabanten am inneren Burgtor und das Stiegenzimmer vor den Gemächern der Kaiserin. Sie übernahmen das Amt der Türsteher, je einer am Eingang in die Ritterstube und an den übrigen Türen, zu den Räumen der jungen Herrschaften und zu Prinzessin Charlotte von Lothringen. Jede Stunde wurden sie abgelöst.

Die Trabanten wurden jedoch nicht aufgelöst, sie behielten Sold und Quartier, obwohl ihre Aufgaben sehr verringert waren. Zu ihrem Hauptmann wurde immer ein hoher Herr bestellt. Als im Jahre 1749 der kleine Erzherzog Joseph an seinem Namenstag, dem 19. März, zum erstenmal vor seinem Vater zur Hofburgkapelle ging, begleiteten den Kaiser zu dessen linker Seite der Oberstkämmerer und der Hauptmann der Trabanten, Feldmarschall Caspar Fernandes Graf von Cordua und Alagon.

Im Siebenjährigen Krieg kämpften die Ungarn treu und tapfer für Habsburg-Lothringen. Um ihre Nation zu ehren und noch fester an das Herrscherhaus zu binden, stellte Maria Theresia eine ungarische adelige Leibgarde auf. Die Leitung übernahm Graf Leopold Pálffy. Zum Namenstag des Kaisers zogen Hartschiere und Schweizergarde auf den Burgplatz, und dabei erschien nun auch die neue ungarische Garde, aber zu Pferd. 120 Söhne von Magnaten und Edelleuten aus Ungarn, Siebenbürgen und Kroatien, 18 bis 20 Jahre alt, in Galauniformen hielten vor dem Reichskanzleitrakt gegenüber der Wohnung der Majestäten, stiegen ab, wurden zum Handkuß vorgelassen und ritten dann durch das Burgtor über das Glacis in ihr Quartier, das ehemalige fürstliche Trautsonsche Gartenpalais, eines der schönsten Barockgebäude von Wien. Uniform, Ausrüstung, Verpflegung und Pferde stellten sie aus eigenen Mitteln oder auf Kosten der Komitate bei. Sie leisteten keinen täglichen Wachdienst in der Burg, nur bei besonderen Anlässen, Empfang von Botschaftern, Belehnungen, öffentlichen Audienzen, bezogen sie Posten in der Ritterstube; außerhalb der Stadtmauern begleiteten sie die Majestäten zu Pferd. In ihrer prachtvollen, fast theatralischen Paradeadjustierung mit Reiherbusch und umgehängtem Leopardenfell erregten sie jedesmal Aufsehen. Selbstverständlich erregten sie auch Eifersucht bei den anderen Garden, besonders den alten Hartschieren, von denen kaum einer einen Adelstitel oder einen reichen Vater hatte. Vielleicht meinte man auch bei Hofe, die ungarische Nation sei gegenüber den deutschen Erbländern zu stark in den Vordergrund getreten – Maria Theresia errichtete jedenfalls 1763 neben den alten Hartschieren eine neue k. k. adelige Arcièren-Leibgarde, auch »adelige deutsche Leibgarde« genannt. Ihr Kapitän wurde Generalfeldmarschall Ferdinand Carl Graf Aspremont-Reckheim-Lynden, der schon Hauptmann der Hartschiere war. In dieser Garde dienten nur Offiziere für die Dauer von drei bis fünf Jahren, danach kehrten sie zu ihren Regimentern zurück. Sie waren alle beritten, und zwar durchwegs auf Holsteiner Rappen. Ihre Uniform bestand aus rotem Rock, strohgelber Weste und Reithose, schwarzen Stiefeln, schwarzem Dreispitzhut mit Silberborten und schwarz-gelbem Federbusch. Um hinter den Ungarn nicht zurückzustehen, die ihr Dienstpersonal mitbrachten, verfügten die Arcièren über einen Hausinspektor, einen Portier, 22 Livree-Bediente, zwei Oberreitknechte, 37 berittene Knechte und 10 Hausknechte.

In diesem Jahre 1763 betrug der Stand der Garden:

Adelige Arcièren-Leibgarde	50
Adelige ungarische Leibgarde	120
Schweizer Garde	140
Hartschieren-Garde	60

Diese Zahlen änderten sich allerdings von Jahr zu Jahr. Die Ungarn wurden 1769 aus Gründen der Sparsamkeit von 120 auf 90 Mann verringert, 1771 ging ein Teil von ihnen mit Erzherzog Ferdinand nach Mailand. Die Schweizer Garde wurde 1767 aufgelöst, an sie erinnern nur noch die Bezeichnungen »Schweizertor« und »Schweizerhof«. An ihre Stelle trat eine Palastgarde mit Offizieren, Unteroffizieren, 60 Mann und vier Spielleuten, die alle vorher 20 (später zehn) Jahre lang in der Armee gedient hatten. Auf Posten sowie bei allen Festlichkeiten, wenn sie mit aufzogen, trugen sie Hellebarden. Im Gegensatz zu den Schweizern durften sie heiraten. Ihre Kinder besuchten die

Trivialschule von St. Anna, danach besuchten die Mädchen die Schule der Ursulinerinnen, die Knaben kamen in die Erziehungshäuser der Regimenter. Die königlich galizische adelige Leibgarde war als Bildungsstätte für junge polnische Edelleute gedacht; von ihr wird später noch die Rede sein. Angesichts dieser neuen Garden traten die alten in den Hintergrund, im Jahre 1783 gab es nur mehr zehn Trabanten. Aber das war schon zur Zeit der Alleinherrschaft von Joseph II. Kehren wir an den Hof Maria Theresias zurück.

Eine Ära geht zu Ende

Die Zeit der fröhlichen Kinderfeste war längst abgelaufen, die kaiserliche Familie drohte zu zerflattern. Viele Leute bei Hofe dachten mit Wehmut an die Zeit zurück, da Kaiser Franz I. Stephan als stilles, aber unumstrittenes Haupt der Familie alle beisammengehalten hatte. Nun lebte Leopold als Großherzog der Toskana (Granduca Pietro Leopoldo) in Florenz, Maria Christine in Preßburg, Maria Karoline mußte als Ersatz für die verstorbene Marie Josepha den König von Neapel heiraten.

Maria Amalia fand Gefallen an dem Prinzen Karl von Zweibrücken zu Birkenfeld, der Ende Dezember 1767 nach Wien kam. Er wurde so freundlich empfangen, daß man schon von der Möglichkeit einer Ehe sprach, doch die französische Partei bei Hofe zeigte sich stärker. Sie wies darauf hin, daß seine Erbfolge in Pfalz-Zweibrücken nicht gesichert sei, während ihr Ehekandidat Ferdinand von Bourbon bereits Herzog von Parma und Piacenza war. Diese Argumente überzeugten Maria Theresia; also wurde ihre Tochter nicht die Braut eines sympathischen Herrn von vorzüglichem Äußeren, sondern eines weder schönen noch intelligenten Knaben, der fünf Jahre jünger war als sie. 1769 verließ sie sehr ungern die Hofburg. Im nächsten Jahr schied auch ihre jüngste Schwester Maria Antonia aus der Heimat, um als Marie Antoinette die Gemahlin des französischen Thronfolgers zu werden.

Glücklicher als diese beiden Ehen wurde die des Erzherzogs Ferdinand Karl, Maria Theresias viertem Sohn. Er heiratete 1771 Maria Beatrix von Este, Erbtochter des Herzogs von Modena, und lebte mit ihr in Mailand. Somit waren von den vielen Geschwistern Josephs II. nur mehr drei – und auch diese nicht dauernd – in der Burg anzutreffen. Maria Anna war seit einer Erkrankung im 19. Lebensjahr verwachsen und hatte keine Aussicht auf eine standesgemäße Ehe. Um so enger schloß sie sich an ihren Vater an, fuhr mit ihm zur Jagd, ließ sich von ihm zur Numismatik, zur Mineralogie und anderen Naturwissenschaften anleiten und lebte nach seinem Tode so, wie er es in seiner philosophischen Schrift »L'érémite dans le monde« empfohlen hatte, bescheiden und zurückgezogen mit wissenschaftlicher und künstlerischer Beschäftigung als Trost. So ertrug sie das altjüngferliche Leben leichter als ihre Schwester Maria Elisabeth, für die sich ihrer Blatternarben wegen kein Bewerber ersten Ranges fand – und ein anderer wäre ja nicht in Frage gekommen.

Der jüngste Bruder des Kaisers, Maximilian Franz, galt als schüchtern und verschlossen, dazu etwas linkisch, und war für den geistlichen Stand bestimmt. Sein Onkel Prinz Karl von Lothringen, Hochmeister des Deutschen Ordens, schlug ihn 1770 in der Augustinerkirche zum Ordensritter, seine Nachfolge war gesichert. Vorläufig aber blieb er noch in Wien, hatte seinen eigenen kleinen Hofstaat und setzte eifrig und fügsam seine Studien fort. Wenn seine beiden Schwestern sangen, begleitete er sie auf dem »Bassettl«, einer kleineren Baßgeige. Seinem Bruder Joseph, dem Kaiser, zeigte er sich blind ergeben.

Zum Glück war Preßburg nur einige Stunden Wagenfahrt entfernt, Maria Christine und Albert kamen häufig zu Besuch nach Wien. Für Maria Theresia waren das immer Freudentage, denn wenn sie auch regen Briefverkehr zu ihren Kindern in der Ferne unterhielt, kamen von dort, besonders aus Parma, nicht nur erfreuliche Nachrichten.

Den größten Kummer bereitete der Kaiserin-Königin aber ihr Sohn Joseph, denn er führte die Politik im Inneren und in den auswärtigen Belangen nicht so, wie es ihrem Gewissen entsprochen hätte. Manchmal resignierend, oft verbittert spürte sie, daß eine neue Zeit sie beiseite dränge, ihr Einfluß schwinde. Ihre Energie reichte nicht mehr aus, um sich ihrem Sohn und dem Fürsten Kaunitz dauernd und nachhaltig in den Weg zu stellen, das Militär wurde immer wichtiger, die Rücksichten auf das, was sie als Ehrenpflicht und gute Tradition ansah, und leider auch auf die Familie immer geringer. 16 Entbindungen und fast vier Jahrzehnte der Herrschaft hatten ihre Spuren hinterlassen. Obwohl Maria Theresia erst 62 Jahre alt war, als ihr Sohn Leopold aus Florenz zu ihr auf Besuch kam, sah er sie als alte Dame, fast schwerhörig, mit schlechtem Gedächtnis, sehr korpulent und schwach auf den Beinen.

Dr. Gerhard van Swieten war 1772 gestorben und in der Georgskapelle der Augustinerkirche bestattet worden. Leibarzt der Kaiserin-Königin war nun,

Maria Theresias letzter Tag

neben Dr. Georg Ignaz Humelauer, Dr. Anton Störck, der früher bei der Kaiserin Maria Josepha angestellt gewesen war. Er hatte Maria Theresia versprochen, ihr immer ehrlich zu sagen, wie es um sie stehe. Am Abend des 24. November 1780 erklärte er ihr, der Husten und die Atemnot, an der sie seit Tagen litt, seien keine harmlose Erkältung, und riet, ihren Beichtvater, den Prälaten Ignaz Müller, zu verständigen. Das tat Maria Theresia. Ihr Zustand verschlechterte sich in den folgenden Tagen so, daß Joseph die Tage bei ihr, die Nächte in einem Nebenzimmer verbrachte. In der Nacht vom 27. auf den 28. November empfing sie die Letzte Ölung, beichtete noch einmal und nahm von ihren Kindern Abschied, den Söhnen Joseph und Maximilian, den Töchtern Maria Anna, Maria Elisabeth und Maria Christine mit Albert.

Maria Theresia hatte noch einen Tag zu leiden. In der Nacht zum 29. November empfing sie ihre Kinder einzeln und sprach zu ihnen, dann sagte sie, ihre Töchter sollten nicht bei ihrem Tod anwesend sein. Die drei Erzherzoginnen gingen in die Kapelle beten, die beiden Söhne und der Schwiegersohn knieten neben dem Sessel, in dem sie ruhte. Dr. Störck zündete die Totenkerze an und ließ die Töchter rufen. Sie trafen Maria Theresia nicht mehr lebend an.

Das Hofburgtheater und der Kontrollorgang

Die großen Reformen, die Joseph II. als Alleinherrscher ins Werk setzte, berührten das Leben in der Hofburg wenig. Stärker wirkten sich viele kleine Maßnahmen aus, wie die Verminderung des Zeremoniells, doch damit hatten schon seine Eltern begonnen. Auch einen Befehl bezüglich der Stallburg hatte noch Maria Theresia unterzeichnet. Da immer neue Kunstwerke die Sammlung Erzherzog Leopold Wilhelms bereicherten, waren die bisherigen Räume zu klein geworden; sie waren auch nicht sicher genug. Kunstdiebstahl war damals weniger zu befürchten, wohl aber Feuersgefahr. Also ließ Maria Theresia im Mai 1776 Gemälde und Skulpturen in das Schloß Belvedere bringen.

Die zweite große, folgenreiche Änderung war ebenfalls noch zu Lebzeiten der Kaiserin-Königin beschlossen worden, Joseph II. setzte sie nun ins Werk. Am Burgtheater herrschten unter dem Schutz des Staatskanzlers Fürst Kaunitz die französischen Tragödien, dazu das Ballett, das unter dem Hofadel viele Bewunderer hatte. Die französische Theatertruppe kostete aber sehr viel Geld, die Einnahmen reichten dafür nicht aus. Der Theaterleiter Giuseppe d'Afflisio geriet in Not und assoziierte sich 1769 mit anderen Herren, darunter dem Komponisten Christoph Willibald Gluck, dessen Frau hohe Beträge investierte, aber auch das half nichts. Danach übernahm Graf Kohary die Leitung. In seinem Theaterkomitee wirkte Joseph von Sonnenfels mit, einer der Repräsentanten der Aufklärung in Wien und Gegner der derben, aber allseits beliebten Hanswurst-Komödien. 1776 ging auch Kohary in Konkurs, Sonnenfels fand einen neuen Verbündeten: den Kaiser.

Joseph II. beschloß, die Bühne als deutsches Nationaltheater weiterzuführen; wider Erwarten gelang es, ohne Hanswurst und ohne Ballett auszukommen. 22 Personen wirkten nunmehr als k. k. Hofschauspieler, traten bis zu sechsmal in der Woche auf, und da das Repertoire groß war, die Stücke oft wechselten, konnte das Haus allmählich gefüllt werden. Auf dem Programm standen Werke des bereits hochgeschätzten Lessing, viele heute vergessene

Autoren und auch das ebenso vergessene Singspiel »Erwin und Elmire« des jungen Goethe.

Die Logen kosteten drei Gulden, ein Parterresitz einen Gulden, im zweiten Rang hatten die Zuschauer nur mehr 30 Kreuzer, im dritten Rang 20, im vierten Rang 7 Kreuzer zu bezahlen. Bescheiden waren aber auch die Gagen der Schauspieler, gemessen an dem, was Maria Theresia bezahlt hatte. Der Tenor Joseph Adamberger erhielt 2 133 Gulden im Jahr, der Darsteller vieler Heldenrollen Joseph Langer 1 400 Gulden, die gefeierte Sängerin Cavalieri 1 200 Gulden.

Die bekannteste Burgtheateranekdote stammt noch aus der Zeit Maria Theresias. Als sie am Abend des 19. Februar 1768 aus Florenz die Nachricht erhielt, ihr erster Enkel sei geboren, eilte sie aus ihren Gemächern über die privaten Gänge in die Hofloge, trat an die Brüstung und rief in den Saal hinab: »Meine lieben Wiener, mei Sohn, der Poldl, hat an Buabn kriegt!« Nicht so verbreitet, doch ebenfalls glaubhaft und bezeichnend für das Verhältnis des Kaiserhauses zum Publikum des Burgtheaters ist die Geschichte vom Theaterbesuch des russischen Thronfolgers Großfürst Paul im Jahre 1781: Er war schockiert, daß die Zuschauer applaudieren durften, ohne erst auf ein Zeichen des Kaisers zu warten.

Joseph II. bemühte sich, seinen Untertanen nahezukommen. Da er höfischen Formen gegenüber ziemlich gleichgültig war, gab er an bestimmten Tagen jedermann Audienz, freilich nicht in den Repräsentationsräumen, sondern im Kontrollorgang, der im Halbgeschoß des Leopoldinischen Traktes auf der Seite gegen die Bastei hin von der Bettlerstiege nahe der alten Burg bis zur Kammerkapelle verlief. Dort nahm er Gesuche entgegen und entschied über sie oft sofort.

Die Berichte über die einzelnen Fälle, wie Joseph II. gnädig Hilfe gewährte oder unberechtigte Bitten und Klagen spöttisch abwies, füllen zusammen mit anderen Anekdoten über ihn viele Bände. Manche dürfte Joseph selbst in Umlauf gesetzt haben, um im Volk Vertrauen zu erwerben, andere sind vielleicht erst später entstanden. Jedenfalls reichten sie aus, ihn mit der Zeit zum »Volkskaiser« zu machen, obwohl seine Regierungsmaßnahmen oft mißverstanden wurden oder wirklich unzweckmäßig und übereilt waren, zu wenig Rücksicht auf die Mentalität der Leute nahmen, denen er nützen wollte.

Der Papst in der Hofburg

Unter dem Adel und der Geistlichkeit hatte Joseph II. nicht allzu viele Anhänger, die frommen Bauern widersetzten sich seinen vernunftbetonten Anordnungen, die der guten alten Überlieferung widersprachen, in der Bürgerschaft aber fand er zumindest ein wenig Verständnis. Dazu trug bei, daß er mehr als seine Vorgänger in der Hofburg lebte. Wenn in seinem Arbeitszimmer bis nach Mitternacht Licht brannte, schaute mancher Wiener ehrfürchtig und dankbar zu dem erleuchteten Fenster des Leopoldinischen Traktes der Hofburg hinauf. Aber so lange er auch am Schreibtisch saß, stand er doch am nächsten Morgen um sieben Uhr auf und arbeitete bis zwei Uhr nachmittags, nahm erst dann eine kleine Mahlzeit zu sich und studierte gleich wieder Akten und Berichte, Entwürfe und Vorlagen. Man erzählte sich, er lasse die Mahlzeiten nicht aus der Hofküche bringen, sondern nur von einer Köchin zubereiten, er trinke Wasser, schlafe auf einem lederbezogenen Strohsack. Sein Beispiel wirkte auf die Umgebung, bei Hofe war bescheidenere Kleidung zu sehen, die Frisuren wurden einfacher.

Mit seinen Schwestern hatte Joseph sich nie gut verstanden. Nach dem Tode der Mutter hatte er freie Hand, sich von der »Weiberwirtschaft«, wie er es nannte, zu befreien. Er brauchte sie nicht zu verbannen, sie sahen sehr bald ein, daß für sie kein Platz in Wien war. Die blatternarbige Maria Elisabeth wurde Äbtissin eines Klosters in Innsbruck, die bucklige Maria Anna übersiedelte nach Klagenfurt und lebte mit einem kleinen Hofstaat in der Nähe des Klosters der Elisabethinerinnen, genoß die Vorteile der Gemeinschaft vornehmer Damen, ohne die Pflichten einer Nonne auf sich nehmen zu müssen. Maria Christine hatte von Preßburg aus am Wiener Hofleben teilgenommen, nun schickte Joseph ihren Gemahl als Statthalter nach Brüssel, entledigte sich also auch ihrer Nähe, verkürzte aber die Einnahmen, die mit dem hohen Amt verbunden waren, in beträchtlichem Maße.

Die Adeligen, die Staatsstellungen bekleideten, blieben selbstverständlich am Kaiserhof, viele andere aber, die mehr der Geselligkeit wegen hier verkehrt hatten, zogen sich allmählich zurück. Da der Kaiser nicht Karten spielte, nicht tanzte, selten jagte, mußten sich die hohen Herrschaften ihr Vergnügen auf den eigenen Schlössern suchen. In der Hofburg wurde es still. Auch wenn Joseph II. Gäste empfing, tat er es eher in Laxenburg oder im Augarten, oder er kam mit seinen wenigen Freunden in deren Häusern zusammen. Ein Besuch aber logierte in der Hofburg und erregte dort viel Unruhe: Papst Pius VI.

Die Reformen des Kaisers, vor allem das Toleranzpatent und die Aufhebung vieler Klöster, beunruhigten den Papst. Manche Stimmen in Rom sprachen von einem Ketzer oder Atheisten auf dem Thron, der früher so viel für die Erhaltung des katholischen Glaubens in Deutschland getan hatte, und forderten den Kirchenbann, doch Pius VI. war ein Mann der Versöhnung und unternahm, was noch kein Papst vor ihm getan hatte, eine Reise über die verschneiten Alpen in die Hauptstadt des Gegners, um diesen zurückzugewinnen.

Am 22. März 1782 um drei Uhr nachmittags traf er mit kleinem Gefolge und dem Kaiser, der ihm entgegengefahren war, begleitet von der ungarischen und der galizischen Leibgarde, in der Hofburg ein. Joseph II. half ihm, einem Herrn von 65 Jahren, selbst aus dem Wagen und geleitete ihn in die Gemächer des Leopoldinischen Traktes, die für ihn als Wohnung bestimmt waren. Sie waren ganz neu und sehr prächtig ausgestattet worden, der Audienzsaal in Violett und Silber tapeziert, unter einem Baldachin war ein Thron aufgestellt. Das Zimmer, in dem Maria Theresia gestorben war, diente als Schlafgemach; darin stand ein Altar mit dem Kruzifix, das Ferdinand II. während der stürmischen Petition protestantischer Adeliger Trost zugesprochen haben soll.

Die Kammerkapelle im Leopoldinischen Trakt ist ein einschiffiger, hoher Raum, der durch zwei Stockwerke reicht; im oberen befindet sich das Oratorium für die kaiserliche Familie. Maria Theresia hatte 1772 die Kapelle restaurieren lassen; von ihren Wohnräumen brauchte sie nicht weit zu gehen, um der hl. Messe beiwohnen zu können. Hier wurde ein Tedeum gehalten, danach zog sich der Papst zurück. Er speiste immer allein, sein Leibkoch bereitete ihm die Mahlzeiten, angeblich acht Gänge, und kostete davon, bevor der Papst zugriff. Das geschah nicht aus besonderem Mißtrauen gegen den Kaiser und dessen Hofküche, sondern war auch in Rom üblich, denn es hieß, der vorige Papst Clemens XIV. sei vergiftet worden.

Wie in der Antecamera des Kaisers, so hielten auch im Vorzimmer des Papstes drei Edelleute Wache, je einer aus der Arcièrengarde, aus der ungarischen und der galizischen Leibgarde. Die galizische war erst zu Beginn des Jahres geschaffen worden, beim Besuch des Papstes hatte sie ihren ersten großen Auftritt, und der erregte in der Burg wie in der Stadt Bewunderung. Die Uniform aus dunkelblauem Tuch war rot und golden verziert, die Pelzmütze war weiß, über der linken Schulter und dem Rücken hing sehr malerisch ein Tiger- oder Leopardenfell, als Waffen trugen die Gardisten Lanze und polnischen Säbel.

Konferenz Josephs II. mit Papst Pius VI.

Die Unterredungen zwischen dem Papst und dem Kaiser wurden freundlich und in vollendeter Höflichkeit geführt, sie dauerten meistens lange, aber dem Papst gelang es nicht, Joseph II. zu Zugeständnissen oder der Rücknahme seiner Reformen zu bewegen. Am Gründonnerstag las er eine Messe in der Kammerkapelle und reichte danach dem Kaiser und dessen Bruder Maximilian das hl. Abendmahl. Am 22. April reiste Pius VI. wieder ab. Der Baldachin in seinem Schlafzimmer wurde abgetragen, der Altar in eine Wandnische geschoben, später von einer Tapete verdeckt und vergessen. Erst 1957 bei einer Restaurierung des Raumes kam er wieder zutage.

Der Kaiser und sein Neffe

Die Frage des Nachfolgers war für jeden Herrscher wichtig. Da Joseph II. keinen Sohn hatte, sah er für den Fall, daß er früh dahingehen müsse, als nächsten Anwärter auf den Thron seinen Bruder Leopold, Großherzog der Toskana, an, oder, wenn ihm längeres Leben beschieden sein sollte, Leopolds ältesten Sohn Franz. Im Sommer 1784 ließ der Kaiser diesen Franz nach

Wien kommen, um ihn genauer kennenzulernen und in die Pflichten eines Herrschers, so wie er sie verstand, beizeiten einzuführen. Am 30. Juni begegneten sie einander in Laxenburg, am 3. Juli fuhren sie zusammen nach Wien. Eine der Anekdoten, die vielleicht nur erfunden sind, kennzeichnet die Situation trefflich: Bevor Franz im Schweizerhof aus dem Wagen stieg, seufzte er und sagte zu seinem Kutscher: »Johann, jetzt is aus mit der Gaudi, ab morgen bin i da drinnen Kaiserlehrling.« Tatsächlich gab es schon am nächsten Tag feierliche Audienz in der Hofburg. Der päpstliche Nuntius, die Botschafter, die Würdenträger des Hofes und die Spitzen des österreichischen Adels wurden mit Franz bekannt gemacht, wobei nicht etwa der 16jährige den viel älteren Herren, sondern sie ihm vorgestellt wurden – so entsprach es dem Rang des Erzhauses.

Als Wohnstätte für Franz hatte der kaiserliche Onkel Räume im zweiten Stockwerk des Schweizertraktes der Hofburg herrichten und mit allem Nötigen ausstatten lassen, Möbeln, Teppichen, Wandbehängen, Büchern und Musikinstrumenten. Auch später als Kaiser, insgesamt über ein halbes Jahrhundert lang, wohnte Franz dort und duldete nicht, daß irgend etwas verändert würde. Er erweiterte jedoch seinen kleinen Privatbesitz in den nächsten Jahren, kaufte historische Werke und Biographien, Berichte von Reisen und Forschungen, Holzschnitte, Kupferstiche und Porträts berühmter Persönlichkeiten; sie sind in der reichen Porträtsammlung der Österreichischen Nationalbibliothek erhalten.

Das stille, bedachtsame Wesen des jungen Erzherzogs, sein unsicheres, befangenes, manchmal sogar linkisches Benehmen, seine Schweigsamkeit bildeten einen starken Gegensatz zur raschen, lebhaften, geradezu hektischen Art des Kaisers. Dazu kam, daß Franz ein gesundes Maß an Skepsis besaß, nicht alles verstand und nicht blindlings guthieß, was er von den Ansichten und Maßnahmen seines Onkels miterlebte. Selbstverständlich erlaubte er sich keine Kritik, lieber zog er sich in sich selbst zurück. Der Kaiser liebte seinen Neffen, fand aber nicht den Zugang zu dessen Herz, Franz wiederum bewunderte den Kaiser und wurde um so schüchterner, je mehr sich die Verschiedenheit der beiden zeigte. Der Fasching 1785 milderte die dauernde Spannung, in der Franz lebte, er überwand seine Hemmungen, tanzte nicht besonders gut, aber eifrig und führte höfliche Konversation.

Wie Joseph II. den ganzen Staat – oder zumindest die habsburgischen Erblande – nach den Prinzipien regierte, die er für richtig hielt, so lenkte er auch das Geschick des Neffen. Er hatte schon längst eine Gemahlin für Franz ausgesucht, als 15jährige nach Wien kommen und hier erziehen lassen. Elisabeth Wilhelmine von Württemberg, deren ältere Schwester mit dem russischen Thronfolger verheiratet war, zeigte sich klug und liebenswürdig, sogar charmant, obwohl sie nicht besonders schön war. Die Hochzeit am 6. Januar 1788 in der Augustinerkirche war eine großartige Feier für das Brautpaar, wobei in der Aufregung ein Ehering zu Boden gefallen sein soll, für den Kaiser und seine Anhänger, die sich mit ihm freuten, und auch für seine Gegner, denn sie setzten einige Hoffnung auf den jungen, schmächtigen Erzherzog. Maximilian Franz, der jüngste Bruder des Kaisers, Kurfürst und Erzbischof von Köln, vollzog die Trauung, die Festlichkeiten danach waren wahrscheinlich die größten, die Joseph II. während seiner ganzen Regierungszeit in der Hofburg gab, auch Musik von Mozart war dabei zu hören. Die Flitterwochen wurden für Franz der schönste Abschnitt seines Lebens. Zwei Monate später, am 14. März 1788 um vier Uhr früh, zogen der Kaiser und sein Neffe in den neuen Türkenkrieg, den letzten, den Österreich führen mußte. Franz erwies sich als tapfer und umsichtig, Joseph II. aber kehrte schwer krank zurück. Ruhr und Malaria zehrten die letzten Kräfte des Körpers auf, den Joseph schon vorher übermäßig beansprucht hatte. Von dem wenigen Trost, den er erhielt, brachte den besten Erzherzogin Elisabeth Wilhelmine. Ihre frische, natürliche Art lenkte ihn von düsteren Gedanken ab, doch dabei schonte sie sich selbst nicht. Sie war zu der Zeit hochschwanger, erlitt eine Frühgeburt und starb daran. Kurz darauf, in den Morgenstunden des 20. Februar 1790, folgte ihr der Kaiser in den Tod nach.

Joseph II. war zu sehr mit anderen Plänen beschäftigt gewesen, als daß er als Bauherr an der Hofburg viele Spuren seiner Regierung hinterlassen hätte, aber der Platz, der seinen Namen trägt, einer der schönsten von Wien, verdankt ihm die heutige Gestalt. Bis zum Jahre 1783 hatte ihn eine Mauer begrenzt, die vom Schwibbogen bei der Stallburg bis zur Augustinerkirche verlief, nun öffnete er sich frei und majestätisch.

Anschließend an die Stallburg stand seit dem 16. Jahrhundert das Königinkloster. Gleich vielen anderen Klöstern hob Joseph II. es auf, Johann Graf Fries nützte einen Teil des Geländes für ein Palais. Es weist noch Elemente des Barock auf, ist aber vorwiegend im klassizistischen Stil gehalten: Die neue Zeit kündigte sich auch in der Architektur an. Dieses imposante Gebäude, seit 1842 Palais Pallavicini, und das benachbarte Palais Pálffy bilden die vierte Seite des Josefsplatzes, das Denkmal des Kaisers zeigt ihn zu Pferd als römischen Imperator. Sein Neffe Franz ließ es errichten.

Andere Veränderungen im Bereich der Burg zur Zeit Josephs II. sind weniger bekannt, obwohl sie damals viel besprochen wurden. Die Basteien waren als militärischer Bereich eigentlich nicht allgemein zugänglich, aber schon unter Kaiser Karl VI. hatte es die Stadtguardia damit nicht so genau genommen, sondern Hütten errichtet, in denen die Frauen und Töchter der Gardisten Wein, Bier und Limonade ausschenkten. Kundschaft fanden sie genug, denn die Bürger gingen gern auf den Basteien spazieren. Joseph II. genehmigte offiziell diesen bis dahin illegalen Brauch; gleich dem Prater und dem Augarten gab er auch die Basteien den Bürgern frei und erteilte dem Kaffeesieder Johann Millano die Erlaubnis, eine Kaffeehalle zu errichten und das Publikum mit einer Musikkapelle zu erfreuen. Die Burgbastei wurde mit Bäumen bepflanzt, der Spanische Ravelin durchbrochen und über den Graben davor eine Brücke gebaut, so daß der Zugang von der Burg her möglich war. Die Zahl der Spaziergänger nahm noch mehr zu, die Damen zeigten ihre neuen Toiletten, Kinder spielten, Herren trafen einander zum Gespräch. Der Raum wurde bald recht eng, in der beliebtesten Gegend der Basteien in der Nähe des Kaffeepavillons vor der Burg mußte man im Kreise gehen. Die Wiener sprachen spöttisch von der »Ochsenmühle«.

Die Promenade auf der Burgbastei

»Gott erhalte Franz, den Kaiser«

Als Leopold, Josephs Bruder und Nachfolger, am 12. März 1790 aus Florenz nach Wien kam, bezog er den Trakt der Hofburg, den sein Urgroßvater Leopold I. erbaut hatte. Zwei Monate später folgte ihm seine zahlreiche Familie. Auch seine Schwester Maria Karoline und ihr Gemahl, der Bourbone Ferdinand IV., König von Neapel, reisten nach Wien, und zwar aus einem besonderen Anlaß. Erzherzog Franz, der Kronprinz, sollte aus dynastischen Gründen bald nach dem Tod seiner geliebten Frau noch einmal heiraten, als Gattin war Maria Theresia von Neapel ausersehen, die Tochter von Maria Karoline.

Außerdem heiratete Franzens Bruder Ferdinand, der für den Thron in Florenz bestimmt war, ebenfalls eine Tochter von Maria Karoline, die 17jährige Maria Ludovica von Neapel, und Franzens Schwester Maria Klementine einen Sohn von Maria Karoline, den Thronfolger von Neapel. Also fand am 19. September 1790 in der Augustinerkirche eine prunkvolle Dreifachhochzeit statt, die dritte allerdings nur per procuram, denn sowohl die Braut wie der Bräutigam zählten erst 13 Jahre.

Vom biologischen Standpunkt aus waren die Ehen sehr bedenklich, da alle sechs Brautleute Enkel von Maria Theresia und Franz I. Stephan und auch von der bourbonischen Seite her nahe verwandt waren, ein deutliches Beispiel der Inzucht in den Herrscherhäusern. Wer bei Hofe darüber sprach, tat es nur leise, um die Freude am Hochzeitsmahl nicht zu stören. Die Festtafel war im Redoutensaal gedeckt.

Kaum zwei Wochen später, am 3. Oktober 1790, reiste Leopold mit seiner Familie nach Frankfurt am Main ab, um dort zum Kaiser gekrönt zu werden. Er kehrte sehr bald zurück, denn er hatte große Aufgaben vor sich. Er beendete den Türkenkrieg, beruhigte die unzufriedenen Ungarn, machte etliche Reformen der Verwaltung Josephs II., die sich nicht bewährt hatten, wieder rückgängig, traf ein Abkommen mit den Preußen, die schon an der böhmischen Grenze aufmarschiert waren, und dämpfte den Aufstand in den Niederlanden. Über all diesen dringenden Sorgen blieb ihm keine Zeit, an der Hofburg etwas umzugestalten. Vielleicht hatte er Pläne dafür, die er in späteren, ruhigeren Zeiten angehen wollte, aber er starb nach kaum zwei Regierungsjahren am 1. März 1792 unerwartet und viel zu früh. Ursache seines Todes dürfte eine Lungen- und eitrige Rippenfellentzündung gewesen sein, aber viele Leute waren fest überzeugt, er sei vergiftet worden, und stritten nur darüber, ob die Jesuiten, die Freimaurer oder die Jakobiner die Schuld trugen.

Kurz darauf folgte ihm seine Gemahlin Maria Ludovica in den Tod nach. Sie war zwei Jahre älter gewesen als er, keine Schönheit, hatte die eheliche Untreue Leopolds mit äußerer Fassung ertragen und innerhalb von 21 Jahren in Florenz 16 Kinder zur Welt gebracht, das letzte im 43. Lebensjahr. Dieses Kind, Erzherzog Rudolf, hatte also im Alter von vier Jahren beide Eltern verloren. Sein ältester Bruder, Franz, übernahm nun in Wien die Erziehung. Leider hatte der kleine Rudolf von seiner Mutter die Epilepsie geerbt, wurde deshalb nicht, wie es erst vorgesehen war, für die militärische, sondern für die geistliche Laufbahn bestimmt, zeigte früh seine musikalische Begabung und wurde Schüler Beethovens. Er starb 1834 als Bischof von Olmütz.

So berühmt die älteren Brüder Rudolfs wurden, besonders Erzherzog Karl, der Sieger von Aspern, und der »steirische« Erzherzog Johann, so wenig trat sein Halbbruder Ludwig in den Vordergrund. Dieser war der Sohn Kaiser Leopolds II. und seiner Geliebten Livia Raimondi, einer schönen Tänzerin zweiten Ranges. Als Leopold aus Florenz nach Wien übersiedelte, nahm er Livia und den kleinen Sohn Luigi mit, Livias Eltern und zwei Brüder schlossen sich an. Darüber gab es viel Gerede, obwohl Leopold zu taktvoll war, die Geliebte in die Hofburg kommen zu lassen; er besuchte sie nur in ihrer Wohnung am Kohlmarkt, ganz nahe der Burg. Als Kaiser Leopold ein Verhältnis mit einer böhmischen Gräfin begann, soll die Kaiserin die verlassene Livia bedauert haben, denn diese sehnte sich nach Florenz zurück.

Nach dem Tode der beiden Majestäten verliert sich die Spur der Livia Raimondi, ihr Sohn Luigi aber genoß diskrete Fürsorge. Er hieß nun Ludwig von Grünn, lernte Sprachen und Klavierspiel, studierte an der Universität Naturwissenschaften und trat als Hofkammerkonzeptpraktikant in den Staatsdienst. 1809 kämpfte er in der Landwehr gegen die Franzosen, wurde danach auf Wunsch des Kaisers Franz, seines ältesten Halbbruders, vorzeitig zum Titular-Hofkonzipisten befördert, wohnte im Haus Währing 130 und starb dort 1814 an einem Lungenleiden.

Für die Geschichte der Hofburg müssen wir in das Jahr 1792 zurückkehren, als Franz am 14. Juli seinem Vater auf den Kaiserthron folgte. Er war 24 Jahre alt, wußte selbst, daß er unerfahren war, und fühlte sich deshalb unsicher. Als Stütze nahm er sich den Mann, dem er von Kindheit her vertraute, seinen einstigen Ajo Graf Franz Colloredo, und machte ihn zum Kabinettsminister.

Durch Anlage und Erziehung war Kaiser Franz II. ein sparsamer Mann, der Krieg gegen das revolutionäre Frankreich zwang ihn noch mehr, unnötige Ausgaben zu vermeiden. Bei der Erbhuldigung der österreichischen Stände in Wien wie bei den Krönungen in Ofen, Frankfurt und Prag hatte er sich alle Feierlichkeiten verbeten, in der Hofburg bewohnte er weiter die Gemächer im Schweizertrakt, die er als Erzherzog innegehabt hatte, doch am 20. April 1793 wurde im Hofburgtheater die Oper »Amor rende sagace« von Domenico Cimarosa bei freiem Eintritt festlich aufgeführt. Anlaß dazu war die Geburt des ersten Sohnes, des Kronprinzen Ferdinand, obwohl die Schädelform des Kindes eher Grund zur Besorgnis gab.

Vier Jahre später dirigierte Joseph Haydn in diesem Saal zum Geburtstag des Kaisers das Orchester und den Chor. Als zum erstenmal seine Hymne »Gott erhalte« erklang, erhoben sich die Zuhörer, ohne daß es jemand angeordnet hätte, von den Sitzen. Am 19. März 1799 wurde im Hofburgtheater Haydns »Schöpfung« uraufgeführt, im folgenden Jahr dirigierte Beethoven. Da war wieder ein großartiges Konzert zu hören, Werke von Haydn, Mozart und Beethoven, darunter dessen Septett in Es-Dur, das der Kaiserin zugeeignet war, und die Erste Symphonie. Ein weiterer Höhepunkt waren Haydns »Vier Jahreszeiten« am 17. Mai 1807 – aber inzwischen hatte sich in Europa viel

Das alte Burgtheater

verändert, in der großen Politik war Unglaubliches geschehen, und auch innerhalb der kaiserlichen Familie gab es Sorgen. Ferdinand, der älteste Sohn des Kaisers und damit künftiger Thronfolger, mußte viele Krankheiten überstehen und war geistig und körperlich offensichtlich zurückgeblieben. Der Kaiser liebte ihn zärtlich und führte ihn im Schubkarren spazieren, nicht nur auf dem Lande in Laxenburg und Schönbrunn, sondern sogar im Bereich der Hofburg. Als er es auch in dem Hofe tat, der als Rest des Burggrabens zwischen der alten Burg und der Hofbibliothek erhalten geblieben ist, soll der Direktor der Bibliothek hinuntergerufen haben: »Ein Kaiser könnte sich auch auf eine nützlichere und anständigere Art beschäftigen!« Dieser gelehrte, verdienstvolle Mann verlor daraufhin seinen Posten; gegen eine andere scharfe Zunge konnte sich der Kaiser nicht immer zur Wehr setzen: Seine Tante und Schwiegermutter Königin Maria Karoline von Neapel kam als Flüchtling nach Wien und nahm über ihre Tochter, die Kaiserin, Einfluß auf die Politik. Zum Glück für den familiären Frieden blieb sie nicht allzu lange hier.

Franz hatte sich auch seine zweite Frau nicht selbst ausgesucht. Ihr Temperament war von seinem völlig verschieden, aber die Ehe war sehr glücklich und mit vielen Kindern gesegnet. Daß seine Maria Theresia nur sehr schlecht deutsch sprach, störte ihn nicht, das Italienische war ja seine zweite Muttersprache, das Französische beherrschten sie beide gleich gut. Wenn er ernst und voll Sorgen war, heiterte sie ihn auf, wenn er keine Zeit für sie hatte, machte sie es ihm nicht zum Vorwurf, sondern suchte sich selbst eine passende Unterhaltung. Sie war sehr musikalisch, ließ wie einst ihre Großmutter Maria Theresia ihre Stimme bei Hofkonzerten hören, soll sogar in »Die fürchterliche Hexe Megära« von Philipp Hafner, einem der Begründer des Wiener Lokalstückes, die Hauptrolle gespielt haben. Sie veranstaltete kleine »Festins« mit rasch einstudierten Burlesken, chinesischen Schattenspielen und Zaubereien, besuchte am Arm des Kaisers Redouten und wechselte mehrmals am Abend die Maske, sobald sie glaubte, erkannt worden zu sein. Andererseits aber war die Kaiserin sehr fromm und wohltätig, beschenkte auf ihren Spaziergängen jeden Bettler, jeden Straßenjungen. Ihre Obersthofmeisterin, die verwitwete Gräfin Antonie Wratislaw, geborene Kinsky, und die Dienerschaft hatten große Mühe, die zudringlichen Bittsteller abzuwehren, die sich in der Hofburg und in Laxenburg regelmäßig einstellten.

Franz nahm am 11. August 1804 den Titel und die Würde eines erblichen Kaisers von Österreich an, 1806 legte er die Krone des Heiligen Römischen

Reiches nieder, bevor Napoleon sie ihm entreißen konnte. Der frühere Kaiser Franz II. war also in Österreich als Franz I. zu zählen. Zur Repräsentation schien ein größerer Zeremoniensaal nötig, als bisher vorhanden war. Die wirtschaftliche Lage der Monarchie erlaubte nicht, die Pläne zu verwirklichen, die seinerzeit Fischer von Erlach geschaffen hatte, man begnügte sich mit einem Anbau an der Stelle, wo der Leopoldinische Trakt an die Alte Burg stieß, gegen die Bastei hin vorspringend. Es war keine sehr glückliche Lösung, der Volksmund nannte diesen neuen Trakt »die Nase«. Sie ist dann beim Bau der Neuen Hofburg verschwunden.

Die »Nase« war noch kaum ein Jahr alt, als schon wieder Maurer in der Hofburg arbeiteten, allerdings nicht im Freien auf hohem Gerüst, sondern unbeobachtet tief im Weinkeller unter dem Leopoldinischen Trakt: Die Franzosen marschierten auf Wien zu, die kaiserliche Familie flüchtete nach Oberungarn, die heutige Slowakei, und im Burgkeller wurden die untersten Gänge zugemauert, um den lagernden Wein vor dem Zugriff der Feinde zu bewahren. Erst im April 1806 kehrte die Kaiserin mit ihren vielen Kindern in die Hofburg zurück. Ein Jahr später starb sie nach einer Fehlgeburt.

Die Kinder brauchten eine zweite Mutter, der Kaiser eine dritte Gemahlin. Er entschied sich recht bald für Maria Ludovica, die kaum 20jährige Tochter seines Onkels Erzherzog Ferdinand und der Maria Beatrix von Este. Sie lebte mit Mutter und Geschwistern als Flüchtling in Wien, war mit Maria Louise, der ältesten Tochter des Kaisers, gut befreundet und wurde den jüngeren Kindern eine liebevolle Stiefmutter. Ihre Schönheit und hoheitsvolle Haltung begeisterten die Wiener Adeligen und Bürger ebenso wie die ausländischen Diplomaten, später auch Goethe, der mit ihr im böhmischen Kurort Teplitz mehrmals zusammentraf.

Die Trauung am 6. Januar 1808 vollzog Maria Ludovicas Bruder Karl Ambros, Erzbischof von Esztergom und Fürstprimas von Ungarn. Der älteste Bruder, Franz von Modena-Este, verliebte sich in die Kaiserstochter Maria Louise. Auch sie mochte ihn sehr gern, aber der Sohn eines vertriebenen Herzogs kam für die älteste Tochter des immer noch angesehensten Herrscherhauses von Europa als Gemahl nicht in Frage, da wurden schon andere Pläne gesponnen.

Im Mai 1809 führte Napoleon seine Truppen neuerlich gegen Wien, am Abend des 11. begann seine Artillerie, die Stadt zu beschießen. An die 100 Häuser wurden beschädigt oder brannten ab, die Hofburg erlitt nur geringen Schaden. Am 12. Mai kapitulierte die Stadt, die Franzosen zogen als

Sieger ein. Wie schon 1805 nahm Napoleon sein Quartier nicht in der Hofburg, sondern im Schloß Schönbrunn, gewiß nicht aus Pietät oder Ehrfurcht vor den alten Mauern der Burg und ihrer Geschichte, sondern weil ihm das prachtvolle Schloß außerhalb der Stadt bequemer erschien, leichter zu bewachen war und ringsum Platz bot für das militärische Gepränge, das er liebte. In der Hofburg residierte General Antoine François Andréassy; Napoleon hatte seinen treuen Kampfgefährten in den Grafenstand erhoben und zum Gesandten in Wien gemacht, nun führte dieser den Titel eines Generalgouverneurs. Die französische Zensurbehörde schlug im Reichskanzleitrakt ihren Sitz auf. Die Herren ließen es sich gutgehen. Sobald die Dämmerung einbrach, wurde es auf der Burgbastei lebendig. Die Bürger, die tagsüber hier spazierengegangen waren, mieden nun das freundliche Gelände, französische Offiziere und Beamte trafen sich mit den Damen, deren Sympathie käuflich war, Soldaten mit den weniger feinen »Hübschlerinnen«. Ziemlich ungeniert sollen sich auf den Bänken und in den Gebüschen arge Szenen abgespielt haben.

Es waren die letzten Szenen an diesem Ort. Bevor die Franzosen im November 1809 abzogen, sprengten sie auf Befehl Napoleons die Burgbastei und die Ravelins. Von den Kunstwerken und Schätzen des Münz- und Antikenkabinetts der Hofburg und den kostbaren Büchern der Hofbibliothek, welche die Franzosen verschleppten, erhielt Kaiser Franz nach langen Verhandlungen einen guten Teil zurück, die zerstörte Bastei aber blieb noch jahrelang ein Trümmerhaufen.

Der Friedensvertrag vom 14. Oktober 1809 schädigte Österreich sehr, die nächste Demütigung ließ nicht lange auf sich warten: Napoleon forderte die Hand der Erzherzogin Maria Louise, um mit ihr eine neue Dynastie zu begründen. Am 11. März 1810 um sechs Uhr abends wurde in der Augustinerkirche die Ehe geschlossen; Erzherzog Karl, der Bruder des Kaisers, vertrat den Bräutigam. Ein Ballfest folgte, aber trotz Glanz und schöner Musik war die Stimmung in der Burg gedrückt, in der Stadt herrschte Erbitterung. Schon zwei Tage nach der Hochzeit trat die Erzherzogin die Reise nach Paris an.

Die kaiserliche Familie und ganz Österreich suchten Trost in der Hoffnung, dieses Opfer werde immerhin den Frieden sichern, aber schon im Frühjahr 1812 verlangte Napoleon, daß auch österreichische Truppen an seinem Feldzug gegen Rußland teilnahmen. Ein Korps von 30 000 Mann unter Karl Philipp Fürst zu Schwarzenberg mußte mit der »Großen Armee« marschieren.

Der Wiener Kongreß

Erst die Völkerschlacht bei Leipzig brachte die Aussicht, Napoleon könne überwunden, der Frieden hergestellt, Europa neu geordnet werden. Um darüber zu beraten, sagten sich der Zar von Rußland und der König von Preußen zu Besuch in Wien an. Ende September 1814 bezogen sie als Gäste des Kaisers von Österreich in der Hofburg Quartier. Damit begann der Wiener Kongreß ganz inoffiziell, die förmliche Eröffnung fand erst am 2. November 1814 statt.

König Friedrich Wilhelm III. von Preußen brachte außer seinen Ministern und dem Gefolge zwei Brüder mit, Zar Alexander I. kam mit seiner Gattin Elisabeth von Baden, um die er sich allerdings nicht sehr kümmerte, mit seinem Bruder Konstantin und zwei Großfürstinnen. Den Russen stellte Kaiser Franz I. die Amalienburg zur Verfügung. Bald mußte er noch viele andere Monarchen aufnehmen, geladene und ungeladene mit ihren Begleitern. Da kamen Herrscher, die ihre Königskrone Napoleon verdankten, aber nicht auf sie verzichten wollten, und Fürsten, die ihr Land verloren hatten und nun zurückforderten, alle mit Verwandten und Höflingen, schließlich etliche schöne Damen, die Intrigen spannen oder nur den Wunsch hatten dabeizusein. Insgesamt hatten 200 Gemeinschaften ihre Vertreter entsandt, von den Großmächten bis zu den Schweizer Kantonen und den schwer überschaubaren Einzelteilen Deutschlands und Italiens. Der Heilige Stuhl war durch den päpstlichen Staatssekretär Kardinal Ercole Marchese Consalvi vertreten.

Dazu gesellten sich großartige Herren wie der Fürst de Ligne und exotische wie der Pascha von Vidin in türkischem Gewand mit Turban, sein Dolmetscher im Kaftan, und ein großer schlanker Herr, der sich Prinz Manug nannte, Bej von Mirzan, mit einer hohen Pelzmütze auf dem Kopf. Selbstverständlich lockte der Kongreß auch Abenteurer und Kurtisanen an, Künstler und Geschäftemacher. Nicht alle hatten Zutritt zur Hofburg, aber jeder bemühte sich darum, mancher fand einen Gönner, in dessen Gefolgschaft er hineinschlüpfen konnte. Die Mühe lohnte sich, denn ein Fest überbot das andere an Pracht, oft auch an künstlerischer Qualität. Beim Oratorium »Samson« von Händel am 16. Oktober 1814 in der Hofreitschule wirkten 700 Personen mit, aber keine Berufssänger, sondern Liebhaber der Musik, zum Teil aus den hohen Kreisen.

Als Raum für eine Musikaufführung war die Hofreitschule nur ein Notbehelf, da es in Wien noch keine großen Konzertsäle gab, dafür entsprach sie bei dem pompösen Fest am 23. November ihrer Bestimmung. 24 junge Kavaliere sollten in einem Carroussel ihre Geschicklichkeit zeigen, indem sie den Prunk barocker Reiterspiele wiedergaben. Dazu paßten die Kostüme der 24 hochadeligen Damen, zu deren Ehren die Herren kämpften. Sie saßen auf einer Tribüne an der einen Längsseite der Reitbahn, über ihnen das Orchester, gegenüber die Monarchen und souveränen Fürsten mit ihren Damen, auf den Galerien die übrigen geladenen Gäste im Glanz ihrer Juwelen und Prunkgewänder. Allein der Schmuck der Fürstin Maria Theresia Esterházy, einer geborenen Prinzessin von Thurn und Taxis, wurde auf sechs Millionen Francs geschätzt (nicht Gulden, denn die waren durch Inflation entwertet). Angesichts der Perlen und Edelsteine, der Kleidung aus Samt und Atlas wurde die Wartezeit nicht langweilig, aber dann richtete sich die Aufmerksamkeit nur mehr auf die Rennbahn. 24 Ritter zogen auf ungarischen Rappen ein, ihre Bannerträger und Stallmeister folgten und ergänzten das prächtige Bild. Nachdem die Ritter den Monarchen und den Damen ihre Huldigung dargebracht hatten, sprengten sie, in Quadrillen geordnet, im Galopp um die Bahn und stachen dabei mit ihren Lanzen nach aufgehängten Ringen. Im zweiten Rennen schleuderten sie kurze Spieße nach hölzernen Sarazenenköpfen, schlugen mit ihren Degen oder Säbeln nach ihnen, im dritten mußte jeder einen Faden durchhauen, an dem ein Apfel hing, und diesen noch in der Luft in zwei Hälften spalten. Den Abschluß bildeten ein Scheingefecht der Ritter und kunstvolle Dressurakte.

Zur Belohnung war im Redoutensaal ein Festmahl gedeckt, für die Monarchen auf goldenem Geschirr. Ein Augenzeuge berichtete: »Der umfangreiche König von Württemberg sieht wie gewöhnlich sorgenvoll aus, vor ihm hat man einen weiten Ausschnitt in den Tisch gemacht, um seinem Bauche Platz zu schaffen. In der Tat, dieser Fürst scheint zeigen zu wollen, welchen Grad der Ausdehnung die menschliche Haut erreichen könne.«

Fast jeder Tag hatte sein besonderes Programm. Nicht gewöhnliche Schauspieler, sondern Hochadelige spielten eine französische Komödie, und wem eher ein schönes Äußeres als künstlerisches Talent gegeben war, der stellte sich mit anderen zu einem »lebenden Bild« zusammen. Da sah man im Dezember 1814 »Ludwig XIV. zu Füßen der La Vallière«; der junge Graf Trauttmansdorff, Sohn des Obersthofmeisters, stellte den König dar, die entzückende Gräfin Julia Zichy die Dame. Eine Szene aus der Tragödie »Phädra« von Racine wurde stumm aufgeführt und wirkte nur durch den Anblick.

Öffentliche Hoftafel im Redoutensaal

Meistens ging es weniger darum, was man sehen oder hören würde, sondern wer welche Rolle verkörperte. Tagelang rätselte die Hofgesellschaft, ob der junge Graf Wrbna seinen schönen Schnurrbart opfern würde, um den Gott Apollo darstellen zu können; er weigerte sich lange, bis die Kaiserin selbst ihn dazu bewog. Solche Ereignisse beschäftigten das allgemeine Interesse und auch die Aufmerksamkeit hoher Herren mehr als die politischen Verhandlungen des Kongresses, und das war ja wohl der Zweck des Aufwandes. Noch anziehender wirkten die Hofredouten nach dem bekannten Vers des Ovid: »Sie kommen, um zu schauen, sie kommen, um selbst angeschaut zu werden.« Die ungarische Paradeuniform des Fürsten Nikolaus Esterházy soll mit ihren Edelsteinen einen Wert von vielen Millionen dargestellt haben, die Kaiserin trug die kostbarsten Juwelen der Schatzkammer. Bei der großen Hofredoute am 2. Oktober brannten in den beiden Sälen – erzählte man einander – 8000 Wachskerzen. Für die Majestäten waren unter Thronhimmeln Fauteuils aufgestellt, die Estraden mit Samt bedeckt. Bei den Buffets herrschte wie üblich großes Gedränge. Angeblich waren an die 12000 Personen zugegen, jedenfalls viel mehr, als eingeladen waren, denn die Türsteher nahmen die Eintrittskarten ab und verkauften sie gleich weiter. Von den 10000 Tee- und Eislöffeln, die mit der kaiserlichen Krone geprägt waren, kam ein Viertel abhanden – auch das war nur ein Gerücht, aber es klingt glaubhaft.

Eine Woche nach dieser großen Hofredoute war eine »Redoute parée« angesetzt, ein Ballfest, zu dem man in Maske oder zumindest in den vorgeschriebenen Farben zu erscheinen hatte, die Damen weiß, hellblau oder rosarot, die Herren in blauem oder schwarzem Frack und weißen oder schwarzen Kniehosen. Diesmal waren nur 4000 Personen geladen, aber aus den bekannten Gründen waren an die 6000 anwesend. Sie kamen auf ihre Rechnung, hatten genug zu bewundern, denn den Glanz der Juwelen übertraf noch die Kleidung der Damen, schöner als die Gewänder aber waren viele der Gestalten, die darunter zu ahnen waren. 24 Damen stellten in Gruppen zu je sechs die vier Elemente dar: Für die Luft waren die jüngsten und zartesten ausgewählt und nur in leichten Flor gehüllt, mit Diamanten geschmückt. Kaum weniger reizvoll waren die Meernymphen mit Perlen und Korallen anzuschauen. Nicht mehr ganz junge Damen verkörperten, mit Rubinen geziert, in roten Gewändern das Element Feuer, für die Erde traten stattliche Matronen auf, ihrem Thema entsprachen Goldschmuck und goldbraune Topase, auf den Köpfen trugen sie goldene Körbchen voll von Früchten des Herbstes.

Vielen Besuchern der Feste ging es nur darum, einmal dabeigewesen zu sein und davon erzählen zu können, die Eingeweihten vermerkten aber aus Freude am Tratsch, die Geheimpolizisten im Auftrag ihrer Potentaten, wer mit wem wie lange plauderte, flirtete, öfter zusammentraf. Lakaien wurden dafür bezahlt, daß sie Gespräche belauschten, Putzfrauen mußten die Papierkörbe nach interessanten Schriftstücken durchstöbern.

Das sorgfältige Arrangement der Hoffeste sorgte jedoch dafür, daß die allerhöchsten Herrschaften unbehelligt blieben, und die Neugierigen kümmerten sich weniger um Geheimverhandlungen als um prächtige Veranstaltungen wie etwa die Hofschlittenfahrten, besonders die große am 22. Januar 1815. Schon zwei Wochen vorher wurden Wetten abgeschlossen, ob die Kaiserin Maria Ludovica und die Königin Karoline von Bayern trotz ihrer schwachen Gesundheit teilnehmen würden und was sich ergäbe, wenn sie nicht mitführen. Die schwere Pflicht, die Paare in den Schlitten nach persönlichen Wünschen zu ordnen, ohne jemanden zu enttäuschen, lastete auf dem Obersthofmeister Fürst Ferdinand von Trauttmansdorff-Weinsberg. Er löste das Problem, indem er nur den fünf höchsten Herren die Wahl freistellte, über die anderen das Los entscheiden ließ. Kaiser Franz I. fuhr pflichtgemäß mit der Zarin Elisabeth zusammen. Der Zar hätte aus Höflichkeit die Kaiserin wählen müssen, aber da sie, wie erwartet, nicht teilnahm, entschied er sich gern für eine schöne junge Witwe, die Fürstin Maria Gabriele Auersperg. Im dritten Schlitten saßen König Friedrich VI. Christian von Dänemark, ein hagerer Herr mit spärlichem Haupthaar, seiner Freigebigkeit wegen sehr beliebt, und die hübsche Großherzogin Maria von Weimar, eine Schwester des Zaren. Im vierten Schlitten versuchte der König von Preußen, das Herz der »himmlischen Schönheit« Gräfin Julia Zichy zu gewinnen.

Während die hohen Herrschaften in der Burg tanzten oder tafelten, konferierten und intrigierten, warteten ihre Kutscher mit den Equipagen gewöhnlich auf dem Josefsplatz. Dort standen tagsüber und oft bis tief in die Nacht auch die Pferde der Ordonnanzen und berittenen Hofdiener bereit. Der Durchgang zum Schweizerhof und der Burghof waren immer voll von Menschen, die dienstlich etwas zu erledigen hatten oder nur aus Neugier kamen. Es war doch so schön anzuschauen, wenn die Ehrenposten vor den Wohnungen der Monarchen das Gewehr präsentierten, wenn die Wache herausgerufen wurde und sich samt Fahnenträger aufstellte, der Offizier mit dem blanken Säbel grüßte!

Seit 1802 bestand außer den Garden noch eine Hofburgwache, bis zu 173 Unteroffiziere und Soldaten der Armee; sie waren dem Kapitän der Trabanten-Leibgarde unterstellt. Nach dem Ende des Wiener Kongresses wurden sie reich belohnt: Der Zar schenkte ihnen 5 000 Gulden, ebensoviel der König von Preußen und der von Dänemark, der König von Bayern 4 000 Gulden.

Geschenke und Trinkgelder wurden in jenen Monaten großzügig verteilt, aber sie erreichten höchst selten die wirklich Bedürftigen. Immerhin durften die Armen von Wien sich bei der Hofküche eine Stärkung holen, keine dünne Klostersuppe, sondern eine ordentliche Fleischbrühe. Das war gute alte Sitte; weniger gut, wenn auch gewiß ebenso alt, war die Gewohnheit der Lakaien, sich am Tisch der Herrschaften zu bereichern. Üblicherweise wurden Speisen, die von der Hoftafel übrigblieben, billig an die »Schmauswaberln« abgegeben, Wirtinnen, die nach dem Vorbild der Barbara (»Waberl«) Roman am Spittelberg oberhalb der Hofstallungen einfache Leute und Studenten damit verköstigten. Aber mancher Diener wartete nicht ab, was übrigbleiben würde, sondern räumte vorzeitig allerlei beiseite.

Zar Nikolaus I. soll einem Dieb auf die Schliche gekommen sein. Er entdeckte hinter einem Vorhang »einen mit feinsten Weinen und köstlichen Leckerbissen gefüllten Korb, obenauf den Burgunderbraten, und trägt den Fund sofort nach seinen Zimmern, um des anderen Tages Kaiser Franz daraus ein überraschendes Frühstück vorzusetzen«. So erzählt F. A. Schönholz in seinen »Traditionen zur Charakteristik Österreichs«.

In diesem Falle bat der Zar, den schuldigen Lakaien nicht zu bestrafen, und Kaiser Franz war ohnehin gewöhnt, ein Auge zuzudrücken. Sonst aber war für Vorfälle dieser Art das Obersthofmarschallamt zuständig, der Polizei war es nicht erlaubt, in den k. k. Hofgebäuden einzuschreiten. Diese Tatsache bereitete dem Polizeipräsidenten Franz Hager Freiherr von Altensteig einige Sorgen, denn er war für die Sicherheit aller Teilnehmer des Kongresses verantwortlich, mußte mit der Möglichkeit rechnen, daß ein polnischer Patriot ein Attentat auf den Zaren versuchte oder ein eifersüchtiger Ehemann einen liebebedürftigen Diplomaten verprügelte. Die fremden Herren wußten selbstverständlich, daß sie von gefährlichen Spioninnen und kleinen Spitzeln und Konfidenten der Polizei umgeben waren, in der ganzen Stadt und auch in der Hofburg, schützten sich dagegen und unterhielten ihre eigenen Nachrichtendienste. Nicht nur die hohe Politik, sondern auch private Affären schienen wichtig; persönliche Beziehungen, unvorsichtige und beabsichtigte Indiskretionen, Bestechung, Liebesabenteuer und private Zusammenkünfte wurden beobachtet und weitergemeldet.

Der Hoftratsch beschäftigte sich mit den politischen Ambitionen der großen und kleinen Staaten, mehr allerdings mit den persönlichen Schwächen der Herrscher. Man sprach von den mehr oder minder erfolgreichen Liebschaften des Zaren, von den homosexuellen Neigungen des Königs von Württemberg, der derben Ausdrucksweise des Königs von Bayern, der aussehe wie ein grober, verdrießlicher Fuhrmann, bei aller Biederkeit aber listig sei, und von den Geldgeschäften seiner Gemahlin; gern wurde sein Ausspruch zitiert: »Unser Leben hier ist sehr angenehm, nur wissen wir ganz und gar nicht, was vorgeht.« Beim König von Dänemark lächelte man über sein Äußeres und erzählte, er habe seiner Wiener Geliebten eine Pension auf Lebenszeit zugesichert; sie war jedoch keine Dame der Gesellschaft und daher weniger interessant als etwa die schöne Witwe des Fürsten Bagration mit ihren Beziehungen zum wichtigsten Mann des Kongresses, dem Fürsten Metternich. Die noch schönere Gräfin Julia Zichy blieb allen Anträgen des Königs von Preußen gegenüber standhaft, aber es dürfte ihr – so äußerte sich eine andere Gräfin – nicht schwergefallen sein angesichts der Langweiligkeit ihres Verehrers.

Friedliche Zeiten

Obwohl der Wiener Kongreß nicht alle Probleme gelöst hatte, viele Menschen enttäuscht waren, blieben doch dem geschundenen Kontinent Europa für längere Zeit neue Kriege erspart, Wunden vernarbten, die Wirtschaft erholte sich. In der Wiener Burg aber wurde Kaiserin Maria Ludovica immer schwächer, hustete beängstigend. Sie hatte schon an den Festen und Empfängen des Kongresses nicht immer teilgenommen, die Ärzte empfahlen einen Aufenthalt in wärmeren Gegenden. Am 7. April 1816 starb sie in Verona.

Kaiser Franz, zum drittenmal Witwer, vergrub sich in seiner Arbeit, studierte ganze Stöße von Akten, manchmal ging er auf die Jagd, um sich von seinem Kummer abzulenken. Sein Bruder Karl und andere, die es gut mit ihm meinten, rieten ihm zu einer neuen Ehe.

Die Braut fand sich in Bayern. Am 10. November 1817 heiratete Kaiser Franz I. von Österreich, wie üblich in der Augustinerkirche, im 49. Lebensjahr eine Tochter des Königs von Bayern namens Charlotta Augusta; in Wien

Franz I. in seinem Arbeitszimmer in der Hofburg

wurde sie Karoline Auguste genannt. Sie war nicht mehr ganz jung, nicht sonderlich hübsch, aber gesund und munter. »Wenigstens hab i dann net in a paar Jahr wieder a Leich«, soll Franz gesagt haben.
Die neue Kaiserin war gebildet, nahm Anteil an der Politik, ohne sich einzumischen, war gleich ihren Vorgängerinnen fromm und wohltätig und leistete einen großen Beitrag dazu, daß »der gute Kaiser Franz« im Lande beliebt war. Sie schenkte ihm keine Kinder, aber deren hatte er ohnehin schon genug. Mit ihrem Interesse und Verständnis für Literatur schätzte sie Franz Grillparzer; dessen Tragödie »Sappho« wurde am 21. April 1818 zum erstenmal am Hofburgtheater aufgeführt. 1821 folgten dort »Das Goldene Vlies« von Grillparzer und »Prinz Friedrich von Homburg« von Heinrich von Kleist. Daß Grillparzers »König Ottokars Glück und Ende« ohne größere Schwierigkeiten die Zensur passierte, war hauptsächlich der Kaiserin zu verdanken.
Sobald die nötigen Mittel vorhanden waren, ließ Franz I. ausbessern, was die Franzosen zerstört hatten, und neu gestaltet wiederaufbauen. Der Graben vor der gesprengten Spanischen Bastei wurde zugeschüttet, der Raum vor der Burg eingeebnet und zum Paradeplatz gemacht, südöstlich der Burg entstand der neue k. k. Hofgarten, nordwestlich der Volksgarten. Der Hofgarten, gewöhnlich »Kaisergarten« genannt, bot der kaiserlichen Familie die Möglichkeit, von Neugierigen abgeschieden bei Gespräch oder Lektüre im Freien zu sitzen oder spazierenzugehen. Der dazugehörige Wintergarten war durch eine Stiege und einen unterirdischen Gang mit der Hofburg verbunden. Auf

Der Paradeplatz vor der Hofburg

der anderen Seite bei der ehemaligen Augustinerbastei wohnte der k. k. Hofgärtner. Auf der Augustinerbastei hatte der Architekt Louis von Montoyer 1801 bis 1804 ein älteres Palais umgebaut, Teile des Augustinerklosters einbezogen und so ein neues, sehr ansehnliches Palais für Herzog Albert von Sachsen-Teschen geschaffen. Hier lebte Albert ohne politischen Einfluß, veranstaltete schöne Feste, freute sich an der Jagd und militärischem Gepränge, wie es seinem Rang als k. k. Feldmarschall entsprach, und förderte großzügig die Künste und Wissenschaften. Seine Gemahlin Erzherzogin Maria Christine war schon 1798 gestorben, ihr Grabmahl in der Augustinerkirche zählt zu den Hauptwerken des großen Antonio Canova. Albert wurde 84 Jahre alt, am 10. Februar 1822 starb er nach langem Leiden und wurde in der Hofburgkapelle aufgebahrt. In seinem Leichenzug schritten nicht nur, wie es sonst üblich war, Geistliche und Hofangestellte, Offiziere und Soldaten, sondern auch Waisenkinder und Arme aus den Spitälern, um ihrem Wohltäter zu danken. Die politischen, militärischen und sozialen Leistungen Alberts sind fast vergessen, sein Name lebt aber weiter in der großen, nahezu einmaligen Kunstsammlung Albertina, die in seinem Palais untergebracht ist.

Der Volksgarten wurde am 1. März 1823 eröffnet und zog noch in jenem Frühjahr viele Spaziergänger an; besonders geschätzt war der halbkreisförmige Kaffeesalon, wo Josef Lanner und Johann Strauß aufspielten. Man bewunderte den Theseustempel, eine Nachbildung des antiken Theseions in Athen, mit der Figurengruppe »Theseus besiegt den Minotauros« von Antonio Canova. Ein anderes berühmtes Bauwerk in Athen, die Propyläen der Akropolis, waren das Vorbild für das neue Äußere Burgtor mit seinen fünf Durchgängen und dorischen Säulen. Beiderseits aber standen noch die Basteien, vor ihnen die Pappeln, die einst im Stadtgraben gepflanzt worden waren. Am 18. Oktober 1824 eröffnete der Kaiser selbst feierlich das Tor.
Kurz darauf zeigte sich ein neues Gesicht in der kaiserlichen Familie. Nachdem zwei Töchter des Kaisers in ferne Länder geheiratet hatten, Maria Klementine nach Neapel, Leopoldine nach Brasilien, ergänzte wieder eine hübsche, liebenswürdige junge Frau den Damenkreis der Hofburg: Sophie, eine jüngere Halbschwester der Kaiserin Karoline Auguste, wurde die Gattin des Erzherzogs Franz Karl, des zweiten Sohnes des Kaisers. Franz Karl war geistig nicht so zurückgeblieben wie sein älterer Bruder Ferdinand, doch – offenbar infolge der habsburgisch-bourbonischen Inzucht – ebenfalls wenig

rege, dafür sehr fromm. Sophie begann schon im Alter von 19 Jahren, ihn so zu lenken, wie sie es für richtig und nötig hielt.

Die Hochzeit von Franz Karl und Sophie war einer der 54 »Zeremonialfälle« des Jahres 1824. Diese Zahl war gering im Vergleich zu früheren Zeiten, seit Karl VI. hatte jeder Herrscher das strenge, reichhaltige Zeremoniell ein wenig gemildert und vereinfacht. Zu den 24 kirchlichen Feierlichkeiten zählten auch alle familiären wie Taufe oder Begräbnis, zu den 30 weltlichen der Neujahrsempfang für die Diplomaten, öffentliche Tafeln, Hofbälle und Hofreisen, Hoftrauer und Vereidigungen. Die Zahl 54 war selbstverständlich keine Regel, in ruhigeren Jahren wurde sie nicht erreicht, in anderen überschritten.

Ein besonderes Kapitel im Hofleben bildeten die Audienzen. Der Kaiser verbrachte die schöne Jahreszeit gern im Schloß und Park Laxenburg oder in dem freundlichen Kurort Baden bei Wien; wenn er aber in der Hofburg weilte, gab er jeden Mittwoch ab sieben Uhr früh Privataudienz, hauptsächlich für die hohen Würdenträger des Hofes und des Staates, Gesandte und Mitglieder des höchsten Adels, in besonders wichtigen Angelegenheiten auch für Leute minderen Ranges. Dafür mußte man sich anmelden und dem Oberstkämmerer vorstellen.

Weniger förmlich ging es zu, wenn ein Mitglied der Familie ein Anliegen an den Kaiser hatte, aber wenn vorauszusehen war, daß das Gespräch darüber mehr Zeit in Anspruch nehmen würde, bestimmte Franz I. doch die Morgenstunde. Am 5. Februar 1823 um halb neun Uhr trug Erzherzog Johann, ein jüngerer Bruder des Kaisers, einen ernsten Wunsch vor: Er wolle ein Mädchen aus dem Bauernstande heiraten, Anna Plochl, die Tochter des Posthalters von Aussee. Der Kaiser war begreiflicherweise nicht entzückt davon, gab zwar die Erlaubnis, aber in der Hofburg regten sich Widerstände, erst sechs Jahre später wurde das Paar in aller Stille in der Steiermark getraut. Im Sommer 1834 erhob Franz I. seine Schwägerin zur »Freifrau von Brandhofen«, im Dezember kam Erzherzog Johann nach Wien, um dafür zu danken, und durfte sie mitbringen. Am 28. Dezember führte er sie in der Burg in die kaiserlichen Wohngemächer. Als Frau Anna dem Kaiser und der Kaiserin die Hand küßte, zog Karoline Auguste die Posthalterstochter an die Brust und küßte sie.

Zur öffentlichen Audienz konnte jedermann kommen, er brauchte sich nur am Montag anzumelden. Ein Kabinettsdiener ließ die ersten acht Leute ein, die gewöhnlich schon stundenlang auf der Treppe gewartet hatten, und wenn der letzte hinausgegangen war, kamen die nächsten dran. Jeder gab dem Protokollbeamten Namen, Stand und Wohnort an und erhielt einen Zettel mit der Nummer, mit der er am nächsten Freitag aufgerufen werden sollte. Für die Audienz war keine besondere Kleidung vorgeschrieben, man sah den Sonntagsrock des Bürgers und des Bauern, roch Schafstall und Parfum. Meistens ging es um Klagen über ungerechte Justiz, Gesuche um Beförderung, Bitten um Erhöhung der Pension und Kinderversorgung oder Entschädigung für Vermögensverluste im Krieg, zuweilen auch um ganz private, familiäre Sorgen.

Am Tag der öffentlichen Audienz schritten bis zu 300 Personen eine Stiege im Schweizerhof hinauf, vorbei an Gardisten, durch Glastüren und Korridore in einen Vorsaal. An der Flügeltüre zum Audienzsaal standen ein deutscher und ein ungarischer Gardist mit blankem Säbel, in den Fensternischen Kammerherren, Hofbeamte und Offiziere. An einem Tischchen saß der kaiserliche Hoffourier in dunkelgrauer, goldgestickter Uniform mit Degen und nahm die Nummernzettel entgegen. Um sieben Uhr öffnete sich die Tür zum Audienzsaal, die ersten 20 bis 30 Bittsteller durften eintreten. Der Kaiser kam durch eine andere Tür aus seinen Gemächern, immer schlicht gekleidet, meistens in der grauen Uniform eines Obersten der Kaiserjäger, trat auf den ersten Besucher zu und ließ sich Namen und Anliegen sagen, nahm Bittschriften entgegen, tröstete, versprach Hilfe oder zumindest Überprüfung des Falles. Die erfahrenen Bittsteller (mancher kam ja mehrmals oder hatte sich vorher beraten lassen) wußten um den Unterschied, ob der Kaiser das Gesuch an den Kabinettssekretär, an einen Kammerherrn weitergab oder selbst einsteckte – das galt als das beste Zeichen. Sobald die erste Gruppe abgefertigt war, kehrte der Kaiser in seine Gemächer zurück, stärkte sich mit einer Tasse Bouillon und empfing dann die nächste Gruppe; so ging es bis um ein Uhr mittags oder noch länger. Die Hilfe des Kaisers kam selbstverständlich nur einem kleinen Teil der Untertanen zugute, viel mehr noch hätten sie nötig gehabt, aber die Audienzen machten Franz I. schon zu Lebzeiten so populär, wie es sein Onkel und großes Vorbild Joseph II. erst nach dem Tode wurde.

Bei den Hofbällen dagegen herrschte noch das alte Standesbewußtsein. Der Zutritt war beschränkt wie zu Maria Theresias Zeiten, nur »hoffähige« Personen durften mit einer Einladung rechnen, die Tänze freilich folgten der Mode. Das Menuett wurde selten, Contretänze blieben beliebt, aber ihre Form änderte sich fast jährlich. Einmal stand die Ecossaise im Vordergrund, dann wieder die Tempête; Anglaise, Mazurka und der Kotillon gehörten zum festen Bestand des Programms. Allmählich setzte sich auch der Walzer durch, 1829 wurde Josef Lanner Musikdirektor der Redoutensäle. Das erste Konzert, das Niccolò Paganini in Wien gab, war am 29. März 1828 im Großen Redoutensaal zu hören, fünf weitere Konzerte folgten. Zu den Zuhörern zählte Kaiser Franz I., denn er liebte die Musik sehr. Trotz äußeren Glanzes und vieler Pflichten als Herrscher führte er ein ruhiges Leben, das sich wenig von dem einer großbürgerlichen Familie unterschied, und dazu gehörte das recht biedermeierliche Vergnügen der Hausmusik. Der Kaiser spielte das Cello, der Staatskanzler Fürst Metternich Violine, vielleicht nicht immer zum Ergötzen der Zuhörer, aber zur eigenen Freude: Dilettantismus im besten Sinn des Wortes.

Ferdinand der Gütige

In späteren Jahrzehnten feierte die ganze Monarchie alljährlich den 18. August als Geburtstag des Kaisers, auch heute ist er noch nicht vergessen. An diesem Tag des Jahres 1830 brachte Erzherzogin Sophie nach zwei Fehlgeburten endlich einen Sohn zur Welt; bei der Taufe erhielt er den Namen Franz nach seinem Großvater, dem Kaiser, und Joseph wie jedesmal, wenn dem Heiligen für seine Hilfe gedankt wurde – auch Joseph I. und Joseph II. waren ja erst nach langem Warten als Thronfolger geboren worden.

Franz Joseph war nicht der erste Enkel des Kaisers. Da gab es schon einen 20jährigen hübschen, überschlanken, intelligenten Jüngling: Franz Herzog von Reichstadt. Als Sohn Napoleons kam er aber für die Thronfolge in Österreich nicht in Frage, er selbst dachte eher an Frankreich, vielleicht auch an die Krone von Polen oder Griechenland. Diplomaten in ganz Europa, in Wien besonders Fürst Metternich, beobachteten besorgt die Entwicklung des Napoleoniden, der von Macht und Schlachtenruhm träumte. Er lebte meistens in Schönbrunn; wenn er in der Hofburg weilte, bewohnte er einige Räume im Reichskanzleitrakt nahe dem Durchgang zum Michaelerplatz.

Kronprinz war Ferdinand, der persönlich sympathische, aber in vieler Hinsicht problematische älteste Sohn des Kaisers. Bei Hofe hieß es, er werde keine Kinder zeugen können, ja vielleicht würde eine Ehe sein Leben gefährden. Nun, da sein Bruder Franz Karl einen Sohn hatte, konnte man daran denken, für Ferdinand eine Gemahlin zu suchen.

Maria Anna Carolina, die Tochter des verstorbenen Königs Viktor Emanuel I.

von Sardinien-Piemont, war mütterlicherseits eine Urenkelin der großen Maria Theresia, so wie Ferdinand ein Urenkel war, bereits 27 Jahre alt, sehr fromm und in jeder Hinsicht würdig, mit feinem Gesicht und zarter Figur. Ihre Zwillingsschwester Maria Theresia Ferdinanda, Herzogin von Lucca, lebte bereits in Wien und bezauberte auf einem Hofball als zierliche, elegante, ungemein vornehme Tänzerin alle Anwesenden.

Am 27. Februar 1831 hielt Maria Anna ihren feierlichen Einzug in die Hofburg. Ferdinand empfing die Braut im Schweizerhof, bot ihr den Arm und führte sie über die Botschafterstiege »in die Appartements, wo ihr der versammelte Adel und das Diplomatische Corps vorgestellt wurden. Nach der Vorstellung war grand couvert. Um fünfeinhalb Uhr nachmittags war die Trauung ganz still in der Hofkapelle, abends war Freitheater, wo der Hof sich zeigte.« Das schrieb ein höherer Beamter, der frisch geadelte Freiherr Carl Friedrich Kübeck von Kübau, in sein Tagebuch und berichtete noch von einem epileptischen Anfall Ferdinands. Über Maria Anna notierte er einige Jahre später, als ihr Gemahl schon die Kaiserkrone trug: »Die Kaiserin, welche ihre klösterliche Schüchternheit ablegt und ihre natürliche Liebenswürdigkeit zu steigern bemüht war, schlug alle Frauen und erwarb sich allgemeine Liebe und Bewunderung.«

Als Kübeck diesen Satz schrieb, lebte Kaiser Franz I. nicht mehr. Eine Lungenentzündung hatte ihn am 2. März 1835 dahingerafft; er war als einziger der vier Kaiser von Österreich in der Hofburg gestorben. Sein Sohn Ferdinand folgte ihm als Kaiser von Österreich, war der letzte gekrönte König von Böhmen und auch der letzte, der in der Hofburg die Huldigung der Landstände des Landes Österreich unter der Enns entgegennahm. Der Erzherzogshut wird im Augustiner-Chorherrenstift Klosterneuburg verwahrt; nach altem Herkommen trugen ihn zwei Maultiere in einer Sänfte nach Wien. Im feierlichen Zug ritten die Herren, die keine einflußreichen Ämter bekleideten, aber sich ihrer hohen, durch lokale Tradition geheiligten Titel bewußt waren: der Oberst-Erbland-Mundschenk, der Oberst-Erbland-Kämmerer, der Oberst-Erbland-Truchseß und der Oberst-Erbland-Marschall als die vier wichtigsten, nach ihnen die weniger bedeutenden wie der Oberst-Erbländer-Jägermeister, -Stallmeister, -Postmeister und noch viele andere. Im Schweizerhof stiegen sie von den Pferden und gingen über die Botschafterstiege hinauf zum Kaiser, erhielten die Zusage, daß die alten Rechte und Privilegien der Landstände bestätigt würden, huldigten Ferdinand I. mit gebeugten Knien und gelobten Gehorsam. Es war, wie gesagt, der letzte Akt dieser Art in der Hofburg.

Ferdinand war nicht der Trottel, als den ihn seine Feinde bei Hofe und in der Familie gern hinstellten, aber in seiner harmlosen Gutmütigkeit nicht zur selbständigen Regierung fähig. Die Geschäfte waren einer vormundschaftlichen Staatsleitung übertragen, die aus dem Fürsten Clemens Metternich, seinem Gegenspieler Franz Graf Kolowrat-Liebsteinsky sowie den Erzherzogen Ludwig und Franz Karl bestand.

Angesichts der vielen Klagen über politische Bevormundung der Bürger, Zensur und Polizei vergißt man leicht, daß die Biedermeierzeit eine Epoche des Fortschritts in den Wissenschaften und auf wirtschaftlichem Gebiet war. Im September 1835 stellte der Kaiser den größten Raum der Hofburg, die Winterreitschule Karls VI., zur Verfügung, um darin die »Erste Allgemeine oder Central-Gewerbsproducten-Ausstellung« abhalten zu lassen. Sie sollte den aktuellen Stand der Industrie zeigen und anregen, ihn nach Möglichkeit weiter zu verbessern. 594 Firmen präsentierten ihre Erzeugnisse, und zwar aus dem Bekleidungsgewerbe, Handschuhmacher, Hutmacher, Gußwaren, Brückenwaagen, Musikinstrumente, optische Geräte, Möbel und Lederwaren. Die mechanische Werkstätte des k. k. Polytechnischen Instituts (der heutigen Technischen Universität) hatte viel zum Fortschritt auf technischem Gebiet beigetragen.

Einen starken Gegensatz zu dieser in die Zukunft weisenden Ausstellung bildete in der Hofburg eine sehr alte Zeremonie am Gründonnerstag, die Fußwaschung. Wie einst Jesus Christus beim Abendmahl den Jüngern die Füße wusch, so taten es in Erinnerung an die Szene im Evangelium des Johannes der Papst in Rom und der Kaiser in Wien, anderwärts auch Fürsten, Bischöfe und Äbte, eine traditionelle Geste christlicher Liebe und Demut. Zwölf Greise und ebenso viele Frauen (am Gründonnerstag 1836 war die jüngste 84, die älteste 99 Jahre alt) wurden in den großen Zeremoniensaal geführt und in Armstühle an zwei langen Tischen gesetzt. Der Kaiser und alle in Wien anwesenden Erzherzoge traten in Uniform ein, danach die Kaiserin und Erzherzogin Sophie mit ihren Obersthofmeisterinnen und Hofdamen, stellten sich den alten Gästen gegenüber, die Herren am Tisch der Greise, die Damen am Tisch der Greisinnen, und reichten ihnen eigenhändig Schüsseln mit Speisen hin, die von Dienern hereingebracht worden waren. Es war ein reiches Mahl, der Karwoche wegen freilich ohne Fleisch, drei Hauptgänge und ein Dessert, doch die alten Leute aßen nur die Suppe, alles andere wurde ihnen eingepackt, damit sie es daheim mit ihrer Familie in einer für sie gemütlicheren Umgebung verzehren konnten; die Suppe aber, Brot und Wein erregten sichtbar große Freude. Sobald dies verzehrt und die Speisen abgetragen waren, entfernten Diener die Tische, Edelknaben trugen goldene Becken und Kannen samt Handtüchern herbei. Die Damen und Herren zogen ihre Handschuhe aus, banden sich weiße Schürzen um und vollzogen die Zeremonie der Fußwaschung, während ein Priester den entsprechenden Evangelientext vorlas. Unter den vornehmen Zuschauern befand sich übrigens auch der Botschafter des Sultans.

Dieser Bericht stammt von der Engländerin Frances Trollope, von der noch einiges zu erzählen sein wird. Eine Fußwaschung des Jahres 1908 findet sich in dem entzückenden Buch».. . denn Österreich war ein ordentliches Land« von den drei Triestinern Carpinteri, Faraguna und Furio Bordon geschildert – die altüberlieferte Zeremonie wurde ja beibehalten. Noch für das Jahr 1919 wurden Kannen und Krüge als Erinnerungsgeschenk an die Greise angefertigt, aber am Gründonnerstag 1919 durfte Kaiser Karl I. seine Hofburg nicht mehr betreten. Die Kannen und Krüge sind in der Hofsilber- und Tafelkammer zu sehen. Man bewundert sie nicht so wie die anderen ausgestellten Stücke, eher schaut man sie mit Wehmut an.

Kehren wir in die Biedermeierzeit zurück, als Frances Trollope mit ihrem Mann vom Herbst 1835 bis Anfang Mai 1836 in Wien weilte. Sie bewunderte den allgewaltigen Fürsten Metternich, die Eleganz der Hofgesellschaft und würdigte die Hofbibliothek mit den Worten: »Die Stunden, die wir mit der Besichtigung verbrachten, zählen zu den schönsten, die ich in Wien verlebte . . . Diese äußerst prächtige Sammlung besteht aus 300 000 Bänden und wächst natürlich täglich, da alle neuen Werke, die im Ausland erscheinen, ständig angekauft werden.« Vom Antikenkabinett im Augustinergang zwischen der alten Burg und dem Palais des Herzogs Albert von Sachsen-Teschen urteilte Frances Trollope es »ist eines der schönsten in Europa und nimmt in mancher Beziehung den allerersten Rang ein. Mehrere Stücke dieser schlechterdings unvergleichlichen Sammlung von pierres gravés sind einmalig in ihrer Art. Es befinden sich hier über 1 200 antike Kameen, von denen viele zu den vorzüglichsten zählen.«

Auch der Kaisergarten machte starken Eindruck auf die Dame, sie bezeichnete die Orangerie als »das Sehenswerteste dieser Art« und rühmte »die Gewächshäuser, die eine Gartenfront zur Gänze einnehmen«, als »besonders schön . . . und alle Blumenfreunde würden das Gewächshaus der Burg als eines der lieblichsten, die man sich vorstellen kann, bezeichnen«. Dieses Lob war berechtigt. Die Gewächshäuser – der bekannte Wintergarten – waren

1823 bis 1826 errichtet worden, ein Rest der alten Festungsmauer diente als Rückwand, sonst aber war es ein ungemein moderner Bau mit Eisenkonstruktion.

»Ehe der Hof«, setzt Frances Trollope fort, »von Wien nach Schönbrunn zieht, gibt hier die Kaiserin für die beau monde ihre eleganten Morgenempfänge. Ich glaube, man nennt sie ›la fête de flore‹, und sie werden als eines der eindrucksvollsten Erlebnisse beschrieben. Gute Musik und Walzer in diesem Feenreiche mit den liebreizendsten Frauen von Wien, in Frühlingsroben von unvergleichlicher Eleganz gekleidet, müssen fürwahr ein eindrucksvolles Bild ergeben.«

Die Wiener waren nicht von allem so naiv begeistert wie die Besucherin aus England. Die Polizeiberichte, die allmonatlich dem Kaiser vorgelegt wurden, geben unter der Rubrik »Geselliges Leben« in köstlichem Amtsdeutsch die öffentliche Meinung wieder. Im März 1840 beschwerte sich das Publikum über den schlechten Zustand der Redoutensäle, im November lobte es die Renovierung, schimpfte aber über die erhöhten Eintrittspreise zu den Konzerten. Im Juni desselben Jahres klagte man, daß »im k. k. Burgtheater wegen Beschränktheit der unteren Räume bei einiger Völle des Schauspielhauses sogleich die Hitze so groß wird, daß jedermann Gefahr läuft, die Theaterfreuden mit Einbuße seiner Gesundheit erkaufen zu müssen«. Von ernstzunehmender Mißstimmung ist in den Berichten jedoch nicht die Rede, sei es, daß die Polizei sie nicht wahrnahm oder daß sie zwar die vorgesetzte Behörde, nicht aber den Kaiser darüber informierte. Dafür nennt der Bericht vom November 1842 »das in der k. k. Winterreitschule stattgehabte große Musikfest, welches durch die Anwesenheit des Allerhöchsten Hofes verherrlicht wurde«.

Kaiser Franz hatte im Jahre 1800 für seinen Großvater Franz I. Stephan eine metallene Reiterstatue auf der Bastei in der Nähe des heutigen Burgtheaters aufstellen, 1819 in den Kaisergarten bei der Burg übertragen lassen; für seinen Onkel Joseph II. errichtete er ein wesentlich größeres Reiterstandbild vor der Hofbibliothek auf dem schönen Platz, der den Namen Josefsplatz bekam. Nun erhielt der pietätvolle Kaiser selbst eine Statue gewidmet, die ihn aber nicht als Reiter, sondern als Friedensfürst und Freund seiner Völker zeigt. Den Grundstein legte sein Sohn Ferdinand I. auf dem Inneren Burghof am 30. Jahrestag der Völkerschlacht bei Leipzig, dem 18. Oktober 1843. Die Witwe des Verstorbenen, die ganze Familie und die hohen Würdenträger nahmen an dem feierlichen Akt teil, trotz des schlechten Wetters kamen auch sehr viele Bürger.

Bis zur Enthüllung vergingen noch fast drei Jahre. Endlich war es soweit: Am Vormittag des 16. Juni 1846 fand in der Hofburgkapelle ein Hochamt statt, der Abt des Schottenstiftes würdigte in seiner Predigt das Leben und die Taten des Kaisers; wie die Preußen und die Russen, so nahmen ja auch die Österreicher für sich den Ruhm in Anspruch, den entscheidenden Beitrag zum Sieg über Napoleon geleistet zu haben. Fürst Metternich hielt vor dem Denkmal eine kurze Rede, Kaiser Ferdinand sprach Worte des Gedenkens an seinen Vater und erklärte kurz die allegorischen Gestalten und die Reliefs des Sockels. Ein Tedeum schloß die Feier ab.

Das Revolutionsjahr 1848

Fast zwei Jahre lang standen die drei Denkmäler unangefochten auf ihren Sockeln, bis sich vor zweien von ihnen unerwartete Szenen abspielten. Kaiser Franz I. Stephan an seinem entlegenen, richtig privaten Platz im Kaisergarten behielt die Ruhe, die er zeitlebens geschätzt hatte, Kaiser Joseph II. aber wurde zum Leitbild der liberalen Opposition in Wien, bald sogar zur Symbolgestalt der revolutionären Bewegung. Am 13. März 1848 waren in der Herrengasse in Wien die ersten Schüsse gefallen, Bürger und Beamte – unter ihnen Franz Grillparzer – trugen Verwundete in die Hofapotheke, wo sie notdürftig versorgt wurden.

Die Staatskonferenz, die für den Kaiser vormundschaftlich regierte, trat seit dem 12. März täglich zusammen. Zu ihrem Stab gehörten einige hohe Beamte; als sie auf dem Weg in die Hofburg in der Nacht vom 14. auf den 15. März den Josefsplatz überquerten, mußten sie über die Revolutionäre hinwegsteigen, die sich rund um das Denkmal Josephs II. zum Schlaf niedergelegt hatten. Das Denkmal war mit Blumen bekränzt, der Statue hatte man in die Hand eine schwarz-rot-goldene Fahne gegeben mit der Aufschrift »Preßfreiheit«.

Ferdinand I. hielt es nicht für möglich, daß seine guten Wiener zu Rebellen geworden seien. Seine Frage »Ja dürfen s' denn das?« ist eine der bekanntesten, durchaus glaubhaften Anekdoten aus jener Zeit. Am 15. März fuhr der Kaiser mit seinem Bruder Franz Karl und dessen Sohn Franz Joseph furchtlos im offenen Wagen durch die Stadt und wurde mit Jubel begrüßt. Die Pressefreiheit war gewährt, die Aufstellung einer Nationalgarde gebilligt; im Inneren Burghof vor dem Leopoldinischen Trakt nahe dem Durchgang zum

Der Josefsplatz im März 1848

Der konstituierende Reichstag in der Winterreitschule

Paradeplatz hatten bisher Grenadiere die Burgwache bezogen, nun tat es die Nationalgarde zusammen mit kaiserlichen Infanteristen.

Kompromisse dieser Art konnten aber die Ruhe in Wien nicht retten. Die neue Verfassung befriedigte die Arbeiter und Studenten nicht, am 15. und 16. Mai trugen sie in der Hofburg eine sehr laute, aufgeregte Sturmpetition vor. Die Regierung mußte wieder nachgeben, Kaiser Ferdinand I. verließ die Hofburg ganz unauffällig und zog sich mit seiner Familie nach Innsbruck zurück. Als sein Vertreter übernahm am 26. Juni sein Onkel Erzherzog Johann die Regierung. Johann war schon seit langem sehr beliebt, wurde als liberal und als Ehrenmann geachtet. Wenige Tage nach seiner Ankunft nahm er eine Parade der Nationalgarde und der Akademischen Legion ab. Im Großen Audienzsaal des Reichskanzleitraktes empfing der Erzherzog eine Abordnung des Deutschen Reichstages zu Frankfurt; dort hatte man ihn zum Deutschen Reichsverweser gewählt.

Zwei Wochen später, am 22. Juli 1848, eröffnete Erzherzog Johann den konstituierenden Reichstag für Österreich. 383 gewählte Abgeordnete der deutschen und der meisten slawischen Länder der Monarchie sollten sich versammeln – aber wo? Bisher hatten noch nie so viele Herren an einer staatswichtigen Beratung teilnehmen dürfen. Der größte Raum innerhalb der Hofburg ist die Winterreitschule; hier wurden die Sitzplätze aufgestellt, aber nicht behelfsmäßig, sondern wie in einem altrömischen Theater in Sektoren gegliedert, halbkreisförmig ansteigend. In der Mitte (der antiken Orchestra) saßen die Stenographen, der Bühnenraum war den Rednern vorbehalten, im Hintergrund gab es eine Hofloge zwischen zwei Logen für die ausländischen Diplomaten. Die Abgeordneten setzten einen Ausschuß ein, der über eine Verfassung des Staates beraten sollte. Der jüngste Abgeordnete war der 25jährige Hans Kudlich, ein Bauernsohn aus Schlesien; er stellte den Antrag, das Verhältnis der Untertänigkeit der Bauern gegenüber ihrer bisherigen Herrschaft samt Robot und Zehent aufzuheben.

Die Stimmung schien so weit beruhigt, daß die kaiserliche Familie im August nach Wien zurückkehrte, sie hielt sich jedoch mehr in Schönbrunn als in der Hofburg auf, wie das ja im Sommer üblich war; aber nach nur acht Wochen mußte sie ihrer Sicherheit wegen zu den treuen Mährern in die feste Stadt Olmütz übersiedeln, denn in Wien tobte die Oktoberrevolution.

Am 29. Oktober trat im Großen Redoutensaal der Gemeinderat zusammen. Das war kein selbstverständlicher Raum dafür, aber die Revolution hatte die Grenzen für das, was als passend und schicklich gegolten hatte, bereits verwischt. Die ganze Lage war für biedere Bürger schwer zu begreifen: Kaiserliche Truppen hatten die Kaiserstadt Wien eingeschlossen und beschossen sie.

Spät abends bot eine Abordnung der Gemeinderäte dem kaiserlichen Feldmarschall Alfred Fürst zu Windischgrätz die Kapitulation an, doch die Revolutionäre brachen die Vereinbarung schon am nächsten Tag, dem 30. Oktober, weil eine Entsatzarmee aus Ungarn heranrückte. Windischgrätz mit seinen Truppen und den kaisertreuen Kroaten trieb die Ungarn in die Flucht, doch in Wien leisteten die Revolutionäre weiter Widerstand, die Stadt mußte erstürmt werden. Die Kämpfe am Burgtor dauerten bis in den Nachmittag des 31. Oktober. Inzwischen stand schon der Dachstuhl der Hofbibliothek in Flammen, der Brand dauerte drei Tage lang, Hitze und Rauch beschädigten das Deckengemälde in der Kuppel des Prunksaales.

VI

Das Zeitalter
Kaiser Franz Josephs

Der junge Kaiser · Die Tragödie des Kronprinzen ·
Hofball und Ball bei Hofe · Galadiner und Hoftafel ·
Leute um den Kaiser · Die Ämter in der Hofburg ·
Das Carroussel in der Hofreitschule · Vom letzten
Hofball bis zum Ende der Monarchie

Der junge Kaiser

Kaiser Ferdinand I. verzichtete am 2. Dezember 1848 in Olmütz auf die Krone. Sein Neffe Franz Joseph traf am 5. Mai 1849 als neuer Kaiser in Schönbrunn ein, am folgenden Tag in der Hofburg. Er stand erst im 19. Lebensjahr, hatte aber schon an der Front in Italien den Ernst des Lebens kennengelernt. Seine jugendfrische Gestalt erweckte Hoffnungen für die Zukunft, die Wiener jubelten wieder einmal. Politisch verfügte Franz Joseph über keine Erfahrung, seine stärkste Stütze war der Ministerpräsident Felix Fürst zu Schwarzenberg.

Seine Mutter Erzherzogin Sophie hatte energisch darauf hingewirkt, ihm den Thron zu verschaffen; in die Politik mischte sie sich nicht ein, im höfischen und im privaten Leben aber lenkte sie ihren Sohn, wie sie schon ihren Gemahl gelenkt hatte, und er war dankbar dafür. Dabei vergaß sie nie, daß nun er das Haupt der Familie war. Wenn er einen Raum betrat, in dem sie sich befand, erhob sie sich von ihrem Sitz, sooft er sie auch mahnte, sie möge Platz behalten.

Wie sein Großvater Franz, so hatte auch Franz Joseph zu jung und in schweren Zeiten den Thron bestiegen; ähnlich wie jener soll er geseufzt haben: »So leb denn wohl, meine Jugend!« Die Hofgesellschaft aber freute sich, sobald die ersten schwierigen Jahre vorbei waren, einen jungen Kaiser zu haben. »Man amüsiert sich wieder bei Hofe«, schrieb eine preußische Dame an eine Freundin. Bei den offiziellen Hoffesten tanzte Franz Joseph nicht, als höflicher Gastgeber machte er die »Tournée« und sprach mit den Gästen, die durch ihr Alter oder ihren Rang die würdigsten waren. Seine Mutter erkannte als kluge Frau, daß auch er Unterhaltung brauchte, und veranstaltete von sich aus in der Hofburg Bälle. Im Fasching 1851 waren es gleich sieben, dazu kamen noch die Bälle des höchsten Adels in den verschiedenen Palais. Da absolvierte Franz Joseph erst die Pflichttänze mit den vornehmsten Damen, dann suchte er sich die Tänzerinnen aus, die ihm gefielen. Für jede war es eine Ehre und noch dazu ein Vergnügen, denn er tanzte gut und unermüdlich, auch wenn eine Mazurka schwierig war und der Kotillon zwei Stunden oder noch länger dauerte. Dabei trug er immer Uniform.

Der junge Kaiser schätzte schöne Uniformen; das konnte jedermann feststellen, der in die Hofburg kam. Die polnische adelige Leibgarde bestand schon lange nicht mehr, der Glanz der ungarischen war 1848 verschwunden, dafür zeigten sich die Arcièren, durchwegs Offiziere, in voller Pracht: roter Waffenrock mit Goldbordierung, weiße hirschlederne Reithose, hohe Stiefel aus schwarzem Lackleder, darüber ein weiter Paletot aus weißem Tuch mit rotem Passepoil; der silberglänzende Helm war mit einem Doppeladler geschmückt. Zusätzlich errichtete Franz Joseph eine Garde-Gendarmerie, die dem Generaladjutanten unterstand, die Mannschaft bildeten Unteroffiziere der Kavallerie. 1868 wurde daraus die Leibgardereitereskadron mit sieben Offizieren und 100 Gardisten. Ihr Waffenrock war dunkelgrün, die hirschlederne Reithose weiß, die Pickelhaube hatte einen schwarzen Roßhaarbusch. Ein Wachtmeister und zwölf Mann versahen den täglichen Wach- und Ordonnanzdienst bei Hofe, ein Wachtmeister brachte Seiner Majestät täglich den Frührapport, die Mannschaften dienten auch als Kuriere.

Vom Arbeitseifer des jungen Kaisers erzählte man sich Wundergeschichten. Auch wenn er erst gegen sieben Uhr früh von einem Tanzfest nach Hause gekommen war, erteilte er schon drei Stunden danach Audienzen, studierte am Schreibtisch Akten, hielt Konferenzen und ließ sich bis spät am Abend über wichtige Themen Vorträge halten. Sein Interesse galt allem Militärischen, weniger den Künsten und Wissenschaften. Frohe Geselligkeit mit Gleichaltrigen, ausgelassene Feste oder Amouren gab es für ihn nicht; wenn er sich ein Vergnügen gönnte, war es die Jagd.

Die Ereignisse der Jahre 1848/49 hatten sich auch auf die Verteilung der Räumlichkeiten in der Hofburg ausgewirkt. Zunächst brauchte Franz Joseph neue Wohn- und Arbeitsräume und wählte dazu das erste Stockwerk des Reichskanzleitraktes. Daneben, dem Michaelertor zu, lag das Appartement, das der Herzog von Reichstadt bewohnt hatte, sooft er sich in der Hofburg aufhielt, nach ihm sein Vetter Erzherzog Stefan Viktor. Dieser benützte die Räume von 1839 bis 1841, dann immer seltener, denn er wurde 1843 Statthalter in Böhmen, 1847/48 von Ungarn; weil er zwischen den Revolutionären und dem Wiener Hof zu vermitteln trachtete, fiel er in Ungnade. Er zog sich auf die Besitzungen zurück, die er von seiner Mutter Hermine von Anhalt-Bernburg-Schaumburg-Hoym geerbt hatte. Seine Räume in der Wiener Burg aber behielten die Bezeichnung »Stephan-Appartement«. Kaiser Franz Joseph benützte das Speisezimmer mit den prachtvollen flämischen Tapisserien für Hofdiners im engeren Kreise.

In dieser Zeit erhielt auch ein anderes Appartement in der Hofburg seinen Namen von einem Herrn, der es nur selten bewohnte. Joseph Wenzel Graf Radetzky hatte unter Kaiser Joseph II. gegen die Türken gekämpft, 1813 war er Stabschef des Fürsten Schwarzenberg in der Völkerschlacht bei Leipzig; den größten Ruhm erwarb er sich, als er 1848/49 die österreichischen Besitzungen in Italien rettete. Als vornehme Geste des Dankes stellte Franz Joseph dem greisen Feldherrn Räume im ersten Stockwerk des Schweizertraktes zur Verfügung und gewährte ihm das Recht, ohne förmliche Anmeldung die kaiserlichen Räume betreten zu dürfen; das war sonst nur der engsten Familie gestattet.

Die Geschichte, wie Erzherzogin Sophie für ihren Sohn dessen bayerische Cousine als Gemahlin aussuchte, er aber sich für deren 16jährige Schwester entschied, ist allgemein bekannt. Sie spielte sich in Ischl ab; in die Hofburg kam »Sisi« erst am Abend des 24. April 1854. Der Kaiser erwartete mit allen Erzherzogen und Erzherzoginnen die Braut vor der Burg. Der Brautzug ging von den kaiserlichen Gemächern durch den Augustinergang, der in eine Allee von blühenden Orangen- und Zitronenbäumen verwandelt war, in die Augustinerkirche.

Es entsprach der Tradition, daß diese Kirche als Ort der Trauung bestimmt worden war, ebenso die Ordnung des Brautzuges, beginnend mit zwei Hoffourieren, den Edelknaben, zwei Kammerfourieren, dahinter, dem Range nach immer höher steigend, die Kämmerer, die Geheimen Räte, die obersten Würdenträger des Hofes – Erster Obersthofmeister war damals Fürst Karl von und zu Liechtenstein – und die Erzherzoge mit ihren Obersthofmeistern. Den Kaiser begleiteten der Oberstkämmerer Graf Lanckoronski, Feldzeugmeister Hannibal Fürst von Thurn und Taxis als Kapitän der Trabanten-Leibgarde und der Generaladjutant Graf Grünne. Hinter dem Kaiser schritt die

Braut zwischen ihrer Tante Erzherzogin Sophie und ihrer Mutter Ludowika, Herzogin in Bayern. Ihnen folgten die Erzherzoginnen mit schleppentragenden Edelknaben, Obersthofmeisterinnen und Arcièren-Leibgardisten, zuletzt die Hofdamen.

Das Innere der Augustinerkirche war mit Gobelins und Damaststoffen verziert, der Betschemel des Brautpaares mit goldgesticktem weißem Samt bezogen, dahinter standen zwei Armstühle bereit. In den Sitzreihen der Zuschauer glänzten Galauniformen und Ordensbänder, funkelten die Juwelen der Damen. Der Erzbischof von Wien, Kardinal Othmar von Rauscher, traute das Paar, der Hofburgpfarrer und viele andere Geistliche assistierten. Die Grenadiere, die auf dem Lobkowitzplatz aufgestellt waren, feuerten ihre erste Salve ab, als das Brautpaar die Ringe wechselte, die zweite am Beginn des Tedeums, die dritte, als der Brautzug die Kirche verließ.

An die kirchliche Feier schloß sich die weltliche an, zuerst das Brautsouper auf goldenem Service, dann Empfang aller Würdenträger, die der neuen Kaiserin vorgestellt wurden, und des Diplomatischen Korps. Ein großer Ball in den Redoutensälen am 30. April beendete die Festlichkeiten.

Die »Sissi«-Filme haben das Schicksal der jungen Kaiserin weithin verbreitet, in Wahrheit dürfte die strenge Schwiegermutter-Tante Erzherzogin Sophie einigermaßen – wenn nicht völlig – recht gehabt haben, wenn sie Sisi immer wieder erinnerte, daß die Würde viele Pflichten und Verzichte mit sich bringe. Andeutungen der hohen Persönlichkeiten, Gerede der Lakaien und weiblichen Dienstboten, »Kammermenscher« genannt, machten die Gegensätze zwischen Sophie und Elisabeth bekannt. Man sprach darüber in den Wiener Salons und in den Gasthäusern; die Journalisten beschäftigten sich innerhalb Österreichs nicht damit, denn Franz Joseph hatte die Pressezensur wieder eingeführt. In den Zeitungen war eher von der Politik und den neuen Bauten des Kaisers zu lesen.

Die fortschrittsgläubigen Bürger begrüßten den Abbruch der Basteien rund um die Innere Stadt, den anderen erschien die Maßnahme als das Ende der »guten alten Zeit«. Gegen ein Denkmal auf dem Parade- oder Promenadenplatz, der später Äußerer Burgplatz genannt wurde, hatte niemand etwas einzuwenden. Dort zwischen dem Leopoldinischen Trakt der Hofburg und dem Äußeren Burgtor wurde 1853 ein Sockel aus Untersberger Marmor errichtet, sechs Jahre später war das Standbild fertiggestellt, das er tragen sollte. Anton Dominik Fernkorn hatte eine große Reiterstatue geschaffen, deren ganzes Gewicht auf den beiden Hinterbeinen des Pferdes ruhte, eine einmalige Leistung. Dargestellt war Erzherzog Karl, der Sieger von Aspern – und Mitglied des Kaiserhauses. Am 22. Mai 1860 gab der Kaiser einen Empfang bei Hofe, die Statue wurde enthüllt, nach einem Tedeum defilierten die Truppen vor dem Kaiser, seiner Familie und seinen Gästen. Auch die Veteranen von 1809 waren eingeladen worden, von den Basteien aus, soweit sie noch vorhanden waren, schauten die Wiener zu.

Während die veralteten Befestigungen der Innenstadt bis auf ganz geringe Reste geschleift wurden, Lärm und Staub die Luft erfüllte, arbeitete Fernkorn am zweiten Denkmal: Prinz Eugen von Savoyen, der große Feldherr und Ratgeber dreier Kaiser, sitzt auf einem edlen, doch schwereren Pferd als der Held von Aspern, es erhebt sich eindrucksvoll zur Levade, stützt sich aber nicht nur auf die kräftige Hinterhand, sondern auch auf den Schweif. Am 18. Oktober 1865 wurde das Denkmal enthüllt – es war das erste für einen Nicht-Habsburger im Burgbereich. Seither hat sich für den Platz der Name »Heldenplatz« eingebürgert.

Ein kühnes Projekt des Wiener Architekten Karl Hasenauer und des Hamburgers Gottfried Semper sah vor, die beiden Denkmäler in ein großartiges Kaiserforum einzubeziehen. Vor dem Leopoldinischen Trakt der Hofburg sollte ein großer Thronsaal mit turmartiger Kuppel erbaut werden, die Denkmäler waren als die Brennpunkte eines ovalen Platzes gedacht, Seitenflügel sollten diesen umgeben und, die neue Ringstraße überquerend, bis zu den geplanten Museen reichen. Der Kaiser genehmigte 1879 vorerst den Bau des Seitenflügels gegen den Burggarten hin. Für die Fundamente mußte eine 25 Meter tiefe Baugrube ausgehoben werden; langsam wuchs das Gebäude bis zum Niveau des Heldenplatzes, aber inzwischen war Semper gestorben, Hasenauer verschied 1894. Das Projekt wurde mehrmals abgeändert, schon Vorhandenes umgebaut, denn man war sich über die Bestimmung der Innenräume nicht einig. Der Plan des zweiten Seitenflügels zwischen Heldenplatz und Volksgarten sowie des Thronsaales vor dem Leopoldinischen Trakt wurde erst 1908 endgültig aufgegeben.

Der Kaiser griff in die Streitigkeiten der Architekten und Hofstellen wenig ein, er hatte andere, viel größere Sorgen. Seine Armee war in zwei Kriegen geschlagen worden, die Lombardei und Venetien waren verloren, Österreich aus dem Deutschen Bund gedrängt, Ungarn hatte sich eine Stellung ertrotzt, die den Bestand des Gesamtreiches gefährdete, der große Börsenkrach vom 9. Mai 1873 während der Wiener Weltausstellung zeigte die Unsicherheit des wirtschaftlichen Aufstieges.

Die Tragödie des Kronprinzen

Österreich hatte schon im Mittelalter gelegentlich entthronten Herrschern Zuflucht geboten, während der Napoleonischen Kriege und weiterhin im Laufe des Jahrhunderts kamen aus Frankreich vertriebene Bourbonen, aus Italien vertriebene Habsburger ins Land. Nur wenige ließen sich in Wien nieder, ergänzten aber zu festlichen Anlässen die Hofgesellschaft. Häufiger erschienen die Verbündeten von 1866, deren Land die Preußen besetzt hatten. Man sah sie nicht als Flüchtlinge an, sie galten als liebe Gäste Österreichs und verfügten über genug eigene Mittel, um standesgemäß leben zu können. König Georg V. von Hannover bewohnte das Palais Cumberland in der Nähe von Schönbrunn, galt als sympathischer Gesellschafter, lebte jedoch sehr zurückgezogen, da er fast blind war; er starb 1878. Sein Sohn Ernst August nannte sich »Herzog von Cumberland«. Der Kaiser konnte ihn gut leiden und bot der Gemahlin des Herzogs oft den Arm, um sie in den Ballsaal zu führen. Herzogin Thyra war die jüngste Tochter des Königs von Dänemark und nach dem Urteil der Fürstin Nora Fugger, Hofdame der Kaiserin, »eine der liebenswürdigsten Frauen und reizendsten Erscheinungen am Wiener Hofe«. Nicht so attraktiv, doch sehr geschätzt waren der kleine, kurzsichtige Herzog Adolf von Nassau, seine Gemahlin und seine Tochter Hilda; sein Sohn Wilhelm diente in der k. u. k. Armee als Husarenoffizier.

Eine andere Dame blieb dem Kaiserhof ziemlich fremd, obwohl sie zur engsten Familie gehörte. Stephanie, Tochter König Leopolds II. von Belgien und einer Habsburger Erzherzogin, ein blondes, braves Mädchen, war im Alter von 17 Jahren dem österreichischen Thronfolger, Kronprinz Rudolf, angetraut worden. Kardinal Fürst Schwarzenberg vollzog die Zeremonie in der Augustinerkirche, 24 Erzbischöfe und Bischöfe assistierten ihm. Prachtvoll wie diese Feier an einem schönen Maitag im Jahre 1881 war auch alles andere, was dazugehörte, eine Praterfahrt mit 62 Hofequipagen und ein Galadiner im Redoutensaal mit 100 goldenen, 64 Silbergedecken. Der Hofballmusikdirektor Eduard Strauß dirigierte den Myrtenblütenwalzer, den sein Bruder Johann für diesen Anlaß komponiert hatte, und seinen eigenen Walzer »Schleier und Krone«.

Die Ehe schien anfangs glücklich, doch die Moralbegriffe und das Standesbewußtsein der jungen Frau paßten nicht zu den liberalen, jeden Zwang ablehnenden Auffassungen des hochintelligenten, aber psychisch labilen Kronprinzen; die mangelnde Harmonie führte zu völliger Entfremdung. Da-

Kronprinz Rudolf und seine Gemahlin Stephanie von Belgien

zu kam die uralte Ungerechtigkeit, daß eine Frau, die nur ein Mädchen zur Welt bringt, weniger geschätzt wird als eine Mutter mehrerer Knaben. Da Stephanie ein einziges Mädchen geboren hatte und die Aussicht auf weitere Kinder sehr gering war – der Kronprinz hatte sie mit einer venerischen Krankheit angesteckt –, verlor sie an Ansehen, ihre Schwiegermutter bezeichnete sie ungerechterweise als »häßliches Trampeltier«.

Verständnis fand Stephanie bei Erzherzog Karl Ludwig, einem jüngeren Bruder des Kaisers, der weder militärisch noch politisch sehr interessiert war, aber fromm und immer bereit, Pflichten der Repräsentation zu übernehmen. Auch Erzherzogin Elisabeth zeigte sich immer freundlich; sie war generationsmäßig eine Tante des Kaisers, aber ein Jahr jünger als er, zweimal verwitwet, wohltätig und sehr musikalisch, wie es auch Stephanie war.

Es war allgemein bekannt, daß der Thronfolger seine Gemahlin erbärmlich betrog. Die Geheimpolizei überwachte ihn nicht deshalb, sondern einerseits zu seiner Sicherheit, andererseits, weil er bedenkliche Kontakte zu allzu liberalen Kreisen in Wien und auch zur ungarischen Opposition hatte. Da also jeder seiner Schritte beobachtet wurde, enthielten die Protokolle nebenbei auch die privatesten Beziehungen Rudolfs, darunter einen Besuch bei ihm in der Hofburg: Die Gräfin Marie Larisch brachte am 5. November 1888 als Kupplerin die sehr junge, attraktive, lebenshungrige Baronin Mary Vetsera zu einer ersten Begegnung mit Rudolf.

Die Tragödie von Mayerling wurde seither von seriösen und auch weniger seriösen Historikern, in Romanen und Filmen behandelt; schon damals gab es viele Gerüchte, falsche Bulletins und sehr genaue Nachforschungen der Polizei. Dabei ergab sich, daß der Thronfolger noch die Nacht vom 27. auf den 28. Januar 1889, wie die Burghauptmannschaft bestätigte, mit dem schönen Malermodell Mizzi Caspar verbracht hatte. Für Montag, den 28. Januar, um ein Uhr mittags war eine Audienz des Prager Erzbischofs Graf Schönborn angesetzt, doch da befand sich Rudolf schon unterwegs nach dem Jagdschloß in Mayerling bei Heiligenkreuz. Zur Verlobung von Marie Valerie, der Tochter des Kaisers, mit Erzherzog Franz Salvator am 29. Januar war bei Hofe ein Familiendiner angesagt. Prinz Philipp von Coburg, der als Jagdgast des Kronprinzen in Mayerling war, fuhr deswegen nach Wien, Rudolf aber sagte telegraphisch ab.

Am Vormittag des 30. Januar kam die Nachricht vom Selbstmord des Kronprinzen in die Hofburg. Sein Adjutant und Freund Graf Joseph Hoyos brachte sie Rudolfs Obersthofmeister Graf Karl Bombelles, dann mit ihm zusammen dem Obersthofmeister der Kaiserin und dem Grafen Eduard Paar, Generaladjutant des Kaisers. Den Herren schien es am besten, zuerst die Kaiserin zu informieren; Elisabeth hatte die schwere Aufgabe, dem Kaiser das Unglück mitzuteilen.

Franz Joseph vergrub seinen Kummer in seinem Inneren und sprach später nie über die Tragödie; da ist es begreiflich, daß dem Kronprinzen kein Denkmal errichtet wurde. Aber Rudolf hat sich selbst eines gesetzt, indem er das großartige Sammelwerk »Die österreichisch-ungarische Monarchie in Wort und Bild« ins Leben rief, eine Schilderung der Landschaft und der Menschen jedes Kronlandes der Monarchie, seiner Geschichte und Gegenwart sowie der Leistungen in Literatur und Kunst, Technik, Wissenschaft und Wirtschaft, insgesamt 20 Teile in 24 Bänden. Die erste Lieferung mit einem einleitenden Aufsatz des Kronprinzen erschien im Dezember 1885. In der Uniform eines Feldmarschall-Leutnants, aber barhäuptig ging Rudolf hinüber zu den Gemächern seines Vaters, küßte ihm die Hand, hielt eine kurze Rede und überreichte dieses erste Heft. Der Kaiser gab für die Mitarbeiter einen Empfang. Nach Rudolfs Tod nahm sich seine Witwe des Werkes an; die letzte Lieferung erschien 1902.

Der berühmte Musikkritiker Eduard Hanslick erzählte darüber in seinen Erinnerungen »Aus meinem Leben«: »Bis zu seinem Tode hat er unseren Sitzungen, die in einem Teil der Hofburg (der sogenannten ›Stallburg‹) stattfanden, persönlich präsidiert und sich für den Fortgang der Arbeiten auf das lebhafteste interessiert. Er machte den liebenswürdigsten Eindruck. Nachdem er uns Zigarren angeboten und selbst eine angezündet hatte, ließ er von dem Hauptredakteur, Professor Josef von Weilen, die Tagesordnung und den Einlauf mitteilen und brachte die Beratungen in Fluß. Alle seine Fragen und Bemerkungen waren sachlich begründet und mit gewinnendster Bescheidenheit vorgebracht. Erstaunlich fand ich seine Detailkenntnis aller ethnographischen, geographischen und nationalökonomischen Verhältnisse jeder Provinz der Monarchie. Was ich aber am meisten bewunderte, war seine Geduld . . . Unser persönliches Verhältnis zum Kronprinzen gewann an Freiheit und Festigkeit durch die Einladungen, die wir zwei- bis dreimal des Jahres zum Diner erhielten. Es waren außer den zur nächsten Umgebung des Kronprinzenpaares gehörigen Personen meistens 16 bis 18 Herren versammelt. Der Mehrzahl nach Redakteure und Künstler des ›Kronprinzenwerks‹, wie es kurz genannt wurde, mitunter aber auch fremde Gäste . . . Wenn jemand an diesen Abenden noch mehr Herzen erobert hat als der Kronprinz, so ist es seine Gemahlin, die Kronprinzessin Stephanie. Dem Zauber dieser hohen, schönen Gestalt mit dem treuherzigen Blick und dem überaus freundlichen Lächeln konnte sich der trockenste Gelehrte, der älteste Hofrat nicht entziehen – von den Malern natürlich ganz zu schweigen.«

Hofball und Ball bei Hofe

Kaiserin Elisabeth war am kleinen Hof ihres Vaters, eines Schwagers des Bayernkönigs, recht zwanglos aufgewachsen, ihr munteres, offenes Wesen hatte Franz Joseph bei der ersten Bekanntschaft bezaubert. Noch in späteren Jahren setzte sie sich oft über die Etikette hinweg, und sooft sie sich fügte, ließ sie erkennen, wie lästig ihr dies war, besonders auf Bällen. Auch der Kaiser wäre als Frühaufsteher lieber zeitig zu Bett gegangen, zeigte es aber nicht, sondern wahrte immer die gleiche distanzierte Höflichkeit.

Bei einem Ball im Fasching 1882 tanzte Franz Joseph sogar mit – das war schon sehr selten geworden. Es war aber auch ein besonderer Anlaß, zwar kein ausgesprochener Kinderball wie zur Zeit von Maria Theresia, aber der Jugend gewidmet. Gastgeberin war die 14jährige Erzherzogin Marie Valerie, etwa 30 junge Leute aus den ersten Familien waren geladen, darunter ihre Cousins, die Erzherzöge Otto und Ferdinand Karl, damals 17 und 14 Jahre alt. Für die Musik sorgten ein Klavier- und ein Violinspieler. Es war ein gemütliches Fest im sogenannten Alexander-Appartement der Amalienburg, der Ecksalon diente als Tanzsaal. Nach zwei Stunden des Tanzes nahmen die Jugend im Speisezimmer, die Majestäten im ersten Salon das Souper ein, dann wurde weitergetanzt, bis die Majestäten sich um zehn Uhr zurückzogen.

Solch ein »Adoleszentenball« unterbrach in erfreulicher Weise, leider nicht allzu oft, die offiziellen Festlichkeiten des Faschings. Bei den anderen Bällen ging es steifer zu, doch da gab es noch Unterschiede. Den Hofball durften, ohne eigens eingeladen zu sein, alle »hoffähigen« Personen besuchen, also die Würdenträger, die Mitglieder des Hochadels, das Diplomatische Korps, die Ordensritter und die Damen des Sternkreuzordens, aber auch Herren aus dem Bürgerstande, wenn sie für ihre Verdienste mit hohen Auszeichnungen bedacht worden waren, etwa dem Ritterkreuz des Franz-Josephs-Ordens, und schließlich alle Generäle und Stabsoffiziere der Wiener Garnison. Bis etwa 1880 waren sogar alle Offiziere der Garnison berechtigt gewesen, am Hofball

Hofball im Redoutensaal

teilzunehmen, dann mußte die Zahl der Herren vom Hauptmann oder Rittmeister abwärts bis zum Leutnant auf 700 beschränkt werden, um den Festsaal nicht zu überfüllen; trotzdem waren Tänzer immer noch in überreichem Maße zur Verfügung.

Die Zufahrt ab halb acht Uhr abends war genau festgelegt: Die Wagen des Hofstaates hielten im Schweizerhof vor der Botschafterstiege, die der Diplomaten fuhren von der Bellaria heran, die der Offiziere von der Augustinerbastei her. Diese Gäste gingen gleich in den Festsaal, während die Mitglieder des Kaiserhauses und die fremden souveränen Fürsten in der Amalienburg im Alexander-Appartement auf die Majestäten warteten, um dann das »Cortège« zu bilden, den festlichen Zug. Voran schritten der Oberzeremonienmeister in scharlachroter, goldverschnürter Uniform und der Erste Obersthofmeister des Kaisers, danach dieser selbst in der Galauniform eines Feldmarschalls mit Waffenrock aus weißem Tuch und roter Hose. Am Arm führte er die Kaiserin oder, wenn sie wieder einmal abwesend war, die ranghöchste Dame, dahinter die anderen, immer paarweise.

Der Weg führte durch das erste Stockwerk des Leopoldinischen Traktes. Im Spiegelsaal standen die Diplomaten mit ihren reichgeschmückten Damen; wer noch nicht »bei Hofe erschienen« war, wurde den Majestäten vorgestellt. Es konnte fast eine Stunde dauern, bis das Cortège durch die einstigen Räume von Maria Theresia zum Zeremoniensaal gelangte. Dort klopfte der Oberzeremonienmeister mit seinem Stock dreimal auf den Boden zum Zeichen, daß die Majestäten einziehen würden. Alle Berichte stimmen darin überein, daß Kaiserin Elisabeth in ihrer Schönheit, ihrer Haltung, ihrem Gang und auch durch ihren kostbaren Schmuck wie eine Märchenkönigin gewirkt habe.

Den Ball eröffnete nicht das Kaiserpaar, wie man vielleicht annehmen könnte, sondern ein Offizier der Leibgarde-Reitereskadron als Vortänzer mit einer der Erzherzoginnen. Der Kaiser ging im Saal umher und begrüßte die Personen, die ihm sympathisch waren oder die er durch ein paar Worte besonders auszeichnen wollte. Die Kaiserin ließ zwei Damen zu sich bitten und auf Fauteuils Platz nehmen, um mit ihnen vertraute oder förmliche Konversation zu führen, bis die nächsten zwei an der Reihe waren, jeweils eine der Fürstinnen, die auf einer langen Bank rechts von der Estrade der Kaiserin saßen, und eine aus dem Diplomatischen Korps; deren Bank stand links von der Estrade an der Längswand des Saales. Auf beiden Seiten herrschte eine genaue, sehr eifersüchtig gehütete Rangordnung, glitzerte prächtiger Schmuck, wurden freundliche und boshafte Worte gewechselt. Die Estrade dazwischen hatte ihre Tücke, nämlich teppichbelegte Stufen, die zu großer Vorsicht zwangen, denn die Damen mußten nach dem Gespräch das Gesicht der Kaiserin zugewendet halten und sich, während sie mit ihrer langen Schleppe mühsam rücklings hinabstiegen, noch einmal tief verneigen.

Hofballmusikdirektor war bis 1871 der Walzerkönig Johann Strauß, danach sein Bruder Eduard, als letzter, 1908 bis 1918, Carl Michael Ziehrer. Die Walzer und Polkas dauerten üblicherweise fünf bis sieben Minuten, die Quadrillen und Lanciers 20, der Kotillon 40 Minuten. Nach der ersten Quadrille ließ sich die Kaiserin in der Ratsstube die Damen vorstellen, die zum erstenmal zugegen waren, nach der zweiten Quadrille trank sie Tee im Spiegelzimmer. An ihrem Tisch saßen nur die allernobelsten Damen, die nächsten im Rang nahmen im Pietra-dura-Zimmer Platz. Für die vornehmsten Herren war im Alexandersaal gedeckt; der hatte nichts mit dem eingermaßen entlegenen Alexander-Appartement in der Amalienburg zu tun, war nicht nach dem Zaren benannt, sondern nach prachtvollen Gobelins mit Szenen aus der Ge-

schichte Alexanders des Großen. Die nicht ganz so hochgeehrten Gäste mußten sich an den Buffets im Redoutensaal versorgen; die waren reich bestellt,
aber gerade deshalb sehr umlagert, so daß es Mühe kostete, bis zu ihnen
vorzudringen.

Einige Tage nach dem Hofball wurde der Ball bei Hofe abgehalten, bei dem
die Hofgesellschaft mehr unter sich war. Da man eigens eingeladen wurde,
war es ein intimeres Fest. Der Kaiser erschien in der Oberst-Inhaber-Uniform
eines seiner Regimenter, die Offiziere trugen zum Waffenrock lange Salon-
hosen, nur die Husaren Stiefel; da die im Dienst üblichen Sporen mit gezack-
ten Rädchen vielleicht die Schleppen der Damen beschädigt hätten, waren
bei Bällen allgemein Knopfsporen üblich. Die Hofbeamten kamen in »kleiner Uniform«, die anderen Herren im Frack. Auch an diesem Ball nahmen
Diplomaten mit ihren Damen teil. Nach dem Kotillon wurde in verschiedenen Sälen ein warmes Souper für etwa 700 Personen serviert, um Mitternacht
war der Ball zu Ende. Dann begann für die nicht ganz hochgestellten Gäste
der Kampf um die Mäntel und Kopfbedeckungen; vielfach hörte man die
Klage, in der Hofburg seien die Garderoben enger, die Bedienung langsamer
als in einem Vorstadttheater.

Galadiner und Hoftafel

In den Festräumen der Hofburg, von den Redoutensälen im Süden bis zur
Amalienburg im Nordosten, wurden bei entsprechendem Anlaß Galadiners
gerüstet, zuweilen auch im Reichskanzleitrakt. Am 12. November 1892 waren im Zeremoniensaal 80 goldene Gedecke aufgelegt, ein Diner zu Ehren
des russischen Thronfolgers Nikolaus, des ältesten Sohnes des Zaren Alexander III. Als er den Saal betrat, selbstverständlich in Uniform und mit Orden
geschmückt, erfaßte alle, die nicht eingeweiht waren, großes Staunen: Am
Arm führte er Kaiserin Elisabeth, die seit dem Tod ihres Sohnes Rudolf an
keinem Fest mehr teilgenommen hatte; sie trug noch Trauergewand.

Zu Beginn des nächsten Jahres, im Januar 1893, war die Kaiserin nicht
anwesend, als in der Hofburg eine Hochzeit gefeiert wurde: Erzherzogin
Margarethe Sophie, die schon Äbtissin des adeligen Damenstiftes am Hrad-
schin in Prag gewesen war, heiratete Herzog Albrecht, den Kronprinzen von
Württemberg. Am 22. Januar trafen die Eltern des Bräutigams in Wien ein
und bezogen die Gästeappartements im Leopoldinischen Trakt der Hofburg.

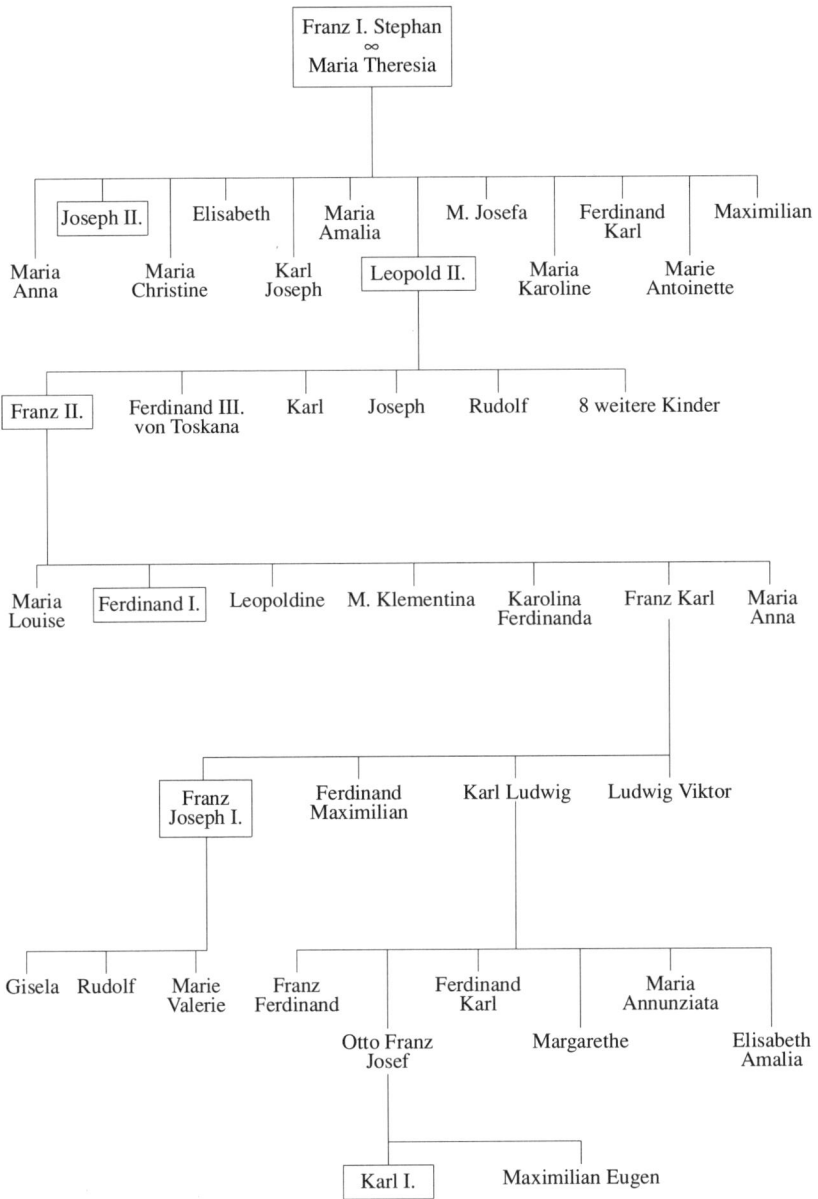

Franz I. Stephan
∞
Maria Theresia

Joseph II. Elisabeth Maria Amalia M. Josefa Ferdinand Karl Maximilian

Maria Anna Maria Christine Karl Joseph Leopold II. Maria Karoline Marie Antoinette

Franz II. Ferdinand III. von Toskana Karl Joseph Rudolf 8 weitere Kinder

Maria Louise Ferdinand I. Leopoldine M. Klementina Karolina Ferdinanda Franz Karl Maria Anna

Franz Joseph I. Ferdinand Maximilian Karl Ludwig Ludwig Viktor

Gisela Rudolf Marie Valerie Franz Ferdinand Ferdinand Karl Maria Annunziata

Otto Franz Josef Margarethe Elisabeth Amalia

Karl I. Maximilian Eugen

Im Redoutensaal hatte schon am Vortag ein Familiendiner stattgefunden, am nächsten Tag gab es dort um vier Uhr nachmittags an einer hufeisenförmig aufgestellten Tafel ein Galadiner für 174 Personen. Da die Kaiserin fehlte, führte König Wilhelm II. von Württemberg die Schwägerin des Kaisers, Erzherzogin Maria Theresia, in den Saal, der Kaiser die württembergische Königin Charlotte.

Der Anlaß für das letzte Galadiner, an dem Kaiserin Elisabeth teilnahm, war im August 1896 noch einmal ein Besuch aus Rußland: Der ehemalige Thronfolger Nikolaus Alexandrowitsch kam als Zar Nikolaus II., mit ihm seine Gemahlin Alice von Hessen-Darmstadt. Als der deutsche Kronprinz Friedrich Wilhelm im April 1901 nach Wien reiste, wurde das Galadiner besonders großartig vorbereitet, sogar der Prunksaal der Hofbibliothek mitverwendet.

Zu den Familiendiners am Neujahrstag, zu Geburtstagen und Jubiläen kamen außer den nächsten Verwandten auch einige Freunde wie zum Beispiel der Herzog von Cumberland; dafür wurde gewöhnlich in den Räumen der Amalienburg gedeckt. Eigene Diners gab es fallweise für Diplomaten, vor allem wenn sie als Sonderbotschafter kamen, und für ausländische Delegationen. Diners für die hohen Offiziere und besondere Gäste waren häufig, fast regelmäßig angesetzt, so daß man schon von »Seriendiners« sprach. Sie fanden üblicherweise im Stephan-Appartement des Reichskanzleitraktes statt.

In diesen Zusammenhang gehört noch die »Hoftafel«. Zu dieser lud das Obersthofmeisteramt neben Offizieren mitunter verdiente Politiker und Professoren ein, bis zu 25 Personen. Nachdem der Oberstküchenmeister jeden Gast empfangen hatte, ergab sich oft ein anregendes Gespräch, bis man sich der Rangordnung nach im Halbkreis aufstellen mußte, die beiden höchsten Herren bei der Türe, durch die der Kaiser eintreten würde. Wenn er dann erschien, begrüßte er die Herren der Reihe nach und ging mit ihnen in den Speisesaal.

»Bei solch einer Hoftafel wurde ungeheuer rasch gegessen, und ein Diner, bei welchem zwölf Gänge oder auch mehr serviert wurden, dauerte kaum eine Stunde«, berichtete Eugen Ketterl, Kammerdiener Seiner Majestät, in seinem lesenswerten Buch. »Die Tafeldecker waren in Gruppen zu vier Mann eingeteilt und hatten vier Gäste zu bedienen, was oft bei den exotischen Gästen nicht leicht war. Jede Gruppe hatte ihren Kommandanten, der zugleich der eigentliche Servierlakai war, der die einzelnen Schüsseln und Platten den Gästen anbot, während der Weinlakai sich wohl nur um die Getränke zu kümmern hatte . . . Dann gehörte zu einer Lakaiengruppe der sogenannte Saucenmann, der dem eigentlichen Servierlakaien die Schüsseln zu reichen und, wie schon sein Name besagt, Saucen und Gemüseschüsseln zu servieren hatte. Der vierte schließlich war ein Lakai, der sich nur um den Tellerwechsel zu bekümmern hatte und der dabei eine schon fast an einen Zauberkünstler mahnende Schnelligkeit an den Tag legen mußte. Präzision und Lautlosigkeit waren eben die ersten Bedingungen für einen Tafeldekker . . . denn Seine Majestät, so intensiv er sich augenscheinlich mit seinem Nachbarn unterhielt, merkte jeden Verstoß, die kleinste Verzögerung beim Tellerwechsel und hörte, was ja fast nie vorkam, das leiseste Geräusch eines aufgelegten Tellers.«

Leute um den Kaiser

Das Buch von Ketterl,»Der alte Kaiser, wie nur einer ihn sah«, ist erst 1929 erschienen. Bei aller Verehrung des Kammerdieners für seinen Herrn wäre es, solange die Monarchie bestand, undenkbar gewesen, den Kaiser so persönlich zu schildern. Aber auch ohne solch ein Buch wußte in Wien jedermann, daß Franz Joseph täglich um vier Uhr früh aufstand, sein Morgengebet sprach und noch ohne Frühstück sich an die Arbeit setzte, daß er das Mittagessen auf seinem Schreibtisch zwischen Aktenstößen einnahm und wie bescheiden er für sich, wie großzügig er anderen gegenüber war. Daß es im »Allerhöchsten« Appartement kein Badezimmer gab, mag heute verblüffen, damals war derlei auch in den Häusern wohlhabender Bürger und in feinen Hotels selten zu finden.

Dienst taten in den Allerhöchsten Appartements insgesamt nur 14 Personen, und die waren nicht zugleich, sondern abwechselnd anwesend, nämlich drei Leibkammerdiener, zwei Türhüter, vier Büchsenspanner, die außer auf der Jagd auch in der Burg ihre Aufgaben als Boten und Türsteher hatten und bei der kaiserlichen Tafel bedienten. Schließlich gehörten noch zwei Hausdiener und drei Kammerfrauen dazu. Diese entsprachen nicht den Kammerfräulein der Rokokozeit, sondern waren Dienstboten, wie sie überall anzutreffen waren. Gemeinhin bezeichnete man sie als »Putzweiber« oder, wenn sie vor und nach einem Fest in größerer Zahl nötig waren, als »Extraweiber«. Ihre Scheuerlappen, Eimer und Besen waren sprichwörtlich, ihr Mundwerk gefürchtet.

Noch mehr richtete sich die allgemeine Neugier auf die höheren Herren, die

Vortrag des Ersten Obersthofmeisters

täglich um Franz Joseph waren. Der kaiserliche Beichtvater Bischof Dr. Mayer war als hochgebildeter, aber bescheidener Herr bekannt, der nur geistlichen Rat gab und nie versuchte, auf die Politik Einfluß zu nehmen. Da er sich in theologischen Fragen zuweilen freimütig äußerte, war er in Rom nicht gut angeschrieben, doch Franz Joseph ernannte ihn zum Hofpfarrer und stellte ihn damit unter seinen Schutz. Als Dr. Mayer 1912 in hohem Alter gestorben war, wurde er in der Hofkapelle aufgebahrt, an der Einsegnung nahmen der Kaiser und mit ihm der ganze Hofstaat teil.

Der Leibarzt des Kaisers, Dr. Kerzl, war in der ganzen Stadt beliebt. Man wußte von seiner treuen Fürsorge, die er dem Kaiser unermüdlich widmete, ohne dabei lästig zu fallen. Er war von Natur aus ein fröhlicher Mensch, das tat dem Kaiser gut.

Am Generaladjutanten Eduard Graf Paar schätzte der Kaiser die Verläßlichkeit und, daß dieser Herr nicht nur verschwiegen war, sondern auch schwieg, wenn sie längere Zeit beisammen waren. Der Graf aß gern gut und viel und rauchte stark, doch das störte den Kaiser nicht, und daß er oft vor sich hin pfiff, daran hatte sich Franz Joseph gewöhnt. Der Generaladjutant begleitete ihn bei allen offiziellen Anlässen, saß bei Galadiners in seiner Nähe und war für alle halb und ganz privaten Pflichten zuständig, etwa wenn ein hoher Herr, auch ein ausländischer Fürst, Schulden hatte (was besonders in Serbien und Montenegro häufig vorkam) und der Kaiser sie aus seiner Privatschatulle bezahlen ließ, oder wenn ein Kunstwerk angekauft, ein Künstler unterstützt werden sollte.

Graf Paar war General der Kavallerie; ihm unterstanden die vier Flügeladjutanten im Dienstrang eines Majors oder noch höher. Sie wurden für vier Jahre aus den vier Waffengattungen Infanterie, Kavallerie, Artillerie und Marine ausgewählt, nicht nach ihren adeligen Namen, sondern ihrer militärischen Beschreibung. Jeweils einer trat um fünf Uhr nachmittags seinen Dienst an, wurde aber gewöhnlich erst am nächsten Morgen gebraucht. Um halb acht Uhr rief ihn der Kaiser durch ein Klingelzeichen herbei, übergab ihm eine verschlossene Tasche mit den bereits erledigten Akten und erteilte mündliche Aufträge. Wenn der Kaiser im offenen Wagen nach Schönbrunn fuhr, saß der Flügeladjutant neben ihm, in der Hofburg meldete er die Minister und anderen Herren an, die zum Vortrag bestellt waren. Schwierig war die Aufgabe, die zur Audienz angemeldeten Personen dem Range nach zu ordnen und die Wartenden höflich zu unterhalten; dabei trug der Flügeladjutant über dem Waffenrock die Feldbinde und hatte den Säbel umgeschnallt. Franz Joseph verkehrte mit den Flügeladjutanten nur dienstlich, führte nie ein privates Gespräch, wußte aber ihre Fähigkeiten zu beurteilen. Gelegentlich verlängerte er die Dienstzeit eines Herrn, mit dem er besonders zufrieden war, zum Beispiel die des Grafen Heinrich Hoyos.

Wenn die Kaiserin in der Hofburg weilte, nahm Franz Joseph gern bei ihr in ihrem Salon in der Amalienburg zwischen acht und neun Uhr das Frühstück ein. Von dem schwierigen Verhältnis zwischen dem Kaiserpaar wurde schon damals im ganzen Lande geredet, in ausländischen Zeitungen auch geschrieben; sicher ist, daß Franz Joseph seine Gemahlin trotz allem sehr liebte. Als er im September 1898 die Nachricht von ihrem Tode erhielt, sagte er zu seinem Generaladjutanten:»Niemand weiß, was diese Frau mir gewesen ist.« Am späten Abend des 16. September traf der Sarg auf dem Westbahnhof ein und wurde in feierlichem Kondukt in die Hofburg gebracht. Dort wartete der Kaiser.

Die Skandale innerhalb der kaiserlichen Familie wurden häufiger, Erzherzoge aus der Familie ausgeschlossen oder auf ein Schloß verbannt. Bei Hofe konnte man hören, zu Lebzeiten der Kaiserin Elisabeth hätte es das nicht gegeben, sie hätte rechtzeitig Gegenmaßnahmen ergriffen. Nach ihrem Tode gestaltete sich auch die Stellung der Burgschauspielerin Katharina von Kiss-Schratt schwieriger. Sie hatte offiziell als gemeinsame Freundin des Kaiserpaares gegolten, mit Zustimmung Elisabeths dem Kaiser die häusliche Atmosphäre gegeben, die er daheim nicht fand, aber daß ein Witwer – wenn auch als alter Herr und in allen Ehren – nun auch allein eine Freundin habe, war zur Zeit der Jahrhundertwende doch eine außergewöhnliche Situation. Der Kaiser war Frau Schratt dankbar, wenn sie Zeit für ihn hatte und er ungezwungen plaudern konnte, aber sie trafen einander eher im Schloß Schönbrunn, in der nahe gelegenen Villa Schratt oder in Ischl, höchst selten in der Hofburg, denn der Obersthofmeister, der mächtige Fürst Alfred Montenuovo, zählte zu den Feinden der Schauspielerin.

Die Ämter in der Hofburg

Der Kaiser mußte Reisen unternehmen, wohnte Manövern bei, weilte im Sommer in Ischl, in der übrigen Zeit gern in Schönbrunn. Dieses Schloß als sein Wohnsitz und das Schloß Belvedere als Residenz des Thronfolgers Erzherzog Franz Ferdinand wurden zu Begriffen des Gegensatzes zwischen zwei Generationen, zwei verschiedenen Auffassungen vom Stil des Regierens, von bewährten, aber allmählich überholten Anschauungen in der Politik wie im militärischen Bereich einerseits und neuen Plänen und Vorstellungen andererseits.

In der Hofburg, diesem Hort der Tradition, hätte Franz Ferdinand gern manches geändert. Sie barg auch eine bittere Erinnerung für ihn: In der ehrwürdigen Ratsstube, in der am 5. Juni 1619 die protestantischen Adeligen Ferdinand II. bedrängt hatten, mußte Franz Ferdinand am 28. Juni 1900 den Renuntiationseid ablegen, der einen schweren Verzicht enthielt. Trotz der unstandesgemäßen Ehe mit der Gräfin Sophie Chotek blieb der Erzherzog zwar Thronfolger, aber seine Gemahlin sollte nicht Kaiserin, ihre Kinder nicht Mitglieder des Erzhauses werden.

Obwohl Franz Ferdinand sich bemühte, den Bau der Neuen Burg zu beschleunigen, war dieser noch nicht so weit gediehen, daß er die überfüllten Räumlichkeiten der mittelalterlichen und der barocken Burg entlastet hätte. Das Oberstkämmereramt war zwar nicht allzuweit entfernt, aber doch etwas außerhalb, nämlich in der Stallburg, untergebracht. Noch entlegener wohnten die Männer, deren prächtige Uniformen das Gemäuer der Hofburg farbenfroh belebten. Im Palais Trautson hatte außer der Leibgarde-Reitereskadron die adelige ungarische Leibgarde Quartier bezogen; sie bestand wieder, seit Franz Joseph zum König von Ungarn gekrönt worden war. Im Jahre 1904 wurde als Ergänzung oder eher Gegenstück zur jahrhundertealten deutschen eine königlich ungarische Trabanten-Leibgarde aufgestellt. Sie war mit Hellebarde und Säbel bewaffnet, in rote, goldverschnürte Husarenuniform gekleidet, die Stiefel waren ockergelb, die spitzen Helme der Offiziere vergoldet, die der Mannschaften vernickelt, alle mit schwarzen Straußenfedern verziert. Diese Garde leistete Hofdienst oder rückte aus, wenn ein Denkmal enthüllt, eine Person hohen Ranges beerdigt wurde. Kritischen Herren erschien sie als theatralischer Anachronismus, Erzherzog Franz Ferdinand dachte daran, sobald er den Thron bestiegen hätte, diese letzte und alle anderen Garden abzuschaffen und sie durch Burggendarmen oder Soldaten zu ersetzen.

Wenn der Kaiser von einer Fahrt – sei es nach einer Reise vom Bahnhof, sei es aus Schönbrunn – in die Hofburg zurückkehrte, hielt sein Wagen vor der Mitte des Reichskanzleitraktes vor dem Tor, das davon »Kaisertor« heißt. Im Erdgeschoß dieses Teiles der Hofburg waren verschiedene Ämter und bis

Die Trabanten-Leibgarde

1902 auch das Haus-, Hof- und Staatsarchiv untergebracht, ferner die Hofwäschekammer mit ihren reichen Beständen. Im ersten Stockwerk lagen die Räume Franz Josephs. Vom inneren Burghof her betrat er über die Kaiserstiege zunächst die Trabantenstube; diese war keine gewöhnliche Wachstube wie zu Zeiten Kaiser Leopolds I., sondern ein vornehmes Zimmer mit Porträtbildern an den Wänden und rotgepolsterten Sitzbänken. Ein Unteroffizier der Trabantengarde hielt hier Wache. Ebenso nobel, aber größer war – und zeigt sich heute noch – der anschließende Audienzsaal mit einem prächtigen Kristalluster, Gemälden und Sitzbänken, aber nur selten dürfte einer der hier Wartenden gewagt haben, auf den schönen Polstern Platz zu nehmen. Von hier aus ging es ins Audienzzimmer, wo der Kaiser an seinem berühmten Stehpult anhörte, was der Audienznehmer vorzubringen hatte, Dank für gewährte Gnade oder Auszeichnung, häufig eine Bitte, gewiß seltener eine Beschwerde.

Diese beiden Zimmer gehören zu den Schauräumen, die jeder an Geschichte und Kultur interessierte Besucher Wiens besichtigt. Daran schließen sich das Konferenzzimmer mit zehn Stühlen um einen langen Tisch und das rottapezierte Arbeitszimmer mit Schreibtisch und Sitzgarnitur an, jeder Raum mit sehenswerten Gemälden an den Wänden. Im Schlafzimmer des Kaisers stehen das eiserne Offiziersbett, das er benützte, seit er kein gemeinsames Schlafzimmer mit Elisabeth mehr hatte, und sein Waschtisch; Fließwasser gab es hier noch nicht. Neben dem großen Salon liegt der kleine, der als Rauchzimmer diente; damals pflegten die Herren in Gegenwart der Damen nicht zu rauchen, sondern zogen sich dazu nach der Mahlzeit in einen eigenen Raum zurück. Beide Salons wurden nach Elisabeths Tod kaum mehr benützt.

Im Mezzanin dieses Traktes residierte der Erste Obersthofmeister Fürst Alfred Montenuovo, daneben der Oberzeremonienmeister Graf Eduard Chotoniewski. Nach den Räumen dieser Herren, des gefürchteten und des liebenswürdigen, kamen die des Kanzleidirektors Hofrat von Wetschel; er war allgemein verhaßt, weil er überall sparen wollte, er soll sogar dem Generaladjutanten Graf Paar nicht mehr den täglichen ganzen Gugelhupf bewilligt haben.

Im rechten Winkel zum Reichskanzleitrakt liegt die Amalienburg, in der Kaiser Leopold II., Zar Alexander I. und zuletzt Kaiser Ferdinand I. gewohnt hatten, ab 1854 Franz Joseph und Elisabeth, schließlich diese allein. In ihrem Wohnzimmer stand nachts ein Bett, ähnlich karg wie das Franz Josephs. Nach dem Aufstehen wurde es weggeräumt, der Raum zeigte sich nun in einer Eleganz, die trotz der zwei Kachelöfen kühl wirkte. Das Badezimmer daneben war für das 19. Jahrhundert und speziell die Hofburg etwas Besonderes. Im Toilettezimmer, dem früheren gemeinsamen Schlafzimmer, stehen einige der Turngeräte, mit denen Elisabeth sich schlank und leistungsfähig erhielt. Wenn sie in Wien weilte, nahm sie mit Franz Joseph zusammen das Frühstück im Großen Salon ein. Darauf folgt, ebenfalls rot tapeziert, ein kleiner Salon. Hinter diesem, gegen den Innenhof der Amalienburg zu, liegt das sogenannte Berglzimmer. Es hat seinen Namen von Johann Wenzel Bergl, der im 18. Jahrhundert die Wände mit so naturalistisch freundlichen Landschaften bemalte, daß man meinen könnte, man blicke aus einem Fenster in eine phantastisch belebte Gegend. Durch das große Vorzimmer führte der Weg in das kleine, in dem ein Gardist Wache hielt. Das war der letzte Raum, den Elisabeth durchschritt, wenn sie aus ihrem Appartement die Adlerstiege hinab in den Inneren Burghof ging.

Das vielgenannte Alexander-Appartement ist reich ausgestattet. Seine Fenster gehen nicht mehr in den Inneren Burghof, sondern nach außen zum Ballhausplatz hin; zu Franz Josephs Zeiten diente es für Hofdiners in kleinerem Kreise. Es besteht aus mehreren Räumen, Empfangssalon, Eingangszimmer, Speisesaal und kleinem Salon. Kaiser Karl I. – dieser Vorgriff in der Chronologie möge verziehen werden – benützte das Alexander-Appartement als Arbeits- und Audienzräume.

Im Parterre der Amalienburg an der Seite zum Inneren Burghof befand sich die Hofmenageküche, die das Personal verköstigte. Kaiserin Elisabeth hatte hier ihre Separatküche. Die rechte Hälfte des Erdgeschosses gehörte seit 1902 dem Oberststallmeisteramt. Im sogenannten »Fürstenzimmer«, dem ersten und größten Raum, war der Oberststallmeister Ferdinand Graf Kinsky anzutreffen, nach seinem Tode am 3. Februar 1916 sein Nachfolger Nikolaus Fürst Pálffy ab Erdöd, ein fachkundiger, sehr eleganter Herr, im nächsten Zimmer der Kanzleidirektor Baron Heinrich von Slatin, der Bruder des berühmten Slatin-Pascha. Im anschließenden Raum amtierte der Regierungsrat des Oberststallmeisteramtes, der zugleich Witwen- und Waisenvertreter und Hofmeister der k. u. k. Edelknaben war. Die Edelknaben, ein Relikt des Mittelalters, taten ihren letzten Dienst bei der Fronleichnamsprozession 1918. Angesichts der Tintenburgen der Gegenwart darf man sich wundern, wie beschränkt, allerdings mit schönen Bildern ausgestattet, die Kanzleiräume einer der höchsten Hofchargen waren.

Die Räumlichkeiten der großen Kaiserin Maria Theresia im ersten Stockwerk des Leopoldinischen Traktes dienten nur der Repräsentation. In das Erdgeschoß hatte Maria Theresia die Hofzuckerbäckerei verlegt; die »Zuckerbäk-kerstiege« erinnert noch daran. Daneben befand sich das Wachlokal der Burgwache. Die Räume des zweiten Stockwerks waren als Gäste-Appartements eingerichtet. Hier hatten schon viele gekrönte Häupter logiert, auch Kaiser Wilhelm II. zog ein, als er 1908 zum 60. Regierungsjubiläum Franz Josephs nach Wien kam.

Am alten, aus Kaiser Josephs II. Zeiten her bekannten Kontrollorgang im Mezzanin wohnten, wenn der Kaiser in der Burg war, seine beiden Generaladjutanten Graf Paar und Baron Bolfrass. Die Kabinettskanzlei des Kaisers lag im zweiten Stockwerk des Schweizertraktes mit Blick auf den Inneren Burghof nahe den Gemächern, die Kronprinz Rudolf bewohnt hatte. Das Hofwirtschaftsamt, das dem Oberstküchenmeister unterstand, hatte seit Jahrhunderten seinen Platz im Schweizerhof bei der Zehrgadenstiege.

Die Amtsräume des Obersthofmarschalls Graf August Zichy, eines freundlichen Herrn mit weißem Bart, waren von der Kuppelhalle des Michaelertraktes her ebenerdig zugänglich, zum Oberstjägermeister mußte man dort zwei Stockwerke ersteigen. Sogar den Oberststablmeister gab es noch, doch wußten nur mehr die Eingeweihten, was seine Pflichten waren, deshalb hatte er um 1900 keine eigenen Amtsräume mehr.

Der Michaelertrakt war 1893 vollendet. Mythische und allegorische Darstellungen schmücken ihn und geben dem Betrachter Rätsel auf, die achteckige Kuppelhalle ist ein prachtvolles, wirklich imponierendes Bauwerk, eindrucksvoll auch die Fassade gegen den Michaelerplatz zu, wo das alte Burgtheater bereits abgetragen war. Der Burghauptmann Ferdinand Kirschner hatte es durchgesetzt, daß wie beim Reitschultrakt der teure Kalkstein aus den Zogelsdorfer Steinbrüchen verwendet wurde.

Solange das alte Burgtheater bestanden hatte, war über die Enge, die schlechte Lüftung und viele andere Mängel geklagt worden, ein Brand hätte zu einer Katastrophe geführt. Eine Innenrenovierung im Jahre 1837 hatte da nicht grundlegend abhelfen können. Als aber der Abbruch beschlossen war, das neue Hofburgtheater in der Gegend der einstigen Löwelbastei entstand, klagten die Wiener um das alte Theater, in dem Mozarts »Entführung aus dem Serail«, »Hochzeit des Figaro« und »Così fan tutte« uraufgeführt worden waren. Die letzte Vorstellung am 13. Oktober 1888 war ein würdiger Abschied: Charlotte Wolter spielte die Titelrolle in Goethes »Iphigenie auf Tauris«. Kaiser Franz Joseph und König Albert von Sachsen, mit dem er herzlich befreundet war, schauten von der Hofloge aus zu.

Das Carroussel in der Hofreitschule

Das alte k. k. Hofburgtheater hatte dem Schauspiel und der Oper gedient, nun standen die Hofoper und das Hofburgtheater als zwei selbständige stolze Bauten an der neuen Ringstraße. Aber die Hofburg brauchte nicht ganz auf großartige Vorführungen zu verzichten. Die Winterreitschule Karls VI. hatte schon mehrmals eindrucksvolle Reiterspiele gesehen, nach den bekannten von 1743 und 1814 noch 1853 zu Ehren der Könige Friedrich Wilhelm IV. von Preußen und Leopold I. von Belgien. Diesmal, 1894, hatte Erzherzogin Maria Theresia den Plan zu einem »Carroussel« gefaßt.

Sie war die dritte Gemahlin des Erzherzogs Karl Ludwig, stammte aus dem portugiesischen Königshaus Braganza und galt als eine der sympathischsten Damen bei Hofe. Dem Erzherzog Franz Ferdinand, der nur acht Jahre jünger war als sie, und dessen Geschwistern war sie eine liebe- und verständnisvolle Stiefmutter. Das Festspiel sollte Freude bereiten, vor allem aber die Mittel zur Gründung eines Tuberkulosenheimes beschaffen. Das war nur dadurch möglich, daß keiner der Mitwirkenden irgendeine finanzielle Entschädigung für seinen Aufwand an Zeit und Mühe erhielt (und auch nie verlangt hätte!), sogar jeder die kostspielige Garderobe und Ausrüstung selbst beschaffte.

Das Thema des Schauspieles war der Einzug der Kaiserin Elisabeth Christine in Wien im Jahre 1714. Unter den Klängen eines Festmarsches ritt Franz Graf Colloredo in weißem Rock mit Goldtressen und roter Weste als Banner-träger mit zwei Begleitern zu Fuß in den Saal, dahinter neun Fanfarenbläser und ein Paukenschläger zu Pferd, angeführt von Karl Graf Schönborn in rotem Samtrock, dann die Herolde von Österreich, Spanien, Ungarn und Böhmen, gefolgt von hochadeligen Kürassieren in weißem Waffenrock unter der Führung von Erzherzog Franz Ferdinand. Sein Bruder Erzherzog Otto ritt den Husaren voran; mit ihren grünen Uniformen und umgehängten Panther-fellen boten sie einen prächtigen Anblick.

Als Gestalten des Hofgefolges waren Erzherzog Wilhelm zu sehen, ein Herr von 67 Jahren, Hoch- und Deutschmeister, der wenige Monate später an einem Reitunfall starb, Fürst Ferdinand Kinsky, die Prinzen Alfred Liechten-stein, Max Taxis, Josef Windischgrätz und viele andere angesehene Herren und schöne Damen. Einen Höhepunkt des Festzuges bildete Graf Erwin Schönborn-Buchheim in der Rolle Kaiser Karls VI. unter einem Baldachin zu Pferd. Er trug ein rotes Seidengewand, darüber einen Goldbrokatmantel mit Hermelin. Die schöne junge Gräfin Therese Clary-Kinsky fuhr als Kaise-

Das Carroussel 1894 in der Winterreitschule

rin Elisabeth Christine in einer sechsspännigen Galakarosse, die der regierende Fürst Johann II. zu Liechtenstein zur Verfügung gestellt hatte. Ein vierspänniger Galawagen aus der Rüstkammer des Fürsten Schwarzenberg folgte nach; beide Wagen wurden von hohen Herren zu Pferd begleitet, die als Würdenträger Karls VI. erschienen. Hinter den Wagen ritt wieder Kavallerie, angeführt von Erzherzog Franz Salvator und dem Obersthofmeister Fürst Rudolf Liechtenstein. Nach einem Salut vor der Hofloge Kaiser Franz Josephs schwenkte der Zug ab, während die meisten der Damen und Herren, die den Hof Karls VI. darstellten, auf der Estrade unter den Hoflogen Platz nahmen.

Das war aber nur der erste Teil des Festes, das Schaugepränge, nun folgte die lebendige Handlung. Die vier Herolde, Bereiter der Spanischen Hofreitschule, ritten die erste Quadrille sehr kunstvoll. Überaus malerisch wirkte dann die Quadrille der Damen und Hofkavaliere. Die Vorführungen steigerten die Spannung raffiniert, wurden immer schwieriger: Erzherzog Otto und sieben andere Herren lenkten Zweigespanne vor barocken Muschelwagen, darauf folgten Erzherzog Wilhelm, Prinz Engelbert Auersperg, Graf Johann Cziráky und Graf Ferdinand Kinsky mit Viergespannen.

24 Herren, voran wieder Erzherzog Otto, zeigten das »Caracole«, eine reiterliche Übung in der Tradition der Turniere, nur suchten sie nicht, einander aus dem Sattel zu heben, sondern führten mit Degen oder Säbel aufregende Scheingefechte. Der nächste Waffengang erforderte noch mehr Geschick: Die Reiter mußten im Sprung über Hindernisse mit der Turnierlanze oder mit der blanken Waffe nach hölzernen Türkenköpfen stechen und schlagen. Nach den hochadeligen Herren kamen 13 Offiziere bürgerlicher Herkunft an die Reihe, ihr Schauspiel hatte ernstzunehmenden militärischen Charakter. Sechsspännig führten sie vier Geschütze aus der Zeit Karls VI., die aus dem Arsenal geholt worden waren, im Galopp über die Reitbahn; in dem Augenblick, da ein Zusammenstoß unvermeidlich schien, wendeten sie und fuhren, während die Pferde in Trab fielen, elegante Kreisbahnen.

Als die Zuschauer meinten, das könne nicht mehr überboten werden, folgten als krönender Abschluß militärische Evolutionen. 48 Offiziere, darunter drei Erzherzoge, aber auch Bürgerliche, ritten in geschlossener Abteilung, wendeten, schwenkten, ritten aus der Marschkolonne zur Gefechtsformation auf, bildeten eine Linie und aus ihr wieder andere Formen der Aufstellung. Das alles geschah schnell, ohne Lärm und in unglaublicher Ordnung. Der Kaiser als oberster Kriegsherr hatte seine helle Freude daran, allgemein bewunderte man die Vorführung. Schließlich zogen die Teilnehmer in der Reihenfolge, wie sie hereingekommen waren, wieder aus dem Saal; es waren 125 Berittene, 14 Wagen, 4 Geschütze und ungefähr 50 Pagen und Trabanten.

Man kann es sich heutzutage schwer vorstellen, daß solch ein großartiges Schauspiel gegeben und noch dreimal wiederholt wurde, ohne daß es die Steuerzahler belastete, und daß der Reinertrag einem wohltätigen Zweck gewidmet war. Überhaupt kam die ganze Hofhaltung trotz ihrer Pracht nicht teuer. Im Jahre 1870 hatte sie 1,1 Prozent der Staatsausgaben betragen, 1910 gar nur 0,4 Prozent.

Vom letzten Hofball bis zum Ende der Monarchie

Beim Hofball am 16. Januar 1911 zeigte sich der Kaiser ein wenig gebeugt, aber elegant und vornehm wie immer. Er führte am Arm die Herzogin von Cumberland, in deren weißem Haar ein prachtvolles Diadem glitzerte, hinter ihm kam der junge Erzherzog Karl in seiner Uniform als Dragoner-Oberleutnant mit seiner Tante, der 35jährigen Erzherzogin Maria Annunziata, Äbtissin des Theresianischen Damenstiftes in Prag; seit dem Tode der Kaiserin waren sie und ihre Mutter Maria Theresia, die Witwe von Erzherzog Karl Ludwig, die ersten Damen am Wiener Hof.

Die Hitze und das Gedränge waren arg wie bei jedem Hofball, Kleidung und Schmuck der Damen prächtig, zwischen den scharlachroten, goldbetreßten Galaröcken und weißen Kniehosen der Hofbeamten, den weißen Galawaffenröcken der österreichischen und den roten, goldverschnürten der ungarischen Generäle war mancher alte Herr in der Uniform vergangener Zeiten zu sehen, Karl Fürst Paar trug als Erblandpostmeister eine kleine goldene Trompete über der rechten Schulter. Nichts davon überraschte, auch der Sturm auf das Buffet entsprach der Tradition, diesmal aber hatte der Kaiser den Diplomatencercle nicht wie bisher im Marmorsaal, sondern im Redoutensaal abgehalten, um sich Mühe und die Gefahr einer Erkältung zu ersparen. Aus Rücksicht auf sein Alter schloß der Hofball schon um elf Uhr. Es war der letzte in der Geschichte der Monarchie.

Franz Joseph I. hielt sich im Sommer 1914 in Ischl auf, als er die Nachricht vom Mord an Erzherzog Franz Ferdinand erhielt, danach in Schönbrunn. Die Hofburg hatte er nur mehr selten, immer seltener betreten; einer der Gründe dafür war wohl, daß ihm die Stufen der Kaiserstiege vom Inneren Burghof hinauf in seine Gemächer mühsam geworden waren. Im Oktober 1916 sah ihn der spätere Außenminister Ottokar Graf Czernin noch geistig frisch, körperlich aber stark verfallen, am 21. November 1916 um neun Uhr abends schloß Franz Joseph die Augen für immer. Czernin würdigte ihn mit den Worten:

»Franz Joseph war ein Grandseigneur im wahrsten Sinne des Wortes. Er war der Kaiser. Er blieb immer unnahbar. Jeder, der von ihm ging, war unter dem Eindruck, vor dem Kaiser gestanden zu sein. In der Würde als Exponent der monarchischen Idee war er allen Souveränen Europas weit überlegen.«

Am 27. November, eine halbe Stunde vor Mitternacht, traf der Leichenwagen, mit acht Kladruber Rapphengsten bespannt, im Schweizerhof der Hofburg ein. Gardisten begleiteten den Sarg in die Burgkapelle, vor dieser wartete schon der Burgpfarrer Dr. Ernst Seydl, der in Schönbrunn dem Kaiser die Letzte Ölung gespendet und die Sterbegebete gesprochen hatte. Karl, der neue Kaiser, und seine Gemahlin Zita waren auf kürzerem Weg von Schönbrunn hergefahren, um den Sarg empfangen zu können. In den nächsten

Tagen mußten die jungen Majestäten in ihren Räumen, dem Alexander-Appartement der Amalienburg, den großen Kondolenz-Empfang halten. Nicht mehr der greise Graf Paar meldete die Gäste an, sondern der neue Generaladjutant Prinz Zdenko Lobkowicz. Kaiser Wilhelm II. kam für kurze Zeit in die Hofburg, auch der deutsche Kronprinz, die Könige von Bayern, Sachsen und Bulgarien, der schwedische und der türkische Kronprinz, Prinz Waldemar von Dänemark und viele deutsche Fürsten reisten an.

Die Burgkapelle war schwarz ausgeschlagen, unzählige Kerzen beleuchteten die Nachbildungen der österreichischen und der ungarischen Krone, den Erzherzogshut von Österreich, gekreuzte Säbel und Ordenscollanen. Am Nachmittag des 30. November versammelten sich die Garden im Inneren Burghof zum Leichenbegängnis, Hofstaatswagen rückten aus, sechs-, vier- und zweispännig, jeder Messingbeschlag war schwarz verhüllt oder von Lack überdeckt. Der Leibkutscher des verstorbenen Kaisers saß auf dem Bock des Leichenwagens, rechts von diesem ritt der Oberststallmeister Fürst Pálffy, dahinter die Arcièren- und die ungarische Leibgarde. Nach der Beisetzung in der Kapuzinergruft benützten die Majestäten zur Rückkehr in die Burg ein Automobil: Eine neue Zeit schien angebrochen.

Der Trauerkondukt für Kaiser Franz Joseph

234

Tatsächlich hatte das Automobil schon einige Jahre früher bei Hof Einzug gehalten. Franz Joseph hatte es so wenig geliebt wie das Telephon; als die technische Notwendigkeit nicht mehr abzuweisen war, ließ der Kaiser seinen Fernsprechapparat in dem diskreten Raum anbringen, wo der Leibstuhl stand. Ein Hof-Leibchauffeur war schon 1914 im »Handbuch des Allerhöchsten Hofes und Hofstaates Sr. k. u. k. Apost. Majestät« genannt, gleich nach den vier Hof-Leibkutschern und vor den 138 Hofkutschern; er blieb der einzige bis 1917. Erzherzog Leopold Salvator aber hatte schon im Jahre 1900 einen »Motorwagenführer« angestellt; in der Folgezeit verfügte er über vier Chauffeure und beschäftigte sich sehr mit den neuen Fahrzeugen, erfand einen Allradantrieb für Militärlastwagen der Artillerie und förderte eifrig die Motorisierung in der k. u. k. Armee, übrigens auch die Luftschiffahrt. 1915 verzeichnete das Obersthofmeisteramt bereits »Kennzeichen der Automobile und Chauffeurlivreen der Allerhöchsten und höchsten Herrschaften« für 24 Autos, die den Erzherzogen und Erzherzoginnen gehörten, Kaiser Karl ließ 1917/18 zwölf Personen- und zwei Lastkraftwagen anschaffen, noch am 4. September 1918 wurden weitere zwölf Personenautos bestellt.

In den meisten Ämtern, die in der Hofburg untergebracht waren, ging der altgewohnte, nicht allzu hektische Betrieb weiter. Das Hofstallmeisteramt hatte nicht mehr so viele Pferde zur Verfügung wie in Friedenszeiten, der Stab bestand noch aus acht Beamten und sechs Bediensteten. Die Hofmenageküche erhielt ihre Lieferungen spärlicher, verfügte aber über ausreichende Vorräte. Die waren nötig, denn immer mehr Leute, die irgendwie mit dem Hof zu tun hatten, trachteten, sich in der Hofmenageküche verköstigen zu lassen, die Lebensmittel waren ja schon knapp.

Kaiser Karl lebte mit seiner Familie bis Anfang 1917 in Schönbrunn, dann in Laxenburg, wenn er nicht an der Front weilte. In diesen Zeiten zog sich die Kaiserin mit den Kindern gern nach Reichenau an der Rax zurück. Hofdejeuners und Empfänge, zum Beispiel der für den Botschafter des Osmanischen Reiches, Hussein Hilmi Pascha, am 24. April 1917, fanden in Laxenburg statt. Dazu mußten die Hofchargen wie der Oberstküchenmeister und ihre Hilfskräfte eigens aus Wien anreisen. Die Garden taten, gern oder ungern, ihren Dienst in Laxenburg, in der Hofburg wurde es noch stiller.

Ende Oktober 1918 aber erreichte der Ernst der Lage auch die Hofburg. Zu den bedrohlichen Nachrichten von der Balkanfront kamen deutliche Anzeichen von revolutionärer Stimmung in Wien. Generaloberst Graf Viktor von Dankl, Kapitän der Arcièren-Leibgarde, führte das militärische Oberkommando in der Burg, Major Graf Josef von Erbach-Fürstenau, Kommandant der Leibgarde-Kavallerie, sollte die Verteidigung der Burg organisieren. Noch glaubte niemand ernstlich an die Gefahr eines Angriffs, aber man mußte vorsorgen. Die Gardisten hatten bisher nur der Repräsentation gedient, ihre Bewaffnung war zu unmodern und unvollständig für einen kriegerischen Einsatz. Zur Ergänzung stellten sich freiwillig viele Offiziere zur Verfügung, die gerade auf Urlaub in Wien weilten.

Schon kam es vor, daß Revolutionäre oder betrunkene Soldaten auf der Straße die Offiziere zwangen, die Kokarden von den Uniformkappen zu nehmen. Um Zusammenstöße zu vermeiden, wurde den Offizieren der Garde erlaubt, in Wien in und außer Dienst Zivilkleidung zu tragen, auf den Hofwagen wurde die Krone, die auf den Wagenschlag gemalt war, durch ein grünes Hufeisen überdeckt. Der Festgottesdienst am 4. November, dem Namenstag des Kaisers, fand nicht wie sonst im Stephansdom statt, sondern in der Hofburgkapelle, die Würdenträger des Hofes erschienen im Gehrock, die Offiziere nicht in Gala, sondern in Felduniform. Eine Woche später, am 11. November 1918, unterzeichnete Kaiser Karl um drei Uhr nachmittags in Schönbrunn das Manifest, mit dem er auf jeden Anteil an den Staatsgeschäften verzichtete, am Abend begab er sich mit seiner Familie, dem Generaladjutanten und geringer Begleitung nach Schloß Eckartsau.

VII

Hofburg ohne Kaiserhof

Die Liquidierung der Hofämter · Hakenkreuz und
Fliegerbomben · Die Zeit des Wiederaufbaues · Die
Hofburg heute · Brand im Redoutensaal

Die Liquidierung der Hofämter

Gerüchte gingen um, daß gewisse Leute nur darauf warteten, die Hofburg plündern zu können. Die neue Regierung sorgte rechtzeitig vor und sammelte bereits am 10. November 1918, also einen Tag vor der Abreise des Kaisers nach Eckartsau, eine Wache von 50 verläßlichen Offizieren. Der allgemeine Durchgang war gesperrt, der Eintritt nur mit Passierschein möglich.

Karl I. hatte auf seine Regierungstätigkeit verzichtet, aber nicht abgedankt, er fühlte sich immer noch als Kaiser. Trotzdem begriff er selbstverständlich die Lage und enthob mit Handschreiben vom 26. und 30. Dezember 1918 alle Würdenträger seines Hofstaates, die dazugehörigen Offiziere sowie die Hofdamen des Kaiserhauses ihres Dienstes und befreite sie damit von Konflikten des Gewissens. Die Hofdamen brauchte man in der jungen Republik ja nicht mehr, die Hofämter aber mußten vorläufig weiterfunktionieren, damit ihre Besitztümer nicht in der ersten Verwirrung in falsche Hände gerieten. Also blieben zwar nicht die obersten Hofchargen, doch viele der Beamten an ihren Schreibtischen.

Freilich mußte man sparen und löste sehr bald die Stellen auf, die unnötig geworden waren, vor allem das Zeremoniell-Departement, das Departement für Ordensangelegenheiten, das Reisedepartement und das Hofwirtschaftsamt; die Tätigkeit des Obersthofmarschall-Gerichtes ging an die ordentlichen Gerichte über. Die Edelknaben mußten sich als Söhne sehr vornehmer Familien um ihren künftigen Unterhalt nicht sorgen, wohl aber die Garden, ob sie nun deutsch-österreichischer Abstammung waren oder Polen, die wegen der politischen Wirren in ihrer Heimat nicht dorthin zurückkehren wollten, wie es die Ungarn getan hatten. Wenn sie wenigstens das Geld zurückerhalten hätten, das sie während ihrer Dienstzeit in den Garde-Pensionsfonds eingezahlt hatten!

»Bitte uns doch zu helfen, wir sind arme Schafe«, bat ein Mann der Leibgarde-Reitereskadron, aber der zuständige Sektionschef in der Hofburg wollte nichts davon wissen. Prinz Erwein von Lobkowicz schildert am Ende seiner »Erinnerungen an die Monarchie«, wie er damals als Gardeoffizier für seine Leute intervenieren wollte und von jenem Sektionschef Verständnis erhoffte, denn dieser war vorher Geheimer Rat und Zentraldirektor des Obersthofmeisteramtes gewesen – aber da war keine Hilfe zu finden. »Unsere Leute konnten die Sache nicht fassen«, erzählt Prinz Erwein weiter. »Einige wollten ihre Schimmel satteln, um nach Eckartsau zum Kaiser zu reiten, dieser müsse sie doch erhören! Nur mit Mühe konnten wir ihnen beibringen, daß der Kaiser jetzt womöglich noch ärmer sei als sie.« Nicht der frühere hohe k. k. Beamte, sondern ein Staatssekretär der republikanischen Regierung nahm sich dann der Gardisten an.

Ihre 67 Pferde wurden dem Reiterzug eines Volkswehr-Bataillons zugeteilt. Das Heeresgeschichtliche Museum hätte gern die Gardeuniformen und die Hellebarden der k. k. Trabanten-Leibgarde aufbewahrt, aber sie wurden wie vieles andere historisch Wertvolle verkauft, die Uniformen der beiden ungarischen Leibgarden an Ungarn abgetreten, Gardewaffen kamen in den Requisitenfundus der (nicht mehr Hof-, sondern Staats-) Oper.

Die Weine des Hofkellers hatten schon im März 1918 dem Hofzahlamt über einen finanziellen Engpaß hinweghelfen müssen – 600 000 Liter Tokajer sollen damals nach Berlin verkauft worden sein –, nun wurden sie Eigentum des Kriegsinvalidenfonds, der in den Kellerräumen unter der Amalienburg ein Restaurant führte. Die Einnahmen aber waren gering, denn die allgemeine Teuerung entwertete die Gehälter und Pensionen, die folgende Inflation raffte die Ersparnisse dahin, während die Neureichen ihr Geld in moderneren Lokalen ausgaben. So mußte der Kriegsinvalidenfonds 1923 die Champagnervorräte des Hofkellers versteigern; es waren noch einige tausend Flaschen. Kaiser Franz Joseph hatte vom deutschen Schaumwein nichts gehalten und nur den besten echten Champagner an seiner Tafel geduldet.

Die Abendausgabe der »Neuen Freien Presse« vom 29. August 1933 brachte unter dem Titel »Die Weinkatakomben Wiens« den Bericht über einen Besuch im ehemaligen Hofkeller. Er erzählte von den drei Etagen des Kellers mit ihren tuffartigen Wänden, welche die Temperatur schön gleichmäßig erhielten, insgesamt 20 Meter tief. Das riesige Betonfaß im ersten Kellerstockwerk mit 67 300 Liter Fassungsvermögen war bereits leer; daneben befand sich das Flaschenlager. Von den ursprünglich 120 000 Flaschen war

Im Hofweinkeller

1933 noch ungefähr die Hälfte vorhanden, Rheinwein aus der Domäne Metternich, die vertragsgemäß 10 Prozent ihres Ertrages, den sogenannten »Johannisberger Zehentwein«, an den Kaiserhof geliefert hatte, ferner Weine aus Tokaj, Istrien, Dalmatien und anderen Teilen der Monarchie, aus Bordeaux und Burgund, Griechenland und Spanien. Diese Vorräte waren nicht allein für den Gebrauch des Hofes bestimmt gewesen, sondern auch für Geschenke an ausländische Monarchen; 100 Flaschen war da die übliche Menge. Die Eichenfässer im zweiten und dritten Stockwerk, alle mit dem Wappen des Kaiserhauses versehen, waren zum größten Teil leer, das größte der noch vollen Fässer enthielt 13 100 Liter. Seinerzeit lagerten in allen Fässern zusammen nicht ganz zwei Millionen Liter, von denen jährlich 300 000 bis 400 000 an die Mitglieder des Hofes abgegeben wurden. So steht es zumindest in jenem Zeitungsartikel.

Der Wert der gesamten Bestände des Hofkellers wurde 1918 auf zwei Millionen Goldkronen geschätzt. Das war sehr viel, aber noch unvergleichlich wertvoller war der Inhalt der kaiserlichen Schatzkammer, sowohl in ideeller wie auch in materieller Hinsicht. Als in Wien die Revolution drohte, hatte Kaiser Karl I. seinen Obersthofmeister Leopold Graf Berchtold in die Schweiz geschickt, aber nicht, um die Kronjuwelen, wie von feindseliger Seite damals behauptet und später noch nachgeschrieben wurde, sondern nur den habsburgischen Familienschmuck und den privaten Schmuck der Kaiserin Zita dort zu deponieren.

Es mochte noch einigermaßen berechtigt erscheinen, daß die Schatzkammer den Ornat und das brillantenbesetzte Ordenskreuz des St.-Stephans-Ordens, das Maria Theresia getragen hatte, nun an Ungarn abgeben mußte, aber die Ansprüche des Königreiches Italien lösten große Erregung aus. Am 28. Februar 1919 erschien in der Hofbibliothek eine italienische Kommission und forderte drei Handschriften aus dem Nachlaß Erzherzog Franz Ferdinands, die aus dem Herzogtum Este-Modena stammten. Sektionschef Schager, Generaldirektor des Allerhöchsten Familienfonds, lehnte das Ansinnen ab, da es sich um Privateigentum Kaiser Karls handelte. Die Italiener begnügten sich mit diesem Bescheid nur einige Stunden lang, noch am selben Tag kamen sie wieder, ein Diplomat, zwei Offiziere und zehn bewaffnete Soldaten. Diesmal verlangten sie die drei wertvollsten Handschriften der Hofbibliothek, darunter die weltberühmte »Wiener Genesis«, als Pfand, das sie so lange behalten wollten, bis die drei estensischen Codices übergeben würden. Da sie mit Gewalt drohten, mußte Generaldirektor Schager unter Protest nachgeben. Erst ein Sonderabkommen mit Italien vom 4. Mai 1920 beendete den Fragenkomplex, außer den Handschriften mußte Österreich Gemälde sowie den Ornat und die Insignien Napoleons als König von Italien ausliefern.

Durch zähe, hinhaltende Verhandlungen gelang es dem Obersten Verwalter des Hofärars zu verhindern, daß die neue Tschechoslowakische Republik kaiserliche Möbel und Teppiche, Tafelgeschirr und Tischwäsche erhielt. Sie hatte ohnehin auf ihrem Gebiet ausgiebig beschlagnahmt! Präsident Thomas Masaryk benützte zu seiner Triumphfahrt in Prag kaiserliche Automobile. Der junge südslawische Staat forderte einen prunkvollen Krönungs- und einen Leichenwagen.

Der Fortbestand der Spanischen Reitschule war sehr gefährdet. Während des Krieges war das Lipizzanergestüt nach Laxenburg in Sicherheit gebracht worden, aber der Ort Lipizza gehörte nun zum Königreich Italien, und dieses verlangte das ganze Gestüt. Mit großer Mühe wurde erreicht, daß 87 Zuchtstuten in Österreich verbleiben durften. Dabei erwies es sich als gutes Mittel, die allgemeine Aufmerksamkeit auf die Lipizzaner zu lenken und so die öffentliche Meinung für ihren Schutz zu mobilisieren. Schon 1919 durfte zahlendes Publikum von der Galerie der Winterreitschule aus bei der Morgenarbeit der Schulhengste zuschauen, am 14. Juni 1920 führten die Bereiter das altüberlieferte Schauspiel der Reitkunst spanischer Tradition vor. Es war wieder, wie das Carroussel 1894, eine Veranstaltung zugunsten eines Tuberkulosenheimes, diesmal angeregt von Eleonore van den Straten-Sternberg. Der Adel war seit dem 3. April 1919 offiziell abgeschafft, aber man nannte die Dame dankbar immer noch »Gräfin«. Weitere Vorführungen folgten, niemand bezweifelte mehr, daß die Spanische Reitschule weiterbestehen solle.

Die Träger der höchsten Ämter in der Hofburg hatten es gelassen oder ingrimmig, jedenfalls ohne die Möglichkeit eines Widerspruches hingenommen, daß ihre Adelsprädikate vom Briefpapier verschwanden. Gleichermaßen wurden im August 1919 die Hofamtsdirektoren zu Amtsdirektoren; die Hof-Leiblakaien waren froh, wenn sie als Amtsdiener weiterbeschäftigt wurden. Die Hof-, Leib- oder Kammer-Büchsenspanner wurden, falls man sie im Dienst behielt, zu Amtstürhütern oder ebenfalls Amtsgehilfen; wer von ihnen den Abschluß einer Forstschule oder eine Jagdprüfung nachweisen konnte, durfte hoffen, in den früher kaiserlichen, nun Staatsforsten angestellt zu werden. Die Offizierswache in der Hofburg war in gewissen Zeitungen immer wieder als »reaktionär« angegriffen worden; im Februar 1919 übernahm – wie man sagte, aus Gründen der Ersparnis – die Polizei den Schutz der Gebäude.

Dr. Eugen Ritter Beck von Mannagetta und Lerchenau, nunmehr nur als Dr. Beck tituliert, hatte als Oberster Verwalter des Hofärars klug und redlich, umsichtig und verständnisvoll die überaus schwierige Aufgabe der Liquidierung erfüllt. Als er 1921 aus seinem Amte schied, überreichte ihm der Handelsminister als Andenken die Standuhr, die Beck in seinem Büro im Amalientrakt der Hofburg die Zeit angezeigt hatte. Auf ihn wurde das Wort »Vorkriegscharakter« gemünzt, das als höchstes Lob für pflichtbewußte, in jeder Hinsicht anständige Menschen galt, und wieder einmal entstand die Vorstellung von einer »guten alten Zeit«, nach der man sich zurücksehnen konnte. Als der Hofkeller 1925 eine Weinstube mit Zugang von der Schauflergasse her eröffnete, boten die alten Gewölbe manchem Gast Zuflucht, der seine Gedanken lieber in die Vergangenheit als in die Gegenwart oder Zukunft richtete.

Am Gründonnerstag, dem 17. April 1919, hatten die Kommunisten in Wien

Heldenplatz und Neue Burg

einen Putsch versucht und das Parlament angegriffen, danach zeigte sich die Lage in Wien wieder ruhig. Fahrzeuge und Fußgänger durften den Inneren Burghof passieren, auch der Kaisergarten war allgemein zugänglich, die kaiserlichen Gemächer im Reichskanzleitrakt, in der Amalienburg, dem Leopoldinischen und dem Schweizertrakt zur Besichtigung geöffnet. Im Parterre des Leopoldinischen Traktes bei der Durchfahrt zum Ballhausplatz befand sich weiterhin das Uniformierungsmagazin; in den anschließenden Räumen sollten Ordensornate und Livreen der Hofbediensteten ausgestellt werden, doch dort hatte schon das Handelsministerium die Kanzlei und die Riemerei der Spanischen Reitschule untergebracht. Als Rest des k. u. k. Hof-Marstalls bestand bis 1923/24 in den Amtsräumen der Amalienburg noch der »Bundesfuhrwerksbetrieb«.

Die großen Räume der ehemaligen Hofwäschekammer im Reichskanzleitrakt wurden ab 1928 industriell genützt, allerdings nicht für einen gewöhnlichen Fabriksbetrieb, sondern etwas Besonderes: die Wiener Gobelinmanufaktur. Die schönen, zum Teil prachtvollen Gobelins, die in der Hofburg und vielen Schlössern hängen, stammen vorwiegend aus Flandern, den einst habsburgischen Niederlanden, zum Teil auch aus Frankreich; die eigene Produktion begann erst nach dem Ersten Weltkrieg, errang aber schon damals und dann wieder nach dem Zweiten Weltkrieg große Anerkennung.

Die Innenräume der Neuen Burg waren am Ende der Monarchie noch nicht fertiggestellt, die Burgbaukommission aus dem Jahre 1906 hatte bis 1926 damit zu tun. Auch die Wiener Messe-A.G. wirkte mit und benützte 1920 bis

1926 Räumlichkeiten, die über die Botschafterstiege im Schweizerhof zu erreichen waren. Das untere Stockwerk des Gebäudeteiles gegen den Burggarten zu stand längere Zeit leer, nur im obersten richtete sich das Statistische Zentralamt ein. Der Festsaal mit der Prunkstiege und der 1808 erbaute Zeremoniensaal wurden zeitweise für Ballveranstaltungen, Kongresse und Konferenzen vermietet. In das »Corps du logis«, den äußersten Teil der Neuen Burg gegen die Ringstraße zu, verlegte man schon im Juni 1922 die Bestände der Hof-Gewehr und -Jagdkammer, 1928 fanden sich hier Räume für das Museum für Völkerkunde, das sich bis dahin im Naturhistorischen Museum befunden hatte, 1934 kam die Waffensammlung aus dem Kunsthistorischen Museum hinzu.

Das Äußere Burgtor trug seit 1828 den bekannten Wahlspruch von Kaiser Franz I. »*Iustitia regnorum fundamentum*« (Gerechtigkeit ist die Grundlage der Königreiche), während des Ersten Weltkrieges war eine zweite Inschrift hinzugekommen: »*Laurum militibus lauro dignis MDCCCCXVI*« (Den Lorbeer den Soldaten, die des Lorbeers würdig sind 1916). 1933/34 wurde es zu einem Denkmal für die Gefallenen des Ersten Weltkrieges ausgestaltet.

Hakenkreuz und Fliegerbomben

1918/19 hatten alle Parteien in Österreich gewünscht, daß die deutschen Teile der ehemaligen Donaumonarchie an das Deutsche Reich angeschlossen würden. Fast 20 Jahre später zogen Menschenmengen durch die Straßen und riefen im Chor: »Ein Volk, ein Reich!« und auch: »Ein Volk, ein Reich, ein Führer!« Vorläufig, am Abend des 11. März 1938, sperrte die Polizei noch die Zugänge zu den wichtigsten öffentlichen Gebäuden, vor allem Bundeskanzleramt und Parlament; die Hofburg wurde zwar auch bewacht, war in jenen dramatischen Stunden aber weniger wichtig.

Am Nachmittag des 14. März bald nach fünf Uhr traf Hitler in Wien ein. Nicht aus Pietät verzichtete er darauf, als Sieger in der Hofburg Quartier zu beziehen; ihm war die habsburgisch-österreichische Tradition verhaßt. Im Hotel Imperial fand er mehr Bequemlichkeit und genügend Platz für seinen Stab. Die Hofburg sah ihn erst am folgenden Vormittag, als er vom Balkon der Neuen Burg zu der Menge sprach, die sich auf dem Heldenplatz versammelt hatte. Gegen 200 000 sollen es gewesen sein, sowohl Wiener wie auch Leute aus der Umgebung, die auf Lastautos herangebracht worden waren.

Am 1. April 1938 ging der erste größere Gefangenentransport von Österreichern ins KZ Dachau ab. Als sie dort ankamen, fanden sie schon Landsleute in Sträflingskleidung vor, unter ihnen einen Erzherzog und die beiden Söhne von Erzherzog Franz Ferdinand.

Noch in diesem Jahr 1938 ließ Hitler die Insignien und Kleinodien des Heiligen Römischen Reiches aus der Hofburg nach Nürnberg bringen und die Schatzkammer schließen, vielleicht damit sie nicht zum Wallfahrtsort würde. Erstaunlicherweise blieben die Schauräume der Hofburg noch einige Jahre lang zugänglich.

Die Burg erwies sich damals auch als Zufluchtsstätte. In einigen Räumen eines Seitenflügels des Burgtheaters am Ring befand sich seit 1922 eine Theatersammlung; 1938 fürchtete das zuständige Kulturamt in Berlin, diese einmalige Sammlung könnte die Bedeutung von Wien als Theaterstadt ungebührlich betonen, und wollte sie auflösen. Hofrat Gregor rettete sie in das dritte Stockwerk des Michaelertraktes der Hofburg. Dort war sie nicht mehr zugänglich, doch immerhin für freiere Zeiten bewahrt als wichtige Quelle des Wissens für Studenten, zur Freude von Kennern und Liebhabern.

Bald nach den Schätzen der Theatersammlung mußten auch Menschen in die Hofburg fliehen: Die unteren Räume des Hofkellers waren als Luftschutzräume ausgebaut, sogar ein militärischer Befehlsstand war eingerichtet. Durch die tiefen Keller der Wiener Innenstadt reichte eine Verbindung von hier bis zum Donaukanal. Die Reiterdenkmäler von Prinz Eugen und Erzherzog Karl verschwanden hinter starken Mauern, die vor Bombenschäden schützen sollten, ebenso das Denkmal von Kaiser Franz I. und das von Joseph II., viele Kunstwerke wurden an sicherere Orte verlagert, schließlich verließen auch die Pferde der Spanischen Reitschule ihre Räume in der Stallburg. Kurz darauf beschädigten Fliegerbomben die Stallburg schwer, ebenso die Augustinerkirche, das Äußere Burgtor und den Balkon der Neuen Burg, von dem aus Hitler 1938 gesprochen hatte.

Im Erdgeschoß der Neuen Burg war ein Lazarett eingerichtet, das auch nach dem Ende des Krieges eine Zeitlang weiterbestand. Wer von den Verwundeten dazu imstande war, ging oder humpelte gern die Stufen hinab in den ehemaligen Kaisergarten, um frische Luft und Sonnenschein zu genießen.

Die Zeit des Wiederaufbaues

Das Amt des Bundespräsidenten umfaßte auch gewisse Rechte und Pflichten, die bis 1918 dem Kaiser vorbehalten waren. Die beiden Bundespräsidenten der Ersten Republik hatten dennoch ihren Amtssitz nicht in der Hofburg gehabt, sondern auf dem Ballhausplatz im selben Gebäude wie der Bundeskanzler. Wegen der Bombenschäden, die dieser Komplex erlitten hatte, zog der erste Bundespräsident der Zweiten Republik, Dr. Karl Renner, in den Leopoldinischen Trakt der Hofburg ein und benützte für Kanzlei und Repräsentation die Räume im ersten Stockwerk, wo Maria Theresia und Joseph II. residiert hatten.

Im Stockwerk darüber war Polizei untergebracht, Renner wollte aber auch, vorerst nur in drei Sälen, ein Museum der politischen Gegenwart einrichten, beginnend bei 1918, samt einer Dokumentation der Zerstörungen des Zweiten Weltkriegs, Bildern der führenden Staatsmänner und von denkwürdigen Ereignissen. Wie üblich wurden Kommissionen und Unterkommissionen gebildet, die Bundesländer lieferten Beiträge, Salzburg zum Beispiel ein gewaltiges Modell der Großglocknerstraße. Renners Nachfolger Dr. Theodor Körner ließ das Werk fortsetzen, der dritte Präsident aber, Dr. Adolf Schärf, hatte dafür nichts übrig. Die Fensterläden wurden geschlossen, damit die gesammelten Gegenstände nicht unter dem Sonnenlicht litten, eine Frau Oberoffizial sorgte treu dafür, daß die Räume regelmäßig gelüftet und einmal im Jahr gereinigt wurden. 1971 endlich erhielt die Ludwig-Boltzmann-Gesellschaft den Auftrag, sich des unvollständigen Museums anzunehmen und die Bestände aus der Hofburg auszulagern. Die in der Hofburg verfügbaren Räume hätten ohnehin nicht ausgereicht, das Museum dauernd zu ergänzen. Das hatte übrigens schon Dr. Renner vorausgesehen, aber zunächst und für alle Fälle möglichst viele Räume der Hofburg in Anspruch nehmen wollen, denn er war als Bundespräsident nicht Herr in der Burg, hier hatte sich die sowjetische Besatzungsmacht eingerichtet.

Räume im Mezzanin des Schweizertraktes dienten den Sowjets als Kantine; auch Wiener durften einkehren, um ein Glas ungarischen Weines zu trinken. Ob die Weinstube des Hofkellers mit Eingang von der Schauflergasse wiedereröffnet wurde, ist nicht eindeutig geklärt, darüber gibt es widersprechende Berichte. Später wurden die Räume jedenfalls als Museum eingerichtet für die Gipsmodelle der Figuren, welche die Bauten der Ringstraße schmücken.

Der Große Redoutensaal erlangte für die Wiener größere Bedeutung. In jener schweren Zeit war man für alles Erfreuliche doppelt dankbar; da die Staatsoper noch in den letzten Kriegswochen zerstört worden war, spielte ihr Ensemble im Theater an der Wien, in der Volksoper und gelegentlich im Großen Redoutensaal. Jede Opernaufführung war ein musikalischer Genuß ersten Ranges, ein Lichtpunkt im trüben Alltag der Nachkriegszeit, besonders für die heimgekehrten Soldaten, die im Krieg und in der Gefangenschaft neben körperlicher auch geistige Entbehrung gelitten hatten.

Allmählich wurden in der Hofburg alle Schäden ausgebessert, die Innenräume restauriert. Die Schatzkammer und der größere Teil der Schauräume waren wieder zugänglich. Die Stallburg erhielt im Wiederaufbau nach den Bombenschäden eine Fußgängerpassage zum Josefsplatz. Die Laubengänge, die zweieinhalb Jahrhunderte lang zugemauert gewesen waren, wurden freigelegt, der Renaissancehof zeigt sich wieder in seiner ursprünglichen Schönheit. Die Räume nach der Straße zu beherbergen wie zur Zeit Erzherzog Leopold Wilhelms eine Kunstsammlung, nämlich die Neue Galerie des Kunsthistorischen Museums mit Gemälden des 19. Jahrhunderts.

Im Erdgeschoß der Stallburg stehen wieder die Hengste der Spanischen Reitschule in ihren Boxen. Im Oktober 1955 waren sie aus ihrem rettenden Exil nach Wien zurückgekehrt, bald darauf waren sie wieder in der Winterreitschule Kaiser Karls VI. bei öffentlichen Vorführungen und bei der täglichen Morgenarbeit zu sehen. Der Direktor der Reitschule, Oberst a. D. Alois Podhajsky, wohnte im Michaelertrakt der Hofburg.

Auf der anderen Seite der Michaelerkuppel, über die Batthyánystiege erreichbar, hatte der Schriftsteller Alexander Lernet-Holenia seine Wohnung. Diese Stiege ist nach Karl Graf Batthyány benannt, Feldmarschall unter Maria Theresia, der als Ajo des Kronprinzen Joseph in der Hofburg wohnte und täglich hier heraufstieg. Auch der Staatskanzler Fürst Kaunitz ging über diese Stiege zu seinen Räumen. Wenn die Kaiserin ihn zu geheimen Besprechungen rufen ließ, soll er, um Aufsehen zu vermeiden, die enge Wendeltreppe der Dienstboten benützt haben. Der Fürst, ein vorzüglicher Reiter, hätte seine Freude an den Bildern, die jetzt die Wände der schönen Räume zieren: Nach 1970 übersiedelte die Campagnereiter-Gesellschaft aus dem Schweizerhof hierher. In den höheren Stockwerken an der Batthyánystiege findet man das Theaterwissenschaftliche Institut der Wiener Universität und das Esperantomuseum. Schließlich gibt es im Dachgeschoß des Michaelertraktes auch Privatwohnungen; in einer von ihnen verfaßte Josef Cachée sein inter-

Vorführung der Spanischen Reitschule

essantes Werk »Die Hofküche des Kaisers«. Die Adresse ist nobel, die Bequemlichkeit gering – früher hatten niedere Hofbeamte und Kammerzofen hier ihr Quartier.

Der Staatsvertrag, der Österreich nach Krieg und zehn Jahren Besatzung wieder zum freien Staat machte, wurde bekanntlich im Schloß Belvedere unterzeichnet. Aber auch die Hofburg hatte ihren Anteil an der Freude: Nachdem die Außenminister der vier Besatzungsmächte um halb zwölf Uhr vormittags ihre Unterschrift geleistet hatten, lud Bundespräsident Theodor Körner sie in den Spiegelsaal des Leopoldinischen Traktes zu einem späten Frühstück ein.

Die Hofburg heute

Wien war die Hauptstadt einer der fünf Großmächte in Europa gewesen, die vielbesungene Kaiserstadt; für die kleine Alpenrepublik schien es zunächst viel zu groß, man sprach von einem Wasserkopf. Innerhalb der Stadt entstand ein ähnlicher Eindruck: Schon die alte Burg hatte ihre Funktion verloren, was sollte dann erst mit der neuen geschehen, die noch gar nicht fertiggestellt war, als die Monarchie zerbrach? Seither hat sich die Lage geändert, man darf froh sein, daß derart großzügige Bauten in zentraler Lage vorhanden sind.

Dort, wo die Alte und Neue Burg aneinanderschließen, wurde 1958 ein Kongreßzentrum eingerichtet. Von einer Ecke des Heldenplatzes aus durchschreiten die Besucher ein weites Vestibül und gelangen über eine Prunkstiege in das erste Stockwerk am Rande des alten Schweizerhofes zu den einstigen Festsälen. Diese sind auch vom Schweizerhof her zu erreichen, ebenso das Radetzky-Appartement, das zum Kongreßzentrum gehört. Dessen Büroräume, gewiß sehr nötig, aber weniger repräsentativ, sind schon ein Teil der Neuen Burg.

1973 wurden die Redoutensäle in das Kongreßzentrum einbezogen, durften aber auch weiterhin für außerordentliche Konzerte benützt werden. Für das Restaurant und Kaffeehaus, das zur Ergänzung nötig war, fand sich – wohl nicht mit Absicht – ein historisch sehr passender Platz, die ehemalige Trabantenstube vor dem Rittersaal. Wie vor 300 oder 400 Jahren ist sie zweigeteilt, die Fenster der einen Seite gehen in den Schweizerhof, die der anderen Seite geben nicht mehr den Blick über die Basteien, sondern in den kahlen Maschinenhof zwischen dem Schweizertrakt und dem Festsaal der Neuen Burg. Von den Gästen, die sich heutzutage hier an einer Mahlzeit, einem Kaffee mit Apfelstrudel oder an einem Glas Wein erfreuen, wissen nur sehr wenige, daß in diesen Räumen einst die kaiserlichen Gardisten tranken und plauderten.

Für Pressekonferenzen und besondere Ausstellungen, Ballveranstaltungen und Bankette bieten der Zeremoniensaal und die anschließenden Säle einen festlichen Rahmen, die internationale Diplomatie schätzt diesen sehr. Da alle technischen Einrichtungen reichlich vorhanden sind, jede Rede über Kopfhörer gleich in der gewünschten Sprache wiedergegeben wird, tagen viele Organisationen lieber hier als in den modernen, aber unpersönlichen Gebäuden jenseits der Donau.

Das Kriegslazarett im Erdgeschoß der Neuen Burg gehört der Vergangenheit an; kaum jemand, der jetzt dorthin kommt, weiß mehr davon. Man steigt vom Heldenplatz her über die Freitreppe in einen großen Vorraum; von dem aus sind über Stiegen die Museen zu erreichen, die in der Zwischenkriegszeit hier einzogen, ferner die Sammlung alter Musikinstrumente und das Museum der österreichischen Forschungen in Ephesos. Geradeaus geht es zu den Räumen der erweiterten Nationalbibliothek. Seit dem Umbau ist schon wie-

der ein Vierteljahrhundert vergangen. Der schöne, moderne Lesesaal reicht gerade noch aus, doch um die immer anwachsenden Buchbestände aufzunehmen, mußte neuerdings ein Speicher angelegt werden, tief hinabgegraben in das Erdreich unter der Hofburg.

Damit wären die Kaiser, die hier residierten, vermutlich einverstanden gewesen, aber ein Blick in den Garten, der früher der allerhöchsten Familie vorbehalten war, würde sie schockieren. Die mürben Steine, das brüchige Eisen der Einfriedung ist zwar schon zu einem Teil ausgebessert worden, doch viel fehlt noch, das Palmenhaus ist baufällig. Im Sommer rekeln sich auf den Rasenflächen spärlich bekleidete Touristen und leider auch Einheimische, nehmen ihr Sonnenbad und lassen die blechernen Getränkedosen liegen. Glücklicherweise wirkt sich das nur während einiger Monate des Jahres aus. Im Herbst, wenn die Blätter in vielen Farben leuchten, sitzt man gern bei einem Kaffee oder einem Glas Veltliner auf der Terrasse des Burggartencafés, im März schenken die Knospen an den Sträuchern eine erste Ahnung des Frühlings.

Die Hofburg erlebt heute allerlei, was früheren Generationen nicht im Traum vorstellbar gewesen wäre. Eine Avantgarde-Modemesse lockt alljährlich Tausende Besucher an; im Mozartjahr 1991 wurde unter der Michaelerkuppel eine Symphonie des Meisters mit Jazzthemen verfremdet aufgeführt. Aber auch die Nostalgie sucht den schönen Rahmen der Hofburg. Nur wenige Wochen nach jener Veranstaltung war ein Festzug zum »Tag des Pferdes« angesetzt. Die Teilnehmer sammelten sich im Inneren Burghof und begaben sich von dort hinaus auf den Michaelerplatz, schöne alte Kaleschen, eine davon sogar vierspännig, Wiener Fiaker, Reitvereine und zur großen Überraschung Dragoner mit einer Standarte, mit blitzenden Helmen, blauen Waffenröcken, roten Hosen wie einst zu Kaiser Franz Josephs Zeit – keine Filmkomparsen, sondern Angehörige einer sehr bemerkenswerten Einheit. Diese Herren bewahren, freiwillig und auf eigene Kosten, die Tradition des Niederösterreichischen Dragoner-Regiments Albert König von Sachsen Nr. 3; 1768 war es errichtet worden, 1914 war Heimito von Doderer in den Reihen dieses Regiments in den Ersten Weltkrieg gezogen, und nun ritten zum erstenmal seit dem Ende der Monarchie wieder Dragoner aus dem Tor der Hofburg.

Wie sehr die gemeinsame Vergangenheit verbindet, erleben die Flüchtlinge aus Kroatien und Bosnien. Zugunsten derer, die sich nach Ungarn retteten, dort aber Kleidung und Medikamente entbehren, veranstalteten österreichische und ungarische Künstler im Mai 1992 ein Benefizkonzert, als Ort dafür wählten sie den Zeremoniensaal der Hofburg.

Da die zahllosen Räume genützt werden müssen, sind einige Ministerien in der Hofburg untergebracht. Im Reichskanzleitrakt hat der Bundespressedienst seine Amtsräume, zum Teil sehr schön mit Blick auf das Denkmal von Kaiser Franz im Inneren Burghof, nicht weit von den Schauräumen, die tagein, tagaus Besucher anlocken. Es ist übrigens nicht erst eine Einrichtung der Republik, daß der einfache Bürger einen Blick in die kaiserlichen Gemächer werfen darf, schon im späten 19. Jahrhundert war das erlaubt, wenn die allerhöchsten und höchsten Herrschaften nicht in der Burg weilten.

Im Schweizerhof gelangt man über die Säulenstiege zur Burghauptmannschaft. Die Geräte, wie sie ein moderner Bürobetrieb erfordert, stehen in eigenartigem Gegensatz zu dem Bild, das sich bei einem Blick aus dem Fenster bietet: Da unten ist ein Rest des alten Burggrabens zu ahnen, der Hof mit vielen Bäumen ist die Sommerreitschule, wo täglich die weißen Hengste ins Freie hinaus geritten werden. Hier hat kein Fremder Zutritt; deren zeigen sich genug bei einem Blick nach der anderen Seite hin, in den Schweizerhof.

Im Stockwerk über der Burghauptmannschaft befinden sich seit 1948 die Diensträume, Archive und die Bibliothek des Bundesdenkmalamtes. Es ist leider nicht so mächtig, wie das zu wünschen wäre, aber im Rahmen des Möglichen schützt es die Kunstdenkmäler Österreichs von der berühmten Kirche bis zum einsamen Bildstock im Feld, von Prachtgemälden bis zu einzelnen Erinnerungsstücken an große Persönlichkeiten. Insofern ist es ein würdiger Nachfolger der früheren Herren dieser Räume, Kaiser Franz und Kronprinz Rudolf. Von den Fenstern aus öffnet sich eine schöne Aussicht in den Inneren Burghof, dann aber, um die Ecke, in einen wenig ansehnlichen Hof, der keine Aufgabe hat, als den Räumen Tageslicht zu geben. Auf dieser Seite, auch noch in den Kronprinzengemächern, sind zuweilen die Wiener Sängerknaben anzutreffen. Sie haben es von hier nicht weit zur Hofburgkapelle.

Es ist hinreichend bekannt, daß viele Habsburger in hohem Maße musikalisch waren. Unter dem Titel »Hausmusik beim Bundespräsidenten« lud Bundespräsident Kurt Waldheim alljährlich zu Anfang Dezember das Diplomatische Korps und andere hohe Gäste in den Marmorsaal am Übergang vom Leopoldinischen Trakt zur Alten Burg, erfreute sie mit klassischer und Wiener Musik und bewirtete sie danach in den anschließenden Festräumen. Zum Ende von Waldheims Amtszeit feierte Kardinal Groër am Abend des 22. Juni 1992 eine Messe in der Kammer- oder Josephskapelle, die sonst selten genützt wird und daher wenig bekannt ist, obwohl sie es vom kunsthistorischen Standpunkt und wegen der Erinnerung an Maria Theresia verdienen würde. Aber der ganze Leopoldinische Trakt ist berechtigterweise für den täglichen Besucherstrom gesperrt – schon die Schauräume leiden genug darunter!
Die weißen Hengste der Spanischen Reitschule sind nicht nur erfreulich anzuschauen, durch sorgsame Zucht und unermüdliche Ausbildung ist in ihnen die Reitkunst des Barock in die Gegenwart herübergerettet. Die zweite Verbindung mit der Vergangenheit, durch ununterbrochene Tradition bis heu-

te bewahrt, findet sich in der Hofburgkapelle: Seit einem halben Jahrtausend ist dort an jedem Sonntag und höheren Feiertag die Hofmusikkapelle zu hören. Die spielt die Musik alter Meister, die für sie geschaffen wurde; aufgrund einer Ausnahmeerlaubnis darf sie die alte Form der Messen, wie sie vor dem zweiten Vaticanum üblich war, weitgehend beibehalten, man hört also die Kompositionen von Heinrich Isaac oder Johann Heinrich Schmelzer so, wie sie einst für dieses Gotteshaus geschrieben wurden, und die Messen von Haydn, Mozart, Schubert und Bruckner. Die Musiker sind zum guten Teil Philharmoniker, die Wiener Sängerknaben steuern Alt- und Sopranstimmen bei, die Chorschola (ehemalige Sängerknaben) singt die Responsorien. Die Messen in der Hofburgkapelle sind auch für jemanden, der sonst wenig religiös ist, ein erhebendes Erlebnis.

Brand im Redoutensaal

In den Nacht- und frühen Morgenstunden des 27. November 1992 brach plötzlich Unheil über die Hofburg herein. Die einzelnen Vorgänge wurden von Augenzeugen und daher oft widersprüchlich geschildert, über die Ursache Vermutungen angestellt, der Schaden ungefähr abgeschätzt. Sicher ist, daß die Hofburg einige ihrer tragischsten Stunden erlitt.

Bald nach ein Uhr früh dürfte ein automatischer Rauchmelder in einer Dolmetscherkabine des Großen Redoutensaales (nicht in der Schatzkammer, wie es ursprünglich hieß) bei der Wiener Hauptfeuerwache den ersten Alarm ausgelöst haben. Fast gleichzeitig bemerkte ein Brandwächter der Burghauptmannschaft während seines Rundganges Flammenschein und meldete ihn sogleich. Nach nur drei Minuten, so heißt es, war das erste Feuerwehrkommando zugegen, nach drei weiteren Minuten drei Löschfahrzeuge und eines mit einer Drehleiter, aber da züngelten schon Flammen hinter den Fenstern des Redoutensaaltraktes. Bald standen mehrere Stockwerke und der Dachstuhl in Brand, das alte Holz der Tragbalken und Verstrebungen bot dem Feuer reiche Nahrung.

Polizei hatte bereits die nächsten Straßen gesperrt, die Bewohner der Hofburg und der umliegenden Häuser geweckt. Gegen drei Uhr früh erhob sich starker Wind, fachte die Flammen weiter an, trug brennende Holzstückchen auf die benachbarten Dächer und lenkte mitunter die Wasserstrahlen der Löschmannschaften ab.

Der große Redoutensaal nach der Brandkatastrophe

So schaurig das Bild der Flammen war, die den Nachthimmel erhellten, brachte der Brand des Dachstuhles doch einen Vorteil: Hitze und Qualm fanden einen Weg ins Freie, die Feuerwehrleute konnten näher gegen die Brandherde vordringen. Der Parkettboden der Redoutensäle stammte erst aus der Zeit des Wiener Kongresses, bis dahin hatte man sich mit Dielen aus Weichholz begnügt. Nun lagen die Trümmer der Decke und der Kronleuchter auf dem Parkett, zerbrochener Stuck und verkohltes Holz vermischte sich in den Tümpeln des Löschwassers.

Der Große Redoutensaal war nicht mehr zu retten, der Kleine arg beschädigt. Außerdem war damit zu rechnen, daß das Feuer auf die benachbarten Gebäudeteile übergreifen würde, nach der einen Seite auf den Prunksaal der Nationalbibliothek, nach der anderen auf die Winterreitschule und die Stallburg. Dabei waren nicht nur die Flammen zu fürchten, auch das Löschwasser konnte schweren Schaden anrichten.

Der Bürgermeister von Wien, Dr. Helmut Zilk, und der Umwelt-Stadtrat waren von einer langen Sitzung des Gemeinderates unmittelbar herbeigeeilt, der Polizeipräsident überwachte persönlich den Einsatz seiner Männer, der Branddirektor Dipl.-Ing. Friedrich Perner leitete den Einsatz der Löschmannschaften. Inzwischen war schon Alarmstufe 7 ausgelöst, alle Wiener Feuerwehrleute im Einsatz, dazu Verstärkung aus Mödling, Schwechat und Klosterneuburg. Viele der Männer, die da mutig und unermüdlich ihre Pflicht taten, trugen Atemschutzgeräte – aber wie sollten die kostbaren Pferde in der Stallburg vor den Rauchgasen geschützt werden?

Der Direktor der Spanischen Reitschule, Dr. Jaromir Oulehla, war unglaublich schnell aus dem steirischen Gestüt Piber hergekommen, kurz nach drei Uhr früh gab er Befehl, die Pferde aus den Stallungen zu führen. Binnen 17 Minuten waren alle 69 Lipizzaner im Freien. Das Stallpersonal hatte den Alarmplan vorbildlich eingehalten, aber seine Zahl reichte nicht aus, sich auch nachher noch um jedes Tier einzeln zu kümmern, die Polizei hatte andere Aufgaben. Verspätete Nachtschwärmer und Zeitungsverkäufer, neugierige Zuschauer und Reporter ergriffen die Stallhalfter und führten die Pferde über den Graben in den Volksgarten. Das war keine leichte Aufgabe, die sie da freiwillig übernommen hatten, denn unter den 69 Hengsten befanden sich acht junge, die erst am Vortag aus Piber gekommen waren und in der Großstadt vor allem scheuten, was ihnen fremd war; schon ein Kanaldeckel, eine Plakatsäule konnte sie in Schrecken versetzen. Eine junge Journalistin, die solch einen Junghengst führte, büßte zwei Vorderzähne ein. Der Volksgarten war der erste Sammelplatz, Transportwagen standen schon bereit, um im Notfall die Lipizzaner in ihre Sommerstallungen nach Lainz zu bringen.

Daß der Brand nicht zur Katastrophe wurde, ist zum guten Teil dem überlegten und einwandfrei ausgeführten Einsatz von Feuerwehr und Polizei zu danken, ferner der Tatsache, daß seit Juli 1992 für den Josefsplatz Parkverbot gilt. Früher hatten die abgestellten Autos den Anblick des schönen Platzes beeinträchtigt, in jener Nacht hätten sie die Auffahrt der Feuerwehr gefährlich behindert, wenn nicht gar unmöglich gemacht. Als weiterer Glücksfall im Unglück erwiesen sich zwei neue Brandschutztüren. Erst seit kurzem sicherten diese Türen aus Stahl die Verbindungen vom Redoutensaaltrakt zur Nationalbibliothek sowie zur Stallburg, sie hielten den Flammen stand – die früheren Holztüren hätten es nicht vermocht.

Ob sich die Stahltüren bewähren, ob die Maßnahmen der Feuerwehr Erfolg haben würden, war in jenen dramatischen Morgenstunden freilich noch nicht abzusehen. Der Kampf gegen die Flammen dauerte an, man mußte auf alles gefaßt sein, für jeden Fall vorsorgen. Die Schatzkammer mit ihrem unersetzlichen Inhalt war beim letzten Umbau berechtigterweise in erster Linie gegen Einbrecher geschützt worden, ein Brand galt als weniger wahrscheinlich. Nun war dieser Fall eingetreten, aber genug verläßliches Personal vorhanden, die in der Welt einmaligen Stücke zu bergen, für ein Depot war vorgesorgt. Zum Glück wurde die Gefahr nicht bedrohlich, der Brand erreichte die Schatzkammer nicht, nur Löschwasser drang ein, aber das hielten die neuen Vitrinen aus.

Aus der Stallburg hatte man gleich nach den edlen Pferden auch die Nachweise ihrer Abstammung und andere historische Dokumente in Sicherheit gebracht, das Sattelzeug lag zum Abtransport bereit. Das Feuer bedrohte aber weniger die unteren Geschosse, die Glutnester bildeten sich auf dem Dach. Also wurden ab vier Uhr früh die Gemälde der Österreichischen Galerie fortgeschafft. Ähnlich stand es um die Nationalbibliothek. Die Feuerwehr bekämpfte erfolgreich die Flammen auf dem Dach, aber das Löschwasser beschädigte das Deckenfresko des Prunksaales sowie die Wände. Um die kostbaren Bücher aus dem Besitz Prinz Eugens und noch viel ältere Werke aus der Frühzeit der Buchdruckerkunst zu bergen, bildeten Polizeibeamte, darunter auch Frauen, eine lange Kette, gaben die Folianten von Hand zu Hand weiter und stapelten sie außerhalb des Gefahrenbereichs.

Kurz vor sieben Uhr waren die Bücher in Sicherheit, der Brand bis auf wenige Glutnester gelöscht, aber noch um 8.45 Uhr (falls die Zeitangabe stimmt) stürzte von der Decke des Kleinen Redoutensaales der Teil ein, wo der schwere Kronleuchter hing, beißender Qualm zog durch die Räume, die Spuren des Löschwassers waren überall zu sehen. Als der erste Schutt weggeräumt wurde, zeigte sich, daß darunter noch Holz gloste; durch den Luftzutritt flackerten immer wieder Flammen auf.

Die Lipizzaner durften am späten Vormittag wieder in ihre Stallungen zurückkehren. Sie hatten im Volksgarten Rasen zertrampelt, Bänke zerstört, aber bis auf einige leichte Verletzungen das Unheil gut überstanden. Ihre tägliche Morgenarbeit in der Reitschule konnten sie freilich nicht so bald wiederaufnehmen, der prachtvolle Raum hatte, hauptsächlich durch Löschwasser, doch etlichen Schaden erlitten.

Das Unglück der Wiener Hofburg so bald nach dem des Schlosses Windsor beschäftigte die internationale Presse. »Wien, dein Herz ist verbrannt« lautete eine der Schlagzeilen, in reißerischen Artikeln wurde die Hofburg als »Sissis Schloß« bezeichnet oder gar als der Ort, »wo Sissi im Gefängnis saß«. Man ging dabei recht großzügig vor, datierte den Bau der Redoutensäle ins 16. Jahrhundert, für die Zahl der geborgenen Bücher fanden sich Angaben von 10 000 bis 192 000.

Die Aufräumungsarbeiten gingen sehr rasch vor sich, fast 700 Tonnen Schutt wurden fortgeschafft, die zuständigen Ministerien und anderen Amtsstellen wirkten umsichtig und ganz unbürokratisch zusammen. Schon nach zwei Wochen war auf dem Trakt der Nationalbibliothek das provisorische Dach montiert, die tragenden Stahlteile für die Abdeckung der Redoutensäle wurden angeliefert, noch vor Weihnachten wurde die Dachgleiche gefeiert. Bis zur Milleniumsfeier Österreichs im Jahre 1996 könnten alle Schäden des Brandes behoben, alle Räume wieder benützbar sein.

Vom schönen Herbst und dem ersten Frühlingsahnen im Burggarten haben wir schon gesprochen, die Ballfeste im Winter erwähnt. Zu den erfreulichsten Eindrücken rund um die Hofburg zählt der Mai auf dem Heldenplatz, wenn die Kastanien blühen, die Fliedersträucher ihre Pracht entfaltet haben, die Fiaker in langer Reihe auf Fahrgäste warten und es großmütig dulden, daß ein romantisches Mädchen ein weiches Pferdemaul liebkost. Und im Sommer? Ein älterer Herr mit abgeklärter Miene und Spazierstock genießt den Blick über den Heldenplatz, verweilt vor der Auslage der Buchhandlung in der Burgpassage, schaut versonnen auf die Uhr der Amalienburg, mustert die Front des Leopoldinischen Traktes, wie man einem lieben alten Bekannten ins Gesicht schaut, und läßt die Kolonnen der Touristen an sich vorüberziehen, bis eine Schar buntgekleideter Studentinnen in einem heiter gefärbten Englisch, das hörbar nicht ihre Muttersprache ist, nach der Schatzkammer fragt. Er spielt ganz gern für ein paar Minuten den Fremdenführer, wird gleich danach von deutschen, dann von japanischen Reisenden angesprochen und muß noch erklären, wo es zur Batthyánystiege geht, aus deren Vorraum man zur Hoftafel- und Silberkammer gelangt, auch einer Sehenswürdigkeit der Hofburg.

Der Blick aus dem Kuppelraum durch das kunstvolle Gitterwerk des Tores zum Michaelerplatz hin ist von vielen Ansichtskarten her bekannt. Draußen auf dem Platz ist seit dem Mai 1992 ein Blick nach unten möglich zu den Fundamenten römischer Häuser und des Alten Burgtheaters. Der Vorgarten des neuen Café Griensteidl ist ein schöner Platz, um auszuruhen, im Blickfeld liegen die Michaelerkirche, die Alte Hofapotheke und die Fassade des Michaelertraktes der Burg mit ihren Heldengestalten und Brunnen. Aus dem Michaelertor trabt immer wieder das Gespann eines Fiakers wie in der guten alten Zeit.

Ob sie wirklich gut war oder nicht – man verstand jedenfalls zu bauen. Die Hofburg zu Wien umfaßt die Stile vieler Jahrhunderte und innerhalb der Räume Kunstwerke von einmaliger Schönheit, dazu die Erinnerung an eine große Vergangenheit.

Verzeichnis der benützten Literatur

Abteilung für Kriegsgeschichte des k. k. Kriegs-Archivs, Die Feldzüge des Prinzen Eugen von Savoyen, 1. Serie, 1. Band, Wien 1876

Ackerl, Isabella: König Matthias Corvinus, Wien 1985

Ackerl, Isabella: Die Großdeutschen und der Anschluß, in: Forschungen und Beiträge zur Wiener Stadtgeschichte Nr. 2, Wien 1978

Altfahrt, Margit: Die Denkmäler für Franz I. Stephan, Joseph II. und Franz I. im Bereich der Wiener Hofburg, in: Studien zur Wiener Geschichte, Jahrbuch des Vereins für Geschichte der Stadt Wien 1982

Andraschko, Ferdinand: Schloß Schwarzenberg im Wandel der Zeiten, Neustadt an der Aisch 1967

Auer, Erwin M.: Die Auflösung des k. u. k. Wiener Hof-Marstalls im Rahmen der Obersten Verwaltung des Hofärars, in: Studien zur Wiener Geschichte, Jahrbuch des Vereins für Geschichte der Stadt Wien 1981

Auer, Erwin M.: Ein »Museum der Ersten und der Zweiten Republik Österreich«. Dr. Karl Renners Plan und erster Versuch, in: Wiener Geschichtsblätter 38. Jg., Heft 2, Wien 1983

Benedik, Christian: Zeremonielle Abläufe in habsburgischen Residenzen, in: Wiener Geschichtsblätter 46. Jg., Heft 4, Wien 1991

Broucek, Peter: Der Schwedenfeldzug nach Niederösterreich, Militärhistorische Schriftenreihe Heft 7, Wien 1967

Cachée, Josef: Die Hofküche des Kaisers, Wien 1985

Carpinteri, Faraguna/Bordon, Furio: . . . denn Österreich war ein ordentliches Land, Wien/Hamburg 1984

Csendes, Peter: Wien in den Fehden der Jahre 1461–1463, Militärhistorische Schriftenreihe Heft 28, Wien 1974

Czeike, Felix (Hg.): Das große Groner-Wien-Lexikon, Wien 1974

Czeike, Felix: Die Machtübernahme in Wien im März 1938, in: Forschungen und Beiträge zur Wiener Stadtgeschichte Nr. 2, Wien 1978

Czernin, Ottokar: Im Weltkriege, Berlin 1919

Dirnberger, Franz: Das Wiener Hofzeremoniell bis in die Zeit Kaiser Franz Josephs, in: Katalog des Landesmuseums Neue Folge Nr. 147, Nö. Landesausstellung in Grafenegg, Wien 1984

Eigl, Kurt/Kodera, Peter: Die Hofburg in Wien, Wien 1977

Endler, Franz: Musik in Wien, Musik aus Wien, Wien 1985

Franzel, Emil: Franz Ferdinand d'Este, Wien 1964

Girsberger, Ernst: Leopold III., Herzog zu Österreich, der Held von Sempach, Innsbruck 1934

Glossy, Karl (Hg.): Wien 1840–1848, eine Amtliche Chronik, Wien 1917

Griewank, Karl: Der Wiener Kongreß und die Neuordnung Europas 1814/15, Leipzig 1942

Guglia, Eugen: Die Geburts-, Sterbe- und Grabstätten der römisch-deutschen Kaiser und Könige, Wien 1914

Guglia, Eugen: Kaiserin Maria Ludovica von Österreich, Wien 1894

Hagenau, Gerda: Jan Sobieski. Der Retter Wiens, Wien/München 1983

Hamann, Brigitte (Hg.): Die Habsburger. Ein biographisches Lexikon, Wien 1988

Hamann, Brigitte: Rudolf. Kronprinz und Rebell, Wien 1978

Herzig, Max: Viribus Unitis; Wien um 1900

Hüttl, Ludwig: Max Emanuel, der blaue Kurfürst, München 1976

Hummelberger, Walter: Wiens erste Belagerung durch die Türken 1529, Militärhistorische Schriftenreihe Heft 33, Wien 1981

Hummelberger, Walter/Peball, Kurt: Die Befestigungen Wiens, Wiener Geschichtsbücher Band 14, Wien 1974

Ingrao, Charles W.: Josef I., Graz 1982

Jäger-Sunstenau, Hanns: Lorbeer am Äußeren Burgtor, in: Wiener Geschichtsblätter 42. Jg., Heft 1, Wien 1987

Jedlicka, Ludwig: Ende und Anfang Österreichs 1918/19, Salzburg 1969

Karajan, Theodor von: Die alte Kaiserburg zu Wien vor dem Jahre 1500, Wien 1863

Kastner, Richard: Die Hofburg in Wien, Wien 1989

Ketterl, Eugen: Der alte Kaiser, Wien 1980 (Reprint von 1929)

Khevenhüller-Metsch, Graf Rudolf/Schlitter, Hanns: Aus der Zeit Maria Theresias. Tagebuch des Fürsten Johann Josef Khevenhüller-Metsch 1742–1776, Wien 1908

Kisch, Wilhelm: Die alten Straßen und Plätze Wiens, Wien 1883

Klaar, Adalbert: Baupläne der alten Wiener Hofburg, in: Anzeiger der Österreichischen Akademie der Wissenschaften Jg. 1958, Nr. 20

Klement, Rudolf: Die Leibgarden am Wiener Hof um 1900, Sonderheft 3 der Sammlernachrichten des Österreichischen Zinnclubs, Wien 1992

Knötel, Richard: Handbuch der Uniformkunde, Hamburg 1937

Koschatzky, Walter/Krasa, Selma: Herzog Albert von Sachsen-Teschen, Wien 1982

Kralik, Richard/Schlitter, Hanns: Wien. Geschichte der Kaiserstadt und ihrer Kultur, Wien 1912

Kreutel, Richard: Der Gefangene der Giauren, Osmanische Geschichtsschreiber Band 4, Graz 1962

Kühnel, Harry: Die Hofburg, Wiener Geschichtsbücher Band 5, Wien/Hamburg 1971

Kühnel, Harry: Beiträge zur Geschichte der Wiener Hofburg im 16. und 17. Jahrhundert, in: Anzeiger der Österreichischen Akademie der Wissenschaften Jg. 1958, Nr. 20

Kunsthistorisches Museum Wien: Weltliche und geistliche Schatzkammer, Wien 1987

Lhotsky, Alphons: Geschichte Österreichs seit der Mitte des 13. Jahrhunderts (1281–1458), Wien 1967

Lobkowicz, Erwein: Erinnerungen an die Monarchie, Wien 1989

Lüdin, Maja: Die Leibgarden am Wiener Hof, phil. Diss. Wien 1965

Manz, Dieter: Gertrud-Anna von Hohenberg, die erste Gemahlin König Rudolfs I., in »Krone und Reich«, 17. Jg. Nr. 3, Wien 1980

McKay, Derek: Prinz Eugen von Savoyen, Graz 1979

Meißl, Gerhard: Industrie und Gewerbe in Wien 1835–1845, in: Forschungen und Beiträge zur Wiener Stadtgeschichte, Band 8, Wien im Vormärz, Wien 1980

Metternich-Sándor, Pauline: Geschehenes, Gesehenes, Erlebtes, Wien 1920

Montagu, Lady Mary: Briefe aus Wien, hgg. von Maria Breunlich, Wien 1985

Müller, Richard: Wiens höfisches und bürgerliches Leben im Zeitalter der spanischen Habsburger, Wien 1917

Neue Freie Presse 29. 8. 1933, Abendausgabe: Die Weinkatakomben Wiens

Obermaier, Wolfgang: Die spätmittelalterliche Wiener Burg als »fester Ort«, in: Burgen und Schlösser in Österreich 5, Wien 1969

Oppl, Ferdinand/Rudolf, Karl: Spanien und Wien, in: Wiener Geschichtsblätter, Beiheft 3/1991

Peball, Kurt: Die militärische Situation in Wien im März 1938, in: Forschungen und Beiträge zur Wiener Stadtgeschichte Nr. 2, Wien 1978

Peham, Helga: Leopold II. Herrscher mit weiser Hand, Graz 1987

Podhajsky, Alois: Die Spanische Reitschule Wien, Wien 1960

Porträtgalerie zur Geschichte Österreichs von 1400 bis 1800, Führer durch das Kunsthistorische Museum Nr. 22, Wien 1976

Programm zum Carroussel in der k. u. k. Hofreitschule am 21., 23., 24. und 25. April 1894

Raschauer, Oskar: Die kaiserlichen Wohn- und Zeremonialräume in der Wiener Hofburg zur Zeit der Kaiserin Maria Theresia, in: Anzeiger der österreichischen Akademie der Wissenschaften Jg. 1958, Nr. 20

Regesten der Markgrafen von Baden und Hachberg, Innsbruck 1900

Rigele, Brigitte/Tschulik, Herbert: Gartenkultur in Wien vom Mittelalter bis zum Barock, Wiener Geschichtsblätter, Beiheft 2/1991

Rill, Bernd: Karl VI., Graz 1992

Schneider, Josef (Hg.): Kaiser Franz Joseph I. und sein Hof, Wien 1919

Schönholz, Friedrich Anton von: Traditionen zur Charakteristik Österreichs, München 1914

Schouteden-Wery, J.: Charles de Lorraine et son temps, Bruxelles 1943

Schreiber, Georg: Des Kaisers Reiterei, Wien 1967

Schreiber, Georg: Franz I. Stephan, Graz 1986

Sokop, Brigitte: Stammtafeln europäischer Herrscherhäuser, Wien 1976

Spiel, Hilde (Hg.): Der Wiener Kongreß in Augenzeugenberichten, Düsseldorf 1965

Sturminger, Walter: Die Türken vor Wien in Augenzeugenberichten, Düsseldorf 1968

Sutter-Fichtner, Paula: Ferdinand I., Graz 1986

Tapié, Victor L.: Maria Theresia, Graz 1980

Thürheim, Graf A.: Feldmarschall Ludwig Andreas Graf von Khevenhüller-Frankenburg, Wien 1878

Tritsch, Walther: Franz von Österreich, Leipzig 1937

Trollope, Frances: Briefe aus der Kaiserstadt, Stuttgart 1966

Uiblein, Paul: Eine unbeachtete Chronik Österreichs aus der Zeit Kaiser Friedrichs III., in: Mitteilungen des Instituts für österreichische Geschichtsforschung, 78. Band, Wien 1970

Wandruszka, Adam: Das Haus Habsburg. Die Geschichte einer europäischen Dynastie, 7. Auflage 1989

Wanzenböck, Hans: Die Ringstraße, Wien 1988

Weller, Franz: Die kaiserlichen Burgen und Schlösser, Wien 1880

Winter, Eduard: Der Josefinismus und seine Geschichte, Brünn 1943

Wisoko-Meytsky, Karl: Die Hofmusikkapelle und die Hofburgkapelle, Wien, 3. Auflage 1965

Wünsch, Josef: Der Einzug Kaiser Maximilians in Wien 1563, Wien 1914

Zitzenbacher, Walter: Österreich. Historische Legenden, Innsbruck o. J.

Zierl, Antonia: Kaiserin Eleonore, Gemahlin Friedrichs III. In: Katalog der Ausstellung »Friedrich III. Kaiserresidenz Wiener Neustadt«, Wien 1966

Für Auskünfte danke ich

Frau Dr. Isabella Ackerl,

Frau Dr. Gabriele Asmera-Swoboda,

Herrn Univ.-Doz. Dr. Michael Enzinger,

den Herren Rossa und Schachner vom Heeresgeschichtlichen Museum,

Herrn Dr. Erwin Schmidl vom Militärwissenschaftlichen Institut,

den Beamten des Bundesdenkmalamtes, der Burghauptmannschaft

und der Campagnereitergesellschaft

Namenregister

Abraham a Sancta Clara (Ulrich Megerle), Hofprediger Leopolds I.; *1644–1709* 91

Agnes, Tochter König Rudolfs I.; um *1257–1322* 12

Agnes, Tochter König Albrechts I., Gemahlin des Königs Andreas III. von Ungarn; *1280–1364* 15, 17, 19, 24

Afflisio, Giuseppe d', Theaterleiter 172

Albert, König von Sachsen; *1828–1902* 229

Albrecht I., Herzog von Österreich und Steiermark, röm. König 1298; *1255–1308* 12–21

Albrecht II., »der Weise« oder »der Lahme«, Herzog; *1298–1358* 17, 19, 21–26, 123

Albrecht III., »mit dem Zopfe«, Herzog; *1349–1395* 29 f., 39

Albrecht IV., »der Geduldige«, Herzog; *1377–1404* 29–33

Albrecht V., Herzog, König von Ungarn und Böhmen, als röm. König Albrecht II.; *1397–1439* 33–37

Albrecht VI., »der Verschwender«, Erzherzog; *1418–1463* 37, 39, 41–47

Albrecht V., Herzog von Bayern, Schwiegersohn Ferdinands I.; *1528–1579* 60, 64

Alexander I., Zar von Rußland; *1777–1825* 186, 189, 227

Alexej Michailowitsch, Zar von Rußland; *1629–1676* 82

Alice von Hessen–Darmstadt, Gemahlin von Zar Nikolaus II.; *1872–1918* 220

Althann (Althan), Graf Christoph Johann, Obersthofmeister und Landjägermeister unter Leopold I. 128

Althann, Graf Gundakar, Oberststallmeister, Generalbaudirektor, Gardekapitän unter Karl VI.; *1666–1747* 105, 124, 128

Althann, Graf Michael Johann, Freund Karls VI.; *1679–1722* 128 f.

Althann, Gräfin Josepha, Geliebte des Grafen Franz Esterházy 149

Amalie Wilhelmine siehe Wilhelmine Amalie

Andreas III., König von Ungarn von 1290 bis 1301 14 f.

Andréassy, Graf Antoine François, französischer General; *1761–1828* 185

Anhalt-Bernburg-Schaumburg-Hoym, Hermine, zweite Gemahlin des Erzherzogs Joseph Anton; *1797–1817* 208

Anna von Luxemburg, Tochter König Johanns von Böhmen, zweite Gemahlin Herzog Ottos des Fröhlichen; *1323–1338* 24

Anna, Tochter König Albrechts II.; *1432–1462* 36

Anna, Königin von Ungarn und Böhmen, Gemahlin Ferdinands I.; *1503–1547* 50–52, 56, 58, 63

Anna, Tochter Ferdinands I., Gemahlin Herzog Albrechts V. von Bayern; *1528–1590* 56, 60

Anna, Tochter Maximilians II.; *1549–1580* 58

Anna von Tirol, Gemahlin des Kaisers Matthias; *1585–1618* 72, 75

Arenberg, Herzog Leopold Philipp, Feldmarschall und Gardekapitän unter Kaiser Karl VI.; *1690–1754* 105

Artner, Franz, Kammerheizer von Franz I. Stephan 145

Artois, Philippe d', Connetable, am Hof Albrechts IV. 30

Aspremont-Reckheim-Lynden, Graf Ferdinand Karl, Feldmarschall und Kapitän der Arcièren-Leibgarde unter Maria Theresia 168

Aspremont-Reckheim-Lynden, Gräfin Maria, Gemahlin des vorigen, Obersthofmeisterin der Kaiserin Maria Josepha 155, 159

Auersperg, Fürst Heinrich Joseph Johann, Oberststallmeister unter Maria Theresia 144

Auersperg, Graf (später Fürst) Hans Adam, Sohn des vorigen 144

Auersperg, Fürstin Maria Wilhelmine, geb. Neipperg, zweite Gemahlin des vorigen 150, 155

Auersperg, Fürstin Maria Gabriele, geb. Lobkowitz; *1793–1863* 190

Auersperg, Prinz Engelbert, beim Carroussel 1894 232

Baden, Markgraf Hermann von, gest. *1250* 10

Bagration, Fürstin Katharina, geb. Skawronsky; *1783–1856* 191

Baren, Anton von der, Hofkaplan unter Ferdinand III. 82

Bartenstein, Freiherr Johann Christoph, Staatssekretär unter Karl VI., Konferenzminister unter Maria Theresia; *1689–1767* 128, 132 f., 147

Baumkircher, Freiherr Andreas, Söldnerführer, um *1420–1471* 45

Batthyány, Graf (seit 1764 Fürst) Karl, Feldmarschall, Obersthofmeister Josephs II. 246

Beatrix von Zollern, zweite Gemahlin Herzog Albrechts III.; *1360–1414* 29

Beatrix von Neapel, dritte Gemahlin von Matthias Corvinus; *1457–1508* 48 f.

Beauvau-Craon, Fürst Marcus, lothringischer Staatsmann unter den Herzogen Leopold und Franz Stephan 131

Beck, Dr. Eugen Ritter von Mannagetta und Lerchenau, Oberster Verwalter des Hofärars bis 1921 241

Beethoven, Ludwig van, Komponist; *1770–1827* 181 f.

Beheim, Michael, Dichter; *1416–1474* 43 f.

Berchtold, Graf Leopold, k. u. k. Außenminister und Obersthofmeister Karls I.; *1863–1942* 240

Bergl, Johann Wenzel, Landschaftsmaler; *1718–1789* 228

Berthold, Schützenmeister und Richter in Wien 1309 19

Bestuchew-Rumin, Graf Michael, russischer Botschafter in Wien zur Zeit Maria Theresias 143

Blanche von Frankreich, erste Gemahlin Herzog Rudolfs III.; *1285–1305* 18

Blank, Andreas, Erzieher Herzog Albrechts V., später Bischof von Freising 33

Bolfrass, Baron Arthur, Generaladjutant Franz Josephs I. 229

Bombelles, Graf Karl, Obersthofmeister Kronprinz Rudolfs 213

Borri, Giovanni Francesco, Wunderdoktor; *1625–1695* 91 f.

Braganza, Prinz Miguel, Bruder König Johanns V. von Portugal 117

Braunschweig-Bevern, Prinz August Wilhelm, preußischer Feldherr im Siebenjährigen Krieg 151

Brenner, Seyfried von, Hauptmann im Dienst Ferdinands II. 74

Bruckner, Anton, Komponist; *1824–1896* 252

Bünau-Puechen, Graf Heinrich, sächsischer Gesandter in Wien 1745 140

Buonoparte, Pietro, Gesandter am Hof Friedrichs des Schönen 21

Burnacini, Lodovico, Architekt Leopolds I.; *1638–1707* 86

Caecilia Renata, Tochter Ferdinands II., Königin von Polen; *1611–1644* 78

Caldara, Antonio, Komponist; *1670–1736* 132

Calderon della Barca, Don Pedro, Dichter; *1600–1681* 78

Canova, Antonio, Bildhauer; *1757–1822* 194

Carcano, Komponist 136

Carlone, Domenico, Baumeister; um *1616–1679* 85

Caspar, Mizzi, Geliebte Kronprinz Rudolfs 213

Cavalieri, Katharina, Sängerin; *1761–1801* 173

Cesti, Marcantonio, Komponist; *1620–1669* 87

Charlotte von Schaumburg-Lippe, Gemahlin König Wilhelms II. von Württemberg 220

Chotek, Gräfin Sophie, als Gemahlin des Thronfolgers Franz Ferdinand Herzogin von Hohenberg; ermordet *1914* 225

Chotoniewski, Graf Eduard,

Oberzeremonienmeister Kaiser Franz Josephs 227

Christine, Königin von Schweden, *1626–1689* 91

Cilli, Graf Ulrich, Berater des Königs Ladislaus Postumus; ermordet *1456* 38 f.

Cimarosa, Domenico, Komponist; *1749–1811* 182

Clary, Gräfin Therese, geb. Kinsky; *1867–1943* 230

Claudia Felicitas von Tirol, zweite Gemahlin Leopolds I.; *1653–1676* 90, 92

Clemens XIV., Papst, *1704–1774* 175

Clementia, Tochter Rudolfs I. von Habsburg, Königin von Ungarn; gest. *1293* 12

Coburg, Prinz Philipp von 213

Colloredo, Graf Franz, Kabinettsminister Franz' II./I. 181

Colloredo, Graf Franz, beim Carroussel 1894 230

Colloredo, Graf Ludwig, Gardekapitän unter Leopold I. 105

Colloredo, Graf Rudolf Joseph, Reichsvizekanzler unter Karl VI. und Franz I. Stephan 142

Colloredo, Gräfin Gabriele, geb. Starhemberg, Gemahlin des vorigen 150

Consalvi, Marchese Ercole, päpstlicher Staatssekretär, Vertreter des Hl. Stuhles am Wiener Kongreß 186

Cordua und Alagon, Caspar Fernandes Graf von, Oberstkämmerer Franz I. Stephans 167

Corvinus Johannes, illegitimer Sohn von Matthias Corvinus; *1473–1504* 48 f.

Cumberland, Herzog Ernst August; *1845–1923* 211, 220

Cumberland, Herzogin Thyra, geb.
Prinzessin von Dänemark, Gemahlin
des vorigen; *1853–1933* 211, 232
Czernin, Graf Ottokar, Außenminister
Karls I.; *1872–1933* 233
Cziraky, Graf Johann, beim Carroussel
1894 232

Dänemark, Prinz Waldemar; *1858–1938*
234
Dampierre, Graf Heinrich du Val,
General Kaiser Ferdinands II. 74, 77
Dankl, Graf Viktor, Generaloberst,
Kapitän der Arcièren-Leibgarde
Karls I. 235
Daun, Graf Wilhelm Johann Anton,
Oberst in Wien 1683 98
Daun, Graf Leopold Josef, Feld-
marschall; *1705–1766* 148 f., 151
Daun, Gräfin Maria Josefa, geb. Fuchs,
Gemahlin des vorigen; *1712–1764*
148
Dietrichstein, Fürst, Teilnehmer am
Roßballett 1667 87
Dietrichstein, Graf Johann Karl, Oberst-
stallmeister bei Maria Theresia 158
Dietrichstein, Freiherr Siegmund, Freund
Kaiser Maximilians I., *1485–1540* 51
Dietrichstein, Fürstin Karoline 144
Doderer, Heimito von, Schriftsteller,
1896–1966 250
Drugseß, Niklas, Hofmarschall König
Ladislaus' 39

Eberhard im Bart, Herzog von
Württemberg; *1445–1496* 47
Edelböck, Barbara, Geliebte von
Matthias Corvinus 49
Eitzing, Ulrich von, Feldhauptmann
König Ladislaus' Postumus 38 f.

Eleonore von Portugal, Gemahlin
Friedrichs III.; *1436–1467* 37 f.,
41–45
Eleonore Gonzaga von Mantua und
Montferrat, zweite Gemahlin
Ferdinands II.; *1598–1655* 77, 81
Eleonore von Gonzaga, dritte Gemahlin
Ferdinands III.; *1630–1686* 80 f., 83,
89 f., 95
Eleonore, Tochter Ferdinands III.,
verheiratet in erster Ehe mit König
Michael von Polen, in zweiter Ehe
mit Herzog Karl von Lothringen;
1653–1697 81, 89, 93, 120
Eleonore Magdalena von Pfalz-Neuburg,
dritte Gemahlin Leopolds I.; *1655–
1720* 92, 100 f., 112, 115, 118 f.
Elisabeth von Görz-Tirol, Gemahlin
König Albrechts I.; um *1293–1352*
17–20
Elisabeth von Virneburg, Gemahlin
Herzog Heinrichs des Freundlichen;
um *1303–1343* 21
Elisabeth von Niederbayern, erste
Gemahlin Herzog Ottos des
Fröhlichen; um *1305–1330* 21 f., 24
Elisabeth, Gemahlin König Albrechts II.;
1409–1442 33 f., 36 f.
Elisabeth von Böhmen, erste Gemahlin
Herzog Albrechts III.; *1358–1373* 29
Elisabeth, Tochter König Albrechts II.;
1436–1505 36
Elisabeth, Tochter Ferdinands I.,
Gemahlin des Königs Sigismund
August von Polen; *1526–1545* 56
Elisabeth, Tochter Maximilians II.,
Gemahlin König Karls IX. von
Frankreich; *1554–1592* 66
Elisabeth, Zarin von Rußland;
1709–1762 143

Elisabeth, geboren als Luise Marie von
Baden, Gemahlin des Zaren
Alexander I.; *1779–1835* 186, 189
Elisabeth, Tochter des Erzherzog-
Palatins Josef Anton; *1831–1903* 213
Elisabeth in Bayern, Gemahlin Kaiser
Franz Josephs; *1837–1898* 7, 208 f.,
214–220, 224, 227 f.
Elisabeth Christine von Braunschweig-
Wolfenbüttel, Gemahlin Karls VI.;
1691–1750 114–117, 121, 124,
128 f., 139, 141, 159, 230 f.
Elisabeth Wilhelmine von Württemberg,
erste Gemahlin von Erzherzog Franz
(dem späteren Kaiser Franz II./I.);
1767–1790 178
Enzenberg, Freiherr (später Graf)
Cassian, Präsident des Landes-
guberniums von Tirol und Kammer-
herr von Maria Theresia 145
Erbach-Fürstenau, Graf Josef, Major,
Kommandant der Leibgarde-
Reitereskadron bis 1918 236
Ernst der Eiserne, Herzog, Stammvater
aller späteren Habsburger; *1377–1424*
31, 33
Ernst, Sohn Maximilians II.; *1553–1595*
63, 68–70
Erthal, Freiherr Philipp Christoph von,
Geheimer Rat 141
Esterházy, Graf Emmerich, Bischof von
Neutra von 1553–1595 140
Esterházy, Graf Franz junior, genannt
»Quinquin«, ungarischer Kanzler,
Freund Franz I. Stephans 149
Esterházy, Fürst Nikolaus, Feld-
marschall; *1765–1833* 188
Esterházy, Fürstin Maria Theresia, geb.
Thurn und Taxis, am Wiener Kongreß
187

Fabri, Johann, Bischof von Wien;
1478–1541 55
Ferdinand I., König von Ungarn und
Böhmen 1526, Kaiser 1558;
1503–1564 51–63, 122, 165
Ferdinand, Sohn des vorigen, Feldherr
und Kunstsammler, Landesfürst von
Tirol 1564, *1529–1595* 56 f., 60
Ferdinand II., Kaiser 1619; *1578–1637*
69, 71–79, 175, 225
Ferdinand III., Sohn des vorigen, Kaiser
1637; *1608–1657* 78–84
Ferdinand IV., Sohn des vorigen,
römischer König 1653; *1633–1654*
81 f.
Ferdinand IV. (I.), König von Neapel
und Sizilien; *1751–1825* 180
Ferdinand III., Großherzog von Toskana;
1769–1824 180
Ferdinand I., Kaiser von Österreich von
1835 bis 1848; *1793–1875* 182 f.,
194, 197–199, 201–204, 206, 227
Ferdinand Karl, Sohn von Maria
Theresia, Generalgouverneur der
Lombardei; *1754–1806* 146, 162,
168 f.
Ferdinand Karl, Erzherzog, seit 1911
Ferdinand Burg; *1868–1915* 215
Ferdinand von Bourbon, Herzog von
Parma und Piacenza; *1751–1802*
169, 180
Fernkorn, Anton Dominik, Bildhauer;
1813–1878 209
Fischer von Erlach, Johann Bernhard,
Architekt; *1656–1723* 122 f., 184
Fischer von Erlach, Joseph Emanuel,
Sohn des vorigen, Architekt;
1693–1742 122 f.
Franz I. Stephan von Lothringen, Kaiser
1745; *1708–1765* 7, 119–121,

129–139, 141–143, 146–153, 155, 157 f., 160, 162, 167, 169, 180, 201
Franz II., Enkel des vorigen, römisch-deutscher Kaiser *1792–1806*, als Franz I. Kaiser von Österreich ab 1804; *1768–1835* 7, 176–178, 180–186, 189, 191–198, 201 f., 206, 243, 251
Franz Karl, Erzherzog, Sohn des vorigen; *1802–1878* 194 f., 197, 199, 202
Franz Joseph I., Sohn des vorigen, Kaiser von Österreich 1848, König von Ungarn 1867; *1830–1916* 7, 76, 197, 202, 206–211, 214–229, 231–235
Franz Ferdinand, Erzherzog Thronfolger; *1863–1914* 224 f., 230, 233, 240
Franz Salvator, Erzherzog; *1866–1939* 213, 231
Friedrich I. Barbarossa; um *1120–1190* 28
Friedrich II. der Streitbare von Babenberg, Herzog von Österreich und der Steiermark; *1211–1246* 10
Friedrich von Baden, mütterlicherseits der letzte Babenberger; 1249–1268 10
Friedrich I. der Schöne, Herzog, römischer König 1314; *1289–1330* 17–22, 25
Friedrich II., Herzog, Sohn Ottos des Fröhlichen; *1327–1344* 24 f.
Friedrich III., Sohn Albrechts IV.; *1347–1362* 29
Friedrich IV., Herzog von Tirol (»Friedl mit der leeren Tasche«); *1382–1439* 33
Friedrich V., Herzog, ab 1452 Kaiser Friedrich III.; *1415–1493* 37–50, 52

Friedrich III., König von Dänemark, *1609–1670* 91
Friedrich II., der Große, König von Preußen; *1712–1786* 134, 141, 151
Friedrich I., König von Württemberg; *1754–1816* 187, 191
Friedrich VI. Christian, König von Dänemark; *1768–1839* 190 f.
Friedrich Wilhelm III., König von Preußen; *1770–1840* 186, 190 f.
Friedrich Wilhelm IV., König von Preußen; *1795–1861* 230
Fries, Graf Johann, Bankier; *1719–1785* 178
Friesen, Graf August Heinrich, sächsischer Oberstleutnant und Kammerherr, 1745 in Wien 140
Fuchs, Neidhart 22
Fuchs, Gräfin Maria Karolina, geb. Mollard, Aja, später Obersthofmeisterin von Maria Theresia; *1681–1754* 129, 148 f.
Fugger, Fürstin Nora, geb. Hohenlohe-Bartenstein, Hofdame von Kaiserin Elisabeth 211
Fux, Johann Joseph, Hofkapellmeister Karls VI.; *1660–1741* 118, 121

Gabrielli, Caterina, Sängerin, Geliebte des Fürsten Kaunitz 149
Gallas, Graf Matthias, General; *1589–1647* 79
Gaßmann, Florian Leopold, Hofkapellmeister Josephs II.; *1723–1774* 164
Georg V., König von Hannover; *1819–1878* 211
Gertrud von Mödling, Nichte Friedrichs II. des Streitbaren, *1228 – nach 1288* 10

Gertrud (Anna) von Hohenberg,
Gemahlin Rudolfs I., gest. *1281* 11 f.
Gluck, Ritter Christoph Willibald,
Komponist; *1714–1787* 146, 154,
172
Goethe, Johann Wolfgang von, Dichter;
1749–1832 173, 184
Gran, Daniel Johann, Hofmaler
Karls VI.; *1694–1757* 123
Gregor, Joseph, Theaterwissenschaftler;
1888–1960 244
Grillparzer, Franz, Dichter; *1791–1872*
67, 193, 202
Grořr, Hermann, Kardinal 251
Grünn, Ludwig von, illegitimer Sohn
Leopolds II., gest. *1814* 181
Grünne, Graf Karl, Generaladjutant
Kaiser Franz Josephs 208
Guastella, Herzog von 78
Gugitz, Gustav, Volkskundler;
1874–1964 109
Guta (Jutta), Tochter Rudolfs I.,
Gemahlin König Wenzels von
Böhmen; *1271–1297* 12, 14
Guta (Jutta), Tochter Albrechts I.,
Gemahlin des Grafen Ludwig von
Öttingen; *1302–1329* 17, 21

Händel, Georg Friedrich, Komponist;
1685–1759 186
Hafner, Philipp, Bühnendichter;
1735–1764 183
Hager, Franz Alois Freiherr von Alten-
steig, Polizeipräsident in Wien 191
Hager, Maria Charlotte Freiin von
Altensteig, Kammerfräulein bei Maria
Theresia 144
Hans der Stadlauer 19
Hanslick, Eduard, Universitätsprofessor
und Musikkritiker; *1825–1904* 214

Hardegg, Graf Ferdinand, Feldherr
Rudolfs II. 70
Harrach, Gräfin, Hofdame zur Zeit
Leopolds I. 85
Harrach, Graf Friedrich, Landmarschall
von Niederösterreich unter Maria
Theresia 140
Hartmann, Graf von Habsburg und
Kiburg, Sohn Rudolfs I., *1263–1281*
12
Hasenauer, Karl (seit 1873 Freiherr),
Architekt; *1833–1894* 210
Hasnadar Ibrahim Pascha, Sonderbot-
schafter des Sultans Mustafa II. 104 f.
Haydn, Joseph, Komponist; *1732–1809*
182, 252
Heinrich IV., König, Kaiser; *1050–1106*
26
Heinrich VII. von Luxemburg, Kaiser;
1262–1313 18, 20
Heinrich der Freundliche, Herzog, Sohn
König Albrechts I.; *1298–1327* 17,
19, 21 f.
Heinrich, Herzog von Bayern 33
Heinrich III. von Anjou, König von
Polen 1574, König von Frankreich
1575; *1551–1589* 66
Hel, Jörg, Söldnerführer unter
Friedrich III. 46
Hildebrandt, Johann Lukas von,
Architekt; *1668–1745*
Hitler, Adolf; *1889–1945* 243 f.
Hofheimer, Paul, Hofmusikus;
1459–1537 50
Hohenveld, Christoph von, erster
Burggraf in Wien ab 1495 50
Holzer, Wolfgang, Bürgermeister von
Wien, hingerichtet *1463* 46
Hoyos, Graf Heinrich, Flügeladjutant
Franz Josephs I. 224

Hoyos, Graf Joseph, Adjutant des
  Kronprinzen Rudolf   213
Humelauer, Dr. Georg Ignaz, Leibarzt
  von Maria Theresia   171
Hunyadi, Johann, Reichsverweser von
  Ungarn; *1408–1456* 39
Hussein Hilmi Pascha, Botschafter des
  Osmanischen Reiches bei Kaiser
  Karl I. 1917   235

Innozenz IV., Papst von 1243 bis 1254
  10
Innozenz VI., Papst von 1352 bis 1362
  26
Isaak, Heinrich, Hofkapellmeister
  Maximilians I.; *1450–1519*   50, 252
Isabella (Elisabeth) von Aragon,
  Gemahlin Friedrichs des Schönen;
  1300–1330   20 f.
Isabella von Parma, erste Gemahlin
  Josephs II.; *1741–1763*   151–153

Jacquemin, Baron Nikolaus,
  lothringischer Botschafter bei
  Karl VI.   129, 131
Johann von Luxemburg, König von
  Böhmen; *1296–1346* 22, 24
Johann, Erzherzog, Sohn Leopolds II.,
  Reichsverweser 1848; *1782–1859*
  181, 195, 204
Johanna von Pfirt, Gemahlin Herzog
  Albrechts II.; *1300–1351* 21 f., 25 f.
Johanna von Durazzo, Gemahlin Herzog
  Wilhelms des Freundlichen, danach
  Königin von Neapel; *1373–1435* 33
Johanna Sophia von Niederbayern,
  Gemahlin Herzog Albrechts IV.;
  1373–1410 30
Johanna Gabriele, Tochter Maria
  Theresias; *1750–1762* 146, 153

Joseph I., König von Ungarn 1687, röm.
  König 1690, Kaiser 1705; *1678–1711*
  93, 99, 102, 106–114, 139, 141, 147
Joseph II., röm. König 1764, Kaiser
  1765; *1741–1790* 7, 135, 140, 146,
  151–154, 157–163, 165, 169–179,
  194, 201, 208, 229, 245

Kara Mustafa, Großwesir, belagert Wien
  1683   96, 104
Karl Martell, Sohn König Karls II. von
  Neapel; *1271–1295* 12
Karl IV. von Luxemburg, König von
  Böhmen, Kaiser 1355; *1316–1378*
  26, 28 f., 32
Karl V., als Karl I. König von Spanien
  1519, Kaiser; *1500–1558* 52, 55, 57,
  60
Karl II., Erzherzog von Innerösterreich,
  Sohn Ferdinands I.; *1540–1590* 58,
  60, 65 f., 69 f.
Karl IX., König von Frankreich;
  1550–1574 66
Karl II., König von Spanien; *1661–1700*
  106
Karl VI., als Karl III. König von
  Spanien, Kaiser 1711; *1685–1740* 7,
  100, 105, 108, 112, 114–134, 137,
  139, 143, 148, 165, 179, 195, 199,
  230–232, 246
Karl, Erzherzog, Sohn Leopolds II.;
  1771–1847 181, 185, 192
Karl I., Kaiser; *1887–1922* 228, 233,
  235–238, 240
Karl Albrecht, Kurfürst von Bayern, als
  Kaiser Karl VII. ab 1742; *1697–1745*
  135, 137, 141
Karl Ambros, Erzherzog von
  Österreich-Este, Fürstprimas von
  Ungarn; *1785–1809* 184

Karl Josef, Sohn Ferdinands III.;
1649–1664 80 f.

Karl Joseph, zweiter Sohn Maria
Theresias; *1745–1761* 139, 146,
152

Karl Ludwig, Bruder Franz Josephs I.;
1833–1896 213, 230

Karoline Friederike von Baden, zweite
Gemahlin König Maximilians I. von
Bayern; *1776–1841* 189, 191

Karoline Auguste von Bayern, vierte
Gemahlin Franz' II./I.; *1792–1872*
192 f., 195

Katharina, Tochter Rudolfs I., Gemahlin
Ottos von Niederbayern; gest. *1282*
12

Katharina, Tochter König Albrechts I.,
Gemahlin Herzog Karls von
Kalabrien; *1295–1323* 21

Katharina von Savoyen, Gemahlin
Herzog Leopolds I., des Starken;
1298–1336 21

Katharina von Böhmen, Gemahlin
Herzog Rudolfs IV., des Stifters;
1342–1395 26, 28

Katzianer, Hans, Freiherr von
Katzenstein, Feldhauptmann
Ferdinands I. 55

Kaunitz-Rietberg, Graf (ab 1764 Fürst)
Wenzel Anton, Hof- und
Staatskanzler von Maria Theresias;
1711–1794 147, 149, 151, 164, 170,
172, 247

Kerzl, Dr. Joseph, Leibarzt Franz
Josephs I. 223

Ketterl, Eugen, Kammerdiener Franz
Josephs I. 220 f.

Khevenhüller-Frankenburg, Graf Ludwig
Andreas, Feldmarschall; *1683–1744*
135

Khevenhüller-Metsch (Osterwitz), Graf
(ab 1763 Fürst) Johann Josef, Oberst-
hofkämmerer, dann Obersthofmeister
von Maria Theresia 140, 142, 157 f.

Kielmannsegg, Freiherr Heinrich
Friedrich, Landjägermeister 1683 96

Kinsky, Graf Ferdinand, Oberststallmeister; gest. *1916* 228, 230, 232

Kinsky, Gräfin Maria Theresia, Hofdame
Maria Theresias 159

Kirschner, Ferdinand, Architekt,
Burghauptmann; *1821–1896* 229

Klesl (Khlesl), Melchior, Bischof von
Wien; *1553–1630* 71–75

Kleist, Heinrich von, Dichter;
1777–1811 193

Kohary, Graf, Theaterleiter 172

Kollonitsch, Graf Sigismund, erster
Erzbischof von Wien; *1677–1751*
118, 142

Kolowrat, Graf Emanuel, Großprior von
Böhmen und Botschafter des
Malteser Ritterordens in Wien 1767
162

Kolowrat-Liebsteinsky, Graf Franz
Anton, Staatsmann; *1778–1861* 199

Königsegg, Graf Lothar, Feldmarschall,
Konferenzminister unter Maria
Theresia 133

Konrad der Haarmarkter, Hubmeister
von Friedrich dem Schönen 19

Körner, Dr. Theodor, Bundespräsident;
1873–1957 245, 247

Krebs, Marie, Geliebte von Matthias
Corvinus 48

Kronberger, Friedrich, Hofschneider,
Anhänger Friedrichs III. 45

Kübeck, Karl Friedrich (später Freiherr
von Kübau), Staatsmann; *1780–1855*
198

Kudlich, Hans, Abgeordneter 1848; *1823–1917* 205

Ladislaus Postumus, Erzherzog von Österreich, König von Böhmen und Ungarn; *1440–1457* 36–39, 43, 49
Ladomer, Erzbischof von Gran 14
Lamberg, Graf Leopold, Freund Josephs I. 109
Lanckorónsky, Graf Karl, Oberstkämmerer Franz Josephs I. 208
Langer, Joseph, Sänger 173
Lanner, Joseph, Komponist, Musikdirektor der Redoutensäle 1829; *1801–1843* 194, 196
Larisch, Gräfin Marie, Vertraute des Kronprinzen Rudolf 213
Lenoncourt, Marquis de 131
Leopold I., König von Ungarn 1655, Kaiser 1658; *1640–1705* 81 f., 84–100, 102, 105–107, 112, 114, 121, 123–125, 128, 136, 227
Leopold II., Großherzog der Toscana 1765, Kaiser 1790; *1747–1792* 144, 146, 153, 155, 169 f., 173, 176, 180 f., 227
Leopold I., König von Belgien; *1790–1865* 230
Leopold II., König von Belgien; *1835–1909* 211
Leopold VI. der Glorreiche von Babenberg, Herzog von Österreich und der Steiermark; *1176–1230* 9, 10
Leopold I., der Starke, Herzog, Sohn König Albrechts I.; 1293–1326 17 f., 20 f.
Leopold II., Herzog, Sohn Herzog Ottos des Fröhlichen; *1328–1344* 25
Leopold III., Sohn Herzog Albrechts II., des Weisen; *1351–1386* 28 f., 39

Leopold IV., Sohn des vorigen; *1371–1411* 33
Leopold Wilhelm, Erzherzog, Sohn Ferdinands II.; *1614–1662* 78, 82, 85 f., 128, 172, 246
Leopold Salvator, Erzherzog; *1863–1931* 235
Leopoldine, Tochter von Franz II./I., Gemahlin des Kaisers Pedro I. von Brasilien; *1797–1826* 194
Lernet-Holenia, Alexander, Schriftsteller; *1897–1976* 246
Lessing, Gotthold Ephraim, Dichter; *1729–1781* 172
Liebenberg, Johann Andreas von, Bürgermeister von Wien; *1627–1683* 96
Liechtenstein, Ulrich von, Minnesänger; *1198–1275 (oder 1276)* 10
Liechtenstein, Johann von, Besitzer der Herrschaft Nikolsburg *1403* 32
Liechtenstein, Fürst Johann Anton Florian, Obersthofmeister Karls VI.; *1656–1721* 118
Liechtenstein, Fürst Johann Nepomuk Karl, Kammerherr bei Maria Theresia; *1724–1748* 143
Liechtenstein, Fürst Karl, Obersthofmeister Franz Josephs I. 208
Liechtenstein, Prinz Alfred, Teilnehmer am Carroussel 1894; *1842–1907* 230
Liechtenstein, Fürst Rudolf, Teilnehmer am Carroussel *1894* 231
Liechtenstein, Fürst Johann II., *1840–1929* 230
Ligne, Fürst Karl Joseph, Feldmarschall und Diplomat; *1735–1814* 186
Limburg, Herzog Christoph von 49
Limburg-Styrum, Gräfin Ursula 102

Lobkowitz, Fürst Wenzel Ferdinand,
Kammerherr bei Maria Theresia 143
Lobkowitz, Prinz Zdenko,
Generaladjutant Karls I. 234
Lobkowicz, Prinz Erwein, Offizier der
Leibgarde-Reitereskadron bis 1918,
Sohn des vorigen 238
Lopi, Beatrix, Zofe Eleonores von
Portugal 41
Losy von Losymsthal, Graf Adam
Philipp, Generalmusik- und
Hofbaudirektor unter Maria Theresia
148
Losy von Losymsthal, Gräfin Maria
Ernestine, geb. Fuchs, Gemahlin des
vorigen 148
Lothringen, Herzog Karl V., kaiserlicher
Feldherr; *1643–1690* 87, 93, 98 f.,
120
Lothringen, Herzog Leopold, Sohn des
vorigen; *1679–1729* 120, 129
Lothringen, Herzogin Elisabeth
Charlotte, geb. Orléans, Gemahlin des
vorigen; *1676–1744* 132
Lothringen, Prinzessin Charlotte, Tochter
der vorigen 141, 143, 145, 148 f.,
153, 167
Lothringen, Prinz Karl, Sohn Herzog
Leopolds; *1712–1780* 132 f., 137,
139, 141, 143 f., 148, 151, 153, 162,
170
Lucca, Herzogin Maria Theresia
Ferdinanda, Tochter König Viktor
Emanuels von Sardinien-Piemont;
1803–1879 198
Judowika Wilhelmine, Gemahlin des
Herzogs Maximilian in Bayern,
Mutter von Kaiserin Elisabeth;
1808–1892 209
Ludwig IV. der Bayer, römischer König

1314, Kaiser 1328; *1287–1347* 18,
20
Ludwig, Herzog von Bayern;
1365–1447 33
Ludwig II., König von Ungarn, als
König von Böhmen Ludwig I.;
1506–1526 50 f., 53
Ludwig XIV., König von Frankreich;
1638–1715 84, 88, 106
Ludwig, Sohn Leopolds II.; *1784–1864*
199

Margarete, Tochter Maximilians II.;
1567–1633 68
Margarethe Sophie, Erzherzogin,
Gemahlin des Herzogs Albrecht von
Württemberg; *1870–1902* 218
Margarita Maria Teresia von Spanien,
erste Gemahlin Leopolds I.;
1651–1673 86 f., 89 f., 100
Maria von Österreich, Enkelin Maxi-
milians I., Gemahlin König Ludwigs II.
von Ungarn; *1505–1558* 51
Maria von Spanien, Gemahlin
Maximilians II.; *1528–1608* 57,
60 f., 63, 68
Maria Amalia, Erzherzogin, Tochter
Kaiser Josephs I., Gemahlin des
Kurfürsten von Bayern und Kaisers
Karl VII.; *1701–1756* 115, 118 f.
Maria von Bayern, Gemahlin von
Erzherzog Karl II.; *1551–1608* 65 f.
Maria Amalia, Tochter von Maria
Theresia, Gemahlin des Herzogs
Ferdinand von Bourbon-Parma;
1746–1804 146, 163, 169
Maria Anna von Bayern, erste Gemahlin
des späteren Kaisers Ferdinand II.;
1574–1616 76, 78
Maria Anna, Tochter der vorigen, zweite

Gemahlin des Kurfürsten Maximilian I. von Bayern; *1610–1665* 78

Maria Anna von Spanien, erste Gemahlin Ferdinands III.; *1606–1646* 78–80

Maria Anna, Tochter der vorigen, zweite Gemahlin von König Philipp IV. von Spanien; *1634–1696* 81

Maria Anna Josepha, Tochter Ferdinands III.; *1654–1689* 89

Maria Anna, Tochter Karls VI., Gemahlin des Prinzen Karl von Lothringen; *1718–1744* 119, 121, 130–132, 139, 141

Maria Anna, Tochter von Maria Theresia; *1738–1789* 133 f., 140, 146, 163, 169–171, 174

Maria Anna, Tochter des Königs Viktor Emanuel von Sardinien-Piemont, Gemahlin Ferdinands I.; *1803–1884* 197–199

Maria Annunziata, Tochter des Erzherzogs Karl Ludwig; *1876–1961* 233

Maria Antonia, Tochter Leopolds I., Gemahlin von Kurfürst Max II. Emanuel von Bayern; *1669–1692* 90, 100

Maria Antonia, Tochter von Maria Theresia, als »Marie Antoinette« Gemahlin König Ludwigs XVI. von Frankreich; *1755–1793* 146 f., 169

Maria Beatrix von Este-Modena, Gemahlin von Erzherzog Ferdinand Karl; *1750–1829* 169

Maria Christine, Tochter von Maria Theresia, Gemahlin Herzog Alberts von Sachsen-Teschen; *1742–1798* 137, 146, 151, 169–161, 163 f., 169–171, 174, 194

Maria Elisabeth, Tochter von Maria Theresia; *1737–1740* 133 f.

Maria Elisabeth, Tochter von Maria Theresia; *1743–1808* 139, 146, 165, 170 f.

Maria Josepha, Tochter Josephs I., Gemahlin von Friedrich August II., Kurfürst von Sachsen und König von Polen; *1699–1757* 115 f., 118 f.

Maria Josepha von Bayern, zweite Gemahlin Josephs II.; *1739–1767* 153–155, 157, 159, 162–164, 171

Maria Josepha, Tochter Maria Theresias; *1751–1767* 146, 164 f., 169

Maria Karoline, Tochter von Maria Theresia, Gemahlin von König Ferdinand IV. (I.) von Neapel-Sizilien; *1752–1814* 146, 169, 180, 183

Maria Klementine, Tochter Leopolds II., Gemahlin des Kronprinzen Franz von Neapel-Sizilien; *1777–1801* 180

Maria Klementine, Tochter von Franz II. (I.), Gemahlin von Leopold Johann Prinz beider Sizilien; *1798–1881* 194

Maria Leopoldine von Tirol, zweite Gemahlin Ferdinands III.; *1632–1649* 80

Maria Louise, Tochter von Franz II. (I.), Gemahlin Napoleons; *1791–1848* 184 f.

Maria Ludovica (Luise) von Bourbon-Spanien, Gemahlin Leopolds II.; *1745–1792* 155, 181

Maria Ludovica von Neapel, erste Gemahlin des Großherzogs Ferdinand III. von Toskana; *1773–1802* 180

Maria Ludovica von Este-Modena, dritte

Gemahlin von Franz II. (I.);
1787–1816 184, 189, 192
Maria Magdalena, Tochter Leopolds I.;
1689–1743 131
Maria Theresia, Tochter Kaiser
Karls VI., Königin von Ungarn und
Böhmen, Gemahlin des Kaisers
Franz I. Stephan; *1717–1780* 7,
117–121, 129–155, 157–160,
163–173, 175, 180, 196, 215, 217,
228 f., 240, 245, 251
Maria Theresia, Tochter Josephs II.,
1762–1770 153
Maria Theresia von Neapel, Enkelin Maria
Theresias, zweite Gemahlin von
Erzherzog Franz, dem späteren Kaiser
Franz II. (I.); *1772–1807* 180, 183 f.
Maria Theresia von Braganza, dritte
Gemahlin von Erzherzog Karl
Ludwig; *1855–1944* 220, 230, 233
Marie Valerie, Erzherzogin, Tochter
Kaiser Franz Josephs, Gemahlin von
Erzherzog Franz Salvator; *1868–1924*
213, 215
Marlborough, John Churchill, Herzog
von, brit. Feldherr; *1650–1722* 109
Masaryk, Dr. Thomas, Präsident der
ČSR; *1850–1937* 240
Mathilde, Tochter Rudolfs I.; *1251–1304*
12
Mathilde (Mechthild) von der Pfalz,
Gemahlin Erzherzog Albrechts VI.;
1419–1482 47
Matthias, König von Böhmen 1611,
Kaiser 1612; *1557–1619* 70–72,
74 f.
Matthias Corvinus, König von Ungarn;
1440 (1443?)–1490 39, 48 f.
Mattielli, Lorenzo, Hofbildhauer
Karls VI.; gest. *1748* 122

Max II. Emanuel, Kurfürst von Bayern;
1662–1726 100
Maximilian I., röm. König 1486,
Kaiser 1493; *1459–1519* 41, 45,
49–52
Maximilian II., König von Böhmen
1562, röm. König 1563, Kaiser 1564;
1527–1576 56–61, 63–68
Maximilian III., Erzherzog, Hochmeister
des Deutschen Ritterordens;
1558–1618 68, 71, 74 f.
Maximilian Ernst, Erzherzog;
1583–1616 71
Maximilian Franz, jüngster Sohn Maria
Theresias, Erzbischof von Köln;
1756–1801 146, 162, 170 f., 176,
178
Maximilian I. Joseph, König von
Bayern; *1756–1825* 190 f.
Mayer, Dr., Bischof, Beichtvater von
Franz Joseph I. 223
Mehmed IV., Sultan; *1641–1692* 95
Merode, Graf Johann Philipp, Marquis
von Westerloo, Feldmarschall,
Hauptmann der Trabantengarde unter
Karl VI. 128
Metternich, Fürst Clemens Wenzel
Lothar, Staatsmann; *1773–1859* 191,
197, 199, 202
Minato, Graf Niccolś, Hofdichter unter
Leopold I. 90
Modena, Herzog Franz IV.; *1779–1846*
184
Montagu, Lady Mary 114–117
Monte, Giovanni de, Bildhauer 66
Montecuccoli, Graf, Teilnehmer am
Roßballett *1667* 87
Montecuccoli, Fürst, Gardekapitän unter
Leopold I. 105
Montenuovo, Fürst Alfred, Obersthof-

meister unter Franz Joseph;
1854–1927 224, 227
Montoyer, Louis von, Architekt von
Franz II. (I.); um *1719–1811* 194
Mozart, Wolfgang Amadeus, Komponist;
1756–1791 178, 182, 229, 252
Müller, Ignaz, Beichtvater Maria
Theresias 164, 171
Muschler, Georg, Gelehrter 63

Napoleon I. Bonaparte, Kaiser der
Franzosen; *1769–1821* 184–186,
202, 240
Nassau, Herzog Adolf von; *1817–1905*
211
Nassau, Prinz Wilhelm von 211
Neipperg, Freiherr (später Graf) Wilhelm
Reinhard, General; *1684–1774* 120,
150
Nidbruck, Kaspar von, königlicher Rat
unter Ferdinand I. 59
Nikolaus III., Papst; gest. *1280* 11
Nikolaus V., Papst; *1397–1455* 37
Nikolaus I., russischer Zar ab 1826;
1796–1855 190
Nikolaus II., russischer Zar ab 1881;
1868–1918 218, 220

Osman Aga, türkischer Gefangener in
Wien um 1700 105
Otto III. von Niederbayern, Schwieger-
sohn Rudolfs I.; *1261–1313* 12
Otto der Fröhliche, Herzog; *1301–1339*
17, 19, 21 f., 24
Otto V., Markgraf von Brandenburg;
gest. *1379* 28
Otto, Sohn von Erzherzog Karl Ludwig;
1865–1906 215, 230–232
Ottokar II., König von Böhmen;
1230–1278 9–12

Oulehla, Dr. Jaromir, Direktor der
Spanischen Reitschule 254

Paar, Gräfin Antonia, geb. Esterházy,
Obersthofmeisterin der Kaiserin
Maria Josepha 155
Paar, Graf Eduard, Generaladjutant
Franz Josephs I. 214, 223, 227,
229
Paganini, Niccolś, Musiker; *1784–1840*
197
Pálffy, Graf Nikolaus VI., General,
Gardekapitän; *1657–1732* 105
Pálffy, Graf Johann IV., Bruder des
vorigen, Palatin; *1663–1751* 113
Pálffy, Gräfin Marianne, Tochter des
vorigen, Geliebte Josephs I. 113
Pálffy, Graf Leopold, Kommandant der
ungarischen adeligen Leibgarde 167
Pálffy, Fürst Nikolaus, Oberststallmeister
1916–1918 228, 234
Paradeiser, Georg, Hauptmann 70
Passionei, Domenico, päpstlicher
Nuntius; *1682–1761* 131
Paul I., russischer Zar ab 1796;
1754–1802 173
Perner, Dipl.-Ing, Friedrich,
Branddirektor von Wien 254
Pfauser, Johannes, Hofprediger
Ferdinands I. 59 f.
Pfutschner, Karl Baron, Lehrer Franz
Stephans von Lothringen 120
Philipp der Schöne, Sohn
Maximilians I.; *1478–1506* 51
Philipp II., König von Spanien;
1527–1598 63, 68, 70
Philipp III., König von Spanien;
1578–1621 72, 78
Philipp IV., König von Spanien;
1605–1665 81

Philipp von Anjou, König von Spanien;
1683–1746 106

Philippi, Gräfin Maria Christine, geb.
Mallenthein, Hofmeisterin bei Maria
Theresia; *1681–1746* 144

Piccolomini, Ottavio, Herzog von Amalfi,
Feldmarschall; *1599–1656* 79

Pignatelli, Graf, päpstlicher Nuntius in
Wien unter Leopold I. 89

Pignatelli, Gräfin Marianne 129

Pius VI., Papst; *1717–1799* 174–176

Platzheim, Johann von, Kanzler Herzog
Rudolfs IV. 26

Plochl, Anna, Gemahlin von Erzherzog
Johann; *1804–1885* 195

Podewils, Graf Otto, Gesandter
Friedrichs II. von Preußen 148

Podhajsky, Alois, Oberst, Direktor der
Spanischen Reitschule; *1888–1973*
246

Podiebrad, Georg von, Gubernator, ab 1458
König von Böhmen; *1420–1471* 39, 45

Podiebrad, Prinz Victorin, Herzog von
Münsterberg, Sohn des vorigen 45

Podiebrad, Katharina, Tochter König
Georgs, zweite Gemahlin von
Matthias Corvinus; *1449–1464* 48

Polignac, Kardinal Melchior Marquis de;
1661–1742 127

Pöllnitz, Freiherr Karl Ludwig von;
1692–1775 116 f.

Preisinger, Siegmund von, Anhänger
Friedrichs III. 44

Quas, Christoph, Viertelmeister unter
Friedrich III. 43

Radetzky von Radetz, Graf Johann Josef
Wenzel, Feldmarschall; *1766–1858*
208

Raimondi, Livia, Geliebte Leopolds II.
181

Rauscher, Joseph Othmar von, Erzbischof von Wien; *1787–1875* 209

Reichstadt, Herzog Franz, Sohn
Napoleons I.; *1810–1832* 197, 207

Renner, Dr. Karl, Bundespräsident;
1870–1950 245

Richelieu, Herzog Louis Armand,
französischer Diplomat am Hofe
Karls VI. 127

Roman, Barbara (»Schmauswaberl«),
Wirtin am Spittelberg; gest. *1813* 190

Rotthal, Barbara von 51

Rudolf I., Graf von Habsburg, röm.
König 1273; *1218–1291* 11 f.

Rudolf II., Herzog, Sohn des vorigen;
1270–1290 12

Rudolf III., der Sanftmütige, Herzog;
1281–1307 17 f.

Rudolf IV., der Stifter, Herzog;
1339–1365 25–29, 37

Rudolf II., König von Ungarn 1572,
böhmischer und römischer König
1575, Kaiser 1576; *1552–1612* 58,
63, 66–75, 106

Rudolf, jüngster Sohn Leopolds II.,
Kardinal, Erzbischof von Olmütz;
1788–1831 181

Rudolf, Kronprinz; *1858–1889*
211–214, 218, 229, 251

Rumel, Franz Ferdinand, Freiherr von,
Erzieher Josephs I., Fürstbischof von
Wien; *1642–1716* 102

Sachsen, Kurfürst Ernst; *1441–1486* 47

Sachsen, Prinz Albert, ab 1766 Herzog
von Sachsen-Teschen, Feldmarschall;
1738–1822 151, 159–161, 164,
170 f., 174, 194, 200

Sachsen, Prinz Clemens, Bruder des
vorigen, Kurfürst und Erzbischof von
Trier; *1739–1812* 161
Sagstetter, Urban, Bischof von Gurk,
Hofprediger Ferdinands I. 60
Saint-Hilliőre, Gilbert de, Offizier unter
Ferdinand II. 77
Saint-Julien, Graf Johann Joseph,
Oberstküchen- und Oberstfalken-
meister, Freund von Franz I. Stephan
153, 158
Salm-Anholt, Fürst Karl Theodor Otto,
Obersthofmeister Josephs I.,
1648–1710 102, 109 f.
Salm-Reifferscheid, Graf Anton,
Oberstkämmerer Josephs II. 158, 165
Savoyen-Carignan, Prinz Eugen,
Feldherr und Staatsmann; *1663–1736*
106 f., 110–112, 133, 210, 255
Schack, Freiin Sophie Amalie, Hofdame
bei Maria Theresia 145
Schärf, Dr. Adolf, Bundespräsident;
1890–1965 245
Schager, Generaldirektor des Aller-
höchsten Familienfonds 1918/19 240
Schallenberg, Graf Christoph,
Kammerherr und
Oberstkriegskommissär unter
Leopold I., gest. *1708* 102
Schaumburg, Graf Sigmund, Anhänger
Erzherzog Albrechts VI. 45
Scherffenberg, Graf Sigmund, Oberst in
Wien 1683 98
Schmelzer, Johann Heinrich,
Hofkapellmeister; um *1623–1680*
88, 252
Schönborn, Graf Friedrich Karl,
Reichsvizekanzler *1705–1734,*
Fürstbischof von Bamberg und
Würzburg; *1674–1746* 109, 128

Schönborn, Graf Franz, Erzbischof von
Prag; geb. *1844* 213
Schönborn, Graf Erwin, Teilnehmer am
Carroussel 1894 230
Schönborn, Graf Karl, Teilnehmer am
Carroussel 1894 230
Schönfeld, Comtesse Maria Katharina,
Hofdame bei Maria Theresia 144
Schratt, Katharina (von Kiss),
Burgschauspielerin; *1853–1940* 224
Schubert, Franz, Komponist; *1797–1828*
252
Schwarzenberg, Fürst Ferdinand, Oberst-
hofmarschall; *1652–1703* 93, 101
Schwarzenberg, Fürst Adam Franz, Sohn
des vorigen, Oberststallmeister;
1680–1732 102, 123
Schwarzenberg, Fürst Josef I. Adam, Sohn
des vorigen, Obersthofmarschall, Oberst-
hofmeister; *1722–1782* 143, 158
Schwarzenberg, Fürst Karl Philipp,
Feldmarschall; *1771–1820* 185, 208
Schwarzenberg, Fürst Felix, Sohn des
vorigen, Ministerpräsident;
1800–1852 206
Schwarzenberg, Kardinal Fürst Friedrich
Johann; *1809–1885* 211
Seilern, Graf Johann Friedrich,
Hofkanzler unter Joseph I. 109
Selliers, Joseph Karl,
Theaterunternehmer zur Zeit Maria
Theresias 136
Semper, Gottfried, Architekt; *1803–1879*
210
Senfl, Ludwig, Komponist; um *1490 –
um 1550* 50
Serava, Don Diego de, Hofmeister der
Edelknaben 62
Serényi, Graf Carl, Oberst in Wien 1683
93

Seydl, Dr. Ernst, Burgpfarrer unter Franz Joseph 233

Siebenbürger, Thomas, Professor in Wien, Anhänger Friedrichs III. 44 f.

Sigismund, König von Ungarn und Böhmen, Kaiser 1433; *1368–1437* 31–34

Sigismund der Münzreiche, Herzog von Tirol; *1427–1496* 39, 41

Sigismund Jagiello, König von Polen und Litauen; *1466–1548* 50, 55

Sinzendorf, Graf Ludwig Philipp, Hofkanzler Josephs I. und Karls VI. 109, 128

Sinzendorf, Graf Philipp Ludwig, Sohn des vorigen 128

Slatin, Baron Heinrich, Kanzleidirektor im Oberststallmeisteramt bis 1918/19 228

Slatkonia, Georg, Bischof von Wien; *1456–1522* 50

Slawata, Gräfin, Hofdame zur Zeit Leopolds I. 85

Sobieski, Jan, König von Polen; *1629–1696* 93, 98, 100

Sobieski, Jakub, dessen Sohn; *1667–1739* 100

Solimena, Francesco, Maler; *1657–1747* 128

Sonnenberg, Ulrich III. von, Bischof von Gurk *1453–1469,* Ratgeber Friedrichs III. 47

Sonnenfels, Joseph (ab 1776 Freiherr), Hofrat; *1732–1817* 172

Sophie von Bayern, Gemahlin von Erzherzog Franz Karl; *1805–1872* 194 f., 197, 199, 206, 208 f.

Spaur, Hans von, Anhänger Friedrichs III. 44

Spinola, päpstlicher Nuntius bei Karl VI. 118

Spranger, Bartholomäus, Maler 66

Stancheri, Johann Anton, Hof- und Burgpfarrer Karls VI. 118

Starhemberg, Paul Jakob von, Protestant aus Niederösterreich 1619 76

Starhemberg, Graf Ernst Rüdiger, Verteidiger von Wien 1683, Feldmarschall; *1638–1701* 96–98

Starhemberg, Graf Gundakar, Hofkammerpräsident 107

Stefan Viktor, Erzherzog, ungarischer Palatin 1847/48; *1817–1867* 208

Stella, Graf Nikolaus von 144 f.

Stephanie von Belgien, Gemahlin des Kronprinzen Rudolf; *1864–1945* 211–215

Sternberg, Graf Franz Philipp, Obersthofmeister der Kaiserin Maria Josepha 155, 157

Störck, Dr. Anton (seit 1775 Freiherr), Leibarzt von Maria Theresia; *1731–1803* 171 f.

Straten-Sternberg, Eleonore van den, Palastdame der Kaiserin Zita 241

Strauß, Johann, Komponist, Hofballmusikdirektor 1835; *1804–1849* 194

Strauß, Johann, Komponist, Hofballmusikdirektor 1863; *1825–1899* 211, 217

Strauß, Eduard, Komponist, Hofballmusikdirektor 1871; *1835–1916* 211, 217

Strudel, Peter (seit 1701 Freiherr von Strudendorff), Maler und Bildhauer; gest. *1714* 106

Sturm, Jakob, Dichter 84

Sulejman I., Sultan; *1494–1566* 53 f.

Sulzbach, Pfalzgraf von 87
Swieten, Dr. Gerhard van, (seit 1758 Freiherr), Leibarzt von Maria Theresia, Direktor der Hofbibliothek; *1700–1772* 156, 159, 164, 170

Thonrädel, Andreas, Herr auf Ebergassing, Protestant aus Niederösterreich 1619 76
Thurn, Graf Matthias, böhmischer Protestant 1619 76 f.
Thurn und Taxis, Max, Teilnehmer am Carroussel 1894 230
Thurn und Taxis, Fürst Hannibal, Feldzeugmeister, Kapitän der Trabantenleibgarde unter Franz Joseph I. 208
Thurn-Valsassina, Reichsgräfin Anna Dorothea, kaiserliche Aja 118
Tiepolo, Lorenzo, Botschafter der Republik Venedig 109
Torre, Lodovico della, Patriarch von Aquileia, 1361 in Wien gefangen 28
Trauttmansdorff-Weinsberg, Fürst Ferdinand, Obersthofmeister unter Franz II. (I.) 187, 189
Trauttmansdorff-Weinsberg, Graf, Sohn des vorigen, am Wiener Kongreß 187
Trautson, Fürst Johann Leopold Donat, Obersthofmeister Kaiser Josephs I. 110, 112
Trautson, Fürst Johann Wilhelm, Zweiter Obersthofmeister bei Maria Theresia 145
Trew (Treu), Wolfgang, Bürgermeister von Wien; gest. *1540* 54
Trollope, Frances, Gattin eines englischen Diplomaten; *1780–1863* 200 f.

Ulfeld, Graf Corfiz Anton, Obersthofmeister bei Maria Theresia 147, 158, 161
Ungnad von Weißenwolf, Graf Josef Anton, niederösterreichischer Landschaftspräsident unter Maria Theresia 140
Upor, Ladislaus, Burgkommandant unter Matthias Corvinus 49
Urban VI., Papst; gest. *1389* 30
Ursenbeck, Gräfin, Hofdame zur Zeit Leopolds I. 85

Vetsera, Baronin Mary, Geliebte des Kronprinzen Rudolf; *1871–1889* 213
Viridis, Visconti, Gemahlin Herzog Leopolds III.; um *1350–1414* 28 f.

Waldheim, Dr. Kurt, Bundespräsident von 1986–1992 251
Waldstein, Graf Franz, Hauptmann der Burgwache unter Kaiser Leopold I. 89
Wallsee, Reinprecht von, Erzieher Herzog Albrechts V. 33
Weilen, Dr. Josef von, Universitätsprofessor, Redakteur des Kronprinzenwerkes 214
Weimar, Großherzogin Maria Paulowna, Schwester von Zar Alexander I.; *1786–1859* 190
Wenzel, röm. König, als König von Böhmen Wenzel IV.; *1361–1419* 32
Wenzel II., König von Böhmen, Sohn König Ottokars; *1271–1305* 12, 14
Werdenberg, Graf Ulrich von 44
Werle, Georg, Maler 123
Wetschel, Hofrat, Hofwirtschaftsdirektor unter Franz Joseph I. 227
Wilhelm der Freundliche, Sohn Herzog Leopolds III.; *1370–1406* 31–33

Wilhelm, Erzherzog, Hoch- und
Deutschmeister; *1827–1894* 230, 232
Wilhelm II., deutscher Kaiser;
1859–1941 229, 234
Wilhelmine Amalie von
Braunschweig-Lüneburg, Gemahlin
Kaiser Josephs I.; *1673–1742* 8,
102, 112 f., 115, 118, 124, 131
Windischgrätz, Fürst Alfred,
Feldmarschall; *1787–1862* 205
Windischgrätz, Josef, Teilnehmer am
Carroussel 1894 230
Wirrich (Wire), Heinrich, fahrender
Dichter zur Zeit von Maximilian II.
65
Wiśniowiecki, Michal Korybut, König
von Polen; gest. *1673* 93
Wladislaw III., König von Polen und
Ungarn 37
Wladislaw Jagiello, König von Böhmen
1471, von Ungarn 1490; *1456–1516*
50 f.
Wolfrath, Wolf 64
Wolter, Charlotte, Hofburg-
schauspielerin; *1834–1897* 229
Wratislaw von Mitrowitz, Graf Johann
Wenzel, böhmischer Hofkanzler unter
Joseph I. 110, 112
Wratislaw von Mitrowitz, Gräfin
Antonia, geb. Kinsky, Obersthof-
meisterin bei Kaiserin Maria

Theresia, Gemahlin von Franz II. (I.)
183
Wrbna, Graf, am Wiener Kongreß 188
Württemberg, Kronprinz Wilhelm
(König ab 1816); *1781–1864* 187,
191
Württemberg, Herzog Albrecht;
1865–1939 218
Württemberg, König Wilhelm II. 220
Württemberg, Königin Charlotte 220

Zápolya, Stefan, Statthalter von Matthias
Corvinus in Wien 49
Zesen, Philipp von, Dichter; *1619–1689*
81
Zichy, Gräfin Julia, am Wiener Kongreß
187, 190 f.
Zichy, Graf Karl August,
Obersthofmarschall unter Franz
Joseph 229
Ziehrer, Carl Michael, Komponist,
letzter Hofballmusikdirektor;
1843–1922 217
Zilk, Helmut, Bürgermeister von Wien
seit 1984 254
Zita von Bourbon-Parma, Gemahlin
Karls I.; *1892–1989* 233, 240
Zweibrücken-Birkenfeld, Prinz Karl;
1746–1795 169
Zirkendorfer, Konrad, Büchsenmacher in
Wien unter Friedrich III. 43

Stammtafeln auf den Seiten 27, 73 und 219